찰스 다윈, 한국의 학자를 만나다

찰스 다윈, 한국의 학자를 만나다

진화론은 한국 사회에서 어떻게 진화했는가

최종덕 지음

휴머니스트

아주 오랜 옛날에는 과학과 인문학의 경계가 없었습니다. 고대 그리스의 플라톤이 지은 여러 저서에서는 사랑과 정의의 문제에서부터 우주와 생명의 문제까지 대화를 통해 풀어가고 있습니다. 그래서 주옥같이 아름다운 문체로 이루어진 플라톤의 저술은 '대화편'이라고 불립니다. 이 대화편에서부터 철학과 정치학, 법률학, 자연학, 수학 등 다양한 학문이 싹터 근대 서구문명의 자양분이 되었습니다.

한국을 포함하여 동아시아도 마찬가지입니다. 공자는 제자들과 대화를 나누었고, 그 기록이 오늘날 우리가 읽고 있는 '공자와 제자의 어록', 즉 《논어》의 근간이 되었습니다. 공자의 정신을 이은 맹자 또한 당시의 정치적 유력자나 다양한 학자와 만나 대화를 했습니다. 그리고 《논어》나 《맹자》 속의 이야기들은 지난 2,000여 년 동안 동아시아 문명의 원리가 되어왔습니다.

이렇게 '대화'는 동서를 불문하고 학문이 처음 탄생하던 시절부터 진리에 접근하는 생산적 통로였습니다. 거기에 과학과 인문학의 구분은 없었습니다. 오로지 자신들이 마주한 세계의 진실, 삶의 갖가지 문제들, 그리고 진리에 대한 호기심이 있었을 뿐입니다. 그래서 우리는 가장 원초적인 학문의 양식으로 돌아가 보기로 했습니다. 이것이 우리가 대화를 나눈 까닭입니다.

우리는 모든 것을 뛰어넘어 진솔하게 대화를 나누기로 했습니다. 과학과 인문학의 경계를 허물고, 동양과 서양의 구분을 넘어서 보고자 했습니다. 그러다 보니 철학자, 역사학자, 생물학자, 의학자, 동양학자가 등장하여 서로의 지식과 마음을 가로지르는 대화의 장이 열리게 되었습니다. 이렇게 다양한 전공을 지닌 사람들이 나눈 주제는 다윈의 진화론, 인간의 본성, 그리고 한국 사회라는 세 가지 화두입니다.

찰스 다윈(Charles Robert Darwin, 1809~1882) 탄생 200주년, 《종의 기원(On the Origin of Species by Means of Natural Selection, or the Preservation of Favoured Races in the Struggle for Life)》(1859) 출간 150주년을 훌쩍 넘기면서 세계적으로 수많은 출간물이 쏟아져 나왔습니다. 한국에서도 다양한 행사와 더불어 수많은 책들이 출간되었습니다. 세계적으로 유명한 저술들이 번역되고, 진화론의 의미를 다루는 책들이 여러 전문가들에 의해 저술되었습니다. 이러한 저술이나 번역들 가운데 어느 하나 소중하지 않은 것은 없습니다.

하지만 우리에게는 또 하나 반드시 짚고 넘어가야 할 한 가지가 있습니다. 바로 21세기라는 시대, 한국이라는 현실에서 찰스 다윈과 진화론이 갖는 의미는 무엇인가라는 물음입니다. 과학조차도 사회의 역사와 문화로부터 자유로울 수 없다는 것은 이제 상식이 되었습니다. 그중에서도 진화생물학은 어느 과학 부문보다 더 진하게 사회와 문화의 색깔을 흔들어놓았습니다.

오늘날 진화론이 다양한 학문 분야에서 큰 영향력을 미치게 된 것은 사실이지만, 진화론의 역사적 파장이 그렇게 순탄하지만은 않습니다. 진화론은 초기부터 기독교와 적대적 긴장관계에서 출발했고, 과학이라는 이름으로 위장한 우생학이나 인종차별 같은 어두운 얼굴로 비춰지기도 했습니다. 최근에는 진화론이 유전자결정론에 일조한다고 비판받기도 합니다. 우리는 이러한 현상들을 괄호 안에 집어넣고 처음부터 다시 생각해보기로 한 것입니다.

왜 오늘날 다시 다윈인가? 진화론이란 무엇이고, 진화론적으로 사유한다는 것은 어떤 것인가? 더 나아가 오늘날 한국 사회의 현실에서 수용되고, 논의되고, 이야기되는 진화론은 무엇인가? 동아시아 특유의 문화와 사고를 지닌 한국 사회에서 진화론은 우리에게 어떤 의미와 가치를 가지는 것인가? 우리는 이러한 문제를 다루기 위해 '역사, 사회, 생태, 철학'이라는 네 개의 카페를 열었습니다.

아마 독자들은 이 책의 대화들을 통해 진화론과 관련하여 가장 다양하고 이채로운 이야기들에 접할 수 있게 될 것입니다. 왜 다윈이고 진화론이며, 우리에게 이것들은 무엇인가에 대해 독자 여러분과 함께 생각해보고자 합니다. 결국 대화의 상대자는 독자 여러분인 것입니다. 그 속에서 우리의 삶과 역사의 흔적을 찾아보았으면 합니다.

이 책에 실린 대화가 시작된 지 벌써 세 해가 지나버렸습니다. 그간 이 책을 위해 '카페'를 열고 대화를 나누는 과정에서 많은 사람이 노력하고 고생했습니다. 먼저 한국 사회에서 찰스 다윈과 진화론이 어떻게 '진화했는가' 하는 물음을 두고서 진지한 고민과 사색을 털어놓은 임지현, 전방욱, 강신익 선생님께 감사드립니다. 함께 기획하고 '카페'를 운영하면서 대담의 줄거리를 잡아간 동양철학자 김시천 박사에게 특별히 고마운 마음을 전하고자 합니다. 어려운 시간을 내어 대담을 위한 영상 공간을 마련해준 전호근 박사께 그저 고마울 따름입니다. 좋은 책, 읽는 책의 문화를 구현하는 휴머니스트의 대표 김학원 선생님께 감사드리며, 책다운 책을 만든다는 휴머니스트의 주간

선완규 선생님과 편집자 김서연 선생님의 신념이 있었기에 이 책이 탄생했음을 전하고자 합니다.

대화는 소통이며, 소통은 생명입니다. 이제 여러분 스스로 찰스 다윈과 만나면서 더욱 풍요로운 삶과 사유를 간직하시기 바랍니다.

2010 여름 최종덕이 《종의 기원》 카페를 대표하여 씁니다.

진화와역사 카페 역사의 지평에서 찰스 다윈을 만나다

임지현 VS 최종덕

다윈과사회 카페 우리 시대의 진화론, 어떻게 읽을 것인가

전방욱 VS 최종덕

진화와생태 카페 의학의 시선으로 생태주의적 진화론을 말하다

강신익 VS 최종덕

다윈과철학 카페 진화론적 사유가 동아시아의 사유와 만나다

김시천 VS 최종덕

다윈의 정원 과학, '인간이란 무엇인가'에 대한 질문과 길 찾기

최종덕 VS 찰스 다윈

철학자, 역사학자, 생물학자가 연《종의 기원》카페

1876년 8월 3일자로 되어 있는《자서전(The Autobiography of Charles Darwin)》의 마지막 부분에서 찰스 다윈은 이렇게 말한다.

내가 거둔 과학자로서의 성공은 여러 가지 정신적 자질과 상태에 어느 정도 영향을 받았다고 생각한다. 그 가운데 제일 중요한 것은 과학에 대한 사랑이었다. 사실을 관찰, 수집하는 과학 분야에서는 주제가 하나 떠오르면 오랜 시간 거의 무한에 가까운 인내심이 필요하고, 상식은 물론 어느 정도 창의성도 필요하다. 몇 가지 중요한 문제에 대해 나의 평범한 능력으로 과학계의 믿음에 상당한 영향을 미쳤다는 것은 정말 놀라운 일이다.

이미 150여 년이 지나버린《종의 기원》에 대한 다윈 자신의 평가는 지금의 시각에서 보아도 과장되기는커녕 오히려 모자랄 정도이다. 그가 제안한 생명의 진화에 관한 이야기는 오늘날 과학의 영역을 넘어 인문학과 사회과학의 다양한 분야에까지 커다란 영향을 미치고 있다. 왜 그럴까? 그것은 아마도 진화론이 오늘날 '인간이란 무엇인가?'라는 물음에 가장 도발적인 질문과 대답을 던지고 있기 때문일 것이다.

동아시아에서 진화론을 수용한 것은 최근의 일이 아니다. 이미 19세기부터 진화론은 일본과 중국은 물론 한국 사회에까지 영향을 미치기 시작했다. '적자생존(適者生存)', '우승열패(優勝劣敗)', '자연도태(自然淘汰)'와 같은 흉흉한 말들이 여전히 쓰이는 있고, 갖가지 사회현상을 정당화하는 도구로 기능하고 있다. 진화론은 분명 과학이론이면서 처음부터 지금까지 과학의 영역에만 갇혀 있던 적이 없었다.

20세기에 들어서면서 진화론은 종교적 갈등만 아니라 사회정치적인 왜곡을 불러오기도 했다. 군비경쟁과 같은 자유경쟁 논리나 우생학, 사회진화론 등의 분야에서 치명적인 오해를 불러일으켰다. 이론적으로는 라마르크(Lamarck)의 용불용설을 다윈의 자연선택설로 알고 있는 경우가 많았다. 대표적인 사례로 기린의 목이 긴 이유는 높은 나무에 달린 열매를 따먹기 위해서라는 등의 잘못된 이야기들이다. 이러한 오해들은 다윈 진화론에 대한 학문적 논쟁을 다양하게 만들었다. 다만 다윈 시대의 발전적 문명관이 과학의 진화론과 뒤섞여 엉뚱한 왜곡을 낳기도 했다는 점은 심각한 문제이다. 가장 큰 갈등은 종교와의 충돌에서 일어났다. 미국 사회에서는 여전히 진화론과 더불어 창조론을 생물학 수업시간에 함께 가르쳐야 한다고 주장하는 근본주의자들이 있다고 한다. 《종의 기원》이 출간되었던 150년 전이나 지금이나 진화론을 둘러싼 문제와 갈등이 여전한 것이다.

세계적 경향이긴 하지만 1990년대 후반을 지나면서 한국의 독자들 사이에서 진화론은 하나의 상식으로 자리 잡아가고 있다. 세계적인 진화생물학자인 리처드 도킨스(Richard Dawkins)의 《이기적 유전자(The Selfish Gene)》는 오랫동안 베스트셀러의 자리를 지키고 있다. 스티븐 굴드(Stephen Jay Gould)나 에드워드 윌슨(Edward Wilson), 대니얼 데닛(Daniel C. Dennett) 등의 세계적인 진화생물학 관련 저서들, 욕망이나 증오, 사랑 등 사람의 마음을 진화론적으로 분석한 진화심리학의 많은 저서들이 번역되었다. 이처럼 진화론과 관련된 책들이 봇물처럼 쏟아지고, 진화론이 다양한 학문 분야에 적용되고 있지만, 진화론은 여전히 다양하게 오해되고 있는 것 또한 사실이다.

아직도 사람들은 '가장 진화된 존재'가 '인간'이라고 말하는가 하면, 여성보다 남성이 '더' 진화했다는 등 사실상 19세기의 신앙이었던 진보의 믿음으로 진화를 말하는 경우가 많다. 심지어 강간과 살육, 인종차별, 여성차별과 같은 사회적·문화적 현상이 진화론적으로 적응된 결과이며, 따라서 자연스러운 현상이라는 기괴한 주장을 하는 이들까지 더러 있다.

이 책에 실린 대담들은 이러한 우리 사회의 상식과 이해를 전반적으로 되짚어보고자 하는 시도이다. 진화론을 이해하려면 그것을 제시한 찰스 다윈이라는 인간과 마주해야 하며, 그가 살았던 시대를 이해하지 못하면 진화론을 온전하게 이해할 수 없다. 마찬가지로 우리 사회의 독특한 문화적·지적 감수성을 고려하지 않는다면 현재 진화론이 어떻게 이해되고 있는지 제대로 파악할 수 없다.

그래서 우리는 좀 더 과감하고 넓은 시야에서 진화론을 다루어보고자 했다. 역사학, 생물학, 의학, 철학, 동양학이라는 다양한 학문을 공부해온 한국 학자들이 모인 까닭이 바로 여기에 있다. 찰스 다윈과 진화론, 그리고 한국 사회라는 핵심 쟁점을 둘러싸고 우리는 자신의 전공과 사색을 진솔하게 진술하고 진지한 자세로 털어놓았다. 보편과학인 진화생물학이 한국의 사회문화적 일상성과 어떻게 만날 수 있는지를 진단하는 기회였다.

이 대담은 단지 진화론의 다양한 영역과 주제를 소개하는 것이 아니라, 어떠한 역사적·사회적 분위기 속에서 진화론이 생성될 수 있었고, 그것이 인간과 사회에 대해 제기하는 문제는 무엇이며, 몸으로 살아가는 우리 인간의 삶에 진화론은 어떤 메시지를 주고 있는지, 마지막으로 기존의 사고와는 다른 진화론적 사유는 어떠한 것인지에 관한 대담이다. 말하자면 현재 한국에서 진화하고 있는 진화론에 관한 대담인 것이다.

우리는 좀 더 많은 독자들이 친숙하게 귀 기울일 수 있도록 카페를 열어보고자 했다. 그리고 '찰스 다윈, 진화론, 그리고 한국 사회'라는 공동의 쟁점에 다가가기 쉽게 하기 위해 '역사, 생물학, 의학, 철학'이라는 네 개의 카페를 열어보았다. 적어도 우리가 보기에 이 네 가지 주제 영역은 한국의 현실에서 가장 긴요한 접근방식이라고 생각했기 때문이다. 그래서 네 개의 카페는 '진화와역사', '다윈과사회', '진화와생태', '다윈과철학'이란 이름을 얻게 되었다.

네 개의 카페에서 진행되는 대담을 지켜보면서 독자들은 일관된 주제의식을 보게 될 것이다. 그것은 '진화론적으로 사유한다는 것은 무엇인가'라는 주제이다. 그러한 사유를 통해 인간이란 무엇인가를 다시 묻고자 하는 것이 이 책 전체의 주제이다. '진화론적 사유'라는 개념은 이 책에서 처음으로 노정된 인문학적 주제일 것이다.

진화론적 사유라는 개념이 기존의 형이상학적 본질론을 부정한 다윈의 진화론에서부터 시작된 것은 아주 당연하다. 생명진화의 결과인 생명종은 불변의 존재가 아니라 생명 안에 시간을 머금은 존재라는 것이다. 간단히 표현한다면 실체의 존재가 아니라 변화의 존재를 인식하려는 삶의 태도를 말한다. 진화론적 사유 안에서 동양학의 본체론이나 역사적 인간관, 나아가 몸의 의학적 인간학까지를 포괄적으로, 그리고 개방적으로 논의할 수 있다.

독자 여러분은 여기 소개된 카페를 차례로 거치거나 건너뛰면서 인간 찰스 다윈과 그 시대에 접근할 수 있다. 그 다음에는 오늘날 이해되는 진화론의 의미가 무엇인지를 파악하게 될 것이다. 또한 진화론이 우리의 몸과 직접적으로 연결되는 의학의 분야를 통해 진화론의 메시지를 좀 더 이해하게 될 것이라 믿는다. 마지막으로 이러한 진화론이 동아시아의 전통적 사유와 어떻게 같고 다른지를 '진화론적 사유'라는 개념을 통해 풍부하게 사색해볼 수 있을 것이다.

네 개의 카페를 둘러보고 나오면 다윈을 초대하는 자리가 마련된다. 다윈과의 가상 대담이다. 그를 초청한 장소는 소위 '다윈의 정원'이다. 그곳에서는 인간의 모습이 과학에 어떻게 투영되는지를 이야기하게 된다.

다윈 탄생 200주년을 넘기면서 서구의 여러 나라에서는 "왜 다윈인가?" 하는 물음의 책들이 수없이 출간되었다. 하지만 우리는 거기에 그칠 수 없다. 우리는 "우리에게 다윈이란 무엇인가?"를 먼저 물어야 하기 때문이다. 이 책에 실린 네 가지 대담을 통해 독자 여러분이 그에 대한 답을 스스로 찾는다면 더 좋을 듯하다.

자, 이제 우리가 준비한 카페에 독자 여러분을 초대한다.

역사의 지평에서
찰스 다윈을 만나다

임지현과 **최종덕**의 대담

"**나**는 명성을 얻기 위해 내 본연의 길에서 단 한 치도 벗어나 본 적이 없다." 찰스 다윈이 그의 자서전에서 한 말이다. 한국 사람이라면 조선 시대의 꼿꼿한 선비를 떠올릴 만한 말이다. 어느 시대이든 스스로에게 엄격하고 꼿꼿한 사람은 있게 마련이지만, 찰스 다윈이 살았던 빅토리아시대는 이러한 과학자로서의 자세가 확고히 자리 잡았던 때였다. 어떤 의미에서 보면 찰스 다윈은 철저한 그 시대의 아들이었다고 할 수 있다.

'진화와역사 카페'는 시대의 아들인 찰스 다윈을 조망하고, 그의 진화론이 어떠한 시대적 배경에서 탄생했는지를 질문하고 있다.《종의 기원》이 당시의 영국인에게 충격으로 느껴지고 서구 유럽인에게 도발적으로 받아들여진 것은, 그의 진화론이 바로 19세기 유럽의 보편적 신앙이었던 진보 관념에 대한 근본적인 도전이었기 때문이다.

《종의 기원》이 출간된 즈음은 카를 마르크스의 중요한 저작들이 왕성하게 출간된 때와 겹친다. 여기서 당대의 자유주의자들과 사회주의자들이《종의 기원》을 어떻게 수용하는지, 그들 사이의 관계를 분석하는 일은 매우 중요하다. 독자 여러분은 '진화와역사 카페'를 통해 19세기 말에서 20세기 초에 이르는 동안 진화론에 대한 역사적 왜곡이 어떻게 생겼는지에 대한 이야기에 동참하게 된다. 그런 이야기를 통해《종의 기원》출간 당시 기독교와 진화론의 충돌보다 당대의 사회적 이념이었던 진보에 대한 도전이 다윈을 더 위태롭게 했다는 것을 자연스럽게 이해하게 될 것 같다.

'진화와역사 카페'는 역사학자 임지현과 더불어 빅토리아시대의 분위기를 느끼는 자리이다. 진화와 진보의 충돌, 생물학적 결정론과 역사적 인간관 사이의 충돌 등《종의 기원》발표 이후 역사 속에서 드러난 빛과 그늘이라는 갈림길을 추천하고자 한다. 이런 여정 속에서 독자들은 어쩌면 자본주의가 이기적 본성론으로 철저하게 구조화된 사회라는 사실을 느끼게 될지도 모를 일이다.

역사학자 임지현은 학문과 국경의 경계와 틀을 넘어선 '트랜스 내셔널 역사학자'로 통한다. 그는 근대의 산물인 '민족'의 해체를 주장하면서 본질주의적 역사 인식에 문제를 제기한다는 점에서 진화론적 사유의 역사학자라고 할 수 있다. 그러한 비판적 시선은 역사와 과학이 어떻게 조우되는지를 우리에게 밝혀주고 있다. 그는 이미 오래전부터 역사와 과학을 넘나들면서 교과서적 '통념'과 '공식' 역사의 틀을 해체하는 일에 매달렸던 것이다. 역사가의 역할이란 역사가 묻고 대답해야 할 시대의 질문을 던지고, 새로운 세대를 위해 헌신하는 것이라고 그는 말한다. 그가 오래도록 씨름했던 민족주의와 민족 정체성에 대한 문제 제기는 그러한 숙제의 일환이었다.

'진화와역사 카페'를 통해 학문의 벽을 넘고 시대의 벽을 넘어 통념과 싸우면서 자기 시대의 화두와 대결하려 했던 역사학자 임지현의 이야기가 소개된다. 《찰스 다윈, 한국의 학자를 만나다》의 첫 번째 카페에 왜 역사학자가 가장 먼저 초청되었는지 쉽사리 추측할 수 있을 것이다.

빅토리아시대를 거닐다

최종덕   찰스 다윈이 태어난 해가 1809년이었으니 벌써 200년이 지났습니다. 다윈이 50세 되던 해인 1859년에 세계의 문명사를 바꿔놓을 만큼 영향력을 미친 《종의 기원》을 발표했고요. 이 책은 단순히 자연 과학만이 아니라 인류의 삶에 매우 큰 영향을 미쳐왔기 때문에 다윈의 진화론이 인간의 역사에서 어떤 의미를 갖는가에 대해 더 많이 생각하고 더 많이 아는 일은 매우 중요한 듯해요. 그래서 오늘 역사학자의 시선으로 본 다양한 이야기를 선생님께 청하고자 합니다. 특히 선생님께서는 《종의 기원》이 출간된 빅토리아시대의 사상사를 주제로 석사 학위논문을 쓰신 것으로 알고 있습니다. 아주 오래전에 《종의 기원》과 관련된 선생님의 논문을 읽은 적이 있어요. 당시 저는 속으로 놀랐습니다. 역사와 진화론이 이렇게도 만날 수 있다는 걸 그 논문을 통해서 알게 됐거든요.

임지현　제가 그 논문을 쓰게 된 동기는 영국 빅토리아시대의 역사상이 한국의 모순적인 역사가 낳은 아픔과 내적으로 어떤 관련이 있다고 생각했기 때문입니다. 《종의 기원》이 출간되었던 19세기 중반은 빅토리아시대의 사상적 중심이었어요. 과학과 기술의 발전이 곧 역사의 진보와 개인의 삶에 행복을 가져온다는 강한 신념이 바로 그 시대의 사회상을 반영한 것이라고 봐도 좋을 정도예요. 《종의 기원》도 그저 생물과학의 한 저작이기보다는 그 시대가 낳은 지식의 결과물이라고 봅니다. 그래서 대학원 시절에 겁도 없이 국내 사학계에서는 생소했던 다윈에 대한 지식 지도의 행방을 연구하게 된 거죠.

최종덕　《종의 기원》이 출간되자마자 커다란 반향을 일으켰죠. 그중에서 제일 눈에 띄는 것은 당시의 교회 분위기와 새로운 과학의 충돌에서 생긴 논쟁일 겁니다. 최근까지 미국에서 많이 거론된 '창조론이냐, 진화론이냐' 같은 논쟁을 쉽게 연상할 수 있겠죠. 하지만 그런 종교 논쟁은 사실 진화론의 핵심은 아니니까 오늘 이야기에서는 빼기로 하죠. 중요한 점은 다윈의 진화론이 보여준 '변화'의 철학이 무엇인지, 그리고 진화와 진보의 차이가 무엇이었나 하는 점일 거예요. 당시 과학기술의 진보에 대한 믿음과 다윈이 제시한 자연의 진화 방식 사이에서 생긴 충돌과 조화, 그리고 타협이 어떻게 이루어졌는지 하는 점부터 살펴봐야 할 듯해요. 그래서 빅토리아시대의 사회적인 조류에 대한 이야기를 먼저 듣고 싶습니다.

영국 빅토리아시대의 시대정신

임지현　지성사적으로 보면 1859년은 《종의 기원》과 더불어서 카를 마르크스의 《정치경제학비판서설(A Contribution to the Critique of Political Economy)》이 출간된 해이기도 합니다. 두 권의 책이 같은 해에 출간되었다는 건 물론 우연이지만, 19세기 후반 서양의 사조, 즉 사회사나 지성사의 담론들, 나아가 국민국가체제 등이 동아시아로 전파되는 과정에서 이 두 권의 책이 가지는 중요성은 아무리 강조해도 지나치지 않을 겁니다. 다윈이 사회주의자라거나 좌파적 사상가라고는 말할 수 없지만, 그래도 두 책은 '진보'라는 개념논쟁을 담고 있다는 공통점이 있죠. 프리드리히 엥겔스가 카를 마르크스의 장례식에서 했던 연설문 중에 이런 말이 있습니다. "다윈이 자연의 발전법칙을 발견한 것처럼 마르크스가 인간사회의 발전법칙을 발견했다." 이 유명한 연설은 당대 유럽인들이 《종의 기원》을 어떻게 보았는가 하는 점을 아주 상징적으로 잘 드러내주는 사건이에요. 흔히 계몽사상가들은 진보의 개념을 일직선적, 선형적이라고 말하죠. 제가 판단하기에는 당시 계몽사상가들이 실증주의 학문의 필터를 거치치 않은 채, 인류의 역사와 사회가 직선적으로 진보해왔다는 철학적 믿음을 가지고 있었던 것 같아요. 이런 점에서 당시의 진보관은 일종의 신념이라고 볼 수 있습니다. 바로 그 시점에서 《종의 기원》이 출간되었고, 그야말로 자연법칙의 차원에서 다윈이 자신들의 신념을 입증해준 것이라고 받아들였다는 거죠.

최종덕 《종의 기원》이 자신들의 진보 개념을 과학적으로 보장해준 것이라고 여긴 거군요. 사회주의자이든 자유주의자이든 당시에는 자연과학에 의해서 자기 이론이 뒷받침되기를 원하는 경향이 강했던 것 같아요. 마르크스 진영에서도 《종의 기원》 출간을 크게 환영할 만한 일로 받아들였고, 신진 자유주의 그룹에서도 환영했죠. 그 묘한 양면적 분위기를 좀 더 이야기해주세요.

임지현　이데올로기와 상관없이 19세기 사람들은 인간사회가 앞으로 진보할 거라고 굳게 믿었던 것은 틀림없는 것 같아요. 더 중요한 점은 당시에는 각각의 학문이 오늘날처럼 지나치게 분화되지는 않았다는 겁니다. 덜 분화된 학문이 오히려 세상을 바라보는 통합적 시각을 준 것이기도 하죠. 오늘날에는 학문의 구분이 너무 세밀하게 되어 있어서 인문과학을 하는 사람들은 자연과학에서 어떤 성과들이 나오는지 전혀 알 수가 없잖아요. 최 선생님처럼 과학철학을 하시는 분들은 예외적인 경우지만, 저나 주변의 동료들을 보면 자연과학의 이야기들을 잘 이해할 수도 없을뿐더러 요새는 읽기조차 어려워졌어요. 《종의 기원》은 우리도 읽을 수 있지만, 최근에 나오는 유전공학 등의 연구논문들은 완전히 다른 문화적 코드가 된 것 같아요. 그런데 19세기 영국의 지식사회에서는 지질학이라든가 생물학 같은 것들이 일종의 신사들의 교양 같은 것이었죠. 일반 지식인들의 지적인 호기심을 채워주는 취미활동이었고, 오늘날의 문학이나 인문학적인 저서 이상으로 자연과학적인 저서들이 당시 사람들에게 크게 관심을 받았다는 점을 특징으로 꼽을 수 있습니다.

최종덕　'동물철학'이나 '자연철학' 등 당시 자연과학 책들의 제목에서 보듯 자연학과 인문학이 서로 밀접한 관계로 여겨졌던 것 같습니다. 다윈에게 결정적인 영향을 주었다고 해도 과언이 아닌 지질학자 찰스 라이엘(Charles Lyell)도 옥스퍼드에서 법학을 전공한 변호사였죠. 변호사를 하면서 어릴 때부터 꿈이던 생물 표본조사를 위해 지질학을 연구했고, 결국 지질학자로 유명해졌고요.

임지현　그때의 생물학은 웬만한 지식을 가진 사람이라면 접근할 수 있었단 점을 상기할 필요가 있어요. 심지어는 마르크스도 수학 책을 쓰려고 초고까지 마련했을 정도니까요. 지금은 은퇴하신 도쿄 대학의 사사키 치카라 선생이 과학사를 전공하셨는데, 제가 그분께 "마르크스의 수학 수준이 어떻습니까?"라고 물었더니 "형편없지."라고 대답하시더군요. 그래도 시도를 했다는 게 현대 지식인과 다른 점이죠. 자연과학을 전공하는 사람이 아니어도 얼마든지 시도할 수 있었다는 거예요. 물론 지식인 사회에 속한 사람들에게만 해당되는 이야기이지만요. 화학주기율표에 대한 상당한 지식을 갖고 있었던 엥겔스를 떠올리면 더 쉽게 이해할 수 있습니다. 그러니까 당대에는 자연과학적인 메타포가 상당히 많았던 것 같아요. 오늘날 자연과학과 인문과학, 또는 사회과학 사이에 넘지 못할 큰 골이 있는 걸 생각해보면, 19세기 경우 양쪽 학문은 거의 연결된 것이나 마찬가지인 듯합니다. 《종의 기원》이나 《인간의 유래와 성선택(The Descent of Man and Selection in Relation to Sex)》 같은 저서들이 오늘날에는 생물학 책으로 분류되지만, 당시에는 일반 지식인들에게 공유될 수 있는 보편적 지식체계의 하나였어요. 그런 분위기가 있었기 때문에 《종의 기원》이 지식인 그룹에게 그렇게 큰 충격을 줄 수 있었다는 점을 먼저 지적해야 하지 않을까 싶습니다.

최종덕 《종의 기원》이 탄생하게 된 배경에는 빅토리아시대의 교양인 또는 지식인의 종합적인 시각이 놓여 있었군요. 요즘 말로 하면 학문 통합적인 시각인데, 물론 당시는 학문이 분리조차 되지 않았던 시기였으니까 학문통합이라는 말을 붙일 수도 없지만요. 어쨌든 분리 이전의 종합적 지식을 접할 수 있었던 것이 당시의 아주 자연스러운 분위기였고, 그런 분위기가 다윈이라는 천재를 탄생시켰다고 할 수 있겠네요. 예를 들어서 다윈 스스로가 분명히 말했지만 《종의 기원》을 쓰게 된 중요한 사상적 배경에는 《인구론(An Essay on the Principle of

Population)》을 쓴 토머스 맬서스(Thomas Malthus)가 있었고, 또한 비글호 항해 5년여 동안 손에서 놓지 않았던 찰스 라이엘의 지질학 관련 책이 있었단 말이죠. 결국은 자연과학과 사회과학의 일체적 분위기 속에서 다윈이라는 사람이 등장했는지도 모르겠습니다.

임지현 그리고 19세기 빅토리아시대의 지식인들, 신사들에게 가장 유행했던 취미 중 하나가 화석 수집이라는 점을 꼽을 수 있죠. 몇백만 년 전에 죽은 물고기의 화석이라든가 곤충 화석 같은 것들을 수집하는 게 당시 영국 신사들의 취미로 큰 각광을 받았거든요. 결국 《종의 기원》이 나왔을 때 그 책을 이해할 수 있는 독서 인구가 지금 우리가 생각하는 것보다 많았다는 거죠.

최종덕 예, 화석 수집은 애완견 사육 등과 함께 당시 영국 신사들의 취미생활 중 하나였죠. 화석을 통해서 교회에서 말하는 것처럼 세계가 6,000년 전에 창조된 것이 아니라 그보다 훨씬 긴 시간이 걸렸다고 생각하게 되었던 것 같아요. 이런 생각들을 정리하고 화산 등 수많은 지질 현장을 엄밀하게 분석해서 체계적으로 정리한 것이 바로 찰스 라이엘의 《지질학 원리(Principles of Geology)》(1830)입니다. 묘하게도 《지질학 원리》는 다윈의 《종의 기원》 출간 때와 다르게 교회의 반발을 사지 않았죠. 지구의 표면은 물리적이고 화학적이며 생물학적인 과정을 거치면서 아주 오랜 시간을 통해 서서히 만들어졌다는 것이 《지질학 원리》의 핵심입니다. 신과 같은 초자연적 생성원인들을 전부 배제했지만, 생물세계를 직접 거론한 것이 아니기 때문에 교회의 심기를 건드리지 않은 것 같아요.

임지현 그 시대에 살았던 신사들의 일기 같은 것에서 간혹 그런 갈등

"다윈이 자연의 발전법칙을 발견한 것처럼 마르크스가 인간사회의 발전법칙을 발견했다." 이 유명한 연설은 당대 유럽인들이 《종의 기원》을 어떻게 보았는가 하는 점을 아주 상징적으로 잘 드러내주는 사건이에요. 흔히 계몽사상가들은 진보의 개념을 일직선적, 선형적이라고 말하죠. 제가 판단하기에는 당시 계몽사상가들이 실증주의 학문의 필터를 거치지 않은 채, 인류의 역사와 사회가 직선적으로 진보해왔다는 철학적 믿음을 가지고 있었던 것 같아요.

을 찾아볼 수 있어요. 가령《성경》에서 말하는 창조 이전부터 모종의 생물종이 지구에 살고 있었다는 것을 화석 수집을 통해서 익히 알고 있었다는 증거들이 있습니다. 이것을 어떻게 설명할 것인가를 고민했을 것 같고, 그 고민을 단숨에 풀어준 게《종의 기원》이 아니었을까 싶어요. 다윈은《종의 기원》이후 계속해서 '반기독교적이다' 또는 '창조론을 부정하는 거냐' 라는 비난에 직면했지만, 다윈은 직접 나서지 않고 부정도 긍정도 하지 않았죠. 그래도 경험주의 기반을 강하게 지녔던 영국 지식인들이 품고 있었던 지적 호기심들을《종의 기원》이 어느 정도 해소해준 것으로 봐도 무리는 아니라고 생각해요. 결국《종의 기원》은 단순히 생물학자들 사이의 논쟁의 차원이 아니라 사회사적으로 굉장히 큰 여파를 던진 책이 될 수 있었던 겁니다.

최종덕　저도 그 점이 매우 중요하다고 봅니다. 저는 빅토리아시대의 사조를 두 가지로 봐요. 하나는 기독교라는 종교가 삶의 규범체계로 정착되었다는 점이고, 다른 하나는 과학기술의 진보가 곧 삶의 진보가 될 것이라는 믿음입니다. 그런데 다윈의 진화론은 교회의 창조론적 세계관과도 어울리지 않고 과학의 진보라는 믿음에도 어울리지 않는 매우 도전적인 특징을 지니고 있어서 당연히 충돌할 수밖에 없었던 거죠. 교회와 어울릴 수 없는 시간관을 가지고 있었던《종의 기원》이 교회와 충돌하면서 그 논쟁이 오늘날까지 이어진 거죠. 물론 그 논란 자체가 과학 내부의 논쟁이기보다는 사회적 논란이지만요. 과학에서는 논쟁할 거리가 없어요. 왜냐하면《종의 기원》은 아주 당연한 자연의 사실을 밝혔을 뿐이니까요. 그런데도 다윈은 갈등을 피해갈 수 있는 형편이 아니었습니다. 다윈은 집안의 기독교 분위기를 박차고 나올 정도의 성격이 아니었고, 무엇보다도 사랑하는 부인을 고려해야 했죠. 다윈에게 평생 헌신적이었던 엠마 부인은 독실한 신자였기 때

문에 다윈은 그녀를 실망시키지 않으려고 매우 노력했어요. 이런 사실을 거꾸로 해석한다면, 그만큼 보이지 않게 교회와 내적 갈등이 심했던 것이라고 볼 수 있지 않을까요?

임지현 물론 아버지의 권유였지만 다윈은 케임브리지 신학대학을 잠시 다녔을 정도로 빅토리아시대의 분위기에 충실한 인물이었죠. 그는 목사가 되면 곤충 채집을 할 여유가 더 많아질 거라고 생각하고 아버지의 권유를 수용한 거죠. 하지만 다윈은 자기 내부에서 기독교와 진화론이 묘하게 얽혀 있었던 겁니다.

진화와 진보의 역사적 충돌

최종덕 이제 《종의 기원》이 탄생하게 된 사회적 분위기에서 한 발 더 나아가서 최근까지도 논쟁점이 되고 있는 '진보'에 대한 이야기를 해야 될 것 같아요. 다윈 스스로도 밝혔지만 진화론은 기존의 실체론적인 형이상학을 버리고 '변화'라는 것을 역사의 기준으로 놓았던 첫 시도였어요. 다윈 이전에는 생명종은 변하지 않는다고 생각했죠. 2,500년 전 아리스토텔레스가 만들어놓은 종 분류 체계를 카를 폰 린네(Carl von Linné)가 현대 생명종 분류법으로 정착시킨 거고요. 이런 분류법에 의하면 종은 처음부터 주어진 불변의 체계이며, 종과 종 사이에는 서로 넘나들 수 없는 독립적인 차이가 있어요. 이는 서구 전통의 실체론적 형이상학과도 일맥상통하죠. 독자의 이해를 위해 철학적 배경을 조금 덧붙일게요. 실체론에 근거를 둔 기존의 모든 사유방식은 미래로 가면 유토피아가 있으며, 천년왕국이 있고, 구원의 시대가 열릴 것이니 미래는 항상 진보된 것이라는 시간관을 갖죠. 이런 관념은 항상 최상의 목적점을 설정하고 있어요. 그런데 다윈의 진화론은 목적 지향적인 생명관 자체를 부정하는 것이죠. 그래서 기존의 사회적 인식이었던 형이상학적 진보관과 마찰이 생긴 겁니다. 이런 갈등은 창조론과의 갈등보다 더 근본적인 문제였어요. 다윈 진화론의 철학적 배경이랄까요? 아니, 철학적 배경이라고 말할 수는 없고, 다윈은 단지 자연에 대해 깊이 관찰해서 변화의 철학적 세계관과 비슷한 것에 이르게 된 것이죠. 사회적인 측면에서 그런 갈등이 어떻게 드러나는지에 대한 이야기를 더 나누기로 하죠.

임지현 그런 갈등구조 역시 양면적인 게 아닌가 싶습니다. 우선 다윈의 진화론을 논리적으로 끝까지 들어가면 앞서 말씀하신 것처럼 목적론적인 진보관과 충돌할 수밖에 없죠. 진화의 목적을 설정하거나 그 결과를 예측한다는 것은 그 자체로 진화론이 될 수 없으니까요. 당시 교회의 비난에 대해 다윈의 자기 방어 논리는 결국 신의 섭리와 자신의 생물학적 진화 개념을 조화시키는 것인데, 쉬울 리가 없었겠죠. 그리고 진화론에는 목적이 이미 배제되어 있지만, 당대 사람들이 이해하는 진화란 뭔가 지금보다 조금씩 더 나아질 것이라는 막연한 믿음이었으니까 그걸 완전히 무시할 수는 없었을 거예요. 시간을 선형적으로 볼 것인지 아니면 순환적으로도 볼 수 있는 것인지, 그 갈림길에 진화론이 놓여 있었죠. 말의 기원을 따져보면 'evolution'이라는 말 자체도 그리스어로 '펼쳐진다'는 뜻이죠. 사실 'evolve'된다는 말은 발전이나 진보의 개념과 상관이 없는 겁니다. 회전이라는 라틴어에서 나온 'revolution'이라는 말도 마찬가지예요. 니콜라우스 코페르니쿠스(Nicolaus Copernicus)가 천체의 회전에 대해서 'revolution'이라는 말을 썼을 때 그 말은 그냥 돈다는 개념이었지, 혁명 개념과 결부된 건 아니었어요. 이렇게 코페르니쿠스의 리볼루션이 그냥 돈다는 뜻이고 진화는 분명히 진보와 다른 개념이지만, 일반 사람들은 여전히 지금보다 더 나은 세상을 찾아가려는 희망이 있었고, 진화론이 나오자 그런 희망에 진화론을 대입시켜본 것으로 생각할 수 있습니다.

최종덕 더 나은 세상에 대한 희망은 당시 일반인들만의 생각이 아니라 다윈도 분명히 그런 표현을 사용했어요. 과학은 그런 희망에 일조한다는 거죠. 그런 점에서는 《종의 기원》도 빅토리아시대의 산물이겠죠. 그때가 산업기술이 폭발적으로 늘어나던 시기이고, 그러한 과학기술을 통해서 과거보다 더 나은 삶을 누릴 수 있었죠. 그게 당시 영국인의 자부심일 수도 있을 거예요.

임지현 빅토리아시대의 영국은 그야말로 팍스 브리태니카(Pax Britannica)로 불리는 대영제국이 정착된 시기입니다. 맨체스터는 전형적인 빅토리아시대의 도시였죠. 모든 건축물이 빅토리아 양식이라고 할 수 있어요. 그런데 더 나은 세상이라고 할 때, 이게 누구를 위해 더 나은 세상이라는 것인지에 대해서 좀 더 날카롭게 따져봐야 합니다. 예컨대 맨체스터에는 엥겔스가 다니던 맨체스터 공공도서관이 있습니다. 지금은 무슨 예술 관련 칼리지로 바뀐다고 하더군요. 마르크스가 영국 노동자 계급의 곤궁한 상태를 인식하고 엥겔스를 찾아와 〈공산당 선언(The Communist Manifesto)〉에 대해서 의논하던 그 도서관 위에서 보면, 바로 밑에 보이는 지역이 전형적인 아일랜드인 노동자들이 사는 빈민가였다는 거죠. 엥겔스는 아시다시피 《영국 노동자 계급의 상태(The Condition of the Working Class in England)》라는 책을 썼습니다. 그런데 당시 저술과 관련해서 엥겔스가 맨체스터에서 접촉한 사람들은 주로 아일랜드 노동자 계급이었어요. 그들에게는 영국의 폭발적인 산업발전이 아무 도움도 되지 않았던 겁니다. 영국의 부유

함은 남의 이야기일 뿐, 그들은 빈곤하기만 했으니까요. 빅토리아시대의 영국이 아일랜드 노동자들에게도 더 나은 상태를 보장해주려고 했는지는 확실하지 않다는 말입니다. 한편에서 과학기술의 진보를 목표로 치닫는 부르주아 이데올로기, 자유주의 이데올로기적 헤게모니에 매몰되어 노동자 개개인이 희생양이 될 수 있었다는 겁니다. 노동자 개인은 배고프고 아픈 현실인데도 '맞아, 이게 진보하는 거야, 내가 사는 게 어떻든 간에.' 이런 아이러니한 생각에 빠지게 되는 상황이 생긴다는 것이죠. 자기 아이가 심하게 아파도 병원에 가지 못하는 게 현실인데, 이게 어떻게 더 나아진 세상이라고 할 수 있냐는 의심을 하게 되는 겁니다.

최종덕　그런 의심을 던지면서 결국은 자유주의와 사회주의의 대립이 시작되나요?

임지현　그렇게 말할 수 있죠. 그런데 중요한 것은 《종의 기원》이 처음 나왔을 때 그 책의 메타포들이 빅토리아시대의 자본주의 및 자유주의자들이 신봉했던 발전의 맥락과 딱 맞아떨어졌다는 거죠. 예컨대 다윈의 자연선택론을 나름대로 해석한 거예요. 현재 부르주아들이 잘 사는 건 자신의 조건이나 타고난 배경 등이 생존경쟁에서 승리할 수밖에 없는 상황이라서 이렇게 부자로 살게 되었다는 이상한 논리로 진화론을 보는 겁니다. 그러므로 자신들이 오늘날 이렇게 잘사는 건 자연선택이라는 자연법의 결과일 뿐, 노동자들을 착취하는 등의 부도덕한 결과가 아니라는 식으로 위장하고자 한 거죠. 산업혁명 이후 고전적 자본주의가 폭발적으로 발전했다는 점은 이미 잘 알려진 사실입니다. 당시 자본주의의 중요한 메타포 또는 사회적 미덕은 뭐니 뭐니 해도 '경쟁'의 논리였어요. 바로 이 점에서 자연선택설의 생존적합경쟁을 부르주아 사회가 미덕으로 여겼던 경쟁논리로 연결해서 자신의 자본축적을 정당화하는 이론으로 역전시켰다는 말입니다.

최종덕 한편으로 마르크스도 《종의 기원》을 읽고 큰 감동을 받았다는 점도 사실이잖아요. 그래서 《자본론(Capital)》을 그에게 헌정했다는 헛소문도 있었지만요. 그러니까 《종의 기원》에는 생존경쟁 논리와 더불어 공존의 논리가 있다는 것을 이해해야 합니다. 센 놈만 살아남는다는 측면도 있지만, 여러 자연 상황에서 본다면 다양한 생명종이 공존한다는 점이 또한 중요한 부분이거든요.

임지현 그건 두 가지로 나누어서 생각해볼 수 있어요. 우선 인류의 역사는 계급투쟁의 역사였다는 마르크스의 기본적인 정신과 자연세계는 생존경쟁의 역사였다는 다윈 진화론의 기본적인 입장은 메타포의 수준에서 서로 연결되는 부분들이 있다고 봐요. 마르크스의 경우에는 그것을 단지 인종이나 어떤 개인, 부르주아나 어떤 개개인의 경쟁 문제가 아니라 계급 간의 경쟁으로 봤다는 점에서 일맥상통하는 부분이 있었을 거예요. 또 하나는 사실의 문제인데, 허버트 스펜서(Herbert Spencer)는 가난한 사람들과 부자는 경쟁력에 차이가 있다는 점에서 예컨대 가난한 사람들에게 최소한의 생존을 보장해주는 게 오히려 자연의 법칙에 어긋나는 것이라고 말하죠. 스펜서는 그게 진화론의 핵심이라고 간주하는데, 그건 잘못된 이해일 거라고 저도 생각합니다. 그러나 스펜서의 측면에서 보는 진화론이라면 마르크스의 입장과 충돌되겠죠.

최종덕 다윈은 비글호 탐험 시절 브라질에 상륙했을 때 그곳 노예노동자들의 비참한 생활상을 보고 매우 마음 아파했습니다. 반면 비글호 선장인 로버트 피츠로이(Robert FitzRoy)는 노예제도의 정당성을 강조하던 터라 이 점에 대해 다윈과 격론을 벌인 적이 많았어요. 노예 문제에 대한 토론에서 시작된 피츠로이 선장의 노여움으로 비글호에서 하선한 적도 있었을 정도니까요. 다윈은 생명종 개념에서 린네의 분류방식을 부정했다는 점에서 매우 획기적인 과학자라고 볼 수 있죠. 다시 말해서 한 생명종과 다른 생명종들 사이에 넘나들 수 없는 장벽이 있어서 불변의 위치를 갖는다는 린네의 전통적인 사고방식에서 벗어난 겁니다. 오히려 생명종은 언제든지 변할 수 있다는 생각이 진화론의 핵심이기도 하죠. 마찬가지로 영국의 신사계급이나 아프리카에서 이주한 브라질 노예계급은 변할 수 없는 고정된 계층이 아니라는 점이 다윈의 기본적인 생각이었습니다.

임지현 자본주의가 봉건제도보다는 훨씬 더 발전된 체제라고 생각한 마르크스는 영국이 인도를 식민지배함으로써 두 가지 역할을 했다고 말해요. 하나는 파괴의 역할이고, 다른 하나는 건설의 역할이라는 거죠. 영국의 식민주의는 인도의 아시아적 생산양식을 파괴하고 진보된 자본주의적 생산양식을 이식하는 것이기 때문에 역사의 진보를 위해서 불가피하다고 본 겁니다. 이런 점에서 마르크스의 역사관은 헤겔의 역사관을 거의 그대로 이어받은 거죠. 헤겔의 '역사 없는 민족'이라는 개념도 마찬가지입니다. 1848년에 엥겔스는 동유럽에 대해서 역사 없는 민족은 독립을 할 역량도 없고, 스스로 발전할 역량이 안 되니까 이들의 독립을 지원해서는 안 된다고 쓰고 있어요. 마르크스의 경우도 비슷합니다. 자본주의를 축으로 놓고 본다면 제국의 식민지배가 식민지 민중에게 고통을 주기는 하지만, 더 진보된 자본주의 체제를 전해주는 기회라고 볼 수 있다는 겁니다. 마르크스는 이런 이야기까지 아주 명시적으로 해요. 인도 민중의 참상에 눈물을 흘리는 '얼치기 인도주의자들'을 용인할 것이 아니라, 영국의 인도 식민지배가 자본주의의 발전을 가져오므로 인도 민중이 겪는 고통은 안타깝지만 긍정적인 역할을 인정할 수밖에 없다고 하죠. 그 '얼치기 인도주의자들'을 비판하는 글들이 분명히 있습니다.

최종덕 저는 그런 마르크스의 언질들이 그의 실체는 아니라고 생각합니다만, 어쨌든 선생님께서 지적하신 대로 유럽의 천년왕국론이라든가 기독교적인 천국, 유토피아 같은 것들이 과연 누구를 위한 것인가 하는 점을 거론하는 건 매우 중요하다고 봅니다. 부의 축적이 결국은 누구를 위한 유토피아인지를 한번 고민해야 한다는 거죠. 유토피아를 설정하고 있다는 점에서 혹시 기독교와 마르크스가 유사한 위상을 갖고 있지는 않나요?

임지현 마르크스는 '공산주의에서 자유의 왕국으로의 도약' 같은 표현들을 썼지만, 과학적 사회주의를 이야기하면서 자신이 말하는 유토피아는 유토피아적 사회주의와 다르다고 분명히 말합니다. 그런 점에서 기독교적 유토피아와는 다르죠. 하지만 마르크스도 서구의 유토피아적인 전통 속에서 완전히 자유롭지는 못했다고 분명히 이야기할 수있을 겁니다.

최종덕 기독교의 종말론과 같이 서구의 일반적인 유토피아 세계관과 정면으로 대비된다는 점에서 저는 다윈의 의미를 매우 높이 평가합니다. 물론 선명하게 경계를 그어서 '나는 이쪽이야, 그리고 너는 그쪽이야.'라고 말할 수는 없겠죠. 그렇지만 저는 다윈이 갖고 있는 측면, 예를 들어서 생존경쟁이라는 측면만 부각시킨다면 당시 자유주의자들의 생각과 부합하는 것일 테고, 변화의 역사를 볼 수 있는 시각이라면 서구의 전통 실체론적 사유구조와 정면으로 배치된다고 봅니다. 다윈의 진화론은 그렇게 다양한 측면을 가지고 있기 때문에 신념이 다른 사람들이 똑같은 《종의 기원》을 거부감 없이 읽는단 말이죠. 바로 그런 점 때문에 굉장히 특별한 역사적 위대성을 지닌 것이라고 생각하고 있어요.

임지현 영국 하이게이트 공원묘지에 가면 마르크스 묘지 바로 앞에 스펜서의 묘지가 있습니다. 20년 전에 그곳에 가본 적이 있는데, 마르크스와 스펜서가 한자리에 묻혔다는 게 매우 아이러니하다고 생각했어요. 그때부터 다윈을 다시 한 번 생각한 거죠. 허버트 스펜서와 카를 마르크스라는 정반대되는 이데올로기를 가진 사람들이 모두 다윈의 팬이었다는 점 자체가 하나의 역설이죠. 그런 역설은 다윈의 지식에 국한되는 것이 아니라 그들을 해석하는 후대인이나 주변인의 생각의 차이에서 생긴 거라고 할 수 있어요. 지성사적인 맥락에서 본다면 다윈이 원래 말하고 쓴 것도 중요하겠지만, 후대 사람들 또는 주변 사람들이 다윈의 지식을 어떻게 소비했는가가 중요하다는 뜻입니다. 지식의 소비는 원래의 지식을 얼마나 정확하게 이해했느냐의 문제와는 전혀 다릅니다. 설령 주변인이 잘못 이해했어도, 그런 오역이나 오해 때문에 그 이데올로기나 이론이 훨씬 더 파괴력을 가질 때가 많거든요. 그러니까 저처럼 역사를 공부하는 사람의 입장에서는 다윈의 이야기를 '옳게 수용했느냐, 그르게 수용했느냐'의 문제가 아니라, 그르게 수용했다면 왜 그런 식으로 해석할 수밖에 없었고, 그런 생각들이 어떻게 당대를 지배할 수 있었는가 하는 점이 중요하다는 거죠. 당대의 맥락에서 당대의 사회를 보여주는 하나의 바로미터가 될 수 있다는 점에서 저는 역사적 해석을 중요하게 생각합니다.

최종덕 흥미로운 이야기이군요. 비슷한 이야기지만 다윈 옆에는 전혀 다른 세계관을 갖고 있던 토머스 헉슬리(Thomas H. Huxley)도 있단 말이죠. 다윈은 1831년부터 1836년까지 남아메리카의 해안과 태평양의 섬들을 조사하는 임무를 띤 비글호 탐사 여행에 동행했는데, 그 여행에서 다양하고 놀랄 만한 생물학적 관찰을 하게 됩니다. 후일 《종의 기원》이 탄생되는 역사적인 여행이었죠. 특히 갈라파고스제도에 가서는 갈라파고스핀치(Galágos finch, Darwin's finch) 등을 관찰하면서 린네의 생물학과 다른 《종의 기원》의 밑바탕이 되는 증거들을 다 수집했잖아요. 그러다가 남아메리카의 밀림과 파타고니아의 황야 등을 접하게 됩니다. 특히 브라질에서는 항구 주변에 있는 노예들의 참상을 보면서 노예해방에 대한 관심이 늘어나게 되었죠.

임지현 예, 다윈의 그런 생각이 헉슬리에게 많이 전염된 것 같아요. 헉슬리는 분명히 스펜서와 많이 다르죠. 스펜서는 노예제도를 찬양했을 거라고 추측되니까요. 헉슬리는 다른 관점에서 인간을 봅니다. 즉 계급을 넘어서서 어떻게 공존할 수 있을 것인가를 중요하게 생각했어요. 그러니까 똑같은 책을 읽더라도 스펜서는 종간 경쟁을 강조했지만, 헉슬리는 '생명종의 공존과 평등'에 대해서 크게 주목을 했단 말이죠. 그런데 이는 헉슬리 혼자만의 생각은 아닐 것 같고, 다윈의 진화론 안에 그런 평등사상이 깔려 있던 게 아닐까요?

최종덕 다윈이 노예제도에 대해 분노했다는 사실은 1839년 다윈의 또 다른 저술인 《비글호 항해기(The Voyage of the Beagle)》에 나옵니다. 항해 도중 흑인 노예의 참상을 보면서 분노가 컸지만 아무것도 할 수 없었던 자신의 무기력함을 말하는 부분이 있어요. 특히 노예 주인이 노예를 채찍질하면서 "네 자식을 팔아버리겠다"라고 말하는 걸 들고 다윈은 피가 끓는 마음이었다고 씁니다. 사실 다윈은 청소년기에 노예에서 해방된 흑인 친구와 사귄 적도 있었어요. 당시 영국을 방문한 미국인이 이를 보고 기겁을 할 정도라고 했답니다. 당시에는 흑인과 백인은 인간종 자체가 다르다고 생각하는 것이 일반적이었으니까요. 그런데 다윈은 어릴 적부터 생명이 평등하다는 생각을 지녔다는 거죠. 아마 집안 분위기도 한몫을 했을 겁니다. 다윈의 외삼촌은 조시아 웨지우드(Josiah Wedgwood)로, 그 유명한 본차이나 도자기 기업의 창시자였습니다. 그래서 외가 쪽은 상당한 부자였죠. 당시 전 세계를 돌며 흑인 노예들의 참상을 고발했던 반노예운동가 토머스 클라크슨(Thomas Clarkson)이라는 사람이 있었는데, 조시아 삼촌은 그에게 막대한 활동자금을 대주기도 했습니다. 그런 집안의 분위기에서 다윈의 성격이 형성되었다고 말할 수도 있겠죠.

임지현 그런데도 오늘날 다윈의 진화론 사상은 거꾸로 신자유주의 경쟁논리로 해석되는 경우가 더 많다고 느껴질 정도예요. 누가 옳고 그르다는 것을 따지자는 게 아니라, 단지 그런 후대의 해석들이 어떻게 영향을 미치는가를 살피는 게 굉장히 중요하다는 거죠. 세계사적 측면에서 볼 때 다윈에 대한 후대의 해석들은 불행히도 헉슬리 부류의 해석보다는 스펜서 부류의 해석이 지배적이었습니다. 이런 현상은 19세기 후반 이후 오늘에 이르기까지 세계사가 어떻게 전개됐는가를 보여주는 매우 중요한 사상적 척도가 될 수 있다고 봅니다.

진화론 이후 진화론의 발자국

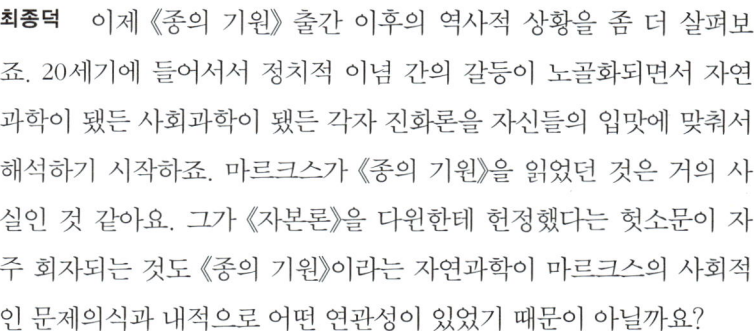

최종덕   이제《종의 기원》출간 이후의 역사적 상황을 좀 더 살펴보죠. 20세기에 들어서서 정치적 이념 간의 갈등이 노골화되면서 자연과학이 됐든 사회과학이 됐든 각자 진화론을 자신들의 입맛에 맞춰서 해석하기 시작하죠. 마르크스가《종의 기원》을 읽었던 것은 거의 사실인 것 같아요. 그가《자본론》을 다윈한테 헌정했다는 헛소문이 자주 회자되는 것도《종의 기원》이라는 자연과학이 마르크스의 사회적인 문제의식과 내적으로 어떤 연관성이 있었기 때문이 아닐까요?

마르크스의 《자본론》 헌정설

임지현   마르크스가 다윈한테《자본론》1권을 헌정하려고 했다는 이야기는 오래전 세계사 교과서에서 나왔는데, 그 헌정설이야말로 후대에 만들어진 다윈 신화 중에 가장 대표적인 것이라고 말할 수 있습니다. 사실 이런 오류의 신화 안에는 복잡한 이야기가 깔려 있어요. 앞서 말했듯이 엥겔스는 마르크스의 장례식에서 '다윈이 자연법칙을 발견했다면 마르크스가 사회법칙을 발견했다'고 연설했습니다. 그 이후 마르크스주의자들 사이에서 다윈은 마르크스와 거의 같은 위상을 차지하게 된 거죠. 그래서 19세기 말에 독일을 여행했던 이탈리아의 사회주의자들이나 프랑스의 사회주의자들이 쓴 여행기 같은 것을 보면 그런 이야기들이 등장합니다. 지금도 독일 사회민주당의 서점에 가보면 진열장에 마르크스의 《자본론》과 다윈의 《종의 기원》이 나란히 놓여 있는 것도 마찬가지 의미라고 봐요. 그런 분위기는 물론 엥겔스의 연설에서 만들어졌겠지만, '마르크스가 다윈에게 《자본론》을 헌정하려고 했다'는 이야기도 사회주의자들이 《종의 기원》을 하나의 경전처럼 해석하는 중요한 기폭제가 된 것입니다. 그런데 1970년대 말에 영국의 한 대학원 학생이 다윈의 문서를 연구하다가 이상한 편지를 하나 발견했어요. 에드워드 에이블링(Edward Aveling)이 다윈에게 보낸 편지인데, 그 편지에는 '당신에게 내가 쓴 책을 헌정하려고 하니 받아준다면 영광이겠다.'라고 쓰여 있었죠. 마르크스가 다윈에게 《자본론》을 헌정하려고 했다는 신화는 마르크스의 문서에서 비롯된 겁니다. 아시다시피 마르크스가 죽은 다음에 그의 모든 원고가 엥겔스에게 전달되었죠. 그런데 엥겔스의 임종이 가까워졌을 때 그 원고들의 소유권 문제가 불거졌습니다. 마르크스의 큰딸인 엘레아노르 마르크스(Eleanor Marx)는 자신이 관리해야 한다고 주장하고, 독일 사회민주당 쪽에서는 자신들이 가져가야 된다고 주장한 거예요. 이때 엥겔스가 엘레아노르의 편을 들어주죠. 그래서 엥겔스가 죽은 다음에 마르크스와 엥겔스의 초고들 대부분이 엘레아노르에게 전달된 겁니다. 엘레아노르의 남편이 바로 에드워드 에이블링이죠.

최종덕 엥겔스도 그렇지만 특히 에이블링은 당시 유명한 회의론자였지 않습니까? 회의론이라는 것은 초자연성을 부정하고 자연의 사실을 그 자체로만 봐야 한다는 관점이 핵심인데, 결국 당시 기독교적인 분위기에 정면도전을 선언한 거나 마찬가지잖아요.

임지현 네, 에이블링은 당시 자유사상가협회에서 활동했어요. 무신론자의 모임이죠. 에이블링의 에피소드는 아주 재미있습니다. 그가 보낸 편지에 대해 다윈은 '당신 책을 헌정하겠다는 의사는 고맙지만 사정상 사양하겠다'는 답서를 보냈습니다. 이런 편지들이 정리가 안 된 채 엘레아노르한테 온 문서들과 뒤섞이게 되죠. 이후 그 많은 문서들이 제대로 정리되지 못한 상태에서 전부 사회민주당의 문서고로 옮겨가게 된 겁니다. 그래서 에이블링에게 보낸 다윈의 편지가 마르크스에게 보낸 편지로 헷갈려버린 거죠. 그 바람에 마르크스가 다윈한테 《자본론》을 헌정하려고 했다는 이야기가 생긴 겁니다. 그게 1867년에 《자본론》이 나온 뒤의 일이니까 그때부터 신화가 증폭된 걸 거예요. 나중에 편지에 적힌 날짜 등을 계산해보니까 다윈이 마르크스한테 보낸 것이 아니라 에이블링한테 보낸 것으로 밝혀진 겁니다. 물론 그런 신화가 생길 여지는 있었습니다. 엥겔스의 연설이라든가 마르크스가 《종의 기원》을 읽고 감동을 받았다는 이야기는 사실인 것 같아요. 하지만 마르크스가 다윈에게 책을 헌정하려고 할 만큼 중요하게 생각했는지에 대해서는 확실하지 않습니다. 물론 깊은 영향을 받고 감명을 받았지만, 헌정할 정도는 아니라는 뜻입니다. 헌정이라는 표현은 자신의 사상적 스승이 될 정도여야 쓸 수 있으니까요.

최종덕 그래서 마르크스가 《자본론》을 헌정하려 했다는 오해가 생긴 것이군요. 저도 그런 역사적 내막은 몰랐습니다. 그렇지만 선생님 말씀대로 에이블링이든 마르크스든 당시 기독교적인 분위기에 대치된다는 점에서 다윈이 아주 중요한 새로운 사상적 지표로 떠오른 것은 사실이 아닐까요? 이후 20세기에 들어가면서 사회주의와 신생 자본주의 사이에 극명한 정치적 대립이 생기고, 소위 이념적 갈등이 커지면서 후대 사람들은 다윈을 자기 입맛에 맞게 각색하게 되었단 말이죠. 그러면서 선생님께서 말씀하셨듯이 다윈에 대한 스펜서 부류의 해석과 헉슬리 부류의 해석 중에서 오늘날에는 스펜서적인 해석이 우위를 차지한 것 같아요. 스펜서식 입장에 대척되는 입장은 구소련에서 유지되어왔죠. 소련은 여지없이 무너졌지만 북유럽이나 스칸디나비아 국가 등의 사회주의형 복지국가에서는 헉슬리식의 정책이 어느 정도 실현되었다고 봐도 좋을 거예요. 어쨌든 한때 소비에트 세계에서는 다윈을 영국이나 미국과는 다르게 독자적으로 해석하려는 시도들이 있었습니다. 그 대표적인 해석이 이미 사장되어버린 트로핌 리센코(Trofim D. Lysenko)의 진화론이었죠. 그 이야기를 좀 해주시죠.

임지현 사실은 리센코 이전의 19세기 말 사회주의자들도 마찬가지였어요. 아까 제가 빅토리아시대에 많은 지식인들이 자연과학의 메타포를 차용했다는 이야기를 했는데, 그건 사회주의 그룹도 마찬가지였어요. 예컨대 다윈 당시의 사회주의자였던 게오르기 플레하노프(George Plekhanov) 같은 사람은 혁명을 돌연변이라고 했어요. 양적인 변화가 축적되면서 질적 도약이 일어나는데 혁명은 돌연변이 현상이라고 설명했죠. 유물론적인 관점에서 보자면 진화론이 사회주의자들의 관심과 맞아떨어졌던 것 같아요. 혁명이 일어난 직후 볼셰비키 때, 교육부 장관 자리까지 마다했던 유명한 무정부주의자 표트르 크로포트킨

진화와역사 카페 역사의 지평에서 찰스 다윈을 만나다

(Pyotr A. Kropotkin)은 엥겔스의 《가족, 사유재산, 국가의 기원(The Origin of the Family, Private Property, and the State)》 같은 저서를 해석하면서 자연세계와 인간사회를 연결하는 시도를 했으니까요. 예컨대 여성의 월경주기도 인간사회의 소산물이라고 해석합니다. 인간이 월경을 하게 된 것은 부르주아 사회 때부터였다는 거예요. 그 이전에는 인간도 동물과 마찬가지로 가임기가 따로 있어서 그때만 섹스가 가능했는데, 사회가 문명화된 이후 권력을 쥔 남성들이 여성들을 성적으로 착취하면서, 그리고 그런 성적 착취가 누적되면서 부르주아 사회에 와서 여성들이 주기적으로 월경을 하게 되었다는 거죠. 이런 식으로 당대의 유물론자들은 생물학적 해석과 사회적 해석을 묘하게 결합했어요. 이런 해석 안에는 유물론적 세계관을 뒷받침해주는 가정들이 많이 전제되어 있죠.

최종덕 크로포트킨의 행적이 아주 재미있군요. 당시 지식인들의 일반적인 성향이라고 할 수 있을지 모르겠습니다만, 플레하노프도 그랬고 당시 사회주의자들도 마찬가지였다는 점이 특이하군요. 플레하노프는 식물학자인 후고 드 브리스(Hugo M. de Vries)의 돌연변이 이론을 적극적으로 수용한 사회주의자로 유명하죠. 연속적인 변화가 쌓여 마침내 불연속적인 돌연변이를 일으킨다는 드 브리스 이론을 혁명의 당위성을 보장하는 과학이론이라고 본 겁니다. 플레하노프보다 자연주의 성격이 더 강했던 마르크스주의자 카를 카우츠키(Karl Kautsky)도 드 브리스의 돌연변이 이론을 크게 환영했다고 해요. 카우츠키는 자연도 변증법의 법칙을 따른다고 보았거든요. 이런 점에서 카우츠키는 다윈에게 더 접근했다는 느낌을 줍니다. 그런데 이런 분위기는 당시 사회주의뿐만 아니라 자본주의자, 나아가 지식인 전반의 분위기가 아니었을까요?

임지현　예, 그렇다고 봅니다. 앞서 이야기한 화석 수집 유행부터 시작해서 크로포트킨 이야기도 그런 사례이죠. 근래까지 생물학이 마르크스 철학의 핵심적인 문제와 연관한다는 점은 매우 흥미로운 역사라고 봐요. 그레고르 멘델(Gregor J. Mendel)의 완두콩 재배로 유명한 유전 이론이 있죠. 개체발생 이후의 획득형질은 유전되지 않는다는 것이 멘델에 의해 입증됐는데도 구소련에서는 리센코와 같은 생물학자가 등장해서 한 시대를 휩쓸었죠. 아무리 실험을 해봐도 획득형질의 유전은 증명될 수 없는 유사과학이었지만, 리센코는 정치적 이데올로기로 과학의 진실을 밀어붙인 겁니다. 자신의 이론에 반대하는 생물학자들을 반동으로 몰아 숙청까지 했으니까요. 결국 리센코 사후, 그리고 스탈린주의에서 완전히 벗어난 이후에야 비로소 소련의 생물학이 다시 과학이라는 정상궤도에 들어가게 되었죠. 그러니까 과학의 퇴보는 물론이거니와 그 정도라면 얼마나 이데올로기적인 부담이 되었겠어요.

최종덕　사회주의에서와 마찬가지로 20세기 이후 자본주의에서도 진화론은 자기 입맛에 맞게 변색되었죠. 특히 미국 사회에서 진화론의 해석이 경쟁주의 일편으로 나아간 것 같아요. 적자생존(survival of the fittest)이라는 개념이 약육강식론으로 한 발 더 나아가 해석된 것이죠. 《종의 기원》 어디에도 약육강식이라는 말은 없습니다. 그런데도 미국식 자유주의에 어울리게 약육강식이라는 이미지를 진화론에 결부시킨 겁니다. 구소련에서는 리센코 같은 해석이 등장하고 미국에서는 약육강식의 논리가 정착하게 된 거죠. 둘 다 진화론과 연관한다는 점이 씁쓸하지만, 각각 자기 입맛에 맞게 변형된 불행한 역사가 있었단 말이죠. 저는 그런 역사가 바로 오늘의 자본주의 사회의 문제, 아니면 나치의 문제, 더 나아가서는 현재 아프리카의 내전 사태와 내면적으로 어느 정도 연관이 있다고 생각합니다. 다윈 이후 국제적인 측면에서 주변적인 상황은 어떨까요?

임지현 유럽에서는 인류 역사의 3대 사상가로 꼽힌다고 할 정도로 다윈이 정말 큰 인물이긴 했던 것 같아요. 구소련에서 다윈의 이론을 신성불가침의 이론처럼 받드는 리센코주의가 희화화되어 결국에는 생물학이론을 지배했다면, 허버트 스펜서가 가장 환영받은 곳은 유럽보다 오히려 미국이었다는 점을 눈여겨볼 필요가 있어요. 리처드 호프스태터(Richard Hofstadter)라는 미국의 역사가가 쓴《미국의 사회진화론(Social Darwinism in American Thought)》이라는 책을 보면 당시의 상황을 알 수 있습니다. 스펜서가 미국을 방문했을 때 그가 방문하는 도시마다 역 앞에 군중이 모여들어서 그를 환영했어요. 남북전쟁 이후 돈을 크게 번 미국의 새로운 거대 자본가들이 유럽에서 온 스펜서를 만나기 위해서 역까지 마중 나오는 광경들이 잘 그려져 있죠. 그런 상황들을 영국과 비교해보면 미국의 상황을 더 잘 이해할 수 있어요. 18세기 말에 영국 경제학의 한 조류인 리버럴리즘(liberalism)이 나옵니다. 리버럴리즘을 자유방임주의로 이해하곤 하지만, 사실은 윤리학에서 출발한 거라고 봐요. 애덤 스미스 같은 경우가 그렇죠. 당시 영국 지식사회에는 양면적인 가치가 병립했습니다. 빅토리아시대에 한편에서는 경쟁이나 자유방임, 생존투쟁 같은 논의들이 무성했고, 또다른 한편에서는 귀족적 전통에서 시작된 온정주의 또는 그와 유사한 퍼터널리즘(paternalism) 등의 인도주의의 잔재가 있었죠. 이런 온정주의는 그에 대비되는 극단적인 경쟁주의에 대해서 나름대로 안전판 역할을 해온 겁니다. 그러나 미국은 상황이 완전히 달라요. 미국의 경우 관습체제의 구속이 없었거든요. 즉 과거 유럽의 귀족 사회에 있었던 퍼터널리즘이나 온정주의조차 없었다는 뜻입니다. 그래서 다윈의 진화론을 완전히 사회의 생존경쟁, 정글 자본주의의 법칙에 맞게 편집한 허버트 스펜서의 이야기가 미국에서는 아주 잘 먹히게 된 거죠.

최종덕 매우 재미있는 분석입니다. 어떻게 보면 개척정신이나 청교도 정신하고도 맞을 수 있겠군요.

임지현 미국의 이른바 개척사회라는 것은 미국에 살던 선주민들을 식민지배에 가두려는 욕구예요. 선주민들을 거의 몰살하거나 추방한 후 자신들의 사회를 건설해왔던 미국의 건국 과정이나 팽창 과정은 경쟁이론으로 해석된 진화론에 기가 막힐 정도로 잘 맞아떨어졌죠. 그들의 새로운 지배 이데올로기로 진화론이 매우 그럴 듯해 보였을 겁니다. 스펜서가 본국인 영국보다 미국에서 더 각별하고 열렬히 환영받았던 것에는 그런 맥락이 있었던 것 같습니다. 스펜서의 사회적 진화론이 미국 못지않게 환영받은 곳이 동아시아일 거예요. 19세기 말에 중국과 일본, 조선이 이른바 개항을 하면서 스펜서의 이론이 크게 환영을 받았어요. 18세기까지의 세계 경제지도를 본다면 중국 양쯔 강 삼각주 지역, 일본의 간토·간사이 지역, 인도 벵골 지역의 경제적 수준이 영국 맨체스터의 경제적 수준과 거의 차이가 없었습니다. 오히려 생산성이라든가 생산력 수준, 토지 대 인구비율을 보면 중국이나 인도, 일본이 맨체스터 지역보다 앞서가면 앞서갔지 뒤떨어지지 않았던 시기가 바로 18세기였습니다. 그러나 맨체스터 산업혁명 이후 그러한 상황은 역전되었죠. 영국이나 프랑스 같은 국가들은 근대 이후부터 국가 자체가 이윤을 추구하는 자본가 집단, 또는 자본 증식 과정을 지원하는 체제였습니다. 반면 중국이나 일본 같은 동아시아 국가는 이윤 추구나 자본 증식과는 거리가 멀었고, 단지 유교적인 이상을 위에서부터 밑으로, 즉 군주에서부터 백성에 이르기까지 교화를 통해서 펼치고자 했던 체제였죠. 그렇기 때문에 영국이나 프랑스에 비해서 오히려 동아시아 국가들이 좀 더 복지국가의 성격을 보여주었단 말이죠. 오늘날의 복지국가 형태와는 물론 다르지만요. 그런데 19세기에 아편전쟁 등을 거치면서 동서의 상황이 역전되었고, 중국이나 일본이 서양보다 뒤떨어졌음이 드러났어요. 그 변화의 시대에 동아시아는 막대한 위기의식을 느끼게 됩니다. 이런 상황에서 서양의 민족주의 또는 국민국가를 정당화하는 사상이나 이데올로기들이 동아시아로 자연스럽게 들어오게 됩니다. 동아시아 역시 위기상황을 극복하자는 논리 속에서 그런 이데올로기들을 호의적으로 받아들이죠. 서양에 대한 모방과 반전의 의식이 일종의 부국강병론으로 나타난 겁니다. 문제는 이런 논리가 오늘날까지 남아 있다는 거예요. 이명박 정부의 개발논리나 북한의 강성대국론 같은 것들이 사실은 사회적 진화론이 아직까지 우리 사회에 깊이 영향을 미치고 있는 사례라고 볼 수 있는 거죠.

최종덕 저도 그렇게 생각합니다. 중국에서 진화론을 받아들일 때도 지금 말씀하신 것처럼 스펜서를 받아들인 것이지, 다윈을 받아들인 게 아니었죠. 진화론을 수용하면서 부국강병론에 맞게 재해석된 진화론이 수입된 겁니다. 그 전형적인 모습이 바로 청나라 말기의 사상가 옌푸(嚴復)의 천연론(天演論)인데, 진화론의 중국식 표현입니다만, 스펜서의 사상을 그대로 본뜬 것입니다. 소위 약육강식론으로 해석된 진화론을 말하겠죠.

세계를 뒤흔든 사회진화론

임지현   19세기 말에 제국주의가 본격화되면서 유럽에서 인류학이 발전합니다. 원래 다윈의 진화론에서는 린네의 고정불변의 생명종 이론을 깨고 종간 연속성을 증명했지만, 제국주의를 정당화하려는 의도에서 은근슬쩍 겉만 다윈이고 속은 린네인 전 단계 과학을 식민지 사회에 적용한 것으로 보입니다. 그렇게 해석된 진화론을 통해서 서구가 더 우월한 문명수준을 가지고 있음을 보여주고자 했고, 야만적이고 미개한 선주민들을 지배해서 문명의 길로 인도해야 된다는 그들만의 당위성을 보여주려 한 거죠. 게다가 이런 서구의 이데올로기에 맞서 저항하던 동아시아에서도 결국은 그 게임의 법칙을 그대로 받아들이는 불행을 낳은 겁니다. 중국 같은 경우도 마찬가지예요. 중국이 원래는 훌륭한 문명이었는데 지금은 청나라 같은 야만적인 만주족의 지배 때문에 뒤떨어졌으니까 서양의 문명구조를 받아들여 민국혁명을 완수해야 한다는 논리였습니다. 일본은 메이지 유신이 어느 정도 성공해서 다른 동아시아 국가와 다르게 자신들을 서양과 동일시하게 됐어요. 자신들에게는 봉건제도도 있었고, 서양과 비슷한 문명개화의 길을 걸어온 반면, 조선이나 중국은 전통적인 아시아 생산양식, 동양적 전제주의 사회였다고 비난했죠. 이러한 차이를 강조하면서 조선과 중국을 일본의 오리엔탈리즘 대상으로 만든 겁니다. 그런 조작적이고 모방된 관계에서 자신들을 서양에 대입한 거죠. 결국 일본의 유명한 탈아시아론, 즉 일본은 아시아에서 벗어나 유럽처럼 되어야 한다는 주장이 나온 겁니다. 당시에는 일본 지식인들이 백성을 계몽하면서 서양인과 혼혈하기 위해 국제결혼을 해야 한다고 장려했을 정도예요. 이런 것들이 사회적 진화론이 동아시아에 얼마나 깊이 뿌리를 내리고 있는가를 보여주는 단적인 예입니다.

최종덕 사회적 진화론, 나중에 사회진화론이라고 불리던 일종의 오도된 과학이 20세기 중반까지 막강한 사회적 파급력을 가졌죠. 우생학도 그렇고요. 근대화 과정에 있었던 동아시아와는 달리 유럽의 우생학은 피비린내와 연결되었다는 점이 심각하겠죠.

임지현 예, 사회적 진화론이 서양에서는 제국주의 및 나치 우생학과 맞물려서 돌아갔습니다. 예컨대 나치 때의 아우슈비츠 같은 강제수용소나 이른바 아리안 순수혈통이 지배하는 '레벤스라움(Lebensraum, 생활공간)' 등이 사회진화론의 심각한 부작용들이었죠. 레벤스라움이라는 개념은 독일이 오늘날의 나미비아를 식민지배할 때 이미 나왔습니다. 당시는 독일이 비로소 연합국가가 된 시기이면서 제국주의에 참여하게 된 시기죠. 독일 국가의 형성은 곧 게르만 민족의 생활터전을 확보하는 것이고, 나아가 식민지 지배를 통해 게르만 민족만을 위한 생활공간을 확충하자는 생각이었어요. 나미비아 역시 게르만족의 생활공간을 확장한 셈이죠. 그런 나미비아에서 원주민의 반란이 일어난다는 것은 도저히 용납할 수 없다는 게 독일 지배자의 생각이었습니다. 당시 소수민족이었던 헤레로족이 반란을 일으키자 독일의 지배자들이 무자비하게 진압하면서 그들을 가둬놓는 강제수용소까지 이미 실험한 겁니다. 이런 무자비한 행위에 정당성을 부여하는 작업에 독일의 인류학자들이 거들었어요. 독일 인류학자가 나미비아에서 현지조사를 통해 야만적이고 열등한 흑인 선주민을 없애고 우월한 독일 개척자들이 나미비아를 지배해야 한다는 근거를 만든 거예요. 아돌프 히틀러가 집권하면서 만든 혼혈을 금지하는 뉘른베르크법도 이런 분위기에서 나온 겁니다. 그런 법들도 실은 나미비아에서 이미 시행이 된 것들이죠. 그래서 나치는 그러한 식민주의적 역사의 연장선상에 있다고 할 수 있어요.

진화와역사 카페 역사의 지평에서 찰스 다윈을 만나다

최종덕　저도 아프리카 식민지 역사에 대해 개인적인 관심을 갖고 있어요. 선생님이 말씀하신 것과도 연관될 수 있는 이야기인데, 1994년에 불과 3개월 동안 100만 명 가까운 시민이 학살된 르완다의 경우도 비슷하다고 생각해요. 1994년이라면 그리 오래된 과거도 아니잖아요? 겉으로 보기에는 르완다 내부의 종족 간 학살사태였지만 실상은 그렇지 않죠. 벨기에가 르완다를 식민통치한 역사를 보면 그 엄청난 학살사태의 원인을 짐작할 수 있어요. 작은 벨기에는 르완다를 통치하기 위해 그 지역에서 평화롭게 지내던 두 민족인 후투족과 투치족을 일부러 분리해놓죠. 두 종족을 공공연하게 비교하면서 소수 종족이었던 투치족에게 다수 종족인 후투족과는 다른 색깔의 주민등록증을 교부하는 등 종족 차별을 조작한 겁니다. 교육이나 경제, 정치 등 모든 분야에서 차별을 공식화해서 투치족이 후투족을 지배하도록 하되, 벨기에 지배자의 뜻대로 지배하는 방식을 취한 거죠. 이런 지배방식은 모두 제국주의의 선배격인 영국에게서 배운 것이잖아요. 선생님 말씀대로 나치의 유대인 학살은 이미 아프리카에서 연습된 것이듯이, 유럽 제국주의 지배의 흔적이 나치의 망동에 투영된 것으로 이해가 됩니다. 선생님이 말씀하신 식민주의적 역사의 연장선을 그렇게 이해해도 되지 않을까요?

임지현　예, 그래요. 나치가 채택했던 지배원리의 용어들이나 정책 등이 19세기 말에 아프리카 식민지에서 이미 다 시도되었던 것들이에요. 예컨대 헤르만 괴링(Hermann Göring) 같은 경우에 아버지가 나미비아 총독이었어요. 그 가족이 다 나미비아에서 살았던 경험이 있고, 헤레로족의 반란을 진압하던 독일군 특수부대가 입던 옷도 나치 돌격대가 입었던 갈색 셔츠와 같아요. 그러니까 심지어 군복까지도 식민주의에서 그들이 경험했던 것을 그대로 나치가 이어받고, 나아가 인적 구성이라든가 제도, 이데올로기가 식민주의 정책을 그대로 잇는 거죠. 그런데 역사적 자료를 보면 강제수용소는 스페인이 쿠바와 전쟁할 때 처음으로 만든 제도이기도 합니다. 19세기 말이죠. 쿠바 반군을 소멸하기 위한 스페인의 전쟁전략에서도 비슷한 수용소 개념이 정착됩니다. 그러니까 나치의 정책은 식민주의 정책의 연장선상에 있다고 볼 수 있어요. 단지 유럽 사람들이 나치에 대해서 못 견뎌 하는 것은, 식민주의는 아프리카나 아시아인들을 지배 대상으로 삼았는데, 나치는 함께 살던 유대인이나 같은 백인이라고 할 수 있는 슬라브족을 노예로 삼았다는 거죠. 그러니까 그걸 못 견뎌 하는 거예요. 사실 죽인 걸로 따지면 벨기에가 르완다와 콩고에서 저지른 무참한 행위들, 남아프리카공화국이나 보츠와나 같은 데서 영국인 식민주의자들이 했던 잔학행위들이 나치의 행위와 떨어질 수 없는 상황임을 아주 자연스럽게 알 수 있죠. 심지어 윈스턴 처칠이 해군장관일 때 아프리카 남부의 식민지 반란을 진압한 병사들에게 훈장을 주는데, 이렇게 야만적이고 반인간적인 사람들한테 훈장을 줬다는 사실 자체가 그들의 본연을 알 수 있는 거예요. 인간 내면에 있는 포악성이라고 하기에는 지나친 정도까지 갔죠. 보수주의자이고 식민주의자인 처칠까지도 훈장 수여에 대한 의구심을 가졌을 정도로 그들의 잔학함이 컸어요. 그런데 문제는 그런 행위가 이루어지는 배경에는 린네에게서 확립된 생명종 간의 차별성 지위가 정착되었다는 사실도 있었다는 겁니다. 근대 자연과학이 발전하면서 만들어놓은 일종의 오도된 과학을 사회에 그대로 적용시킴으로써 식민지 지배를 정당화하는 이데올로기로 바뀌었다고 볼 수 있죠.

최종덕　아주 흥미로운 지적이십니다. 19세기에는 자연과학을 어떻게든 자신들의 행동양태를 보장하고 근거가 되는 객관적 이론으로 확보하려는 경쟁이 많이 이루어진 것이 사실입니다. 지금 말씀하신 것이 핵심이라고 봐요. 다윈과 더불어 린네에 대한 이야기가 나왔는데, 독자들을 위해서 잠시 린네의 주장을 간단히 설명해야 할 것 같습니다. 린네의 주장은 생명종이 고정돼 있다는 거죠. 예를 들어서 아프리카 녹색원숭이종은 진화와 무관하게 영원히 자신의 생명종을 유지한다는 겁니다. 국화종은 그 흔한 산국을 비롯해서 50종 이상이나 된답니다. 처음에는 변이로 다양해졌겠지만 나중에는 새로운 국화종이 정착된 것이죠. 아프리카 녹색원숭이종도 4개의 아종으로 이미 분류된 것이고요. 린네는 기본적으로 종간 변화나 변이에 의해서 새로운 종이 탄생한다는 사실을 부정했는데, 이런 생각을 정면으로 무너뜨린 게 바로 다윈이거든요. 그렇게 다윈에 의해서 생명종의 고정성이 이미 깨진 상황인데도, 19세기 제국주의자들은 다윈을 자기 입맛에 맞게 받아들이면서 다윈에 의해 붕괴된 린네의 이론까지도 그냥 받아들인 겁니다. 거기다 우생학까지 확장해서 선생님께서 말씀하신 것처럼 제국주의를 합리화하는 도구로 사용하고 그랬단 말이죠. 그런데 독일은 연방 국가가 되는 시기가 늦어졌기 때문에 제국주의 대열에 제일 늦게 합류했지만, 그 피해자였던 나미비아는 더 심각한 실험 장소로 전락되었다는 점을 강조하신 것 같아요.

임지현   강제수용소라는 제도가 있기 위해서는 강제수용을 하는 민족이 수용을 당하는 민족보다 우월하고, 아예 민족 자체가 우월과 열등으로 구분된다는 생각이 깔려 있어야 할 겁니다. 린네의 과학이 그렇게 적용됐다는 점은 아주 불행한 역사죠.

역사학과 진화론이 '민족주의'를 말하다

최종덕   그러면 이제부터 민족이 과연 무엇인지 토론해볼까요? 애국심을 예로 들어보죠. 애국심이라는 말에는 이미 '마음 심(心)' 자가 붙잖아요? 애국심 하면 개인적인 차원을 넘어서서 집단 차원의 마음이 있을 것이라는 막연한 이해를 하게 합니다. 그렇다면 애국심이라는 마음가짐이 개인의 차원에서 이루어지는 것인가, 아니면 집단 차원의 마음이 과연 있는 것인지를 살펴볼 필요가 있어요. 약간 어려운 주제이기는 하지만 이 문제는 오늘 논의가 되어야 한다고 생각해요. 애국심 문제와 관련해서 민족의 문제에 대해 선생님께서 생각하고 계신 것들을 말씀해주세요.

임지현   민족이란 문제도 인종의 연장선상에서 이야기할 수 있을 겁니다. 종과 종 사이에 유동적인 변화는 있을 수 없다는 태도는 오늘날 우리나라에서도 꿈틀거리는 것이 아닌가 생각해요. 많은 사람들이 은연중에 인종이란 변하지 않는 실체라고 생각하는 것 같다는 말입니다. 백인종과 우리는 다르고, 우리 민족과 이주노동자인 네팔 민족은 섞일 수 없는 다른 종이라는 생각이죠. 그런데 19세기 역사를 보면, 특히 미국 역사 속에서 잘 드러나는데, 가령 백인종과 흑인종, 황인종만이 아니라 백인종과 백인종 사이에도 제3의 인종이 있을 수 있다고 보기 시작해요. 예컨대 영국인들은 아일랜드인을 백인종에 집어넣지 않았죠. 그들을 백인종이 아니라 야만인종으로 분류했어요. 절대 같은 인종이 될 수 없었던 거예요. 심지어는 1960년대 후반까지만 해도 런던 정치경제대학 앞에 있는 술집에 '아일랜드인과 개 출입금지'라고 적힌 팻말이 붙어 있을 정도였어요. 당시 런던 정치경제대학에 다녔던 영국의 인터내셔널 마르크시스트 그룹에 속한 한 연구자가 저한테 그 이야기를 해줘서 큰 충격을 받았죠. 사실 인종 구분이라는 게 결코 자연적이지도 않고, 획일적인 기준으로 나눠지는 것도 아닙니다. 얼굴색뿐만 아니라 고수머리와 직모처럼 머리카락을 기준으로 나눌 수도 있죠. 그 기준들이 굉장히 다양해요. 그런데 제국주의 시대에 얼굴색을 기준으로 인종을 분류하는 방식이 지배적이 된 겁니다. 얼굴색은 차별을 쉽게 할 수 있는, 겉으로 드러난 차이니까요. 우리도 식민지를 겪으면서 그런 차별을 받았죠. 그런 경험은 백인중심주의의 여전한 피해자인 한국인이 넘어서야 할 유산이에요. 19세기 미국에서 아일랜드 이민자들과 중국 사람들이 결혼하는 일이 굉장히 많았습니다. 왜냐하면 두 민족 모두 19세기의 맥락에서는 백인이 아니었거든요. 또한 1960년대 초까지만 해도 유대인과 흑인 사이에 결속이 굉장히 강했던 사실도 중요한 사례입니다. 미국의 인종주의자들이 유대인을 백인으로 인정하지 않았거든요. 이런 역사적 사례들이 보여주는 바는, 호모사피엔스의 인종이라는 것도 계속해서 변화하는 것이지 고정된 것이 아니라는 말입니다. 물론 이런 사례들은 자연선택에 의한 결과는 아니지만요. 즉 사회적·문화적 기준들이 섞여서 어떻게 규정하느냐에 따라 인종이 분류될 뿐이지, 린네가 말하는 것처럼 고정불변의 것은 아니란 이야기죠.

최종덕 문제는 우리가 인종 차별의 피해자이면서도 우리 스스로 정형화된 인종 분류를 아주 자연스러운 것으로 생각하는 경향이 강하다는 점이 아닐까요? 우리 민족의 순수혈통이라는 주장이 자칫 나치의 아리안족 순수혈통 주장과 통하는 게 아닐까 우려하는 겁니다.

임지현 네, 민족에 대한 우리의 이해가 그런 오류에 빠지지 않을까 하는 점이 문제이죠. 민족을 변하지 않는 본질적인 실체로 간주함으로써 우리 스스로 민족의 허구에 안주할 수 있어요. 한국 민족이 어떻게 구성됐느냐를 묻기에 앞서서 한국 민족은 본질적인 실체라고 생각하는 태도를 고치는 게 좋다고 생각합니다. 우리는 지금 외모가 나와 조금이라도 달라 보인다든가 언어가 안 통하는 사람들은 전부 우리 민족이 될 수 없다는 식으로 혈통 중심의 인종차별적인 민족 관념이 지배적인 사회가 되었죠. 그런 현상을 잘 보여주는 예시 중 하나가 우리나라의 재외동포법이에요. 그러니까 재외 동포가 어느 국가에 세금을 내느냐가 중요한 것이 아니라 단지 우리와 피를 나누고 있으니 우리 동포라는 민족적 명분을 부여함으로써 한국 시민과 같은 권리를 부여한다는 겁니다. 반면에 한국 땅에 함께 사는 외국인 노동자들이나 이주노동자들, 그리고 국제결혼 이주자들은 한국에서 일하고 세금을 한국 정부에 내고, 소위 3D 직종에서 한국 경제에 기여도가 아주 높은데도 그들의 권리를 인정받지 못하죠. 이것이 우리의 현실입니다. 백인 우월주의 이상으로 이주노동자에 대한 차별이 심해요. 이런 차별적 분류 태도는 단순히 민족에 대한 이해, 인종에 대한 이해를 떠나서 향후 한국 사회의 결정적인 취약점이 되는 것입니다.

최종덕　최근 들어 다문화에 대한 이해가 높아지면서 이주노동자 문제를 진취적 관점에서 이해하려는 태도가 많이 늘어난 것 같아요. 그렇지만 여전히 그들을 우리와 다른 인종으로, 거의 노예 취급하는 사람들이 많아요. 이주노동자에 대한 차별이 노골적으로 드러나면서 마치 과거 제국주의 시대에 남아메리카나 아프리카, 동아시아 선주민들을 대했던 서구 유럽인의 태도와 거의 비슷한 판이란 말이죠. 정말 슬픈 우리의 자화상입니다. 이 점에서 우리는 우리의 민족 문제를 스스로 반성해야 한다고 생각합니다. 사회과학적인 측면에서 민족 문제를 보는 것이 중요하듯이, 이제 다윈의 입장에서 과연 민족이란 무엇인가를 생각하는 일도 중요할 거예요. 민족이란 집단개념이지 개체개념은 아니니까, 다윈 진화론의 입장에서 민족을 다루는 일은 물론 조심해야 될 부분이 많아요. 고정되고 변하지 않는 생명종의 실체를 거부하는 것에서부터 진화생물학이 시작됐다는 이야기를 여러 번 했는데, 마찬가지로 민족이라는 고유한 혈통의 실체를 주장하는 것 역시 진화생물학과 거리가 먼 것이잖아요. 물론 민족이라는 이름으로 불분명한 경계는 할 수 있어요. 지리적인 격차에서 생긴 경계죠. 그러나 원시인류에서 호모사피엔스로 넘어오면서 그 혈통의 경계는 이미 허물어졌죠. 이런 점에서 다윈 진화론의 입장에서는 민족이라는 틀이 별 의미가 없다는 겁니다. 저는 민족이라는 관점을 사회과학적인 측면이 아니라 생물학적 측면에서 볼 때 자칫 생물학적 결정론이 생기기 쉽다고 봐요. 개체들의 집단 성향은 환경적인 요인에 의해 만들어진 것이지, 민족이라는 선개념에 의해서 개체의 성향이 결정되는 것은 아니라고 생각하거든요.

임지현 저도 선생님 말씀에 거의 다 동의해요. 여담이지만 한 10년 전쯤에 의과대학 교수님과 단일민족의 유전적 혈통에 관해 이야기를 나누던 중 흥미로운 이야기를 듣게 되었어요. "임 선생, 혈통 문제로 그렇게 싸울 필요 없어. DNA 검사 한번 해보면 논쟁이 해결되는 거야."라고 하시는 거예요. 벌써 10여 년 전에 일본 NHK에서 한국과 일본, 중국의 인구집단 표본을 추려내서 DNA를 검사한 내용을 방영한 적이 있었어요. 그 결과가 굉장히 흥미롭습니다. 그 검사결과에 따르면 일본과 중국, 한국에서 각각 다른 유전자 특성과 다른, 소위 가장 고유하다고 여겨지는 DNA 속성을 공유하는 인구집단이 불과 23퍼센트에서 26퍼센트 정도밖에 안 되는 거예요. 쉽게 말하면 한국은 단일민족이 아니라는 거죠. 물론 일본이나 중국도 단일민족과는 거리가 멀고요. 우리는 5,000년 동안 단일혈통으로 이어져왔기 때문에 우리 민족은 특수하다고 늘 말하는데, 그런 말조차 실은 사회적 진화론이 도입된 19세기 말에 생겨서 굳어져온 잘못된 생각인 겁니다. 현대 과학에서 DNA 검사를 해보면 사실 간단하게 깰 수 있는 오류죠. 결국 단일민족이라는 주장은 역사로 보나 과학으로 보나 허상이에요.

최종덕 정말 명쾌한 지적입니다. 그런데 'DNA 검사' 같은 말을 자주 하다 보면 사회과학자들로부터 과학만능주의라는 오해를 받을 수 있거든요. 그런 오해는 과학에 대한 이해가 서로 공유되지 않았기 때문일 겁니다. 이제 다윈의 과학을 좀 더 새로운 관점에서 봐야 한다고 생각해요. 예를 들어보기로 하죠. 과거에는 영장류 중에서 침팬지 계통과 호모사피엔스가 엄청난 차이가 나는 줄 알고 있었죠. 유인원 중에는 침팬지와 고릴라, 보노보, 오랑우탄이 있는데, 알고 봤더니 보노보와 침팬지 사이의 DNA 차이보다 보노보와 인간 사이의 DNA 차이가 더 적은 거예요. 신의 창조물로서 인간의 존엄성을 주장하는 분들은 이런 결과에 대해 분노를 터뜨리지만 이건 엄연한 사실이죠. 그러니까 종과 종 사이의 구분이라는 게 무의미해지는 거예요. 여전히 이런 사실을 받아들이지 않는 사람들이 제 주변에도 있습니다. 그런 사실을 인정하면 인간의 존엄성이 붕괴된다는 불안감 때문이죠.

임지현 사실 불안할 필요가 없죠. 인간을 진정으로 이해하는 계기가 되는 거니까요. 인간 이해는 결국 우리 사회의 건전성을 확보하기 위한 첫 단추이고, 인간의 존엄성이란 그런 과학적 사실에 의해 깨지는 것이 아니기 때문이죠. 이제 문제는 인문사회과학자와 자연과학자들이 서로 대화하면서 과학의 본연을 찾아가야 하는 거라는 생각이 들어요. 이런 대화가 일종의 사회적 평등으로 가는 길이고, 거기서부터 인간의 존엄성이 확보되는 것이 아닐까요? 예를 들어 선생님이 잘 아시겠지만 인간 게놈 계획(Human Genome Project) 때문에 인간 본성에 대한 오해가 많지 않았습니까?

최종덕 예, 그래요. 한때 세상을 떠들썩하게 했던 인간 게놈 계획이라는 것을 시작할 무렵인 1990년대 초반에는 인간의 게놈이 20만 개쯤 될 거라고 추정했어요. 그 후 6, 7년쯤 지나서는 7~8만 개, 10년쯤 후는 3~4만 개로 추정하게 됐죠. 숫자상으로 볼 때 엄청난 차이예요. 그러다가 지금은 2만 5,000개 이하로 밝혀졌거든요. 그렇게 적은 숫자로 인간의 본성을 설명해야 한다는 점에 대해 자괴감을 느낀 겁니다. 게다가 인간의 게놈 수가 다른 동물종과도 별로 차이가 나지 않는다는 점이 더 충격적일 수 있죠. 인간의 존엄성이 붕괴되는 듯한 불안감을 느끼는 사람들이 많아진 겁니다. 이제 그런 불안감 자체가 허구라는 사실에 눈을 떠야 하죠. DNA 숫자로 인간을 설명할 수 있다는 생각은 지나간 과학의 환상입니다. 아직 커튼 뒤의 비밀을 모두 찾아내지 못하는 것이 오늘의 과학이거든요. 다시 민족 이야기로 돌아온다면, 과연 민족 개념에서 고정된 기준이 있느냐 하는 질문 자체가 과학 쪽에서 보면 이미 다 끝난 이야기예요. 하지만 우리 사회과학에서는 여전히 그에 대해 논쟁하고 있기 때문에 논의 자체를 부정할 수는 없고, 그것을 어떻게 하면 합리적으로 설득할 수 있느냐가 중요하다고 봅니다. 이런 점에서 한국 사회의 상황을 논의해야 할 것 같습니다.

임지현 한국의 경우 먼저 단일혈통이라는 신화를 깨는 데서부터 민족 논의가 출발해야 한다고 봐요. 그런 점에서 먼저 과학적 자료, 역사적 자료 등 실증적 자료를 통해서 우리가 단일민족이었다는 이야기를 해체하고 들어가는 것이 순서라는 거죠. 저는 과학만능주의를 항상 비판해왔지만, 과학의 엄연한 사실을 인정하는 학자적 태도는 매우 중요하다고 봅니다. 이런 점에서 연구지원 정책도 과학과 역사, 그리고 인간을 묶는 통합적 연구에 눈을 돌려야 해요. 요새는 DNA 검사 비용이 많이 싸져서 표본조사를 할 수 있는 연구여건이 좋아졌다고 하더군요. 자연과학자와 유전학자, 의과대학의 전문가, 역사가들이 모여 그야말로 진짜 통합적인 학문체계를 구성해서 연구를 하자는 겁니다. 앞서 말한 DNA 검사 등을 통해 우리 사회에 퍼져 있는 오해의 근거들이 상당 부분 깨질 수 있을 거라고 생각해요. 물론 과학기술의 한 단편에서부터 통합연구가 출발할 수 있다는 거지, 그런 연구가 민족 연구의 전부라는 말은 결코 아닙니다. 민족에 대한 논의를 과학 자료에 환원시키자는 게 아니라 과학 자료를 보는 태도를 넓히자는 뜻이에요. 그런 태도를 통해 단일혈통이라는 신화부터 깨야 민족이라는 것이 영구불변의 고정된 실체가 아니라 끊임없이 변화한다는 사실이 확실해진다는 거죠.

최종덕　그런데 아무리 객관적인 근거라 할지라도 그런 과학을 통해서 기존의 신념이 쉽게 깨질까요?

임지현　거기서부터 출발해야 한다는 거죠. 소모적인 논쟁을 피하기 위해 최소한의 과학에서 출발하지만, 사회적인 성찰이 반드시 따라와야 할 겁니다. 예를 들어 한국에서 민족개념이 왜 현재와 같은 위상을 차지하게 되었는지를 살펴보는 거죠. 한국에서 민족개념이 처음 쓰인 게 1905년에서 1907년 사이일 겁니다. 민족이라는 개념 자체가 한국에 있었던 게 아니에요. 일본에서 'nation'이라는 말을 번역한 'みんぞく'라는 말이 들어와서 민족이라는 용어로 정착되었죠. 그렇다면 민족이라는 개념으로 한반도에 사는 주민들을 하나로 묶어서 사고하는

방식이 생긴 것도 5,000년 전부터가 아니라 겨우 100년 전이라는 겁니다. 그 과정에서 사회적 진화론 같은 것들이 중요한 비중을 차지했었죠. 예를 하나 들어보겠습니다. 사실 우생학은 나치의 독점물은 아니었던 것 같아요. 사회주의자들도 우생학을 믿었고, 1930년대 우리나라에서도 나타나죠. 물론 색깔의 차이가 나지만요. 저의 대학원생 중 한 명이 1930년대 한국 여성운동 지도자들의 우생학 담론에 대해 논문을 쓴 게 있는데, 사회주의 계열의 여성 지도자들과 민족주의 계열의 여성 지도자들의 담론이 거의 유사한 것을 발견했어요. 그 내용은 이런 겁니다. 일본이 동아시아 전쟁 총력전 체제를 준비하면서 한반도에 다산 정책을 폅니다. 요사이 한국의 출산율이 세계 최하가 되면서 심각한 위기를 느끼고 그 대응책을 찾는 일과 비슷한 상황이라고 봅니다. 여성 보호의 측면이 아니라 국가가 발전하기 위해서는 청년층 인구가 늘어나야 되고, 그래서 정부는 다산장려책을 세우는 거죠. 마찬가지로 일본제국도 1930년대 들어서면서 다산장려책을 폈죠. 장기적인 전쟁계획에서는 인구가 많아야 전쟁을 수행할 수 있는 인적 자원이 많아지는 거니까요. 이에 대해 민족주의나 사회주의 계통의 여성 지도자들이 반대하는 논리를 펼칩니다. 다산장려책은 인구를 증가시켜서 우리를 전쟁계획에 소비하려는 의도라는 것을 신랄하게 지적했어요. 거기까지는 좋습니다. 그런데 자신들처럼 교육도 잘 받고, 체격도 좋고, 머리도 좋은 사람들은 애를 많이 낳아야 하지만, 교육수준이 낮고, 체격도 적고, 머리가 나쁜 시골의 아낙네 같은 사람들은 애를 낳지 말라는 주장도 했어요. 그래서 조선 민족을 개량해야 된다는 거죠. 이런 논리는 바로 나치의 전형적인 논리와 맥을 같이하는 겁니다. 일본 제국주의에서 우생학적인 논리가 전개되었는데, 그런 정책에 저항했던 민족운동과 사회주의 운동 계열의 여성 지도자들도 거리낌 없이 같은 논리에 함몰되었던 거죠. 그리고 그런 논리들이 민족의 이름으로 정당화되었어요. 우리 민족을 개량하기 위해서는 좋은 인자들이 있어야 하고, 더 좋은 인자들을 낳기 위해서는 자신들처럼 교육을 받고 머리도 좋은 사람들이 있어야 한다는 겁니다.

최종덕　실제로 그들은 머리가 좋았나요? 머리가 좋다거나 아이큐가 어떻다는 등 일상에서 자주 쓰는 표현도 실은 생물학적 결정론의 한 단면을 보여주는 말인데요. 어쨌든 1930년대 한국 민족주의의 민족개 량운동을 나치의 우생학과 그대로 비유하기에는 너무 지나치지 않을 까요? 그렇다면 현존하는 인류, 나의 마음속에 어느 정도 그런 마음 보가 있는 것이 아닐까요?

임지현　무슨 말인지 이해하겠습니다. 저도 동의합니다. 하지만 현대 사회에서 민족주의 문제는 거의 배타적 혈통주의 형태로 나타나기 때 문에 나치의 우생학과 비교하는 겁니다. 한국의 민족주의가 이미 식 민지 시대부터 민족을 변하지 않는 실체로 간주한 사례가 될 수 있기 때문이죠. 사회적 진화론이나 우생학적인 주장이 겹쳐진 담론들이 같 은 민족 구성원에 대해서 얼마나 억압적으로 작동했는가를 잘 보여주 는 우리 현실의 이야기들이죠. 그런 현실적인 문제들에 대한 논의 없 이 제국주의에 저항할 때 여러 부작용이 생기는 겁니다. 식민지 시기 의 민족운동과 우리 민족주의는 제국주의에 맞선 저항운동으로서 필 연적인 저항민족주의였기 때문에 정당하다고 주장하는 논리는 조금 만 파헤쳐보면 거의 설 땅이 없어요. 그 안에 배타적 우생학이 겹쳐져 있기 때문이죠. 해방 이후 남북이 갈라서면서 양쪽 모두 이런 우생학 적 배타성을 가졌다는 점이 문제였습니다. 북한에서 김일성이 주민에 게 행한 연설이 그랬죠. 이제는 여러분의 나라이고, 우리가 다시는 나 라 없는 백성의 설움을 겪지 않기 위해서는 나라가 강해야 되고, 나라가 강하려면 여러분이 공장에서 열심히 일하고, 대우는 작아도 참고 만족하며, 허리띠 졸라매고 일하라는 식이었죠. 남쪽도 마찬가지였어요. 우리 어렸을 때 기억나지 않습니까? 이승만 때부터 '뭉치면 살고 흩어지면 죽는다'고 말했죠. 1950년대라는 주제로 열린 전시회에 가 봤더니 '2천만이 단결하여 쥐를 잡자'라는 표어가 있었어요. 심지어 쥐 잡는 것에까지도 민족단결의 슬로건이 들어갈 정도로 1950년대에는 민족주의가 난무했습니다. 해방 이후에 남과 북에서 각각의 국가가 성립하면서 식민지 탈출의 명분이었던 부국강병론이 민중에 대한 억압과 착취를 정당화하는 이데올로기로 변모했다는 거죠. 식민지를 겪었다는 공동의 역사적 사실에서부터 각각의 국가권력은 각각의 민중을 동원하고 부국강병의 이름으로 민중에 대한 억압과 착취를 정당화하는 이데올로기로 이미 작동하고 있었던 겁니다. 민족에 대한 생각 자체가 굉장히 본질주의적이고 배타적이어서 우리 민족은 유기적인 하나라는 것을 자꾸 강조하게 되는 거죠. 그래서 이 민족이 싫어서 떨어져 나가고 싶어도 그럴 수가 없는 거예요.

최종덕   앞서 말씀하신 DNA 검사 등을 통해 이미 단일혈통의 민족신화는 깨진 것이 아닌가요? 물론 현실은 그렇지 않겠지만요. 과학과 현실 사이의 괴리가 생기면서 오히려 과학만능주의라는 오해를 받기도 하지만, 이 점에 대해서는 사실을 사실대로 말하는 것이 중요하고 생각합니다.

임지현   거기에 대해서 과학만능주의라는 해석은 너무 지나친 것 같아요. 그러나 앞서 말했듯이 과학의 수단은 수단으로서 여전히 중요합니다. 인종차별주의를 깨는 데도 과학의 수단이 매우 중요하죠. 예컨대 인류의 기원에 관한 연구과정에서 과학기술이 적절한 수단으로 사용된 사례를 들어볼게요. 최근 인류학적 발굴 및 고고학적 발굴의 성과가 높아져서 오늘날 인류의 기원이 아프리카에 있다는 것을 부정할 사람은 거의 없습니다. 그런 인류사의 맥락에서 본다면 역사라는 것도 한국의 역사, 일본의 역사, 중국의 역사가 아니라 인류의 역사인 것이죠. 그리고 오늘날 이렇게 많은 사람들이 각지에 흩어져서 살게 된 아주 오래된 옛날부터 지구화 과정이 시작된 거죠. 인류의 역사는 이주의 역사인 셈입니다. 아프리카에서 인류가 시작되었다는 엄연한 사실은 인종은 고정불변의 실체라는 믿음이 허구임을 보여주었고, 나아가 흑인종, 황인종, 백인종으로 원래부터 나눠져 있다는 인종차별주의자의 논리가 허상이었음을 보여주는 가장 단순하고 기본적인 차원의 반박논리예요.

최종덕 인종이나 민족의 허상을 깨는 데 수단으로서 일조했던 과학을 과학만능주의라는 이름으로 단죄해서는 안 되는 것인데도 인종주의자들이 나서서 비판하고 있죠.

임지현 오히려 예전의 인종주의가 과학의 이름으로 철저히 포장되었던 게 아닙니까? 사실 과학만능주의라는 것은 과학의 이름으로 인종차별주의를 정당화했던 과거의 논리에 붙일 수 있는 말일 뿐이에요. 서구 제국주의가 바로 그 대표적인 모습이죠. 이제 와서 기본적인 과학적 분석을 통해서 기존의 신화를 해체하려는 노력에 대해 과학만능주의라고 비난한다면 결국 그들의 차별주의 이론을 어떤 식으로든 고수하겠다는 변명밖에 안 된다는 생각이 듭니다.

최종덕 선생님 말씀을 들으니 생각나는 게 있네요. 몇 년 전에 몽골에서 열린 학회에 간 적이 있어요. 큰 주제는 동아시아 문화였죠. 그

때 제가 발표한 내용 중에서 인류의 기원이 아프리카에서 출발했다는 이야기가 잠깐 나옵니다. 그 이야기는 이미 더 이상의 논쟁이 필요 없는 사실이지만, 거기 모인 몽골의 학자들이 제 이야기에 모두 반발하는 거예요. 그들은 아마 몽골 최고의 학자들이었을 텐데 말이에요. 몽골이 인류의 발상지라는 그들의 억지 주장에 매우 놀랐습니다. 그들에게는 믿음이 사실로 왜곡되고 있단 말이죠. 저는 그런 현상이 또 하나의 인종, 민족주의의 아픔이라고 봐요. 그들이 세계를 지배했던 화려한 과거를 현재에 대체하는 믿음이 현실화되는 겁니다. 1,000년 전의 사회사적 사실을 20만 년 전의 인류사적 사실에 간단히 대입해버린단 말이죠. 그런 얼토당토않은 측면들이 바로 우리의 역사를 지배하고 있는 모순적 현실이 아닌가 하고 생각해요. 지금까지 혈통의 관점에서 민족 이야기를 했는데, 또 다른 면을 더 살펴볼까 합니다. 예를 들어 미국의 초중등학교 교실은 혈통과 무관하지만 그 이상의 민족을 강조하는 경우예요. 전 세계에서 어린 학생들 교실에 국기가 붙어 있는 데는 아마 북한과 미국뿐일 거예요. 미국은 최대의 이주국가이며 다민족국가인데도 어떤 민족보다 더 강하게 이상한 개념의 민족을 강조하고 있단 말이죠. 미국 사회가 말하는 내셔널리즘은 조금 다른 개념이기는 하지만 역시 같은 논리에 속한다고 생각합니다. 그래서 그 이야기를 반드시 짚어야 할 것 같아요.

임지현 아, 아주 적절한 질문입니다. 사실 오늘날 한국에서 혈통적 민족주의를 고수하는 사람들은 더 이상 없어요. 아주 골수 민족주의자들도 이제 개방된 민족주의라고 말하죠. 지금까지는 폐쇄적 민족주의였다는 의미까지 포함한 것이겠죠. 개방적 민족주의를 매우 중요하게 여기면서 미래 사회의 대안으로까지 논의하는 것이 바로 미국입니다. 개방적 민족주의의 대표적인 예라는 뜻이죠. 그런데 미국이 이라크 전쟁이나 아프가니스탄 침공 등, 특히 2001년 9·11사태 이후 취한 태도를 보면 이른바 개방된 민족주의라는 것도 얼마나 위험할 수 있는가를 잘 알 수 있어요. 미국의 경우에는 혈통을 주장할 수가 없죠. 혈통을 주장하면 그날로 국가가 와해되어버리니까요. 그게 오히려 더 무서운 것 같아요. 저는 제2차 이라크 전쟁 때 미국에 머물면서 미국 사회의 민족주의적 측면을 목격할 수 있었습니다. 한 가지 흥미로운 현상은 정작 와스프들(WASP, White Anglo-Saxon Protestant), 미국 사회의 주류라고 할 수 있는 사람들은 국기 다는 일에 매달리지 않습니다. 차에 국기를 달고 다니거나 집 앞에 국기를 내거는 사람들은 아랍계 미국인이거나 아시아에서 이민 간 유색인종 미국인들이었어요. 미국이라는 국가에 대한 충성심을 의심받을 수 있는 집단일수록 더 결사적으로 충성심을 드러내는 거죠. 그게 바로 개방적 민족주의의 실체라는 겁니다. 미국의 내셔널리즘이라는 것은 사실 북한의 내셔널리즘 못지않게 굉장히 위험해요. 그래서 '열린 민족주의'가 한국 사회의 대안이라는 일부의 주장에 대해 저는 결코 긍정적일 수 없는 겁니다. 10여 년 전부터 한국에서 열린 민족주의라고 하면 굉장히 긍정적이고 우리 사회가 지향해야 될 것이라고 이야기하죠. 당연히 폐쇄적 민족주의자임을 자처하는 사람은 아무도 없겠죠. 민족주의가 다들 열린 민족주의로 옷을 갈아입었기 때문에 겉으로는 긍정적으로 보이는 것이 사실입니다. 하지만 그것 또한 얼마나 위험할 수 있는가를 9·11사태 이후의 미국 사회가 잘 보여준다고 생각됩니다.

최종덕 혈통민족주의도 문제이지만 미국과 같은 민족주의도 단순히 민족주의의 문제가 아니라 인종주의 문제에 걸쳐 있기 때문에 현 사회에서 문제가 될 수 있다는 말씀이군요. 아시다시피 버락 오바마 (Barack H. Obama)가 미국 대통령이 된 것은 역사적인 혁명에 가까운 일이기도 하죠. 미국인이 오바마를 대통령으로 선택한 것은 획기적인 변화임을 부정할 수 없을 겁니다. 하지만 선생님이 지적하셨듯이 오바마의 대통령 당선도 민족주의, 더 나아가서 인종주의 문제와 피할 수 없는 조우가 되겠죠?

임지현 저는 오바마가 당선됐을 때 로마제국의 역사가 연상됐어요. 일반적으로 백인 황제만 떠올리는 것과 달리 로마제국에는 흑인 황제들이 꽤 있었습니다. 오히려 현대에 들어와서 흑인의 지위가 추락했죠. 오바마 대통령의 존재는 아프리카 같은 지역에서 그 자체로 상징적인 의미가 있다고 생각합니다. 미국에서는 더 이상 인종차별주의가 작동될 수 없다는 거죠. 그랬다가는 미국이라는 다민족국가 자체가 와해되는 상황까지도 갈 수 있다는 걸 보여주는 예라고 생각합니다. 물론 현실에서는 오바마에 대한 반작용이 분명히 생길 테지만, 어쨌든 정치적 상징성의 차원에서 흑백혼혈인 오바마가 대통령이 됐다는 것은 상당한 의미를 가져요. 백인이 용납하는 마지노선일 수도 있으니까요. 또 다른 상징적 기획도 있었죠. 9·11사태 이후 야구 월드시리즈를 할 때 개막전에서 미국 국가를 부른 합창단이 바로 흑인 소년 합창단이었습니다. 그건 매우 중요한 상징이에요. 지금까지 미국 사회에서 계속 소외되고 2등 국민 취급을 받았던 흑인들을 이제는 미국을 대표하는 상징으로 내세운 것이니까요. 실제로는 흑인에 대한 인종차별을 없앰으로써 국민을 통합한다는 진심보다는 정치적 상징성의 차원에서 이루어진 일이라고 봅니다. 또한 9·11사태 이후 미국이 일치단결해서 테러리즘과 싸워야 한다는 명예심을 세우려는 보이지 않는 전략이기도 하죠. 오바마의 경우에는 두 가지 측면이 포함되어 있을 것 같습니다. 예컨대 에너지 정책 등의 환경 문제와 의료보험 문제에 대해서 오바마에게 많은 기대를 하게끔 했다는 거죠. 또 다른 한편에서 본다면 오바마의 상징성만 갖고는 미국이라는 국가 자체의 전통적인 모습을 바꿀 수 없다는 겁니다. 기존의 인종차별주의가 미국이라는 나라의 발전에 저해가 된다고 판단됐을 때 유색인종 출신의 대통령을 선택함으로써 국민 통합이 원활하게 된다는 실용주의 측면이 있을 수 있다는 거죠. 그래서 어떻게 보면 오바마의 대통령 당선은 미국이라는 국가가 생존하기 위해, 원활한 국민 통합을 이루기 위해서 불가피한 선택이었을 거라고 봅니다.

최종덕　오바마의 당선이나 흑인 소년합창단의 등장이 단순히 상징적인 측면이라면, 과연 미국 사회를 바꿀 수 있을까요? 결국 그들의 존재는 상징적인 도구에 지나지 않는 것일까요? 혹시 거대 불만을 잠재우기 위한 도구로 임시변통의 대체물을 선택한 셈이 아닐까요? 도구라는 말은 너무 지나친 표현이지만, 어쨌든 오바마 대통령이 백인 사회에 깊이 깔린 미국중심적 경찰국가의 양상을 바꿀 수 있을지는 정말 의심스럽습니다. 기대와 희망을 갖지만 우려와 의심을 같이 갖고 있다는 말입니다.

임지현　정말 예측하기 어려운 문제죠. 저도 최 선생님처럼 오바마의 당선이 미국 사회를 근본적으로 바꿀 수 있을지에 대해서는 의문이고, 가능성은 반반일 거라고 생각해요. 어쨌든 제가 그 이야기를 꺼낸 것은 미국 사회의 현재 모습을 통해 우리의 모습을 검토해보자는 뜻입니다. 부작용들을 미리 걸러내야 하니까요.

최종덕　그러기 위해서는 먼저 한 인물이 미국 사회를 변화시킬 수 있을 것인가, 아니면 오히려 그 사회가 그럴 수밖에 없었기 때문에 오바마라는 인물을 발굴해낸 것인가, 무엇이 더 우선인지를 한번 잘 따져봐야 될 것 같아요.

임지현 재미있는 생각입니다만 그 답을 내리기는 매우 어려운 문제입니다. 미국 사회의 시대적 요청이 있었고, 마침 오바마의 정치적 행적이 절묘하게 맞아떨어졌던 상황이었다고 생각합니다. 거기다 결정적으로는 대통령 선거 시기에 세계 경제의 부엌인 월가가 붕괴되고 연달아 세계 경제가 붕괴되는 상황들이 벌어졌던 거고요. 그런 우연들이 겹쳐지면서 오바마의 등장이 이루어진 것으로 생각합니다.

최종덕 남아프리카공화국에서 첫 번째 흑인 대통령인 넬슨 만델라(Nelson Mandela)가 당선됐을 때 상황과 비교할 수 있을까요?

임지현 조금 다르지 않을까요? 남아공에서는 일단 흑인이 주류고, 만델라는 아프리카민족회의를 통해 끊임없이 투쟁해오면서 30년 가까이 감옥에 갇혔던 인물이었단 말입니다. 반면 오바마는 배경이 아주 다릅니다. 컬럼비아 대학 출신에 하버드 로스쿨 졸업, 흑인으로서는 최초로 하버드 로스쿨의 〈로리뷰(Law Review)〉 편집장까지 역임했죠. 이런 화려한 이력들을 보면 오바마는 흑인이면서도 미국 사회의 주류였다고 할 수 있을 거예요. 재미있는 사실은 영국 같은 경우도 노동당보다 보수당이, 미국의 경우에도 민주당보다 공화당 정권 때 흑인 인사들이 중요한 자리를 차지하는 경우가 많았습니다. 가까운 조지 부시 공화당 정권만 해도 콜린 파월 국무장관이나 콘돌리자 라이스 국무장관, 그리고 히스패닉계인 알베르토 곤살레스 법무장관이 등용되었죠. 그렇다고 인종차별주의가 개선되었다고 할 수 없잖아요. 서구 보수주의자들은 19세기적인 의미에서 리버럴리즘 전통이 있기 때문에 집단보다는 개인의 능력을 우선시하는 경향이 있습니다. 정권을 쥔 보수 정치가들 역시 대의명분 이전에 개인의 능력과 성취도 같은 기준을 여전히 높이 평가하기 때문에 인종에 상관없이 흑인계를 발탁하는 현상이 아닌가 싶어요. 굉장히 역설적인 이야기입니다만.

3

신자유주의 시대의
진화론을 말하다

최종덕   이제 우리 이야기를 진화론의 구체적인 상황과 연관시켜볼까요? 앞서 말한 사례를 다시 살펴보죠. 과연 오바마가 미국 사회를 변화시킬 수 있을까? 더 나아가서 새로운 이념이 미국 사회를 수정하거나 개선시킬 수 있을까? 사실 이런 질문들은 한 사회에 내재한 집단적 신념이 현실을 지배하는 것이 아니냐는 질문과 통할 수 있습니다. 실제로 역사에서는 신념이 사실을 억누른 경우가 더 많았죠. 근대 과학 이후에도 마찬가지였고요. 과학적인 사실이 우리의 현실을 진단할 수 있는 기초 자료가 된다는 점은 분명하지만, 현실에서는 아무리 과학적이고 객관적인 사실이 증거로 제시됐어도 많은 사람들은 기존의 관념들을 계속 믿고자 한단 말이죠. 그래서 맹신 앞에서는 과학적 사실조차도 힘을 쓰지 못하고요. 사람은 자기가 믿고 싶은 것만 계속 믿으려는 성향이 강하잖아요. 요즘 보수와 진보가 무엇이냐는 사회적인 논쟁도 많지만, 중요한 것은 자기가 믿고 싶은 것을 계속 믿는다는 거죠. 보수 진영은 현실의 변화와 관계없이 계속 보수적이어야 한다는 생각에 집착하는 겁니다. 불행하게도 진보 진영 역시 그런 식의 집착을 보이는 것이 문제죠. 자기가 믿고 싶은 쪽으로, 바로 그 방향으로만 자신을 끌고 가는 겁니다. 나아가 자신의 신념을 계속 유지하기 어렵기 때문에 인간은 쉽게 집단의 신념에 자신을 맡겨버리고요. 집단의 권력이 생기는 거죠. 집단주의란 자신의 신념을 집단에 맡긴다는 뜻을 포함합니다. 결국 집단에서는 사실보다 맹신이 우월한 위치를 차지하게 되는 경향이 커지게 되죠. 그래서 민족주의 문제나 광신주의 또는 사회적 신비주의 등은 집단주의와 같은 범주라고 봐요. 현대인은 근대성이나 계몽주의, 과학적 방법론 등으로 사실이 지배하는 세계에서 살고 있는 듯하지만, 실제로는 기존의 관념과 선입관, 그리고 습성과 명분이 우선한 맹신적 신념이 지배하는 전근대적 삶을 계속하고 있는 듯해요. 그런 점에서 근대는 아직 오지 않은 거죠. 그건 권력을 쥔 계층에게는 생물학적으로 전근대적 삶의 양식이 더 많은 이익을 준다고 여겨지기 때문이라고 생각해요. 그래서 민족주의 문제라든가 애국심의 문제를 진단할 때 그것이 분명히 잘못된 것이라도 그런 믿음이 개인의 이익에 부합된다는 생각이 이면에 깔려 있다고 봅니다. 그래서 그런 현상이 유지되고 있는 거죠. 선생님께서는 어떻게 생각하세요?

임지현 글쎄요, 개인의 이해에 부합된다는 것은 어쨌거나 자기의 이익을 중심으로 합리적으로 생각한다는 말인데, 이런 경우에는 오히려 개인의 이익을 실질적으로 따져보지도 않은 게 아닌가 싶어요. 믿고 싶은 그 신념도 태어날 때부터 믿고 싶었던 것은 아닐 겁니다. 예컨대 민족에 대한 것, 인종에 대한 맹신은 초·중·고등학교를 거치면서 잘못된 관념들이 교과서의 형식으로 주입되어 생긴 결과겠죠. 제 경우를 말해보기로 하죠. 제가 대학생을 대상으로 강연을 하다 보면, 특히 민족주의 같은 주제를 강의하다 보면 가장 반발하는 대상은 의외로 사학과 학생들입니다. 역사를 전공하지 않은 학생들은 제 이야기를 나름대로 많이 따라오는데, 사학과 학생들은 그렇지 않아요. 그들이 가지고 있는 믿음이 어디서 왔으며 어떻게 형성된 것인지 잘 살펴봐야 합니다. 그건 역시 성장하는 동안 제도교육을 통해 배우는 사회화 과정에서 오도된 진실을 교육받은 탓이라고 생각됩니다. 역사 교과서 문제라든가 교육과정 같은 것들이 다 연결되어 있지 않을까 싶어요. 우리의 의무교육, 즉 국민교육이라는 게 해방 이후에 비로소 도입이 되었죠. 물론 일본이 1946년도부터 조선에서도 의무교육을 실시하려는 계획은 갖고 있었습니다만, 일본이 패망하면서 무산된 것이죠. 유럽의 경우는 1870~1880년대부터 의무교육이 도입되었습니다. 국민교육과 관련해서 뜬금없는 질문을 하나 해볼까요? 왜 국가가 이렇게까지 자기 나라에 사는 주민들의 교양과 소양에 관심이 많을까? 정말 국민의 문화적 수준을 높이려는 것일까? 제가 볼 때 그 답은 간단합니다. 국가의 명령이나 이데올로기가 사람들에게 소통되기 위해서는 최소한의 국민교육이 필요한 거죠. 그러지 않으면 로마 시대처럼 그림이나 조각을 통해서 황제의 의도나 업적 등을 보여줄 수밖에 없는데, 그런 전달방식은 한계가 있거든요. 우선 모든 사람들이 글을 읽을 줄 알고 최소한의 인지수준이 갖춰졌을 때 국가의 명령이 국민에게까지 전달될 수 있겠죠. 그렇게 국가와 국민의 커뮤니케이션 경로가 필요하기 때문에 국민교육 같은 것이 이뤄졌다고 봅니다.

최종덕 소통 또는 커뮤니케이션을 지적하셨는데, 사실 내막을 따져본다면 양편의 소통이라기보다는 한편의 일방적인 지배원리가 아닐까요?

임지현 그렇습니다. 헤게모니가 작동하는 데 가장 중요한 기제가 국민교육이었죠. 지금이야 매스컴의 역할이 더 커졌지만요. 문화부장관까지 된 유인촌 씨가 진행하던 〈역사스페셜〉이라는 텔레비전 프로그램이 한국의 역사 교육을 다 시켰다고 볼 수도 있어요. 그래서 문화부장관이 됐는지도 모르겠습니다만. 그 프로그램은 주로 한국인의 영광을 다룬 것 같아요. 역사 속에서 한국 민족이 어떻게 영광스러운 길을 걸어왔는가를 보여주는 형식으로 짜여 있단 말이에요. 사실을 다룬 역사책을 읽는 사람보다는 그런 텔레비전 프로그램을 보는 사람들이 훨씬 많은 거죠. 당연한 이야기죠. 이런 사회화 과정 전체를 볼 때 이익 때문에 믿기보다는 이미 무언가에 익숙하기 때문에 믿는다고 말하고 싶습니다. 익숙한 것이 편한 것이고 편한 대로 믿게 된다는 것이죠. 모든 것을 사회화 과정에서 배워온 구도 위에서 사고해오다가 어느 날 갑자기 그게 아니라고 한다면 얼마나 혼란스럽겠습니까? 세계를 보는 눈 자체가 깨져버리는 거죠. 이런 문제가 작동하고 있지 않나 하는 생각이 듭니다.

최종덕 저는 자기 이익에 부합하는 것이 곧 믿고 싶은 것만 계속 믿게 하는 지속력이라고 한 반면에, 선생님은 익숙함이 곧 믿는 것을 계속 믿게 한다는 거군요. 제 이야기는 자신의 이익에 위배되는 것은 절대로 익숙해지지 않는다는 뜻을 포함하고 있어요. 그보다 더 중요한 문제는 가상의 세계를 믿고자 하는 마음이 우리 모두의 내면에 숨겨져 있다는 점이라고 생각하고요. 세종 시대 이야기를 다룬 〈신기전〉이라는 영화가 있었습니다. 영화는 어느 정도 역사적 사실에 근거를 두고 있지만, 전체가 역사적 사실은 아니었죠. 제 강의에서 그 영화

이야기가 나온 적이 있는데, 대학생들이 그 영화 속의 상황들을 역사적 사실이라고 믿고 있더군요. 제가 영화 속의 역사적 사실과 판타지를 자세히 설명해가면서 구분해줘도 일부 학생들은 믿고 싶지 않은 듯했습니다. 여전히 세종대왕의 과학적 위대성에 더 초점을 두고 싶은 마음이 있기 때문이죠. 저는 그러한 개인의 믿음들이 쌓여서 오도된 민족주의 같은 믿음도 형성된 거라고 봅니다. 그런 믿음 속에서는 자신의 행위와 생각이 더 편해지죠. 바로 그런 이유 때문에 오도된 믿음이더라도 자기 확장을 크게 한단 말입니다. 일종의 '집단적 자기기만 현상'이라고 보는 거죠.

임지현 집단적이라는 말은 이해하겠지만, 왜 자기기만이라고 보시는 거죠?

최종덕 맹신적인 것을 계속 믿기 위해서는 우선 자신이 믿는 대상이 허구가 아니라 진실이라는 믿음이 전제되어야 하겠죠. 믿음의 대상을 진실이라고 포장하는 일을 스스로 먼저 하는 겁니다. 그러지 않으면 믿고 싶은 것만 계속해서 믿을 만한 자기 내부의 동력이 생기질 않겠죠. 그래서 자기기만이 필요한 겁니다. 사실 이런 생각은 진화심리학의 평범한 이론일 뿐이에요. 앞서 이야기했듯이 DNA 분석을 통해 혈통민족주의라는 허상은 단박에 깨집니다. 그런데도 우리는 그 허상을 계속 믿고자 하는 내면의 자기기만이 있단 말이죠. 진화론에 대한 사회적 논쟁 안에도 그런 문제가 있다고 봅니다. 사회과학자들이 진화론을 바라볼 때 안타까운 오해가 많거든요. 그 대표적인 경우가 진화론 전체를 사회생물학으로 간주해버리는 거예요. 진화론 중에는 분명히 사회생물학적인 측면도 있습니다. 그렇다고 해서 진화론 전체가 곧 사회생물학은 아니죠. 이제는 진화론에서 좀 더 인간다운 측면을 강조할 필요가 있다고 생각합니다.

임지현　저는 다윈의 진화론이 역사학 쪽에서 최근 많이 논의하는 인식론적인 차원에서 중요하다고 생각해요. 과학이 엄격한 인과론적 세계만 다루는 것 같지만, 어떻게 진화가 일어나는지에 대해서는 설명할 수 없잖아요. 그런 점에서 진화론은 기존의 인과론적인 인식론에서 벗어나서 이른바 우연성이라는 것에 눈을 돌리게 해준 중요한 전환점이라고 보는 겁니다. 아마 이 때문에 진화론을 현대 과학의 중요한 변화라고 하겠죠. 우연성에 대한 이해야말로 인간의 역사를 이해하는 데도 중요한 계기를 준 거라고 생각해요. 인과론적 틀 안에서만 인간의 역사가 진행되었다면, 독재의 역사나 대학살의 역사 등 오류의 역사조차도 모든 것이 다 정당화될 수 있거든요. 원인이 없는 결과는 없기 때문에 오늘날 우리가 이렇게 된 것은 다 그럴 만한 충분한 원인이 있었다는 정당화가 생기는 거예요. 역사적인 인과관계의 고리 속에서 이렇게 될 수밖에 없었다는 식으로 말한다면 모든 역사는 지독한 결정론의 결과일 뿐이죠. 그런데 진화론을 보면 진화가 일어나는 과정에 상당히 많은 우연성이 개입되어 있고, 그런 점에서 다윈의 진화론을 엄격한 인과관계의 고리로부터 일단 해방시켜서 이해할 필요가 있다고 봅니다. 그런 이해가 인간사회나 역사에 대한 이해에 있어서도 매우 중요하다는 생각이 들어요.

우연성의 인식론

최종덕　다윈 스스로 말했듯이 진화론의 핵심은 우연과 변화입니다. 우연성과 변화성을 이해하지 못한다면 인간에 대한 이해에도 분명히 문제가 있다고 생각합니다. 과학이라는 이름으로 생물학적 결정론이 횡행하는 것도 변화에 대한 사람들의 이해가 성숙되지 않았기 때문일 거예요. 이제는 진화론이 갖는 인식론 자체보다 그런 우연과 변화의 인식론이 없다면 현실에 어떤 부작용들이 생기는지 구체적으로 검토해야 한다고 봅니다. 이 점에 대해서 선생님께서 숙고하신 것이 많으시죠?

임지현　지금까지 민족이나 인종 등에 대한 모든 논의가 다 과학의 이름으로 포장되어 있었죠. 그러한 포장을 벗길 때 이것이 왜 이렇게까지 과학의 이름을 차용하려고 했는지를 역사적 맥락 속에서 추적하는 연구가 중요합니다. 동시에 다윈의 우연성의 과학, 그리고 현대 첨단과학의 소산물인 유전공학 등을 통해 과거 논쟁의 허구를 밝히는 작업도 필요할 것 같아요. 다시 강조하지만 유전공학의 만능주의를 말하려는 게 아니라, 과학을 소통과 설득의 수단으로 사용할 필요가 있음을 말하는 겁니다. 우리는 지금 인문학적 논쟁에 무심하던 사람도 과학적 근거를 대면 훨씬 대화가 잘 풀리는 과학세대에 살고 있기 때문이죠. 그런데 민족 문제로 들어가면 훨씬 복잡해져요. 민족 개념에 대한 여러 가지 이해를 단순히 우리가 세계와 인간을 이해하는 방식의 차이쯤으로 여기면 굳이 문제될 게 없어요. 세계의 다양성과 함께 생각의 다양성이라는 측면에서 이런저런 이해방식이 있을 수 있겠죠. 진짜 문제는 그런 이해방식이 우리가 현실에서 실천하고 살아나가는 방식에 영향을 미친다는 거죠. 예컨대 요즘 흔히들 좌파 정권이니 우파 정권이니 하고 쉽게 말하지만, 과연 좌파가 무엇이고 우파가 무엇인지 당사자들도 모른다는 생각이 듭니다. 가령 1987년 민주화 이후에 군사비 지출이 가장 많이 늘어난 것은 오히려 참여정부 때입니다. 당시 군수산업이 가장 호황을 맞았죠. 물론 보수정권에서는 당연하겠지만요. 어떻게 그것이 가능한가? 민족의 이름으로 가능해지는 거죠. 통일 이전에는 자주국방과 민족통일이라는 명분으로, 통일 이후에는 중국과 일본이라는 거대 주변국에 대비한 막강한 국방력을 키워야 한다는 명분으로 국방비를 늘리려는 주장에는 민족이라는 이름이 깔려 있는 겁니다. 이런 논리를 가진 권력을 좌파라고 할 수는 없죠. 그래서 민족이라는 단위를 기본적인 집단으로 보는 관점에서 하루빨리 벗어나야 한다는 거예요.

최종덕　민족주의를 옹호하는 입장에서는 다른 말을 하겠죠. 그들은 주로 수동적 또는 방어적 민족주의의 필요성을 강조할 겁니다. 현대 사회에서 국가 간 경쟁이 치열한 것이 엄연한 현실이니만큼 우리도 살아남으려면 민족이라는 이름으로 뭉치자는 이데올로기를 적극 이용해야 되지 않느냐는 반론도 만만치 않을 거란 말이죠. 이런 주장이 바로 민족주의의 원천이라는 것도 선생님이 지적하신 것이고요.

임지현　방어적 민족주의 논리야말로 또다시 사회적 진화론으로 회귀하는 거죠. 일종의 악순환입니다. 우리가 살아남기 위해서는 강대국이 돼야 하고, 강대국이 되려면 민족이란 개념을 버리면 되겠냐는 질문과 비슷해요. 간단히 말해서 우리가 국가를 비판한다고 해서 현실적으로 국가가 없어지는 것이 아니죠. 그렇지만 이런 비판의식은 우리의 관념을 해방시키는 중요한 출발점이 된다고 봅니다. 거기서 해방됐을 때 그걸 넘어설 수 있는 여러 가지 대안이 생기게 될 거예요. 민족이라는 관념 다음의 가능성은 물론 통일이겠죠. 남북이 빨리 하나가 돼서 우리도 강한 나라를 만들자는 구조예요. 그럼 통일이 된 이후 우리 상황은 어떻게 될 것인지 반드시 숙고해야 할 겁니다. 과연 통일 이후 우리의 행복이 어떻게 보장될 수 있는지를 말입니다. 너무 먼 미래를 염두에 둔 말이 아닙니다.

최종덕 저는 독일이 통일될 때 그 전후 과정을 현장에서 7년 동안이나 직접 봤어요. 지금 우리는 독일 통일 이후의 사태들을 보고 있고요. 그래서 통일 이후 한반도에 사는 주민들의 삶이 더 행복해지려면 어떻게 해야 하는지 숙고해야 한다는 선생님의 의견에 동의합니다. 현재와 같은 민족주의는 그 해답을 줄 수 없기 때문이라는 선생님 말이 이해됩니다.

임지현 중요한 건 사회적 진화론에 근거를 둔 이상한 법칙들, 즉 국가와 국가의 관계를 지배했던 법칙 자체를 깨는 것이죠. 지금의 법칙은 내가 당한 것을 너에게 되돌려 보복한다는 거예요. 탁구를 칠 때 승패의 논리는 간단합니다. 내가 상대보다 잘하면 이기는 것이고, 상대보다 못하면 지는 거죠. 그런데 저쪽 자리에 있는 상대방이 항상 나보다 잘 치니까 자리를 바꾼다면 내가 더 잘 칠 수 있다는 이상한 법칙에 빠지고 있는 것이 오늘의 현실이에요. 상대가 반칙을 하면 나는 더 큰 반칙을 해서 이기기만 하면 된다는 논리로 이어지고요. 사회적 진화론의 법칙을 그대로 받아들임으로써 우리가 식민지가 될 게 아니라 이제는 식민지를 지배해야 한다는 무서운 사고방식이 밑바닥에 깔려 있다는 거죠. 앞으로 사회가 좀 더 바람직하고 사람이 제대로 살 수 있는 조건을 만들려면 나만이 아니라 너와 내가 같이 좋아져야 한다는 발상이 많아져야 합니다. 네가 좋아져야만 나도 좋아진다는 생각을 못하는 것이 안타까워요. 민족 개념이나 민족주의를 비판하는 것을 우리나라를 무장해제해서 또다시 저들의 먹이가 되자는 이야기로 오해해서는 안 됩니다. 이제는 삶의 오도된 법칙을 어떻게 바꿀 수 있는가를 생각하자는 거예요. 지금까지 우리가 해왔던 이른바 민족해

진화론에 대한 사회적 논쟁 안에도 그런 문제가 있다고 봅니다. 사회과학자들이 진화론을 바라볼 때 안타까운 오해가 많거든요. 그 대표적인 경우가 진화론 전체를 사회생물학으로 간주해버리는 거예요. 진화론 중에는 분명히 사회생물학적인 측면도 있습니다. 그렇다고 해서 진화론 전체가 곧 사회생물학은 아니죠. 이제는 진화론에서 좀 더 인간다운 측면을 강조할 필요가 있다고 생각합니다.

방운동이나 민족운동, 저항민족주의가 사실은 서구에서 만들어낸 제국의 법칙을 그대로 따른 거죠. 그런 법칙의 혜택을 받고 있는 집단은 절대 자발적으로 바꿀 수 없습니다. 오히려 불리한 위치에 있는 쪽에서 그들만의 법칙에 대한 문제를 제기해야 하고, 나아가 그런 이상한 법칙을 바꾸자는 주장이 나올 수 있지 않을까 싶어요.

최종덕   선생님의 이야기를 듣고 있으면 마치 고생물학자인 스티븐 굴드의 주장을 듣고 있는 것 같은 생각이 듭니다. 제가 진화론의 철학을 공부하면서 의미 있는 학자로 꼽는 사람 가운데 한 명이 바로 굴드입니다. 그가 2002년에 너무 이른 나이로 죽어서 요즘은 화제에서 벗어난 듯합니다만, 우리가 갖고 있는 사회적 관념의 허상이 이 사회를 얼마나 멍들게 하는지에 대한 그의 이야기는 주목할 만합니다. 예를 들어 우리가 갖고 있는 민족의식이나 애국심 같은 관념들이 허구일 뿐이라는 사실을 생물학적 근거와 사회학적 통찰력을 동원해서 신랄하게 비판했죠. 인간결정론의 도구였던 아이큐 담론이 인종주의자들의 소산물임을 밝힌 것으로도 유명하고요. 생물학적 결정론의 표본인 오도된 사회생물학으로 다윈을 위장 포장하면서 민족의식이라든가 애국심과 같은 허상의 관념들이 만들어졌음을 강력하게 제시한 학자가 바로 굴드였어요. 그가 젊은 시절에 영국 리즈 대학을 방문한 적이 있는데, 우연히 길거리에 있는 댄스홀에 흑인 출입 금지 팻말을 보고 그 자리에서 강력히 항의해서 결국은 흑인 차별을 없앤 일도 있었죠. 이제 굴드는 가고 없지만 그의 비판을 새겨들어야 할 때라고 생각해요. 바로 이런 점에서 오늘 임지현 선생님과의 대화는 생물학이 아닌 역사학의 지평선에서 굴드를 만난 것 같은 생각이 드는 겁니다.

'개미들은 말할 수 있는가?'

최종덕 이제 우리 이야기를 정리하는 방향으로 가도록 하지요. 우선 생물학과 같은 자연과학과 인문학이 어떻게 만나야 하는지를 살펴보기로 하죠. 앞서 빅토리아시대의 사회적 분위기에 대해 많은 이야기를 나눴는데, 당시는 자연과학이 인문학적 사유를 내포하고 있었다는 점이 중요하다고 봐요. 물론 현대와 비교해서는 자연학과 인간학, 그리고 신학이 아직 분화되지 않은 전근대 학문이라고 할 수도 있지만요. 19세기 말부터 본격적으로 자연과학이 인문학과 나눠지면서 세밀한 분과학문이 형성되고, 자연과학의 획기적인 발전을 이뤄낸 것은 분명한 사실이에요. 그러나 이제는 오히려 그런 분화가 너무 지나쳐서 오히려 지식이 인간 자체를 지배하는 꼴이 되었죠. 인간이 과학을 통해 자연을 지배하려 했던 것이 이제는 역으로 과학이 인간을 지배하는 모습이에요. 이제 자연과학의 발전에서 인문학의 역할이 무엇인가를 자성해야 한다고 봅니다. 이와 관련해서 이번 대담에 계속 참여하신 김시천 선생님이 별도의 질문을 하고 싶다고 했습니다.

김시천 진화론이 1990년대 이후부터 과학적으로 크게 부상하고 있지만, 역사 속에서는 우생학처럼 인간을 죽음으로 몰아넣거나 우파들의 강력한 무장이론으로 오도된 경우가 많았다고 봅니다. 그것이 진화론에 대한 오해일지라도 말입니다. 어쨌든 사회를 바람직한 방향으로 이끌어온 게 별로 없다는 시각이 많은 것 같습니다. 진화론 관련 서적을 다양하게 읽어봤지만, 그 속에서 민주적 소통이라는 방식을 쉽게 찾을 수 없더군요. 진화론에 대한 오해를 불식시킬 정도로 진화론이 좀 더 민주적이고 소통적인 차원으로 회자될 가능성은 없는지에 관해서 어떻게 생각하시는지 궁금합니다. 예를 들면 진화론의 현대적

진화와역사 까페 역사의 지평에서 찰스 다윈을 만나다

담론을 생산하고 있는 일선의 과학자들에게 주문하고 싶은 내용이 있다면 말씀해주시죠.

임지현　앞서 이야기했듯이 결정론의 인과론적 관계에서 해방되어 우연성의 문제를 성찰하는 일이 매우 중요함을 말하고 싶습니다. 가령 사람과 사람 사이의 격차, 국가와 국가 사이의 격차가 저 사람이 더 잘났다거나 이 국가가 더 문화적 소양이 높다거나 하는 조건에서 나타난 필연적인 결과가 아니라 어떤 우연들에 의한 결과라고 이해하기 시작하면 굉장히 겸허해질 수 있을 거예요. 물론 여기서 말하는 우연성이란 마구잡이를 의미하기보다는 일종의 생태적 우연성이라고 할 수 있겠죠. 권력을 가졌거나 부를 가졌거나 좀 더 우월한 위치에 있는 사람들이 우연성을 기꺼이 수용하는 자세가 중요하다고 봐요. 자신의 우월성이 어떤 결정적인 요소에 의해 주어진 것이 아니라 생태적 연관관계에 의해 만들어진 것임을 인지하는 거죠. 그런 자세라면 당연히 겸허해질 거라고 생각해요. 두 번째로, 인간의 삶은 역동적이라고 하죠. 사회나 어떤 집단에서 사람의 삶이란 쉼 없이 요동치는 음양의 변화와 비슷한 것 같아요. 누구라도 어떤 순간에 최고의 정점에 놓여 있다가도 어떤 때는 바닥으로 떨어진다는 변화의 이치를 받아들이는 것이 중요하다고 봅니다. 그러면 자연스레 타자를 이해할 수 있는 가능성의 폭이 넓어지게 될 겁니다. 제가 산속에서 살다 보니 벌을 자주 만나게 됩니다. 얼마 전에는 말벌이 처마 밑에 집을 지어서 무척 고생했어요. 좀 과장하면 벌이 매미만 하더군요. 겁이 날 정도예요. 그런데 70여 마리의 벌들이 벌집 밖의 벽에 따로 모여 자더군요. 그 모습을 보면서 문득 이런 생각이 들었어요. '벌은 과연 아주 조화로운 공동체를 이루면서 사는가?' 그럴 것 같지는 않더군요. 벌집 안에서 안전하게 사는 벌이 있는 반면, 벌집 밖에서 불안정하게 자는 벌도 있잖아요. 저는 곤충학자는 아니지만 그 무리에도 명령을 내리는 녀석이 따로 있는 것 같아요. 어떤 커뮤니케이션이든 명령체계는 다 있을 거예요. 그런 체계가 없으면 사회를 이루고 살 수 없을 테니까요. 제 이야기의 요점은 제가 관찰한 벌들의 생물학적 체계를 설명하려는 게 아니라 단지 인간의 기존 관념들을 곤충에 대입해서 사람들 마음대로 곤충사회를 설명하는 태도를 버려야 한다는 겁니다. 그러면 비로소 인간사회의 관념을 동물계에 무리하게 대입시키는 환상을 깰 수 있다고 생각해요.

최종덕 저 역시 인간의 관점이 아니라 자연의 관점으로 자연을 바라본다면 더 폭넓게 이해할 수 있다고 생각합니다. 예를 들어 사회성 동물의 특성을 무작정 집단 간 조화로움과 협동성이라는 획일적인 양식으로만 해석하려 들지 않고 각각의 종마다 다양한 삶의 양식이 있을 수 있다고 해석해야 한다는 거죠. 그러면서 자연과학이 발전한다고 생각합니다. 자연과학의 발전에도 무한한 상상력의 자유가 필요하다는 뜻이에요. 인문학적 상상력을 통해 오히려 자연과학의 실증적 가치도 높아진다는 것이 저의 확신이기도 해요.

임지현 그리고 과학의 정치사회적 역할에 대해서도 솔직한 논의가 있어야 한다고 봅니다. 과학, 좁게는 자연과학, 특히 한국의 자연과학자들을 보면 역사의식이나 사회적인 문제에 지나치게 무관심한 것 같다는 생각이 듭니다. 과학의 객관성이라는 명분에 떠밀려 과학이 현실사회에 미치는 구체적 상관성을 못 보고 있는 거죠. 자연과학자들이 이뤄낸 연구성과들이 사회적으로 혹시 악용되거나 오용되고 있지는 않은지 등, 어떻게 이용되고 있는가에 대한 문제의식을 단단히 가져야 합니다. 가령 미국의 과학기술 및 공학 분야 연구과제 심사제도

의 경우를 보죠. 자연과학 또는 공학 관련 연구계획서를 심사하는 과
정에는 인문과학자들이 꼭 참여합니다. 그래서 자연과학자들이 단순
하게 숫자나 실험실의 결과만 기대하고 연구계획을 구상할 수 없습니
다. 연구 절차의 윤리적 기준이나 연구 결과의 사회적 여파 등을 고려
한 통합적 연구가 되어야 하죠. 그러지 않으면 지원 대상에서 제외될
수 있습니다. 그런데 한국의 경우에는 사회에 무관심한 자연과학이
점점 더 늘어나는 것 같습니다. 게다가 자연과학적 정량화의 기준으
로 인문사회과학의 연구지원 정책까지도 지배하고 있는 것이 우리의
현실이에요. 이런 현실은 그동안 서로 대화가 없었기 때문일 겁니다.
이제는 현실적인 문제들에 대해 서로 소통하며 함께 고민하는 마당을
만들어야 하지 않나 생각합니다.

최종덕　전적으로 동의합니다. 자연과학과 인문사회과학의 소통은 말
할 나위 없이 중요합니다. 현대의 첨단과학 사회에서는 더욱 그렇죠.
요즘 저의 연구는 거의 양쪽 분야의 협동을 강조하는 데 초점을 맞추
고 있습니다. 앞서 말벌 이야기를 하셨는데, 선생님 이야기의 핵심은
인간의 입맛에 맞게 말벌의 생물학적 행태를 제멋대로 해석하지 말라
는 것으로 저는 이해해요. 인간의 입맛에 맞게 해석하는 버릇이 인간
의 우상인 것 같아요. 그런 점에서 오도된 사회생물학 역시 프랜시스
베이컨(Francis Bacon)의 표현대로 말한다면 '종족의 우상'이 되는 겁
니다. 벌들은 말할 수 없으니까 벌의 똑같은 행동을 두 사람이 각기
전혀 다른 방식으로 해석할 수 있는 거죠. 이래서 사회생물학은 아전
인수 격으로 자연의 현상을 자기 이익에 맞추어 재조립하려는 위험성
을 내포하고 있다고 생각합니다.

임지현　인도 출신의 가야트리 스피박(Gayatri C. Spivak) 교수는 세계

적인 서발턴(subaltern) 연구자로, 그의 연구서 중에 《서발턴도 말할 수 있는가(Can the Subaltern Speak?)》라는 책이 있어요. 'subaltern'이란 하층민 또는 하층계급을 뜻하는 단어이지만, 제3세계의 소외된 하층민을 지칭하는 스피박 교수 고유의 표현이어서 일반적으로 번역하지 않고 그냥 '서발턴'이라고 말합니다. 이건 서구의 페미니스트나 마르크시스트들이 접근할 수 없는 개념이에요. 서구의 엘리트 역사가들은 마르크시스트나 서구 내셔널리스트들이 구출하려는 민중의 개념을 연구한다고 하는데, 과연 그런 사람들이 생각하는 민중이나 하층계급의 상황을 제3세계 서발턴의 상황으로 대체할 수 있는지 강하게 반문하는 것이 바로 스피박의 주요 논점이죠. 서발턴은 실제로 아무 말도 못하고 있는데, 서구 엘리트 연구자들이 서발턴에 대해 과연 그렇게도 많은 말을 할 수 있겠는가라는 신랄한 지적입니다. 무산계급 해방이나 근대성 등의 거대담론을 통해 이름 없는 민초들의 삶을 해방한다고 말들을 하지만, 서발턴은 말할 수 없는데 유럽 엘리트들이 그들을 대변한다는 것 자체가 위선이라는 겁니다. 저는 스피박의 주장이 사회생물학에도 적용된다고 생각해요. '벌들은 말할 수 있는가?' 또는 '개미들은 말할 수 있는가?'라는 질문을 사회생물학자에게 던져야 한다는 것이죠. 스피박이 '서발턴도 말할 수 있는가?'라는 질문을 던진 것처럼 말이죠.

최종덕　서구 인민을 구출하려는 서구 연구자들의 이해방식으로 서발턴에 접근한다는 것은 오히려 오만이라는 스피박의 논점을 사회생물학에 적용한다는 선생님의 아이디어는 매우 신선하고 놀라운 접근법이라고 생각됩니다. 제3세계 서발턴이 스스로 말할 수 없는 상황인데 과연 서양인이 만든 민중 구원의 논리로 서발턴을 대변할 수 있겠냐는 비판이겠죠. 이러한 비판은 과학자에게 던지는 사회과학적 메시지의 훌륭한 사례라고 여겨집니다.

이기주의 본성론이 구조화된 현대 자본주의

김시천   사회진화론으로서 해석된 다윈주의가 유럽에서 미국으로 옮겨간 20세기의 역사가 바로 미국중심주의 경찰국가를 탄생시킨 주요한 요인의 하나라고 저 역시 생각합니다. 임지현 선생님께서는 앞에서 영국 같은 경우는 계몽과 개인의 자유에 대한 믿음이 밑바탕에 깔려 있었기 때문에 역설적이지만 보수당 쪽에서도 노동자들을 위한 복지제도 등이 굳건하게 정착되었다고 말씀하셨습니다. 그래서 유럽에서는 신생국가인 미국과 달리 자유주의 보수당이면서도 복지 정책을 병행하는 사회적 안전판이 작동된 것이라고 하셨죠. '사회적 안전판'이라는 표현은 어느 정도 설득력이 있어 보이네요. 그렇다면 한국 사회에서도 그와 유사한 안전판이 존재했다고 생각하십니까? 우리 사회에는 유럽 이상으로 인문적 사유구조가 있었잖아요. 최근 자본주의와 유교이념과의 등질성을 주장하는 학자들이 있는데, 우리 사회에도 유가사상 등 전통의 인문학적 사유구조가 있었다는 점에서 설득력을 가질 수 있지 않을까요? 임 선생님께서 보시기에 정말 그런 전통사상 가운데서 안전판의 역할을 찾을 수 있다고 생각하는지요? 아니면 우리 주제와 관련해서 전통사상이나 동양철학 쪽의 학자들에게 주문하고 싶다거나 청하고 싶은 이야기가 있다면 말씀해주세요.

임지현   아주 어려운 질문입니다. 앞서서 우리 민족이나 인종을 본질화하고 실체화하는 것이 얼마나 큰 허상인지에 대해 많이 논의했죠. 마찬가지로 유교 또한 단일한 실체라기보다는 실제로 수많은 얼굴을 가진 유교라고 하는 것이 옳을 것 같습니다. 그래서 우리는 질문을 던지는 방식이 더 중요하다고 봅니다. '유교가 무엇이냐?'라는 질문이 아니라, '왜 이 시기에 그 역사 속의 그 집단이 유교의 이런 얼굴을 더 강조했는가?'라는 데서부터 질문을 출발시켜야 한다고 봐요. 유교는 흔히 봉건적 이데올로기, 지배자의 이데올로기 역할을 해왔다고 평가됩니다. '유교가 무엇인가?'라는 본질적인 질문은 교과서에서만 가능하고, 현실을 파악하는 데는 미흡하죠. 그 대신 유교 속에 있는 다양한 얼굴들을 찾아내고, 그중 어떤 얼굴이 어떤 때 도드라지는지를 살피는 것이 중요할 겁니다. 그리고 역사 속의 이 집단은 왜 유교의 특정 측면을 강조했는가를 구성주의적 시선에서 분석하는 일이 우선이에요. 이런 관점과 시선을 유지하고 공부한다면 실마리를 찾을 수 있다고 봅니다.

최종덕 저도 그렇게 생각합니다. 한국에서의 유교, 일본에서의 유교는 당연히 다른 모습으로 드러나지만, 동일한 유교라도 시대에 따라서 다른 방식으로 나타날 겁니다. 주자학 당시의 조선 유교, 성리학으로서의 유교, 실학으로서의 유교, 일제강점기의 유교, 개발도상국가로서의 유교 모두 다른 옷을 입고 다른 모습으로 나타나겠죠. 자본주의의 맹아가 바로 조선 시대 유교적 삶의 양식 안에 있었다는 주장이 들리곤 하지만, 과연 유교의 다양한 모습을 그때그때 시대정신을 아우르는 지표로 삼을 수 있을까요? 유교 이전에 역사 자체의 순환적 구조 때문에 나타나는 유사성은 아닐까요? 그리고 유교에서는 나름대로 진보적 사회 발전을 말하기도 하지만, 현대 자본주의를 두둔하는 논리로서 전통사상인 유교를 도입하는 것이 아닐까요?

임지현 역사라는 게 선형적으로 발달하는 것은 아닌 것 같습니다.

그렇다고 순환사관으로 되돌아가자는 이야기는 아닙니다. 자칫 그런 관념에 사로잡히면 복고주의에 빠질 수도 있죠. 역사 속에서 우연성과 순환성의 흐름을 포착하게 된다면 역사의 진보가 어떤 양상이 될지 접근할 수도 있겠지만, 실제로는 그런 접근이 어려울 것 같아요. 유교 이야기로 돌아가 보죠. 유교 경전에 있는 문헌적 이데올로기들도 중요하지만, 저는 한국의 역사에서 유교에 대한 해석이 어떻게 변화하는지 읽는 것이 중요하다고 판단합니다. 이런 점에서 불교학자인 조성택 선생님께 들은 중국 고대 불교 이야기가 매우 흥미롭더군요. 산스크리트어로 된 고대 인도의 불교 경전이 한문, 즉 중국어로 번역된 것을 보면 오류가 상당히 많다고 하더군요. 그런데 그 오역투성이의 중국어 경전이 오히려 중국 고유의 불교가 탄생하게 되는 역사적 계기가 되었다는 겁니다. 오역이 중국 사회에서 불교를 폭발적으로 확장시키는 기반을 마련한 것이라는 거죠. 이런 맥락에서 중국 유교가 한국에서는 어떻게 수용됐는지 살펴볼 필요가 있다는 거예요.

최종덕 문헌적으로만 평가할 게 아니라 총체적으로 바라볼 때 그런 오역이 해석을 풍부하게 만들었다는 걸 알 수 있겠죠. 그런 풍부한 해석이 바로 사상의 다양성과 고유성을 만들어가는 것일 테고요. 대표적인 것이 동양철학의 중요한 한 축인 노장사상에 대한 다양한 해석들이라고 봐요. 조선 시대에는 유교화된 해석들이, 일제강점기에는 일본식 해석들이 난무하다가 최근에는 노자가 살았던 춘추전국시대라는 배경을 역사적으로 파악한 해석들이 많이 논의되는 것 같아요. 그러니까 노장사상을 고정된 실체로 보면 안 된다고 봐요. 노장은 시대적 상황에 따라 다양한 해석을 준다는 점에서 오히려 고전의 가치가 있다고 생각되는군요.

임지현　생태학이나 한의학을 하는 사람들 중에는 노장사상에 대해 세계의 전일론적 구조만 강조하는 해석을 만들기도 합니다. 그리고 어떤 사람들은 노장을 신비주의 일색인 종교적인 색깔로 치장하기도 하죠. 이와 관련해서 서벌턴 연구자 가운데 한 명인 디페시 차크라바르티(Dipesh Chakrabarty)의 논거를 이야기해보죠. 우리는 학문을 논의하면서 언어를 사용하고, 학문은 사유의 합리성에 바탕을 두고 있죠. 합리주의를 비판하는 것도 합리적으로 해야만 설득력이 있으니까요. 그런데 차크라바르티는 '탈계몽주의적 이성(Post Enlightenment reason)'이라는 개념을 도입해서 합리성에 대한 개념을 달리하더군요. 그의 합리성이란 상당히 많은 뜻을 함축하고 있는 개념입니다. 우리가 합리주의나 이성적인 분석을 버릴 수는 없지만, 합리성의 스펙트럼이 동양사상의 사유구조를 포괄할 정도로 확장되어야 한다는 주장이죠. 지금까지 합리주의나 이성의 개념은 계몽사상적이며 과학적 사유의 기틀, 직선적이고 단선적인 진보관에 입각한 이성과 합리주의였다는 거예요. 그러나 이제는 그런 선형적 합리성을 넘어선 이성과 합리주의의 스펙트럼을 찾아야 한다는 겁니다. 그런 스펙트럼을 유교나 노장자 또는 불교 같은 동양사상에서 찾을 수 있다는 거예요.

최종덕　사실 동서양 전통 사상의 고유성이라는 것도 큰 의미가 없다고 생각합니다. 지리적으로 분화된 것일 뿐이죠. 앞서 이야기했듯이 인종의 분화도 실은 실체적 구분이 아니잖아요. 마찬가지로 사상의 분화도 실체적인 차이가 있는 것이 아니라는 뜻이죠.

임지현　이미 2,000~3,000년 전 그리스나 북아프리카, 터키의 사상적 뿌리는 중앙아시아의 사상적 풍토와 접목된 것이 사실로 밝혀진 상태입니다. 물론 거꾸로 상호연관성이 있었던 것도 사실이고요. 서쪽의 문물이 들어와 중국화되면서 오히려 중국중심적으로 해석한 부분도 있을 거예요. 그 역도 마찬가지일 거고요. 중국사를 전부 중국 자료만으로 해석할 경우, 그 역사적 연관성을 놓칠 수 있다고 생각합니다. 만약 우리가 페르시아의 자료나 몽골의 자료, 중앙아시아의 자료들을 읽기 시작하면 중국사도 지금과 달라질 수 있을 겁니다. 그런 점에서 사상적 실체를 의심하는 거죠. 중국의 사상이나 동양사상이라는 것도 페르시아의 자료를 통해서 본다면 달라질 수 있을 것 같다는 말입니다. 어떤 시각, 어떤 자료를 통하느냐가 중요하죠. 일단 중국중심주의 또는 아시아중심적인 데서부터 동양을 해방시키는 작업이 하루빨리 이루어져야 할 거예요. 그럴 때 비로소 상호성의 역사적 맥락을 확인할 가능성을 찾을 겁니다.

김시천   마지막 질문은 최종덕 선생님께 드리겠습니다. 최 선생님께서는 이타주의적 진화론의 가능성을 매우 중시하는 것 같습니다. 《종의 기원》출간 이후 지난 150년간 이어진 진화론의 역사가 아름다운 역사였다고는 볼 수 없을 겁니다. 포식자 세계의 살벌함을 상징하는 피 묻은 이빨의 정당성을 《종의 기원》이라는 책에서 드디어 찾았다는 신자유주의자들의 논리가 횡행하고 있는 지금 상황에서 과연 이타주의적 진화론이라는 것이 어떻게 가능한지 묻고 싶습니다. 지금 동아시아 사회는 전반적으로 민족주의적인 면모가 강하고, 자본주의의 최첨단에 선 신자유주의의 폐해에 당면한 상황이잖습니까? 이런 동아시아 사회 속에서 과연 이타주의 본성론 논의를 얼마나 실효성이 있게 계속할 수 있을까 하는 생각이 들거든요. 실은 제가 전공하고 있는 선진 유교의 본성론이 현대인에게 해석되는 상황 역시 비슷할 수 있겠지만요.

최종덕 이타주의 진화론에 대해서는 많은 오해가 있는데, 이타주의 진화론자인지 아니면 이기주의 진화론자인지 둘 중 하나만 배타적으로 요구하는 질문 자체가 잘못되었다고 봐요. 이타성과 이기성은 인간 본성의 고정불변한 실체가 아닙니다. 앞서 민족주의가 실체가 아니라고 강조했듯이, 이기주의와 이타주의는 상호 배타적인 실체일 수 없다는 거예요. 특히 진화론적 이타주의를 주장하는 학자들은 이타주의적 본성 외에 이기주의적 진화방식의 존재를 인정하고 있는 것입니다. 진화론적 본성론 또는 진화윤리학 분야에서는 이기주의 본성론을 전제로 하는 경우가 많습니다. 예를 들어 상호협력이 서로에게 이익을 주기 때문에 이타적 행위를 한다면 행위의 결과는 이타주의 범주이지만 행위의 동기는 이기주의 범주인 겁니다. 쉽게 말해서 내가 너에게 이타적 행위를 하는 동기는 향후 네가 나에게 보상할 것을 기대하기 때문이라는 거예요. 이런 공리적인 본성론 해석이 현대 진화론과 만나서 진화론적 이기주의가 진화윤리학의 대세를 차지하고 있는 거죠. 이런 입장은 서구 전통의 개인주의 및 자유주의의 입장과 맞아떨어집니다. 인간의 본성을 진화생물학으로 설명해보려는 시도는《종의 기원》이후 끊임없이 이어졌어요. 선험적인 형이상학이 아니라 경험적인 자연주의 방법론으로 인간을 모색해보려는 노력은 획기적인 역사의 발전으로 평가될 수 있지만, 자칫 사회생물학의 지식권력으로 바뀔 위험도 도사리고 있죠.

김시천 치열하고 피비린내 나는 현대 자본주의 사회에서도 이타적 행위자들이 대접받고 살 만한 공간이 남아 있다는 말인가요?

최종덕 질문의 처음으로 다시 접근해야겠군요. 저는 인간이 동물에서 시작되었지만, 그리고 인간과 동물은 연속적이지만, 그 사이에는 급격한 전환점이 있다고 생각합니다. 스티븐 굴드는 이를 단속평형설(punctuated equilibrium)이라는 주장에 실었는데, 그 단속평형설을 인간 본성론에 메타포로 비유할 수 있다는 것이 제 생각입니다. 쉽게 말해서 인간과 동물은 기본적으로는 연속적이지만, 그 사이에는 분명한 도약이 있다는 비유법이죠. 인간은 분명히 동물과 다른 측면들이 있어요. 그 차이의 중요한 요소가 바로 이타적 행위와 사유일 겁니다. 단순하게 도덕적인 의미의 이타주의를 말하는 건 아니에요. 제가 말하는 건 생물학적 차원의 이타주의죠. 즉 나의 행위가 나보다는 타인의 자손 증식에 도움이 되는 경우이며, 그런 행위를 진화론적 이타주의의 행위라고 말합니다. 인간은 생물학적 측면에서 이타성과 이기성을 다 가지고 있어서 도덕적 측면에서도 이타성과 이기성이 공존한다는 것이 제 주장이에요. 그런데 신자유주의가 지배하는 현대사회의 조류는 경쟁논리가 우선이며, 그 경쟁논리는 자유주의로 위장되어 있고, 실질적으로는 약육강식의 논리라는 점이 문제입니다. 다시 말해서 현대 자본주의 사회는 이기주의 본성론에 입각해서 구조화되어 있다는 거죠. 이렇게 현대사회에서 이기성의 측면만 지나치게 강조되는 것이 현실이기는 합니다. 그러나 저는 인간의 내부에 여전히 이타성의 본능들이 남아 있다는 사실을 말하고 싶습니다.

임지현 이 문제는 단순히 생물학적인 담론에 그치는 건 아니라고 봐요. 좀 더 넓은 시야에서 인간을 바라보는 태도가 중요할 겁니다. 제가 볼 때 20세기 인간의 역사는 이타주의적인 진화의 가능성을 스스로 좁혀서 이기주의 본성론 안으로 가두어버린 역사라고 생각해요. 한나 아렌트(Hannah Arendt)의 재미있는 이야기가 있습니다. 하얀 고양이가 검은 고양이를 털이 검다는 이유로 죽이는 일은 있을 수 없다는 거죠. 오로지 인간만이 검은 인간을 검다는 이유 하나만으로도 죽이는 겁니다. 그런 걸 일종의 범주적 살인(categorical murder)이라고 표현합니다. 그럭저럭 계몽되었다는 20세기에 전 세계적으로 8,000만 명의 보통 사람들이 죽임을 당했어요. 그들이 무슨 잘못을 해서 그 벌로 죽임을 당한 게 결코 아닙니다. 단지 유대인이기 때문에, 흑인이기 때문에, 장애인이기 때문에, 또는 종족이 다르기 때문에 학살당했어요. 자신의 행위와는 상관없이 단지 어디에 속하기 때문에 범주적 살인을 당하게 된 겁니다. 인간의 탈을 쓰고 이루어진 그런 행위들이 근대사회 시스템의 소산물이라고 볼 수 있죠. 또는 근대 인간사회라는 게임을 지배하는 법칙이 그러한 역사적 불행을 부추겼다고도 할 수 있어요.

최종덕　그런 현실이 우리 20세기 역사의 참모습이라고 말해도 되겠군요. 계몽되지 않은 전근대사회에서조차 자기가 한 행위에 대해서만 벌을 받고 책임을 졌는데 말입니다. 어떤 측면에서 보면 20세기는 전근대사회보다 못하다고 말할 수 있겠네요. 그 이유가 어디에 또 있을까요?

임지현　현대 과학기술의 발전과도 관계가 있을 것 같아요. 특히 과학기술이 현대 전쟁에 직접 관여하면서 그나마 남아 있던 이타성의 흔적도 사라지는 것 같습니다. 전쟁기술이 발전하면서 인간 대 인간이 아닌 기계 대 기계라는 가상적 상황들이 현실 전쟁에 사용되고 있어요. 예를 들어 미군 조종사가 전자오락을 하듯이 조종석에서 스크린을 보면서 30킬로미터 떨어진 목표물에 미사일을 쏴요. 손가락으로 버튼만 누르면 미사일이 날아가서 사람을 죽이죠. 조종사는 처참한 살상을 하고 있지만, 그 현장이 실제로는 보이지 않잖아요. 그러니까 인간으로서 인간을 죽인다는 최소한의 연민조차 느낄 수 있는 맥락이 사라지고 마는 겁니다. 이것이 바로 첨단기술과 전쟁이 만난 결과예요. 나치 때 집단학살용 가스실을 만들기 전에는 독일 군인이 직접 유대인을 일일이 총살했거든요. 그런데 학살을 담당했던 부대의 알코올 소비량이 너무 많은 거예요. 아무리 아리아 민족 이데올로기로 무장을 해도 자기가 직접 죽이는 상황을 견뎌내기가 어려운 거예요. 그래서 술을 많이 마시게 된 거죠. 이후 나치는 가스실을 만들게 됩니다. 이 시설에서는 군인이 일일이 유대인을 죽이는 일이 없게 되었죠. 학살 담당자는 멀리 떨어진 곳에서 가스관 밸브를 열기만 하면 되는 거예요. 저는 이런 상황을 사람이 동물로서 가질 수 있는 최소한의 연민마저 스스로 제거하는 자기파괴라고 봅니다. 예컨대 동물에게도 소위 '동물적 연민(animal pity)'이라는 게 있다고 하지 않습니까? 물론 그런 본능을 인간의 도덕적 이타성에 직접 비교할 수는 없겠지만, 포식자의 입장에서도 자기들이 먹을 것만 잡지, 장난으로 죽이는 경우는 없다고 하죠. 그런데 인간은 자신의 권력을 확장하기 위해 과학기술을 사용함으로써 스스로 이타성의 흔적마저 지우는 겁니다. 특히 현대의 첨단기술은 이런 점에서 동물적 연민 같은 가능성 자체를 막는 거죠. 거꾸로 말하자면 우리에게는 동물적 연민과 같은 것이 내면에 있기 때문에 인간사회가 문명화하면서 사라지고 있는 그런 연민을 회복하는 것도 가능하다는 말입니다.

최종덕　나치 수용소 이야기가 나와서 하는 말이지만, 나치 수용소의 처참한 상황들을 표현한 빅토르 프란클(Viktor E. Frankl)의 《죽음의 수용소에서(Man's Search for Meaning)》는 인간의 내면을 원형 그대로 그려내고 있습니다. 언제 죽을지 모르는 그 무시무시한 수용소라는 환경에서 인간의 이타적 원천을 발견하기도 하죠. 환경에 영향을 받는 것이 인간이지만, 환경과 무관하게 내재한 심리적 존재 양상이 있다는 겁니다. 일종의 이타성도 거기에 포함될 수 있죠. 이와 관련해서 도쿄 전철역에서 취객을 구하기 위해 자신을 희생한 이수현 씨의 이야기는 중요한 시사점을 준다고 봅니다. 희생적인 행동을 했던 사람들을 직접 인터뷰한 텔레비전 다큐멘터리 프로그램을 본 적이 있어요. 그런 행동을 한 사람들의 공통적인 답변이 있었죠. 그들은 모두 찰나에 죽음과 삶이 교차되었을 정도로 희생적이었는데, 그런 행위는 거의 본능에 가깝게, 즉 자신도 모르게 나온 즉각적인 반응이었다는 겁니다. 그런 행위를 한 본인조차도 스스로에게 놀랄 정도라고 말하더군요. 물론 이 인터뷰 내용이 곧 인간의 본성이라고 규정할 수는 없을 겁니다. 하지만 이기성만이 아니라 이타성도 인간의 본성 안에 함께 있다는 점을 이해하는 것은 현대사회의 문제를 풀어가는 중요한 동력이 된다고 봅니다. 이에 대한 생물학적 논의는 다음 카페에서 본격적으로 이야기하도록 하겠습니다.

임지현　민족이라는 개념은 변하지 않는다는 잘못된 신념이 얼마나 큰 역사적 폐해를 가져왔는지를 많이 논의한 것 같습니다. 그런 사회과학적 논점들은 자신들의 정당성을 확보하기 위해 과학이론을 억지로 끌어당기려 합니다. 그만큼 서양에서는 과학의 권위가 막강한 것이었죠. 현재도 마찬가지지만요. 문제는 과학 역시 오도된 사회과학이론에 기꺼이 봉사하려는 오류의 과학이 있었다는 점입니다. 일종의 사이비 과학이었죠. 사회생물학도 그런 위험성을 조금이라도 내포했었다는 논점이 우리 이야기 중에서 많은 부분을 차지한 것 같습니다. 오늘 이야기는 전반적으로 민족 개념을 통해 역사학이나 사회과학이 진화론과 만나면서 서로를 냉정하게 진단할 수 있었던 의미 있는 계기라고 생각합니다.

최종덕   진화생물학이 사회생물학으로 변질된 것도 일부 있었지만, 사회생물학으로부터 진화론을 구제해야 한다는 것이 제 생각이기도 합니다. 진화론의 핵심개념인 변화의 의미를 진정으로 이해하면서 혈통민족주의나 인종주의가 얼마나 큰 허상인지 알게 된 대화였다고 생각합니다. 아주 긴 시간 동안 《종의 기원》이 출간되는 빅토리아시대의 사회적 분위기에서부터 민족 문제와 더불어 우리 현실에 이르기까지 많은 이야기, 깊은 감동을 나눠주셨습니다. 소중한 이야기를 하나하나씩 들으면서 배운 것이 많았습니다. 고맙습니다.

다윈과 사회 카페

우리 시대의 진화론, 어떻게 읽을 것인가

전방욱과 **최종덕**의 대담

《종의 기원》출간은 그 시대와 사회 전반에 걸쳐 엄청난 반향을 일으켰다. 찰스 다윈은 그레고르 멘델(Gregor J. Mendel)의 유전법칙을 알지 못한 채 세상을 떠났으나, 진화론은 유전법칙과 유전자 구조의 발견으로 이어지면서 20세기에 새로운 '다윈 혁명'을 낳기에 이르렀다. 더 나아가 진화생물학은 다양한 동물세계에 대한 관찰을 통해 전통적인 인간과 사회에 대한 이해에 근본적인 질문을 제기하고 있다. '다윈과사회 카페'는 바로 이러한 주제들을 다루고 있다.

《종의 기원》이 출간된 이후 유럽 사회에서는 진화론을 빙자하며 한동안 '수상한 과학'이 요동치듯 유행했다. 이른바 '사회진화론'이라고 불리는 것이 그것이다. 다윈의 사촌으로서 우생학의 창시자였던 프랜시스 골턴(Francis Galton)이나 허버트 스펜서와 같은 영국의 철학자는 진화론을 인간과 사회에 곧바로 적용하기 시작했다. 19세기에 동아시아에 전파된 진화론도 이런 유형이 중심이었다.

다윈도 자신의 《자서전》에서 "나는 교육과 환경은 한 사람의 정신에 작은 영향만 미치며, 대부분의 자질은 타고난다고 믿는 골턴의 견해에 대체로 동의한다."고 말할 정도로 골턴의 우생학은 19세기 말에서 20세기 전반의 인류 역사에 커다란 영향을 주었다. 미국에서는 수십만 명의 사람이 인종 말살을 위해 거세되었고, 기업의 착취와 약육강식의 사회를 정당화하는 논리로 진화론이 이용되기도 했다.

'다윈과사회 카페'는 자연세계와 생명에 대한 탁월한 통찰력을 제공했던 진화론이 그 이후 어떻게 전개되었으며, 인간사회를 어떻게 바꾸어왔는가를 생물학자의 시각을 통해 조명한다. 진화론이란 무엇인지, 그리고 유전자결정론에서 윤리학에 대한 진화론적 논의까지 진화론이 제시하는 새로운 인간학으로서 진화론의 과거와 현재, 그리고 미래를 가늠해보려는 것이 두 번째 카페이다.

독자들은 '다윈과사회 카페'에서 들려주는 이야기를 통해 생물학적인 것과 사회적인 것이 어떻게 만나고, 어떻게 충돌하고, 어떻게 화해해나가는가를 알게 될 것이다. 또한 대담의 진행을 지켜보면서 인문학과 자연과학을 가로지르는 상호소통이 있을 때 비로소 인간을 진정한 행복으로 이끄는 지식이 가능할 수 있다는 평범한 진리를 확인하게 되지 않을까 싶다.

생물학자 전방욱은 19세기의 영국 신사와도 같은 학자이다. 대학의 강의실과 연구실에서 연구와 실험에만 골몰할 듯이 과묵하고 진지한 성격의 전방욱 교수는, 오래전부터 과학지식과 대중매체의 관계를 다룬 매우 특이한 공부 이력을 지닌 생물학자이다. 그가 우리 사회에 첫 선을 보인 저서가 바로 《수상한 과학》이다. 과학을 사랑하고 진리를 추구하면서 동시에 과학이 수상하게 변해가는 모습에도 촉수를 놓치지 않고 고민하는 진정한 지식인이다.

《찰스 다윈, 한국의 학자를 만나다》에 참여하여 이야기를 들려주는 과정에서 나타나는 그의 모습은, 과학과 과학자가 가져야 하는 사회적 책임과 자세가 어떠한 것인가를 생생하게 보여준다. 더불어 생물학과 진화론의 논의가 인간과 사회에 어떠한 의미와 가치, 그리고 한계를 갖는가에 대해 그간 사유하고 고뇌했던 여정을 독자들이 눈치 챌 수 있을 것이다. 그런 의미에서 생물학자 전방욱이 '다윈과사회 카페'에 초청된 것은 당연한 일이다.

진화론, 유전자결정론, 진화발생학 (Evo Devo)

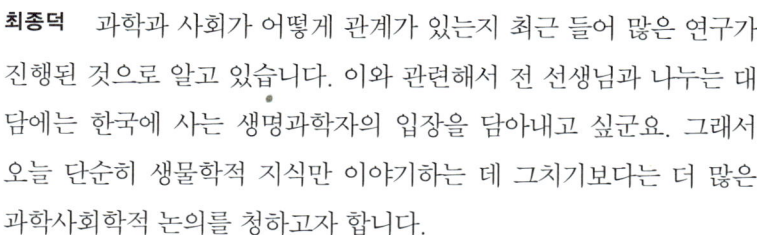

최종덕 과학과 사회가 어떻게 관계가 있는지 최근 들어 많은 연구가 진행된 것으로 알고 있습니다. 이와 관련해서 전 선생님과 나누는 대담에는 한국에 사는 생명과학자의 입장을 담아내고 싶군요. 그래서 오늘 단순히 생물학적 지식만 이야기하는 데 그치기보다는 더 많은 과학사회학적 논의를 청하고자 합니다.

전방욱 다 아시겠지만 찰스 다윈에게서 단순한 과학자가 아니라 기독교와의 갈등도 있었고, 문화적인 측면이나 역사적 측면이 굉장히 중요합니다. 그런 면을 살펴보는 일도 중요할 겁니다. 저는 생물학자이지만 좀 더 넓게 한국의 현실에서 다윈의 의미, 또는 진화론이 무슨 의미를 갖느냐를 논의하는 것은 매우 중요하다고 생각해왔습니다.

최종덕 독자들과 긴 대담의 여정을 떠나기 위해 진화생물학의 기본적인 몇몇 개념들을 짚고 넘어가야 할 것 같습니다. 저도 학교에서 학생들을 가르치면서 가끔 진화론을 설명할 때 제일 먼저 드는 사례가 바로 기린입니다. 기린이 왜 그렇게 목이 길어졌을까? 거기에 대한 오해가 굉장히 많잖아요. 이와 관련해서 진화론의 기본적인 몇몇 개념들에 대한 설명을 부탁드립니다.

전방욱 그럼 기린에 관한 이야기에서 시작해볼까요? 진화론을 처음으로 체계적으로 주장한 사람은 다윈이 아니고 라마르크라는 프랑스 학자였습니다. 라마르크는 기린의 목 길이는 목을 평소에 쓰는가 안 쓰는가에 따라서 결정된다고 생각했어요. 그러니까 후천적으로 획득한 형질이 유전될 때 진화가 일어난다는 거죠. 그런 식으로 진화에 대한 메커니즘을 나름대로 설명하려고 했습니다. 라마르크 이전의 학자들도 진화를 이야기하기는 했죠. 다윈도 《종의 기원》에서 역사적으로 볼 때 스무 명 이상이나 되는 학자들이 진화 관계 주장들을 했다고 했습니다.

최종덕 다윈 이전에도 많은 학자들이 진화에 관한 주장들을 했군요.

전방욱 예, 하지만 체계적으로 진화의 메커니즘을 설명하려고 했던 것은 라마르크가 처음이었습니다. 문제는 라마르크의 주장은 다윈이 보기에 말도 안 되는 억지라는 것이었죠. 다윈은 기린의 목이 길어진 것은 평소에 목을 쓰느냐 안 쓰느냐에 따른 것이 아니고, 혹독한 환경이 되어서 나뭇잎이 가지 꼭대기에만 남게 되었을 때 그것을 먹을 수 있는 개체들은 살아남는 데 유리했고, 그렇지 못한 개체들은 불리했다는 점을 밝힌 겁니다. 다시 말해서 기린이 그것을 먹기 위해서, 또는 먹을 수 있는 것은 살아남고 그렇지 못한 것은 죽었다고 본 거죠.

최종덕 키가 어느 정도 되는 놈은 살아남고, 목이 좀 짧은 놈은 자연히 소멸됐다는 것이죠? 요약을 하자면, 진화론은 라마르크의 생각과 같은 용불용설이 아니라 자연의 상태에 가장 잘 적응한 개체군이 살아남아 자손을 증식하는 것으로 보면 되겠군요.

전방욱 예, 맞습니다. 너무 앞서 다른 사례를 말하는 것 같지만, 최근에는 다윈의 진화론에서 주장하는 진화의 동력이 다양하다는 점을 제시한 경우가 많습니다. 쉽게 말해서 진화론의 기본 적응 동력인 자연선택(natural selection) 말고도 성선택(sexual selection) 같은 것이 있다는 거죠. 어떤 학자는 기린의 목이 길어진 이유에 대해서 이의를 제기했습니다. 즉 체구가 커지면 그만큼 사용해야 될 에너지도 많은데, 그것은 생존에 불리한 것이 아니겠냐는 것이죠.

최종덕 그 말이 맞다면 기린의 목이 길어지게 된 진화론적 이유는 또다른 데 있는 것인지도 모르죠.

전방욱 최근에 로버트 시먼스(Robert Seamans)라는 학자가 새로운 이론을 제기했어요. 기린의 목이 길어진 것은 그렇게 목이 긴 기린만 살아남아서가 아니라 암컷을 차지하기 위해서 수컷들이 싸울 때 목을 사용하기 때문이라는 겁니다. 목이 길수록 상대편에게 가하는 힘이 크기 때문에 결국 그런 것들만 살아남게 되었다는 거죠.

최종덕 교미할 확률이 더 많아진 개체들이 후손을 더 많이 낳게 된다는 뜻이군요.

전방욱 그런 자손이 더 많이 생기면 암컷이나 수컷 모두 목이 긴 기린의 유전자를 갖게 되니까 결국 기린의 목이 길어졌다는 색다른 해석이죠.

최종덕 보통 진화론은 자연선택이라는 메커니즘으로 설명하고 있는데, 그것만으로는 설명이 안 되는 생명 현상들도 많잖아요. 대표적인 것이 공작새가 날개를 좍 펴면 포식자에게 잡아먹힐 확률이 굉장히 큰데도 날개를 펴는 현상 같은 거죠. 그런 현상을 암컷을 유혹하기 위한 성선택이라고 하는데, 그런 방식으로 기린도 설명할 수 있다는 거겠네요. 아주 의미 있는 설명인 것 같습니다.

전방욱 다윈도 사실은 자연선택만으로 진화 또는 종의 분화를 전부 설명할 수는 없고, 그 외 여러 가지 메커니즘이 동원될 거라고 말했습니다. 자신의 책에서 성선택에 대해서 한 장 이상을 할애하고 있죠. 칠면조처럼 맨살이 드러난 목 부분의 색깔이 변하는 특징을 가진 조류들에 대해 말하고 있는데, 그런 특징들은 암컷의 흥미를 끌기 위해 생겼다고 본 겁니다.

최종덕 진화의 중요한 메커니즘이 하나가 아니군요. 일단 자연선택과 성선택이라는 두 가지 개념이 나왔습니다. 진화론이란 한마디로 자연에는 수없이 다양한 개체들이 있고, 그 가운데 적응 과정을 통해서 선택된 개체들이 유전적으로 남게 되었으며, 그것들이 남보다 생존력이 높아서 진화되었다는 것입니다. 다윈은 이를 자연선택이라고 표현한 것이죠. 그래도 여전히 많은 사람들은 진화론이 생소할 테니, 좀 더 친절하게 설명을 해주세요.

전방욱 맞습니다. 그리고 자연선택 말고 성선택의 메커니즘도 중요하다는 거죠. 자연선택처럼 생존경쟁이라는 원리 말고, 지금 당장 포식자한테 잡혀 먹힐 위험이 있어도 암컷의 관심을 끌기 위해 자신을 색다른 방식으로 표현한다는 거예요. 그런 행위들이 종의 번식에 더 유리하게 되었다는 겁니다.

최종덕 그런데 1859년에 《종의 기원》이 출간되었을 때 교회와의 갈등이 굉장히 많았죠. 진화론이 등장하면서 당시 교회와 어떤 갈등이 있었는지는 충분히 예상할 수 있습니다. 이전까지는 인간을 포함해서 세상의 모든 존재는 신에 의해 창조되었다는 것이 기본 관념이었죠. 그런데 《종의 기원》은 그런 관념을 무너뜨리고 모든 생명은 단일한 조상에서 분화되었으며, 그런 조상은 자연적인 것이라고 주장했으니 엄청난 충격이었을 겁니다. 그래서 교회에서는 다윈의 진화론을 절대로 수용할 수 없었던 거죠. 이는 종교의 입장에서는 아주 당연한 반응이었을 겁니다. 과학에서 주장하는 진화론을 종교의 입장에서만 바라보려고 할 때 생기는 아주 당연한 사태죠. 당시 교회에서는 다윈에게 "너의 조상이 원숭이라는 것을 밝히고 있는 것이냐."라는 비난을 했지만 다윈은 그에 대해 일일이 대응하지 않았습니다. 그런 역사적 상황에 대해 과학자로서 선생님의 생각을 이야기해주세요.

전방욱 《종의 기원》이 일반 사람들의 관심을 끌게 된 것은 최 선생님이 말했듯이 인간을 포함한 모든 생물이 원시적인 하나의 형태에서 비롯되었다는 주장 때문이었습니다. 다윈은 사람이 원숭이에서 진화했다는 말은 한 적이 없어요.

최종덕 예, 물론이죠. 원숭이와 인간의 진화관계를 직접적으로 연결하려는 견해들은 진화론에 대한 거부반응의 전형적인 표현인 것 같습니다.

전방욱 사람들은 그런 표현에 대해 호기심과 즉각적인 관심을 많이 갖게 되는 모양이에요. 그 당시의 캐리커처를 보면 몸뚱이는 원숭이이고 머리는 다윈인 털 많은 사람이 자기 친구인 원숭이와 놀고 있는 그림이 있습니다. 다윈도《종의 기원》제15장에서 이런 말을 했어요. "나는 이 책에서 제시된 견해들이 왜 어떤 사람의 종교적 감정에 충격을 준다는 것인지 그 까닭을 찾을 길이 없다."고 했고, 마지막 문장을 보면 사실 창조주가 만들어낸 소수의 또는 한 개의 종이 이렇게 변화를 거듭해서 전체 생물체를 이루었다는 것에 대해서 감탄하고 있습니다. 다윈은 종교와의 갈등을 예상한 것처럼《종의 기원》말미에서 창조주라는 표현을 사용한 거예요.

최종덕 당시 다윈은 신의 존재를 대놓고 부정하는 표현을 하지 않았습니다. 그는 기독교 집안에서 태어났고, 아버지의 뜻에 따라 신학교에 들어가기까지 했을 정도죠. 후일 그가 지극히 사랑한 아내 엠마 역시 독실한 기독교 신자였습니다. 그는 집안사람이나 아내에게 기독교 정신의 핵심이기도 한 신의 존재를 부정하는 사람으로 취급되기를 싫어한 거죠. 하지만 자연을 깊이 관찰하면서 점점 종교보다는 과학의 입장에서 신을 바라보게 되었습니다. 과학으로 본 신이란 결국 자연을 의미하죠. 다윈의 비글호 여행은《종의 기원》에 결정적인 아이디어와 기초자료를 제공했지만《종의 기원》은 그로부터 22년이 지나고서야 겨우 출간하게 됩니다. 출간이 그렇게 늦어진 이유 역시 기독교와의 갈등을 일으키지 않으려는 다윈의 성격에 있었다고 보는 학자들도 많습니다. 그러다가 갑자기 출간을 결심했는데, 다윈의 동료이면서 당시 말레이제도에서 생물을 관찰하던 앨프레드 월리스(Alfred R. Wallace)가 보내온 보고서가 중요한 자극이 되었죠. 그 보고서는 다윈이 메모해왔던 진화론의 기본 구상과 무척이나 비슷했어요. 우연이라고 하기에는 매우 비슷한 내용이 많았죠. 그 편지가 온 게 1858년이니까, 그 편지를 받고 자극을 받아 일 년 만에 《종의 기원》을 출간했다고 볼 수 있죠. 이미 다윈은 기독교가 말하는 신의 존재란 오로지 종교적 의미만 갖는다는 걸 알게 되었습니다.

생명에 대한 탁월한 통찰력

전방욱 다윈은 유신론자도 유물론자도 아니었습니다. 오히려 불가지론자에 가까웠죠. 20년 이상이나 퇴고를 거듭하고 종교와의 갈등을 짐작하면서 늦어진 《종의 기원》 출간에 이르러서 겨우 조심스런 발언을 했을 뿐입니다. 그것도 창조주가 최초의 종을 만들었고, 그것이 점점 분화를 거듭해서 오늘날과 같은 종이 되었다는, 일종의 타협에 가까운 것이었어요. 당시 사람들의 충격이 너무 커서 우스터 주교의 부인이 이런 말을 했다고 하잖아요. "사실이 아니기를 바랍니다. 그게 사실이라면 그것이 알려지지 않길 바랍니다." 다윈 진화론의 전통 계승자라고 할 수 있는 리처드 도킨스도 그런 말을 한 것을 봤습니다. 먼 나라에서 어떤 선생님이 편지를 보내왔는데, 한 학생이 울면서 자신을 찾아와서는 《이기적 유전자》라는 책을 보고 인생이 갑자기 무의미해졌다고 고백했다더군요. 그래서 그 선생님이 자기 친구들에게 충격을 주지 않기 위해서 그 책을 널리 읽히지 말아야겠다고 했다는 이야기가 나옵니다. 하하. 이게 아마 《종의 기원》에 대한 당시의 반응과 비슷한 반응들일 거예요.

최종덕 다윈은 아내인 엠마의 기독교적 배경과 자신의 온순한 성격 때문에 교회와의 갈등을 최대한 피하려고 했죠. 그래도 사실의 세계, 자연의 사실은 밝혀져야 한다는 다윈의 과학자 정신이 오늘의 생물학을 발전시키게 했다고 생각합니다.

전방욱 맞습니다. 다윈은 도덕 종교로서의 의미 있는 삶을 구현하려고 한 동시에 과학자로서 사실의 세계를 밝히려고 했다는 점을 잘 알아야 한다고 생각해요. 저 역시 기독교 신자이지만 진화생물학을 공부하는 데 아무 지장이 없거든요. 진화론은 과학의 영역이니까 과학으로 접근하고, 신의 존재는 종교의 영역이니까 종교로 접근하면 아무 문제가 없습니다.

최종덕 말씀하신 《이기적 유전자》 말고도 도킨스의 또 다른 책인 《만들어진 신(The God Delusion)》은 사람들에게 더 많은 충격을 주었을

거예요. 저도 그런 느낌을 좀 받았습니다. 인간의 본성에는 종교적인 문제와 관련해서 본래 가지고 있는 선함을 찾아내고 더 길러야 한다는 무의식적 방향이 있는 것 같습니다. 확실하지는 않지만요. 그런 힘이 우리 삶을 끌어가는 중요한 지향점인 것 같고요. 그런데 그런 선한 목적이 없어지고 본성 자체가 전부 이기적이라면 말씀하신 것처럼 아마 인생의 목표가 사라지고 삶의 의미 전체가 사라져버리는 불안한 느낌을 크게 받았을 거예요. 저 역시 젊었을 때 그랬거든요.

전방욱 저도 그런 감정을 느꼈습니다.

최종덕 《종의 기원》이 나올 당시에는 다윈의 주장을 증명할 만한 실험적 증거가 없었죠. 그런데 현대 유전학이라는 것이 발견되고 힘을

얻으면서 다윈이 부활했다고 말할 수 있을 것 같은데, 만약에 오늘날 다윈이 태어났다면, 그래서 《종의 기원》을 다시 쓴다면 어떤 부분을 가장 염두에 두면서 썼을까요?

전방욱 《종의 기원》은 정말 놀라운 책입니다. 최근에서야 논의되는 발달생물학 분야나 면역학 분야, 현대 지리학의 문제까지 전부 건드리고 있죠. 현재 많이 논의하고 있는 것이나 세부적으로 논의하고 있는 것들이 각각의 장을 이루고 있다는 점에서 《종의 기원》은 굉장히 놀랄 만한 책이라는 겁니다.

최종덕 그래서 다윈이 오늘날 태어났다고 하더라도 아마 그 논의는 재현될 거예요. 다시 말해서 《종의 기원》은 오늘날에도 풀어야 할 숙제로 남아 있는 것들이 많아서 끝난 게 아니라는 거죠.

전방욱 다윈의 저작이 가치가 있는 것은 거의 일평생에 걸친 이론 정립이라든가 실험이라든가 관찰이 집대성되어 있다는 점에 있어요. 그전에는 사람들이 이런 책을 쓸 수 없었죠. 다윈은 비글호를 타고 5년 동안 여기저기를 다니면서 수많은 생명종을 접하면서 체계적으로 비교연구를 했습니다. 예를 들어 파타고니아 지방에서 화석 수집을 했는데, 거기서 그친 것이 아니라 영국에 돌아와서도 우편을 통해 화석이나 생명종을 수집해서 연구했죠. 또한 비둘기나 사냥개 등을 실제로 기르면서 자연선택의 아이디어를 찾아냈어요. 그만큼 대단한 분량의 증거들을 모은 겁니다. 그가 가축 사육이나 식물 재배를 통해서 수많은 변이에 대해 연구성과를 낸 것은 결코 우연이 아닌 거죠. 또 아까 말씀하신 것처럼 모든 현대 생물학의 기원이 부분적으로라도 언급되었다는 것이죠.

최종덕　다윈이 그 당시 몰랐던 것은 다윈 개인의 차원이 아니라 시대의 차이 때문일 뿐입니다. DNA 같은 물질을 모르는 게 아주 당연한 거죠. 그리고 앞서 이야기했지만 다시 설명을 부탁드릴게요. 1831년 비글호 여행을 시작한 이후 5년에 걸친 탐사를 마치고 돌아온 것이 1836년이고, 《종의 기원》이 나온 게 1859년이죠. 탐사가 끝나고 나서도 그렇게 오랜 시간이 흐른 뒤에야 책이 나온 상황에 대해서 좀 더 상세히 설명해주시죠.

전방욱　다윈이 진화에 대한 원고의 초안을 만든 게 1842년이었다고 하니까 발표가 되기까지 10년 정도 걸렸다는 거죠. 다윈에게는 《종의 기원》 외에도 굉장히 다양한 저작들이 있습니다. 비글호 탐사 이후 다윈이 《종의 기원》 원고에만 매달렸던 것이 아니라는 말이죠. 《지렁이의 활동에 의한 식물재배 토양의 형성(The Formation of Vegetable Mould Through the Action of Worms)》이라든지 《식물의 운동력(The Power of Movement in Plants)》 같은 연구서들이 그 사이에 많이 출간되었죠. 그리고 다윈은 굉장히 다양한 문헌을 섭렵한 것으로 유명해요. 정기간행물도 빠짐없이 읽고, 기행문이나 수렵, 낚시에 관한 것, 원예, 동물 사육 등에 대한 자료들을 읽었어요. 당시로서는 비교할 수 없을 정도로 대단한 정보력과 왕성한 독서력이죠. 아마 이런 것들이 모두 다윈이 《종의 기원》을 쓰는 데 영향을 미쳤을 겁니다. 또한 실제로 사육협회에 가입해서 비둘기를 사육하기도 했죠. 사육자들이나 인공재배 농민들과 잦은 회합을 갖고 토론한 내용과 인공사육 과정에서 얻은 아이디어를 종합해서 그의 자연선택 개념이 형성된 것으로 보면 됩니다.

최종덕　다윈의 아내 엠마는 그와는 사촌 사이였습니다. 엠마 부인은 상당한 유산을 미리 받아서 그런지 경제적으로 여유가 있었습니다. 한평생 돈 버는 일 없이 연구와 조사만 했던 그의 일생은 《종의 기원》 같은 위대한 저작이 나오게 된 배경이기도 하죠. 엠마는 남편이 연구에 전념할 수 있도록 지속적으로 격려와 지원을 아끼지 않았어요. 일반적으로 《종의 기원》에 영향을 끼친 가장 중요한 책으로 토머스 맬서스의 《인구론》을 듭니다. 적자생존과 선택에 따르는 도태라는 생각이 그 책에서 힌트를 얻었다고 알려졌죠. 다윈 스스로도 밝혔듯이 그건 사실이에요. 그러나 후대 사람들이 맬서스의 영향을 지나치게 과장하거나 확대해석하고 있죠. 사실은 다윈에게 영향을 끼친 많은 책들 가운데 한 권일 뿐이었습니다. 선생님께서 말씀하셨듯이 다윈은 대단한 독서량을 가지고 있었고, 그것들이 종합된 것이지,《인구론》에서 나온 생존법칙이 《종의 기원》의 전부는 아니에요. 실제로 《종의 기원》의 사유구조 전체에 영향을 더 끼친 것은 찰스 라이엘의 《지질학 원리》입니다. 그 책이 다윈 인생 전체에 영향을 미친 거죠.

전방욱 《종의 기원》은 대략 네 부분으로 나눌 수 있어요. 처음에는 가축과 자연계에서 관찰되는 변이의 다양성, 다음으로는 변이 형질들 중에서 어떤 것이 선택되는지에 대한 내용들입니다. 그리고 세 번째는 지질학과 관련된 고생물 지리학 부분입니다. 요즘 식으로 말하면 그렇다는 거예요. 그리고 제일 마지막이 결론 부분으로 구성되어 있죠. 그만큼 지질학 부분은 중요하다고 봅니다.

최종덕 유전자 검색을 통해 생명의 계통수를 추적하는 첨단의 방법이 동원되는 현대 과학과 달리 당시는 화석이 유일한 증거 통로였기 때문에 지질학은 절대적인 영향력을 미쳤을 겁니다. 그렇지만 다윈은 화석을 통해 생명의 역사를 추적하는 탁월한 상상력의 과학을 전개한 당시 자본주의자와 유물론자는 둘 다 '역사는 진보한다'는 개념을 갖고 있었고, 진화라는 것이 자신들의 이론을 보강해줄 좋은 학설이라고 믿은 거예요. 사실 자연선택이라는 것에 어떤 가치가 개입할 수도 있겠지만, 실제로는 진화의 메커니즘 안에 어떤 가치 개념도 들어올 수 없어요.

거죠. 다윈은 오랫동안의 경험과 관찰을 통해서 전형적인 베이컨식의 자료 수집과 귀납적 사유를 하는 학자로만 평가되기 쉬운데, 오히려 다윈이야말로 자연학적 종합의 방법론을 수용하고 있어요. 이러한 종합적 통찰력이 있었기에 《종의 기원》이라는 문명사적 책이 나왔을 겁니다.

진화론의 과거, 현재, 미래

최종덕 진화론을 이기적이고 생존경쟁으로만 해석하는 최근의 경향은 합당치 않다고 생각합니다. 다윈의 진화론이 당시 사회에 큰 충격을 준 것은 아주 당연해요. 그것은 단지 기독교 문화에 충격을 주었을 뿐만 아니라 유럽 문명 전체에 충격을 주지 않았습니까? 예를 들어서 19세기 중후반은 자본주의가 싹튼 때였으며, 사회주의가 시작된 때라는 것쯤은 누구나 다 아는 사실이에요. 그런데 여기서 아주 재미있는 현상을 볼 수 있죠. 오늘날 신자유주의의 뿌리인 자유주의 집단에서도 《종의 기원》을 자기 이론의 과학적 근거로 내세웠고, 카를 마르크스가 자신의 책 《자본론》을 다윈에게 헌정했다는 오해가 나돌 정도로 당시 사회주의 집단에서도 《종의 기원》을 자신들의 과학적 근거로 내세우려고 했죠. 앞서 토론한 바와 같이 똑같은 진화론인데 상반된 생각을 가지고 있는 두 이념 집단이 서로 자기들 이론의 근거로 삼으려고 했다는 사실은 매우 많은 것을 생각하게 합니다. 그건 아마 20세기를 거쳐 21세기 생물과학을 포함한 사회과학에 의미 있는 질문을 던진 것이라고 보아도 좋을 듯해요.

전방욱 제가 보기에도 진화론의 폭과 깊이가 아주 커서 앞으로도 많

은 해석이 나올 테지만, 사회과학의 입장에서도 그런 대비된 이해가 있을 수 있다고 봅니다. 진화론은 《종의 기원》에서 출발했지만 다윈에게서 끝나는 것이 아니라 후대 학자들에게 열린 미래형 과제이기도 하죠. 이런 해석의 다양성이 자칫 아전인수로 빠질 여지도 많이 준다는 생각이 듭니다.

최종덕　요즘은 생존경쟁이라는 최초의 의미에서 벗어나 약육강식으로 다윈의 진화론을 설명하려는 사람들이 많은데, 그것이 바로 아전인수 격인 해석일 겁니다. 물론 그런 측면도 없지는 않겠죠. 그래서 《종의 기원》과 다윈의 진화론을 좀 더 폭넓은 시각으로 보길 바라는 게 저의 입장이고, 또 선생님께서 번역하신 책들에서도 그런 이야기들이 많이 전개되는 것 같아요. 최근 들어 진화론과 발생학을 접목시킨 이보디보(Evo Devo; Evolutionary-Developmental Biology)가 유행하는 것과 맥을 같이합니다. 아마 새로운 해석의 전환점이 계속해서 등장할 텐데, 그 점에 대해서 생각나는 것이 있으시면 격의 없이 말씀해주세요.

전방욱　사실 진화론은 진보라는 개념과는 상당히 다른데, 자본주의자들이나 유물론자들은 진보의 개념으로 진화를 파악하려고 한 것 같습니다.

최종덕　진화를 진보라고 여겼다는 점에서 당시의 자본주의자나 사회주의자나 똑같은 생각을 한 것 같습니다. 빅토리아시대의 사상적 지평선이었던 진보에 대한 믿음이 낳은 시대적 결과겠죠.

전방욱　그렇죠. 결국 최고의 목표 지점, 도달 지점이 다를 뿐이지 당시 자본주의자와 유물론자는 둘 다 '역사는 진보한다'는 개념을 갖고 있었고, 진화라는 것이 자신들의 이론을 보강해줄 좋은 학설이라고 믿은 거예요. 사실 자연선택이라는 것에 어떤 가치가 개입할 수도 있겠지만, 실제로는 진화의 메커니즘 안에 어떤 가치 개념도 들어올 수 없어요. 여러 개체 가운데 차이가 나타나고, 그 차이가 시간에 따라서 후세에 전해지는 걸 변이라고 해요. 그런 변이가 축적되어서 진화가 되는데, 다윈 시대에 자연선택을 주장했던 사람들은 환경에 유익한 것들로만 적응이 되어 후손까지 살아남는다고 생각했거든요. 그런데 20세기 중반 들어 다른 진화론자들에 의하면, 수많은 변이개체 중에서 환경에 적응된 변이들만 살아남는 게 아니라 환경에 중립적인 변이들도 많이 살아남고, 가령 어떤 집단이 고립됐다거나 해서 돌연변이를 유발시킬 좋은 기회나 조건이 생길 때 비로소 진화가 일어난다고 해요. 그걸 중립진화설이라고 하죠.

최종덕 예, 중립진화설이 진화를 진보처럼 여기는 것으로 오해받을 수 있다고 생각합니다. 진화론의 핵심은 두 가지로 볼 수 있는데, 자연이 연속적으로 변화한다는 사실과 자연의 변화는 목적을 갖지 않는다는 사실이죠. 이런 점에서 지향점이 없는 중립진화설도 진화론 일반의 이해를 공유하고 있다고 생각합니다. 진화가 진보일 수 없다는 점이 진화론의 핵심인데, 여전히 진화를 진보의 틀에서 보려는 사람들이 있는 것 같아요.

전방욱 《풀 하우스(Full House)》라는 책을 쓴 스티븐 굴드 같은 사람은 그런 경향에 반대하면서 '진화는 진보가 아니고, 진화라는 것은 자연계의 빈틈을 채워주는 작용'이라고 본 거죠. 자연계의 비어 있는 시간의 거리를 채워주는 일종의 거대한 시나리오인 겁니다. 자유주의자들과 유물론자들이 애초에 상상했던 진화와는 상당히 다른 방식으로 이론이 전개되고 있어요. 스티븐 굴드가 아직까지 살아계셨으면 좀 더 열매가 많은 논의들이 진행됐을 텐데, 이른 나이의 죽음으로 인해 그 결과를 다 못 본 것이 안타깝네요.

최종덕 스티븐 굴드는 하버드 대학 동물학과 교수로 있었던 시절에 에드워드 윌슨 교수와 벌인 논쟁도 매우 유명하죠. 굴드는 생존경쟁이라는 적응과정을 약육강식으로 설명할 수 있는 씨앗을 주었다는 점에서 윌슨을 대단히 비판했습니다. 《사회생물학(Sociobiology: The New Synthesis)》이라는 책을 쓴 윌슨은 그의 책 마지막 장에서 인간을 해석하는데, 사회적인 인간의 행동조차도 생물학 환원주의의 틀 안에서 설명될 수 있다는 뜻을 은연중에 주장한 것입니다.

전방욱 맞습니다. 굴드는 그런 생물학적 환원주의를 강하게 비판했죠. 생물학으로 인간사회를 설명할 수 있다는 생각은 인간이 갖는 자만 중에서 가장 심각한 자만에 해당한다는 것이 굴드의 생각이었어요. 이러한 비판의 전제에는 그의 생물학적 주장들이 밑받침되어 있죠.

최종덕 생존경쟁의 적응구조 외에 다른 구조가 진화의 과정에 포함되어 있다는 거죠. 굴드는 단속평형론의 주창자로 알려졌는데, 그것이 기존의 진화론과 어떻게 다른지, 얼마나 차이가 나는 것인지 쉽게 설명해주세요.

전방욱 굴드는 주로 지층을 연구하는 고생물학자입니다. 박사학위도 지질학으로 했어요. 고생물학자로서 화석에 대해서 많이 연구했죠. 굴드의 책을 읽다 보면 그의 엄청난 박식함에 놀랍니다. 사람이 너무 많은 것을 알고 있으니까 신이 일찍 데려가셨나 하는 생각까지 들게 할 정도예요. 그는 화석을 연구하는 과정에서 화석이 연속된 형태로 발전하는 게 아니라 잘 살던 화석들이 어느 시기에 갑자기 없어지고 전혀 다른 화석들이 나타나는 현상들을 발견합니다. 그래서 자연선택뿐만 아니라 예를 들어 운석 충돌 같은 대재앙을 통해서 진화가 급격히 이루어질 수 있다고 생각하게 된 거죠. 그런 연구에 따라 동료 학자인 닐스 엘드리지(Niles Eldredge)와 함께 단속평형론이라는 생물학 이론을 내놓았습니다. 아시다시피 중생대가 끝날 무렵 공룡이 멸종하면서 공룡의 거대 세력 속에서 아주 소수였던 포유류가 점차 그 세력을 넓혀갔죠. 포유류의 등장은 우연이었지만, 그런 우연이 바로 인류의 등장으로 이어지는 계기가 된 것이기도 합니다. 그러한 계기는 전적으로 우연이며 동시에 전적으로 갑작스러운 거예요. 운석의 충돌 등 갑작스러운 재앙으로 인해 그 전의 생물군이 사라지고 새로운 환경에 적응할 수 있는 생물군이 출현하면서 생명계의 진화가 이어져왔다는 주장이죠. 이 주장에 대해서는 찬반 논란이 많습니다. 그러나 굴드의 진화론 역시 자연선택이라는 다윈 진화론의 기본을 충실하게 따르고 있는 거예요. 다만 주류의 진화론은 자연선택의 메커니즘이 적응이라고 하는 데 반해 굴드와 같은 주장은 적응 외에 적응으로 설명할 수 없는 생명종 존재의 발생학적 구조가 있다는 겁니다.

최종덕 그래서 굴드를 반적응주의라고 부르기도 하잖아요. 하지만 굴드가 적응주의를 모조리 부정하는 게 아님을 기억해야겠죠.

전방욱 예, 그래요. 굴드의 주장은 적응의 원리 말고 생명종 자체의 구조적 원형이 존재한다는 겁니다. 일종의 발생학적 구조라고들 하죠. 물론 그것조차도 자연의 상황과 조건 등에 맞추어진 자연선택의 결과이지만요.

최종덕 그 자연의 상황, 즉 지구의 오랜 역사는 재앙이라 불릴 수 있는 갑작스런 변화를 여러 번 겪었다는 사실을 굴드는 말하고 있습니다. 지질학적으로 볼 때 대변혁은 6번, 작은 변혁은 수십 번 있었다고 지질학자들은 보통 주장합니다. 그래서 더욱더 굴드의 이론을 무시할 수 없겠죠.

전방욱 굴드는 고생물학자로서 유명하기도 하지만 사회과학 영역에서도 상당한 전문가적 이해를 지니고 있지 않았습니까? 미국이 자랑하는 문장가로도 유명하고요. 더 나아가서 굴드는 윌슨과는 다르게 인간에 대한 믿음, 인간 본성에 대한 믿음이 굉장히 강했던 것 같아요. 이 점에 대해 최 교수님이 하실 말씀이 많을 것 같군요.

최종덕 굴드는 예순이라는 너무 이른 나이에 암으로 죽었죠. 아흔 살이 가까운 윌슨은 아직 살아 있고요. 윌슨과 굴드의 관계는 굉장히 재미있는 현대사회의 한 측면을 보여주고 있어요. 둘 다 생물학자이면서 당대 최고의 문장가였고, 말씀하신 대로 다양한 분야에서 박학한 지식을 소유한 학자들입니다. 두 사람이 쓴 책들이 전부 세계적으로 최고의 베스트셀러가 됐어요. 그렇지만 두 사람은 젊었을 때부터 굴드가 죽을 때까지 아주 심할 정도로 논쟁을 벌였죠. 그런데도 두 사람에게는 공통점이 있어요. 과학과 상식에 어긋나는 오도된 도그마를 비판하고 있다는 점이죠.

전방욱 학교에서 창조론을 가르쳐야 한다는 창조론자들의 주장에 맞섰다는 점을 말하시는 것인가요?

다윈과사회 카페 우리 시대의 진화론, 어떻게 읽을 것인가

최종덕 그렇게 해석할 수 있습니다. 미국에서는 1950년대 이후부터 공립학교에서 진화론뿐만 아니라 창조론도 가르쳐야 한다는 소송이 여러 주에서 벌어졌죠. 그 소송에 두 사람 다 증인으로 나갔고, 과학과 종교가 섞여서는 안 된다는 강한 입장을 피력했습니다. 진화론은 종교가 아니며 과학이듯이, 창조론 역시 과학이 아니며 종교일 뿐이라는 거죠. 그래서 창조론은 종교 교육에는 어울릴 수 있어도 과학 교육으로는 적절할 수 없다는 결론에 이르게 되는 겁니다. 이런 점에서 공통점이 있었습니다. 그렇지만 굴드는 인간 본성의 선함에 대한 믿음이 어느 정도 있었기 때문에 아마 그 점에서 윌슨이나 그 외의 사람들과 갈등이 심했을 거예요. 윌슨도 인간이 선한 행동을 하는 타당한 근거를 제시했지만, 본성 자체가 선하다기보다는 자기 이익을 장기적으로 창출하기 위해서는 선한 행동이 더 유용하다는 믿음을 갖고 있었던 거죠. 대부분의 주류 진화생물학자가 그렇듯이 말입니다. 이런 점에서 굴드는 비주류 생물학자에 속하는 거죠.

전방욱 다윈은 《종의 기원》을 쓰면서 많은 고민을 했어요. 예를 들어 동물의 세계가 우리가 생각하는 것과는 다르게 굉장히 포악해서 '피 묻은 이빨'이라는 한마디로 표현할 정도였습니다. 자연에서 일어나는 포식자와 피식자의 관계는 다윈에게 한마디로 처절한 모습으로 비춰졌던 겁니다. 이런 관계를 인간사회에 투영한다면 어떻게 될지 다윈은 정말 몸서리치게 고민했단 말이죠.

윤리학과 진화론의 만남

최종덕 인간은 동물과 다른 측면이 분명히 있는데, 그것은 바로 인간

나름대로의 본성이 있다는 점이고, 굴드는 그것을 보여주려고 굉장히 노력을 많이 했던 것 같습니다. 그렇다면 인간의 본성 또는 도덕이 뭐냐? 동물에서 인간으로 진화되었다고 하는데, 더 나아가 인간과 박테리아 사이의 종의 변화는 연속적이라는데, 인간이라고 해서 특별한 것이 뭐가 있냐는 원색적인 질문을 할 수 있을 겁니다. 이 질문이 원색적이긴 하지만 반드시 답변되어야 한다고 생각해요. 분명히 동물과 인간 사이에는 차이가 있습니다. 굴드는 그 차이를 상당히 많이 부각시킨 반면, 윌슨은 그 차이를 분명히 인정은 하지만, 그래도 연속적이라는 것을 좀 더 강조했죠. 연속성을 강조하면 인간의 도덕도 진화 과정의 산물이라는 결론에 이릅니다. 반면에 차이를 강조하면 도덕 형성의 정체성이 있다는 것을 의미하고요. 이제 진화론에 관심 있는 사람이라면 인간사회의 도덕이라는 문제를 반드시 한 번 짚고 넘어가야 한다고 생각합니다.

전방욱 사실 굴드는 진화적인 측면에서 인간의 본성만 특별하다고 주장한 것은 아니에요. 오히려 다윈 이후에 진화적인 측면에서 인간을 최고의 정점에 놓고 생명의 위계질서를 만들려는 유사과학적 시도들에 대해서 반대한 거죠. 말씀하신 대로 윌슨은 사회성이 강한 곤충 집단의 행동이론을 인간사회에 적용해서 우리의 '도덕'이나 '문화' 같은 개념들을 설명하려고 했습니다. 나아가 유전자의 차원에서 설명하려고 한 것으로 볼 수 있어요.

최종덕 그래서 윌슨을 사회진화론의 주창자라고 말하기도 하죠. 예전에는 많은 생물학자 또는 관련 학자들이 진화론을 받아들인다 하더라도 인간을 진화의 정점에 놓았기 때문에 인간이 가장 진화한 동물이라고 생각했습니다. 그래서 인간에게는 자연을 마음대로 정복할 수 있는 권한이 있다고 보았죠. 전형적인 인간중심적인 사고방식이에요. 더 나아가서 인간은 다른 생명종들, 들에 피는 풀꽃에서부터 침팬지에 이르기까지 마음대로 해도 된다고 생각함으로써 생명권력주의가 탄생할 수 있다고 생각해요. 굴드는 그걸 가장 경계했던 것 같고, 그 근거로 인간이 생물 진화의 정점이 아니라는 사실을 계속 주장한 겁니다. 한국생명윤리학회 역대 회장님으로서 전방욱 교수님은 이런 점에서 인간사회의 윤리를 어떻게 보십니까? 물론 규범윤리학에서 말하는 윤리학의 성격이 조금 다르기는 하지만요.

전방욱 사실 윤리라는 건 이기적인 관점에서 벗어나야 가능하죠. 사회생물학자들이 가장 골치 아파하는 것이 바로 이 점입니다. 이기적으로 행동하며 살아가는 게 가장 유리한데도 왜 이타성이 인간 또는 어떤 생명종에 여태까지 남아 있는가라는 질문이 생깁니다. 그래서 이타성을 설명하기 위해서 여러 가지 이론들을 내놓고 있어요. 윌슨도 유전자의 차원에서 생명종의 이타적 행동 유형들을 설명하려고 굉장히 많이 노력했죠. 친족선택설이나 상호주의 진화론 등, 자기 자신의 유전자를 최대한 많이 남길 수 있는 방향으로 행동한다는 사실을 이론으로 정립하려고 한 거예요. 예를 들어서 벌의 경우에 일벌이 자손을 낳을 때는 유전자의 1/2만 줄 수 있지만, 자기의 친척인 사촌들은 유전자의 3/4을 공유합니다. 그렇기 때문에 유전자를 최대한 많이 남기려는 진화론 이론에 따라서 사촌을 돌보는 데 더 많은 시간을 투자한다는 겁니다. 자기 자식을 낳는 것보다는 자기 자매들을 돌보는 것이 자기 유전자를 더 많이 보존할 수 있다는 거죠. 이것이 바로 벌의 친족선택설이에요.

최종덕 사람이라면 다를 텐데요?

전방욱　예를 들어서 자기 아들과 조카가 물에 빠졌다면 누구를 먼저 구하겠습니까? 조카는 유전자가 1/4이고, 자식은 1/2이니까 자기 자식부터 구한다는 거죠. 몇 년 전에 최재천 교수님이 서울대 사학과 교수님들과 함께 조선 시대에 일어난 살해사건을 분석해서 《살인의 진화심리학》이라는 책을 쓰셨어요. 유인원 세계에서 자기 자식을 죽이는 비율이 높게 나타난다는 내용이 흥미로웠는데, 유전자의 측면에서 인간의 행동, 또 윤리에서 제일 다루기 어려운 이타성 같은 것들을 설명하고 있더군요.

최종덕　이타적 행위를 하든 이기적 행위를 하든, 그 행위를 통해서 자손을 많이 남기려는 게 목적이겠죠. 이타적인 행위를 했는데도 자손 증식의 성공률이 높다면 이타주의를 생물학으로도 설명할 수 있겠죠. 현실의 자연세계, 특히 동식물의 세계에서 눈에 보이는 일반적인  형질이나 행동들은 거의 이기적 유형에 속한다고 볼 수 있습니다. 하지만 이기적 유형으로는 설명할 수 없는 자연의 현상들도 많죠. 이미 선생님께서 말씀하셨듯이, 개미나 벌처럼 일부 사회성 동물의 경우 이상하게도 자기 자손을 낳는 게 가장 중요한 일인데도 자손을 만드는 것을 포기하고 자매를 키운다는 것입니다. 자손 대신 자매를 양육한다는 일 자체가 자기의 유전자 증식을 포기하는 현상입니다. 결국 이런 현상은 이타적 행위에 속하는 것입니다.

전방욱　물론 동식물 세계의 이타적 유형은 인간사회의 도덕률 개념과는 차이가 나겠죠.

최종덕　예, 생물학적 이타주의는 인간의 도덕적 이타주의와 다른 거죠. 인간의 이타성은 자손을 증식시키기 위한 이타성의 범주에서 벗어나는 거예요. 인간의 이타성에는 생물학적 이타성 외에도 추상적인 개념들이 있죠. 그러니 인간의 본성과 관련해서 과연 이기주의와 이타주의가 무엇인지 진지하게 논의해보면 어떨까요?

전방욱 환원론자들은 도덕적 이타주의와 생물학적 이타주의를 구분하지 않으려는 측면이 있어요. 그래서 환원론이라고 불리게 된 거죠. 다시 다윈으로 돌아가자면, 다윈의 위대한 점은 이렇게 다루기 어려운 인간의 본성이나 본능 같은 문제를 진화론의 입장에서, 다시 말해서 사회생물학적인 비유를 통해 언급하기 시작했다는 거예요. 예를 들어서 꿀벌의 경우 침을 한 번 쏘면 자신은 죽을 수밖에 없는데, 자신이 속한 집단을 위해서 침을 사용하는 이타적 행위를 한다는 사실을 다윈이 최초로 지적한 겁니다.

최종덕 꿀벌 한 마리의 이타적 행위가 그 집단의 생존을 유리하게 만들었다는 뜻이죠? 그런 이타적 행위들도 집단의 관점에서 따지면 종 또는 집단의 유전자를 보존하는 측면에서 굉장히 유리할 수 있다는 주장이 되겠군요. 문제는 이런 동물계의 자연현상들을 곧장 인간사회에 적용할 수 있느냐 하는 겁니다.

전방욱 기존의 사회학자들은 윤리와 같은 덕목들이 성립하는 배경은 인간사회의 고유한 특성에 있다고 보았기 때문에 생물학적 행동유형과 윤리규범의 틀을 철저하게 구분하려고 노력해왔어요. 어떻게 보면 경계영역 설정과도 같은 건데, 한동안은 사회유형과 생물유형의 대립이 마치 전쟁 개시 직전 같은 상태로 유지되어왔죠. 그런데 1975년에 윌슨이 《사회생물학》을 쓰면서 그 책의 마지막 장에서 인간의 행동유형과 생물의 행동유형을 결합시켜놓았어요. 그 책의 앞에서는 사회적 곤충이니 사회적 동물 등을 논의하다가 이런 논의가 곧 인간에게 적용될 수 있다는 과감한 주장을 펼친 겁니다. 그래서 상당한 반발을 불러일으켰죠. 다윈은 생명종과 인간 사이의 유비를 하면서 끝까지 조심스럽게 자기 입장을 개진한 반면에 윌슨은 일부러 그런 주장을 강하게 해서 시대적 이슈로 만든 것이라고 볼 수 있어요. 우리나라에서 번역된 바 있는 로버트 라이트(Robert Wright)의 《3인의 과학자와 그들의 신(Three Scientists and Their Gods)》이라는 책의 한 장에서 윌슨에 대해 다루고 있는데, 그 책을 보면 윌슨이 《사회생물학》마지막 장에서 인간사회를 추가적으로 다룬 것은 일부러 그런 이슈를 퍼트리기 위해서라는 내용이 나옵니다.

최종덕 매우 재미있는 사실이네요. 어쨌든 이타주의 논의가 힘을 얻기에는 어려운 점이 많습니다. 아직까지는 윌슨 같은 입장에 있는 학자들이 주류를 이루고 있으니까요. 그런 입장에서 한평생 이타적으로 산 사람을 가상의 예로 들어보겠습니다. 그 사람은 가톨릭 신부님입니다. 그분은 자신을 돌보지 않고 남을 위해 헌신하는 삶을 살았죠. 그런데 인간의 역사를 보면 그런 삶을 산 사람이 그 신부님뿐만 아니라 상당히 많았어요. 이런 사실에 주목하면 이타주의가 우리 내면에 본성적으로 존재한다고 말할 수 있죠. 하지만 그에 반대하는 사람들은 그런 본성적 이타주의를 전적으로 부정합니다. 그런 사례가 이타주의로 보이기는 하지만 궁극적으로는 이기적 목적에서 나온 이타적 행동이라는 거죠. 극단적으로 말하자면 그 신부님도 천국으로 가는 티켓을 미리 확보하기 위해서 그토록 이타적인 행위를 했을 뿐이라는 거예요. 이런 반박논리에서는 모든 이타적인 행위가 한순간에 이기주의로 변하게 되죠. 이런 주장은 사실 말 그대로 가상적 논리지만, 논변을 위한 논변이 될 수 있어요. 그런 논변을 서슴없이 인간사회에 적용하는 이론 집단이 많은 것도 사실고요.

전방욱   그런 반론에 따르면 이타주의와 이기주의의 경계선이 완전히 없어지겠군요. 결국 이기주의와 달리 이타주의는 그 주장이 원천적으로 어려운 것 아닙니까?

최종덕   이 문제는 아마 어느 누구도 딱 잘라서 말하기는 좀 어려울 거예요. 자연계에서 이기주의와 이타주의를 그렇게 명백히 구분하는 것은 불가능하다고 생각합니다. 생물학적인 측면에서 이기적 유형의 행동양식이 존재하는 것은 무시할 수 없는 사실이잖아요. 문제는 이기적 유형만 있는 게 아니라 이타적 유형의 행동양식도 같이 있을 수 있다는 거죠. 특히 인간사회에서는 더욱 그럴 수 있어요. 그래서 이타주의와 이기주의는 배중율적 관계를 벗어나 있다는 겁니다.

전방욱   쉽게 말한다면 이타주의 주장 안에는 이미 이기주의 유형을 인정하고 있다는 거죠.

최종덕   그렇죠. 최근에 이타주의 이론이 많이 거론되고 있는데, 그 이타성 이론이란 인간의 행동 모두가 이타적이라는 주장이 아닙니다. 단지 이기적 유형이 있듯이 이타적 유형도 있다는 주장이죠. 나중에 다시 논의할 기회가 있겠지만, 이런 입장을 다수준 선택이론이라고 해요. 그 주장의 대표적인 인물이 생물철학자로서 미국 과학철학회 회장까지 지낸 엘리엇 소버(Elliott Sober) 교수인데, 이 논의는 너무 전문적이라서 미루기로 하지요.

전방욱   자신의 친족이 아닌데도 목숨을 바쳐 다른 사람을 구하는 사례를 우리는 종종 뉴스에서 접할 수 있습니다. 아주 유명한 사례가 이수현 씨의 희생이죠. 사회생물학자들은 이런 사례를 해석하기가 굉장히 어려울 거예요. 친족선택설이나 상호성 원리로는 설명이 안 되는 죽음이잖아요. 상호성 원리란 내가 당신을 도와주었듯이 언제가 당신은 나를 도와주어야 해, 또는 내가 너를 구해주었듯이 너도 언젠가 내 후손 또는 내 유전자를 가지고 있는 사람을 구해주면 된다는 무언의 규칙이죠.

최종덕   그렇다면 그런 행위는 보상을 바라고 하는 행위이지 않겠습니까?

전방욱   그러니까 아까 말씀하신 천국행 티켓과 거의 비슷한 이야기가 될 겁니다. 그렇게 해석하지 않으면 이기적인 유전자가 살아남는다는 도그마를 합리화할 수 없기 때문에 이타성도 아주 근본적으로는 이기적이라고 설명하는 거죠.

최종덕   얼마 전에 모 텔레비전에서 인간의 이타적 행위를 설명하는 프로그램을 만들면서 피디가 제게 찾아온 적이 있었어요. 이수현 씨처럼 다른 사람을 구하다가 자기 생명을 잃은 경우는 정말 마음 아픈 일입니다. 물론 극적으로 살아남은 사람들의 이야기도 많죠. 매스컴에서는 그런 사람들을 영웅으로 그리고 있고요. 방송에서 그런 분들에 대한 인터뷰를 봤는데, 거기서 저는 아주 흥미로운 사실을 알게 됐어요. 위기상황에서 헌신적인 행동을 한 분들이 원래부터 대단히 이타적이었거나 천부적으로 윤리적이었던 게 아니라 아주 평범한 보통 사람들이었다는 점입니다. 어떤 때는 다른 사람과 갈등도 갖고 어떤 때는 이기적으로 행동하기도 했던 아주 보통 사람인데, 그런 위급한 상황에서 자기도 모르게 타인을 구해냈단 말이죠.

전방욱 정말 재미있는 내용이군요. 자기도 모르게 헌신적인 행동을 하고 말았다는 거잖아요.

최종덕 예, 맞아요. 그 사람이 그렇게 도덕적으로 많은 훈련을 받았던 것도 아니고, 천성적으로 이타적인 사람이 아닌데도 그렇게 놀랄 만한 이타적 행위를 했다는 점이 중요하죠. 그런 점이 영웅적 행위의 기본일 수 있다고 생각해요. 모르긴 몰라도 자기도 모르게 이타적 행위를 했다는 것은 인간 내면에 이타성의 본성이 있기 때문이지 않을까요? 그래서 상호호혜원리라든가 보상을 바라고 하는 겉보기 이타 행위가 아니라, 진짜 인간 본성에 이타성이 숨겨져 있지 않겠냐는 거죠. 예를 들어서 《맹자》에 이런 이야기가 나옵니다. 아주 갓난아기가 우물가를 향해서 기어가고 있단 말이죠. 아무것도 모르는 아기가 그냥 생각 없이 기어가는 상황이에요. 이런 상황에 부딪칠 경우 누구나 측은한 마음이 든다는 겁니다. 불인인지심(不忍人之心)이라고, 측은한 마음이 억지로 드는 것이 아니라 참을 수 없는 상태로 우러나온다는 말입니다.

전방욱 맹자의 성선설을 보여주는 유명한 내용이죠. 저도 어느 정도 그런 생각이 들기도 합니다. 인간이라면 누구나 착한 성품, 착하다기보다는 이타적 성품이 내재한 게 아닐까 싶어요. 영원한 인간의 숙제이기도 하죠. 저 같은 생물학자가 생물학을 통해서 인간 본성의 문제를 풀기는 쉽지 않아요. 아무래도 철학이 필요한 듯합니다.

2

진화론은 사회를 어떻게
바꾸고 있는가

최종덕　생물학의 가능성을 인간에게 과감하게 적용하는 학자들은 인간의 본성조차도 생물학적 요인으로 설명할 수 있다고 주장합니다. 예를 들자면 마음을 포함해서 신체의 모든 속성들을 유전자를 통해 설명할 수 있다는 유전자결정론이 과학을 지배하는 것 같습니다. 그런 과학환원주의는 물리과학에서보다는 생물과학에서 더 심각한 사회적 파장을 일으킬 수 있다고 봅니다. 선생님께서는 생물학자이시면서도 평소에 그런 과학만능주의에 대해 비판을 많이 하셨어요. 선생님처럼 과학자나 인문학자들이 힘을 합쳐 잘못된 과학의 권력을 비판해야 한다고 생각합니다. 일단은 유전자결정론과 관련해서 일반적인 논의를 먼저 부탁드립니다.

전방욱　찰스 다윈이 원래 진화 또는 분화의 대상으로 본 것은 종이나 개체였습니다. 1950년대 이후 유전자라는 개념이 도입되면서 진화의 대상이 유전자 차원에서 이루어질 수 있다는 주장이 나온 거죠. 조지 윌리엄스(George Williams)는 《적응과 자연선택(Adaptation and Natural Selection)》이라는 획기적인 저서를 통해 최초로 자연선택의 작은 차원이 유전자 수준에서 일어난다는 강력한 주장을 하게 됐습니다. 그동안 진화생물학자들이 다윈 진화론의 기본교리인 자연선택이론을 받아들이면서도 자연선택이 생물체의 어떤 수준에서 작용할 것이냐에 대해서는 뚜렷한 결론을 내리지 못하고 있었는데, 조지 윌리엄스가 유전자 수준이라고 용감하게 들고 나온 거죠. 이것이 나중에 윌리엄 해밀턴(William Hamilton)이나 리처드 도킨스로 연결되면서 집단유전학, 그러니까 진화생물학과 결합된 형식으로 나타나게 된 겁니다.

최종덕   집단유전학이 무엇인지도 간단히 설명해주시죠.

전방욱   그러니까 비슷한 유전자를 가지고 있는 집단을 상정하는 겁니다. 비슷한 유전자의 뭉치를 '유전자 풀'이라고 하는데, 그 유전자 풀의 변화를 통해서 집단이 진화한다는 주장이죠.

최종덕   도킨스의 《이기적 유전자》가 유전자 수준에서 자연선택이 작용한다는 주장을 널리 퍼뜨린 계기였죠. 유전자 차원에서 임상치료가 가능하다는 신념도 확산되었고요.

전방욱   맞습니다. 지난 몇십 년 동안 도킨스의 《이기적 유전자》라든가 윌슨의 《사회생물학》 등이 각광을 받고 있죠. 한국에서도 도킨스나 윌슨처럼 유전자를 중심으로 하는 설명들이 많이 받아들여지고 있고요. 아마 전 세계적인 경향이 아닐까 생각합니다. 그런데 다른 각도에서 진화를 설명하고 있는 학자가 스티븐 굴드 같은 사람입니다. 굴드에 대해 이미 여러 차례 언급했지만, 그는 수사와 비유를 잘 사용하는 문장가로도 알려져 있죠. 그래서 문화적 차이를 갖는 독자들에게는 그의 책을 이해하기가 쉽지 않아요. 그래서 그런지 우리나라에서는 도킨스나 윌슨에 비해 독자층이 적은 것 같습니다. 외국에서는 굴드의 책도 많이 읽히고 있죠. 어쨌든 굴드는 윌슨의 주장에 대해 강하게 반발한 학자였습니다. 유전자 수준 이론이 유전자결정론으로 이어질 수 있다고 경고했어요. 그러나 굴드가 너무 일찍 죽는 바람에 그의 경고는 더 이상 이어지지 않았습니다.

최종덕 생물학이 사회적으로 커다란 파장을 일으킬 수 있다는 것에 대해 좀 더 이야기해볼까요? 그 예로 19세기 유럽에서 유행한 골상학을 들 수 있을 거예요. 골상학은 전형적인 생물학적 결정론의 한 유형으로, 기득권을 유지하는 데 악용된 적이 많았습니다. 생물학이 사회과학의 지식이나 사회 권력의 시녀로 전락했던 역사가 있었음을 부정할 수 없습니다. 나치의 경우가 그랬죠. 그런데 나치 시대에 끝난 게 아니라 현대에서도 그런 측면이 없지 않다고 생각해요. 저는 골상학 같은 것들이 과거의 이야기, 지나간 역사의 유물이 아니라 바로 오늘날에도 보이지 않게 존속하고 있다고 봅니다. 그런 점을 우리 사회가 강하게 경계해야 된다고 생각해요.

유전자로 사회현상을 설명할 수 있는가

전방욱 리처드 르원틴(Richard Lewontin)이나 굴드, 윌슨이 한때 하버드 대학에서 같은 건물을 사용했죠. 윌슨이 사회생물학을 처음으로 주창했을 때 가장 강력하게 반대한 사람들이 르원틴과 굴드였습니다. 윌슨은 정치적으로 우파로 분류되고, 르원틴이나 굴드는 좌파로 분류되기도 했죠. 르원틴과 굴드가 강하게 비판한 것 가운데 하나는 유전자결정론이 지배층의 도구적 이데올로기로 전락할 수 있다는 점이었어요. 그런 점에서 보면 말씀하신 19세기 골상학의 경우처럼 기존의 권력을 공고히 하는 데 생물학이 도용되었음을 비판적으로 지적하는 것이 중요하다고 생각합니다.

최종덕 전적으로 동감입니다. 지금 말씀하신 르원틴, 굴드와 윌슨의 학문적 계열이 다르다는 것은 분명한데, 앞에서 잠깐 이야기한 대로 그들 사이에 논쟁도 상당히 많았고, 굴드는 사회적으로 생물학이 어떻게 이용되는가 하는 문제에 대해서 고민했습니다. 생물학자도 사회적 책임이 있다는 점을 굉장히 강조했죠. 그런 점에서 오늘 우리가 더 이야기할 수 있는 것은 과학자의 사회적 책임이 과연 어디까지인지를 묻는 겁니다. 과학의 탐구가 중립적이라는 이유로 과학자는 무슨 일을 하든 사회적 책임에서 벗어날 수 있다는 것은 구차한 변명일 뿐이죠. 불과 얼마 전에 황우석 사태를 겪었던 한국 사회는 그 문제점을 잘 알고 있지 않습니까? 황우석 사태는 과학자의 사회적 책임이 굉장히 중요하다는 것을 단적으로 보여준 사건입니다. 과학이 경제적 명분을 등에 업고 무책임하고 정직하지 못한 불행한 결과를 자아낸다면 정말 큰 문제이겠죠. 결국 황우석 사태는 과학과 권력이 밀접하게 혼재되어서 나타난 결과일 겁니다. 당시 선생님께서는 비판적 발언을 많이 하셨죠. 그 사건이 시사하고 있는 것은 지나간 과거가 아니라 바로 오늘날에도 문제가 되고 있는 연구윤리의 씨앗이기 때문에 이야기를 이쪽으로 연결해볼까 합니다. 이야기를 좀 부탁드립니다.

전방욱 사실 황우석 박사가 주장했던 이야기는 과학이라기보다는 약간 신화적인 희망을 주는 메시지였습니다. 그가 언론매체에서 한 말들은 단순한 과학적 정보가 아니었어요.

최종덕 과학이 아니라 신화였다……. 아주 적절한 상징인 듯합니다. 황우석 사태의 문제점을 단적으로 보여주는군요.

전방욱 과학이 본연의 태도를 잃으면서 사회적 가치를 왜곡하게 된 사례라고 봅니다. 말이 나왔으니 말인데, 줄기세포를 이해하는 생명과학자라면 장밋빛 약속을 그렇게 쉽게 하지는 못할 겁니다. 왜냐하면 생명체를 조절하는 생명운동의 메커니즘들은 굉장히 다양하고 복잡하기 때문에 그게 한순간에 해결되고 어떤 결과를 낼 수 있을 거라고는 누구도 손쉽게 생각할 수 없거든요. 그런 점에서 보면 유전자결정론도 너무 쉽게 대중적인 이미지를 차용하고 있는 게 아닌가, 나아가 대중에게 받아들여지고 있는 게 아닌가 싶어요. 가장 대중적인 과학잡지의 하나인 〈사이언티픽 아메리칸(Scientific American)〉에 이런 이야기가 있더군요. 범죄 증거가 아주 뚜렷한 사건을 다루는 미국 법정에서 나타나는 배심원들의 선입관에 대한 건데, 이렇게 증거가 뚜렷한 사건인데도 배심원들은 왜 DNA 검사를 안 했느냐고 다그친다는 겁니다. 현실에서 확증된 사건인데도 그들은 DNA 같은 요인을 더 신뢰한다는 거죠. 이처럼 유전자를 통해서 진화라든가 인간의 본성, 사회현상을 설명하려는 기계론적 사고방식이 유행처럼 번지고 있는 것 같습니다. 그런 유행이 처음은 아니에요. 산업혁명이 발달하면서 처음으로 기계다운 기계가 등장했던 시기에는 사람이 기계로 은유되기도 했고, 그 이후에는 컴퓨터 같은 것으로 은유됐고, 유전자나 사이보그 등 그 시대에 맞는 이미지를 차용한 해석들이 계속 있어왔어요.

제가 과학이 아니라 신화라고 말하는 것은 과학이 당시의 신화가 될 수 있는 이미지를 빌려와서 사용했기 때문입니다. 그래서 많은 사람이 미몽에서 벗어나지 못하고 있는 것 같습니다.

최종덕 그럼 이 시대의 미몽이란 결국 유전자결정론의 허상을 의미하는군요. 기본적으로 생물학 실험을 하는 생명과학자라면 아마도 일대일 유전자결정론이 얼마나 허구인지 아마 대학원생 정도라도 다 알고 있을 거예요. 수많은 변수들이 어떤 조합으로, 또 어떤 상관성을 갖고 결과가 나타날지 모르는데, 'a는 a´를 낳는다.'라는 식으로 일대일 유전자결정론을 배경으로 깔고 있었던 게 과거 황우석 신화의 특징이었죠. 그렇지만 그런 신화들이 현실적으로는 대중의 호응을 얻지 않았습니까? 그래서 유전자결정론이 진리의 세계와는 다른 왜곡된 사실을 보여줬지만, 대중은 그러한 믿음이 있다는 것, 그러한 희망에 대한 믿음이 있었다는 것을 무시할 수는 없다는 말이죠. 그래서 자연의 사실을 추구해야 하는데 현실에서는 대중적 왜곡이 일어나는 이 문제를 어떻게 할 것인가에 대해서 생각해봐야 할 것 같습니다. 선생님께서는 그 현장에서 상당히 많은 일을 하셨기 때문에 그런 느낌을 많이 받았을 거라고 생각합니다. 그 이야기를 좀 해주세요.

전방욱 폴 에얼릭(Paul Ehrlich)이라는 학자가 《인간의 본성들(Human Natures)》이라는 책에서 인간의 모든 행동을 유전자로 설명하지 못하는 두 가지 이유를 들고 있습니다. 첫 번째는 유전자의 수가 턱없이 적다는 겁니다. 사람의 유전자는 2만 5,000개 정도라고 하죠. 하지만 우리 뇌에는 1조 개 정도의 시냅스가 있고, 그것을 연결해주는 방식은 100조 개에서 1,000조 개 정도 된다고 보고 있는데, 2만 5,000개의 유전자로 그것들을 모두 조절한다는 것 자체가 무리라는 거죠. 다시 말해서 유전자가 인간의 행동을 조절할 수 있다는 생각은 수적으로 무리라는 겁니다. 두 번째는 유전자의 대상이 불분명하다는 거죠. 그러니까 한 가지 형질을 제어하려고 하면 나머지 형질들도 따라서 제어될 수밖에 없고, 그런 점에서 유전자를 기본단위로 보는 것은 상당히 어렵다는 겁니다.

최종덕　행동 조절이나 형질 조절을 담당하는 유전자가 있다 해도 그 유전자의 정체성을 구획하기가 어렵다는 말이군요.

전방욱　사실 유전자가 단백질이라든가 최종 산물을 만들어내는 과정들을 보면 굉장히 다양한 여러 물질이 관여하고 있는 것을 알 수 있습니다. 예를 들어서 호르몬 분자가 세포에 의해서 인식되어야 하는데, 이 호르몬 분자는 아미노산일 수도 있고 스테로이드처럼 지질일 수도 있습니다. 그것을 인식하는 게 당이고요. 거기서 인식을 하면 핵에 있는 유전자를 자극해서 바로 발현될 수 있는 물질을 만드는 것이 아니라 일단 조절할 수 있는 단백질을 만듭니다. 그 단백질들이 굉장히 다양하게 작용해서 여러 가지 유전자 산물을 만들게 되죠. 그러니 어떤 생물체에서 한 가지 현상이 나타날 때 하나의 유전자만으로 그것을 설명할 수 있다는 생각은 굉장히 소박한 거죠. 이미 1953년에 제임스 웟슨(James Watson) 등이 처음으로 유전자의 정체가 DNA라는 것을 밝혔는데, 지금도 그 수준에서 별로 나아가지 못한 셈이에요.

최종덕　인간 게놈 계획을 시작할 때만 해도 인간의 유전자가 20~30만 개는 될 거라고 예측했죠. 연구가 끝나고 2만 5,000개 이하로 밝혀지면서 아마 실망한 사람들이 많았을 거예요. 유전자결정론이 설득력을 가지려면 유전자가 30~40만 개는 있어야 되는데 3만 개도 안 됐으니 충격이었을 테죠. 충격을 받았다는 것은 유전자결정론이 아주 제한된, 그리고 타당치 않은 견해라는 것이 이미 알려진 상태였는데도 여전히 사람들 마음속에는 그것이 사실이면 좋겠다는 신화적 믿음들이 존재한다는 뜻이죠. 그래서 잘못된 믿음들을 고쳐나가야 할 겁니다. 선생님 말씀대로 유전자보다는 그것을 발현시키는 단백질의 변수들이 어마어마하지 않습니까? 자연계는 그렇게 유전자결정론으로 단박에 해명되는 것이 아니라는 사실을 받아들여야 합니다. 진실한 과학은 자연에 대한 겸손한 태도를 가지고 있어야죠. 황우석 사태는 이런 겸손함이 없는 유전자결정론이 얼마나 사회적으로 큰 부작용을 일으킬 수 있는지 보여준 거죠. 그리고 선생님께서 이야기를 안 하신 부분이 아직 남아 있어요. 인간의 희망과 믿음을 어떻게 이해해야 되냐는 거죠.

전방욱　물론 보통 사람들을 과소평가하는 것은 아니지만, 일반적으로 절망보다는 희망을 선택하는 경우가 많습니다. 가망성이 없어 보여도, 줄기세포가 설령 거짓말이라 해도 그것을 계속 믿겠다는 사람들이 많지 않습니까? 다른 것은 가능성이 없기 때문에 거짓 희망이라도 믿어보겠다는 거죠.

최종덕　이런 논쟁은 뇌와 관련된 신경과학의 영역에서 획기적으로 재현되었죠. 유전자결정론이나 생물학적 환원주의가 신경과학에서 더 이상 설명하기 어려워졌잖아요. 예를 들어서 문화·환경적으로, 후천적으로 충분히 변화할 수 있는 뇌신경의 특성을 가소성(Plasticity)이라고 하는데, 뇌신경얼기의 연결구조라고 할 수 있는 시냅스의 활동은 가소성이 굉장히 크지 않습니까? 가소성 개념을 통해 인간의 뇌를 어디까지 설명할 수 있을까요? 당연히 선천적인 측면을 무시할 수 없을 텐데, 그런 것들이 어떻게 가능한지 이야기를 좀 해주세요.

전방욱 예를 들어서 뇌의 한 부분이 기능을 잃으면 그것을 보완하기 위해서 다른 기능이 발달하는 사례들을 많이 볼 수 있잖아요? 어렸을 때 시신경이 손상되면 청각 등이 발달되어서 유명한 음악가들이 많이 나타나기도 하는 것처럼 말입니다. 재미있는 것은 인간은 시각에서 많은 정보를 얻는다고 알려져 있는데, 시각의 발달도 어떤 문화적인 상황에서 자라나느냐에 따라서 굉장히 다르게 인식될 수 있다고 합니다. 숲속에 사는 원시인을 넓은 개활지로 데리고 가면 원근감이 전혀 없다는 조사보고가 있어요. 예를 들어서 멀리 소떼가 놀고 있는데 그것을 소떼로 인식하지 못하고 파리처럼 인식하다가 가까이서 보고 깜짝 놀라는 경우가 있다는 겁니다.

최종덕 이야기 도중에 죄송합니다만, 제가 몽골에 갔을 때의 일입니다. 저 멀리 초원에 방목된 양떼가 제게는 그냥 점처럼 보이는데, 현지 사람들은 양떼를 한 번 보고는 "254마리!" 그렇게 말하는 거예요. 하하. 약간 과장도 있을 수 있겠지만 아주 흥미로운 환경적 차이라는 생각이 들었습니다. 그들의 환경이 그런 신체적 능력을 발달시킨 것이겠죠. 선생님께서 말씀하신 것과 같은 사례일 거예요.

전방욱 맞아요. 아주 재미나는 예이군요. 사실 뇌에 정기적인 자극을 주면 인위적인 여러 가지 반응을 일으킬 수 있어요. 최근에는 뇌 영상장치 같은 것을 통해서 예전에는 알려지지 않았던 뇌의 비밀들도 밝혀지고 있는데, 제 생각에는 기본적인 생물학적 본능과 관련된 것은 유전적으로 구비되어 있겠지만, 나머지 것들은 선생님이 말한 것처럼 충분한 가소성이 있지 않을까 생각합니다.

최종덕　다른 일반 세포와 다르게 뇌신경세포는 재생이 불가능하지 않습니까? 물론 최근의 연구성과에 의하면 뇌신경세포도 부분적으로 재생하는 현상이 있다곤 하지만 무시해도 될 만한 수준인 것 같고요. 어쨌든 뇌신경세포는 한 번 만들어진 것을 죽을 때까지 가지고 가기 때문에 선천적 요인이 있는 것은 당연할 겁니다. 그렇지만 우리의 인지 작용, 사고 작용, 감정 작용은 신경세포에 의해서라기보다는 시냅스의 활동에 의한 것이고, 신경세포는 고정적이지만 시냅스의 조합 가능 수는 선생님께서 말씀하신 것처럼 100조 개에서 1,000조 개까지 된다니까 사실 거의 무한에 가까운 숫자이죠. 그런 측면에서 가소성이라는 게 굉장히 중요하다고 생각해요. 뇌의 가소성이 갖는 의미는 인간의 자유의지가 더 중요할 수 있음을 보여주는 거죠. 다시 말해서 인간의 행동을 설명하는 데 있어서 뇌의 가소성이 더 많은 의미를 가질 수 있다는 거죠.

전방욱　그러니 어느 한쪽으로만 주장하기보다는 선천성과 후천성을 잘 조합하는 설명방식을 찾는 것이 중요해요. 이미 현대 생물학은 선천성−후천성 논의를 탈피한 지 오래됐습니다.

과학과 사회는 어떻게 만나야 하는가

최종덕　인간의 선입관에 따라 자연의 사실을 왜곡해서는 안 된다는 말은 아주 당연합니다. 그런데 그 당연한 말이 지켜지지 않는 것이 인간사회의 모순이죠. 생명의 진실은 이미 양면성을 가지고 있는데, 그걸 우리가 얼마나 객관적으로 볼 수 있을 것인가가 굉장히 중요하다고 생각해요. 현대사회에서 과학이 대중에게 제대로 전달되고 있는지를 따져봐야 합니다. 선생님께서 그동안 의견을 적극적으로 표현하셨고, 저는 개인적으로 그에 대해서 굉장히 동감했습니다. 이 문제는 과학자와 일반 대중의 문제만이 아니죠. 이를 왜곡시켜 문제를 일으킨 또 다른 장본인이 바로 매스컴이라고 생각하는데, 그에 대해서는 어떻게 생각하세요?

전방욱 과학에서 신화적인 이미지를 퍼트리는 데 매스컴이 상당한 역할을 했다고 생각하고, 그런 점에서 매스컴 역시 책임을 피할 수 없다고 봅니다.

최종덕 구체적으로 설명해주세요.

전방욱 실제로 어떤 사람의 주장이 타당하다고 말하기 위해서는 그 사람의 언행을 계속 보도하기만 하면 됩니다. 그러면 그 사람의 지위와 명성이 저절로 높아지는 거죠. 처음에는 별 볼일 없던 사람도 계속 매스컴을 타면 유명인사가 되는 것처럼, 그의 말이 어느 틈에 대중을 세뇌시키게 되는 거죠. 그런 점에서 매스컴이 과학적인 문제를 보도할 때는 균형적인 입장을 취해야 해요. 특히 일방적인 성과물을 객관적인 평가를 거치지 않은 상황에서 매스컴이 활용하는 것은 큰 문제를 일으킬 수 있습니다. 황우석 사태에서는 이러한 여과과정을 소홀히 했고, 그래서 초기에 그런 신화가 확산되는 데 매스컴이 커다란 영향을 준 것 같습니다. 나중에는 허위논문으로 밝혀졌지만 어쨌든 2004년과 2005년에 그들의 논문들이 세계적인 명성을 확보하고 있는 〈네이처(Nature)〉라든가 〈사이언스(Science)〉 같은 유명한 학술지에 게재되면서 이미 올라가 있는 지위와 명성에 한층 더 권위를 부여하게 된 거죠.

최종덕 지금까지 진화론에서 유전자결정론까지 이야기하고, 우리나라에서 일어난 구체적인 사례까지 살펴봤습니다. 이 문제들은 서로 관련되어 있죠. 진화론, 즉 넓은 의미로 생물학의 혁명적인 이론이 한국 사회에서 어떻게 적용되고 있는가, 진화론이 한국 사회에서 단지 과학으로 끝나는 것이 아니라 어떻게 이해되고 있는가가 우리 학자들에게는 중요한 의미인 것 같아요. 진화론을 잘못 이해할 경우 생물과학적 결정론으로까지 변질될 수 있다는 거죠. 저는 한국 사회에서 진화론이 갖는 의미가 굉장히 중요하다고 봅니다. 특히 문명적인 측면에서요. 그리고 생물과학은 물리과학과는 다르게 살아 있는 것을 다루기 때문에 더 예민하게 공부해야 할 필요가 있다고 생각합니다. 생물학은 단순하게 생물학 전문 과학자만 하는 게 아닐 겁니다. 일반 사람들도 내가 누구인가, 나는 로봇이 아니고 살아 있는 인간이지 않는가 하는 질문을 한다는 거죠. 저는 살아 있는 나를 질문할 때 생물학적인 이해를 하는 것이 굉장히 중요하다고 봐요. 생물학이 오늘날 사회적으로 논의가 많이 되고 있는 것도 인간에 대한 근본적인 질문이 그 안에 깔려 있기 때문이라고 생각하거든요. 그래서 과학보다는 철학적인 냄새가 많이 풍기는 이야기지만 한 말씀 해주세요. 윌슨이나 도킨스 같은 학자들도 결국 인간의 본성을 언급하지 않았습니까?

전방욱 생물학자냐 아니냐를 떠나서 우리가 제일 관심을 갖는 것은 아무래도 인간일 수밖에 없죠. 그런 점에서 생물학을 공부하는 사람들도 다른 사회과학자와는 다른 측면이기는 하지만 인간을 이해하기 위해서 열심히 노력하고 있다고 생각합니다. 그래서 자신이 공부하고 있는 학문을 바탕으로 새로운 해석을 시도할 수도 있죠. 문제는 그런 해석이 균형적으로 제시되느냐 하는 점입니다. 어떤 이론을 학문으로만 다루는 것과 대중에게 받아들여지는 것은 다릅니다. 대중의 흥미

를 끌게 될 때는 굉장히 다른 방식으로 변할 수 있거든요. 특히 우리나라처럼 특정 학자들의 저서나 역서들만 소개되고 있는 상황에서는 그런 문제가 더욱더 심각하다고 볼 수 있죠.

최종덕　저 역시 비슷하게 느끼고 있습니다. 최근 들어 생물학을 중심으로 대중 교양과학서가 부쩍 많이 번역된 것 같아요. 그런데 학문적으로 편향된 책들이나 대중의 흥미를 자극하는 번역서가 많이 나오는 듯하더군요. 이제 한 가지 더 이야기를 나눠야 할 텐데, 결국은 인간의 본성과 관련한 질문이 생물학이나 철학, 그 외에도 모든 학문의 근간에 깔려 있지 않겠습니까? 그런데 요즘 본성과 관련해서 생물학 연구가 유전자뿐만 아니라 두뇌나 신경과학 쪽으로 많이 연관을 가지는 것 같습니다. 일반 사람들의 관심을 유발하는 아주 흥미로운 부분들이 많기 때문이겠죠. 예를 들어 인간의 두뇌를 그대로 복제한 로봇이 등장하는 공상과학 영화의 소재만큼이나 신경과학 연구는 인간의 본성 문제와 밀접해 보입니다. 현대 생물학의 중요한 영역 가운데 하나인 신경생물학이 인공지능 영역에서 인간행동 영역까지 설명하려는 시도를 하고 있지 않나요? 이렇게 인간 존재의 본성과 연관해서 신경생물학을 전개하는 현상이 일반 대중에게 큰 호소력이 있다는 거죠.

전방욱　예를 들어서 인간의 본성이 골상학이나 유전자결정론에서처럼 선천적으로 결정된 것인지, 아니면 사회문화적 환경에 의해서 빈 칠판에 하나하나 새로 써가듯이 만들어지는지, 다시 말해서 학습을 통해서 새로 만들어지는 것인지 등에 관해 많은 논쟁이 있는데, 이는 과거 경험론과 관념론의 논쟁에서 시작해서 과학과 철학의 영역을 아울러 가장 큰 인간학적 문제라고 생각합니다. 제가 답을 낸다는 것은 어불성설이고요. 그보다는 우리 현실 가운데 구체적으로 드러나는 상황이 무엇인지 살펴보는 일이 중요하겠죠.

최종덕   최근에 많은 생물학자들, 특히 에른스트 마이어(Ernst Myer)
같은 사람은 "진화론이 없으면 생물학도 불가능하다."고 말했죠. 사
실 당연한 이야기입니다. 진화론적인 바탕이 없으면 생물학에서 실현
할 수 있는 게 거의 없을 것 같아요. 예를 들어서 발생학이라든가 신
경과학, 면역학 모두가 그렇죠. 선생님 말씀처럼 진화론의 영역과 생
물학의 영역을 구분한다는 것은 의미가 없다고 해도 과언이 아닐 거
예요. 나아가 진화론의 일반적인 문제와 황우석 사태처럼 한국 사회
에서 진화론이 갖는 의미에 대해서 제한 없이 선생님의 평소 생각을
듣고 싶습니다.

전방욱   다윈도《종의 기원》제일 마지막 장에서 이런 말을 했습니다.
《종의 기원》에 관한 자신의 견해가 인정될 때는 광물학사에 상당히
큰 혁명이 일어나게 될 거다……. 지금은 광물학이라는 말을 안 쓰지
만, 당시만 해도 광물학은 여러 가지 잡다한 것들을 모아놓은 것이었
죠. 광물이라든가 화석, 고생물과 관련된 것들이 모두 광물학에 속해
있었어요. 사실 생물학이 독립적인 학문이 된 게 진화론이라는 통일
적인 원리가 있었기 때문에 가능했다고 보고 있어요. 초파리를 연구
했던 테오도시우스 도브잔스키(Theodosius Dobzhansky)도 마이어 훨
씬 전에 진화론에 비추지 않고는 생물학의 어떤 것도 의미를 가질 수
없다고 말했죠. 그뿐만 아니라 다윈은 여러 가지 다른 학문 분야에도
영향을 미칠 거라고 생각했고, 대표적으로 거론하고 있는 것이 심리
학입니다. 진화심리학 같은 부분도 굉장히 발달하고 있는 것으로 아
는데, 제가 그쪽으로는 지식이 없어서 길게 말씀을 못 드리겠고, 사회
학이라든가 정치학 등 굉장히 다양한 학문 분야에서 진화론이 영향을

미치고 있다는 생각이 듭니다.

최종덕 사회생물학이 대중적인 인기를 끌고 있는 것과 비슷하군요. 이는 자칫 진화론에 대한 오해를 증폭시키지 않을까요?

전방욱 예, 맞아요. 심각한 것은 진화론에 대한 오해들이 상당히 많다는 점입니다. 그 가운데 하나는 진화론이 가지고 있는 종교적 의미를 지나치게 부각시킨다는 거죠. 예를 들어서 창조론이 활개를 치고 있는 나라는 미국과 한국밖에 없습니다. '창조과학회'라는 말도 있는데, '과학'이란 말에서 오는 뉘앙스를 우리가 잘못 받아들이고 있는 것이 많아요. 과학 하면 마치 절대적인 요지부동의 법칙으로 잘못 인식하고 있다는 말입니다. 사실과 너무 다른 이해를 하고 있어요. 과학이라는 것은 새로운 사실이 밝혀지면 그 이전의 가설들을 전부 버려야 하는 변화의 법칙을 내포하는 거예요. 예를 들어 유전자결정론이 오늘날에 와서 그 입지가 점점 좁아지고 있는 것은 그 이론을 반박하는 새로운 과학적 사실들이 밝혀지기 때문이죠. 불변의 법칙이라고 주장하는 순간 그것은 이미 과학이 아니에요.

최종덕 과학철학자로 유명한 카를 포퍼(Karl Popper)가 말한 것과 같은 의미군요.

전방욱 마찬가지로 창조과학자들이 주장하고 있는 과학이라는 것이 실제로는 종교적인 신념을 세울 만큼 튼튼하지 못하다는 것을 깨달아주면 좋겠어요. 또 앞서 말씀하신 것처럼 우리나라에서는 지극히 일방적인 진화론만 소개되고 있기 때문에 다방면으로 균형이 잡힌 진화론이 소개될 필요가 있습니다.

최종덕　결국 과학의 대중화가 필요하다고 생각합니다. 과학은 전문가만 소유하는 지식이 아니라 대중의 지식 속에서 되살아나야 한다고 봐요. 최근 들어 매스컴을 통해 잘 알려진 생물학자이신 최재천 교수 등에 의해 과학의 대중화가 크게 진척되긴 했지만, 더 많은 대중 독서의 변화가 있기를 기대합니다.

전방욱　제가 어느 책에서 이런 이야기를 읽었습니다. 과학자는 셰익스피어를 모른다고 드러내놓고 자랑하지 않는데, 셰익스피어를 연구하는 학자들은 드러내놓고 자기는 과학을 모른다고 당당하게 말한다는 겁니다. 과학이라는 게 실은 교양의 하나로 인식되어야 하는데, 현재까지는 인문사회 쪽에 밀려서 교양으로 대접받지 못하고 있어요. 《성경》의 〈잠언〉을 봐도 지혜의 다섯 기둥이라고 해서 기하학이라든가 천문학도 예전에는 교양으로 인정을 받았고, 실제로 플라톤은 기하학을 모르면 자신의 아카데미에 들어오지 말라고 써 붙였을 정도로 자연과학에 대한 이해가 깊었죠. 현재 자연과학이 굉장한 영향력을 발휘하고 있고, 모든 분야에서 영역을 점점 넓혀가고 있는데, 진정한 의미에서 통합적인 사고를 할 수 있는 사람을 키우기 위해서는 자연과학에 대한 이해와 공부가 이루어져야 한다고 생각해요. 여기에 덧붙여서 최근에 '통섭(統攝)'이라는 말이 많이 나타나고 있죠. 일부에서는 그 용어가 생물학적인 환원주의라는 비판을 이미 받고 있는 상황입니다만, 더 많은 과학의 대중화가 있을 때 과학에 대한 비판과 반성도 더불어 늘어난다고 생각합니다.

최종덕　'통섭'이라는 용어는 원래 윌슨의 'consilience'라는 개념을 번역한 것 아닙니까? 윌슨이 말한 'consilience'는 생물과학으로 인문사회과학적인 현상까지 모두 설명할 수 있다는 과학환원주의의 한 양상입니다. 그런데 한국에서 '통섭'이라고 번역되면서 너무 좁은 의미로 과학과 인문학이 일대일로 만나는 것처럼 받아들여지고 있다고 해서 많은 비판을 받고 있죠. 그 점에 대해서 또 이야기할 게 있을 것 같습니다.

전방욱　그래서 과학 분야에 대한 교육이 좀 더 강화되어야 해요. 사물을 파악하는 데는 크게 두 가지 방법이 있죠. 하나는 직관적인 사유방식을 통해서이고, 또 하나는 분석적인 실험방식을 통해서인데, 통섭의 문제에서 볼 경우 직관적인 사유 쪽만 강조하는 것 같아서 안타까워요. 용어 문제도 나왔지만, 실제로 몇 사람이 주장한다고 해서 그 용어가 고착되는 것은 굉장히 문제가 있다고 생각해요. 더불어서 서로 다른 분야의 학자들 사이에 많은 연구 교류가 있어야 할 겁니다.

최종덕　그래서 이런 자리를 마련한 것이라고 볼 수 있죠. 한 가지 더 짚어볼까 합니다. 아까 굴드와 윌슨 사이의 논쟁, 진화를 보는 차이점을 간단히 이야기했죠. 자세히 이야기하기에는 너무 전문적이라서 이런 자리에는 맞지 않을 것 같아서였는데, 그래도 중요한 문제인 만큼 그냥 넘어갈 수는 없을 듯해요. 선생님께서 말씀하셨듯이 굴드의 입장을 간단하게 설명하면, 인간이라는 종이 진화의 꼭대기가 아니라는 점을 강조한 것입니다. 인간이 진화의 정점에 놓여 있다고 생각할 경우에 자연세계를 마음대로 휘두르는 횡포가 나타나고, 그 전형적인 부작용이 바로 오늘날의 환경 위기죠.

전방욱　《성경》의 〈창세기〉에서 인간에게는 자연을 정복할 수 있는 힘이 주어졌다고 하는 것과 굴드가 비판한 인간이 진화의 정점이기 때문에 무엇이든지 할 수 있다는 오만함 사이에는 일맥상통하는 점이 있을 거예요.

최종덕 다시 구체적인 문제로 돌아가죠. 저는 과학의 대중화와 관련해서 국내 과학도서 시장의 추이가 중요하다고 봅니다. 한국 사회의 출판과 독서 경향을 보건대 1990년대 중반을 거치면서 대중적인 과학 서적의 출판이 물리학에서 생물학 쪽으로 크게 이동한 것 같습니다. 그런 것과 관련해서 생물학자로서, 그리고 과학자로서 과학의 의미를 선생님의 개인적인 해석까지 곁들여서 말씀해주셨으면 좋겠습니다.

전방욱 저는 과학도 대중의 이해 속에서 발전되어야 한다고 생각합니다. 또한 자연과학은 인문사회학과 반드시 소통해야 한다는 생각이에요. 이 두 가지가 저의 기본적인 생각입니다. 다윈이 자연신학적인 생각을 하게 된 것은 아마 그 당시에 받은 사회적인 압력과 같은 것들때문일 거예요. 《종의 기원》 곳곳에서도 그런 표현들이 나타나죠. 저도 개인적으로는 기독교인데, 그래서 한때는 엄청나게 심각한 갈등을 했어요. 생명의 과학적 기원, 우주의 과학적 기원 등을 공부하다 보면 인간의 왜소함을 느끼는 게 당연하다는 뜻이에요. 단순히 진화론과 기독교의 내적 갈등이라는 문제를 떠나서 좀 더 삶의 근원에 관한 문제인 것 같아요. 언제일지는 모르겠지만 태양마저 초신성이 될 것이고 지구를 다 집어삼키게 될 거예요. 결국 엔트로피가 증가해서 물질의 죽음에 이르러 우주가 끝장날 텐데 나는 뭔가 하는 왜소함을 느끼는 거죠.

최종덕 현재 우리나라에서 도킨스라든가 윌슨 등 현대 생물학자들의 저서들이 상당히 읽히고 있지만, 정작 다윈의 원저는 읽히지 않고 있습니다. 도대체 왜 우리는 다윈은 안 읽고 도킨스나 윌슨의 저서는 읽는 걸까요? 그런 현상이 어떤 의미가 있을까요?

전방욱 사람들은 대부분《종의 기원》이 너무 학문적이고 전문적인 저서라고 생각하기 때문에 접근을 안 하는 거예요. 하지만 실제로 읽어보면 그렇게 어려운 책이 아닙니다. 일반인들도 쉽게 접근할 수 있죠.

최종덕 제가 보기에는《종의 기원》이 인간에 대해 이야기했다기보다는 생명의 자연 전체에 대해서 논의했다는 것도 중요한 측면인 것 같습니다. 반면 도킨스나 윌슨은《만들어진 신》이나《사회생물학》처럼 인간에 대해서 이야기한 부분이 많죠. 자연 자체의 박물지보다는 인간에 대한 이야기를 한 것이 대중의 흥미를 끈 것은 당연하다고 봅니다.《종의 기원》의 문장이나 조사 사례가 현대인이 이해하기 어려운 과거의 것이기 때문이기도 하지만, 가장 중요한 요인은 많은 사람들이 그냥 자연 관찰기라고 생각하기 때문에 원저가 상대적으로 잘 읽히지 않는다고 봐요.

전방욱 한국어로 번역된《종의 기원》에도 문제가 많습니다. 현재 국내 번역서가 7~8종 되는 것으로 알고 있는데 번역상의 문제가 많이 있더군요. 다윈 당시의 학문적 조류는 인문학적 사유와 과학적 사유가 종합되어 있습니다. 그래서《종의 기원》을 정확히 읽으려면 당시의 사회상 및 서구 사상사를 어느 정도 이해하고 있어야 해요. 결국《종의 기원》을 잘 번역하기 위해서는 진화생물학 전문가와 서양철학 전문가가 모여서 토론을 거쳐야 한다는 게 저의 평소 생각입니다. 불행히도 국내에서는 그런 번역이 없는 듯하더군요. 과학의 대중화란 과학의 껍데기만 선전하는 일이 아니라, 과학의 진실을 그대로 전해주는 데 있겠죠. 그런 점에서 과학도서 번역이나 해설서는 과학 대중화의 첫발이라고 봅니다.

새로운 인간학, 진화론

최종덕 굴드가 진화론을 말하면서 인간이 진화의 정점이 아니라는 사실을 강조했습니다. 인간이나 침팬지, 도마뱀, 더 나아가서 은행나무나 박테리아 등 모든 생명종은 동등하다는 것이죠. 모든 생명은 장구한 생명의 시간 속에서 뻗어나간 진화의 가지에서 자기 몫을 각기 차지하고 있다는 것이 굴드의 기본 입장이에요. 그렇기 때문에 인간만 잘난 게 아니라 모든 생명종이 동등하게 공존할 수 있고, 공존해야 한다는 거죠. 저는 굴드의 진화이론은 단순히 생물학에 그치는 것이 아니라 과학문명 시대에 자연과 삶을 이어주는 안내 역할을 하는 중요한 지표라고 생각해요. 그래서 굴드의 책을 읽으면서 생물학 따로, 인간의 문명 이론 따로 볼 게 아니라, 방금 학자 간 연구에 대해 말씀하신 것처럼 다 만나야 된다는 걸 느꼈어요. 선생님께서는 생태학 분야까지 이야기하시니까 인간의 문명이나 생태 등과 관련해서 더 이야기해주시죠.

전방욱 사실 모든 종교가 지향하는 것은 천국이라든가 극락, 그러니까 이상이 완성되는 상태라고 생각하죠. 그런데 1960년대 말에서부터 환경 문제와 관련해서 기독교에 대한 반성과 비판이 등장했어요. 《성경》에서 인간에게 마음대로 자연을 다스릴 권리를 주었다고 하지만 사실 《성경》을 읽어보면 그렇지 않아요. 땅이라도 50년에 한 번씩 쉴 수 있는 권리를 주었죠. 《신약성경》에서도 사도 바울이 사람뿐만 아니라 만물이 다 고통을 느끼고 있고, 구세주의 구속을 기다리는 상태라고 하고 있거든요. 그걸 보면 특정한 종교에 비판을 돌리는 것은 적절하지 않다고 생각해요. 그리고 굴드가 말한 것처럼 사람이 진화의 정점에서 완성된 상태가 아니고, 생태계의 각 분야에서 다들 자기의 몫을 하면서 진화해온 것이거든요. 최초의 공통조상에서부터 진화한 것이죠. 다윈도 생명의 나무에 대해서 처음으로 언급하면서 현존하는 모든 버섯류에서부터 모든 생물은 파릇파릇하게 자라고 있는 가지이고, 이미 전락해버린 것들은 죽은 가지라고 비유했어요. 또 모든 것이 한 종에서 분화돼서 조화를 이루고 있다고 했죠. 생명을 보는 이러한 관점에는 굉장히 장엄한 힘이 있다면서 《종의 기원》이라는 저서를 마무리했어요. 아마 굴드가 생각한 것도 비슷한 개념일 겁니다. 그런데 아시다시피 생물은 아무리 변이를 한다고 해도 자신이 적응할 수 있는 한계 안에서 변이하죠. 코끼리가 하늘을 나는 새로 진화하기는 어려울 거라는 말입니다. 하하. 현재와 같이 환경오염이 지나치게 가속화되면 진화의 생태계가 무너지게 될 것이고, 결국은 사람을 포함한 대형 동물이나 식물은 살아남을 수 없겠죠.

최종덕 심각한 사실이죠. 정말 인류 문명에 대한 심각한 경고로 받아들여야 하는데, 우리 인간은 그렇지 못한 것 같군요.

전방욱 우리는 어떻게 하는 것이 자연을 지키고 생태계를 유지하는 길인지 잘 알지만, 실제로는 그렇게 안 하고 있어요. 대중교통을 이용하는 것이 좋지만 가까운 거리라도 차를 몰고 가고. 그런 식으로 공동체보다는 개인의 편리함을 삶의 제일 가치로 삼죠. 자기 물건은 굉장히 아끼면서 공동으로 쓰는 물건은 험하게 다루는 것이 인간의 본성일까요? 예를 들어서 강대국들은 공해상에 있는 물고기들을 재빨리 다 잡아버리고, 자기 나라의 어류 자원을 보호하려는 강력한 자국중심 정책을 펴죠. 환경 문제라는 게 국경이 없는 것이어서 중국의 황사가 우리나라를 덮쳐서 피해를 주고, 미국의 자동차 공업지대에서 발생한 매연이 캐나다에 산성비를 내리는 게 현실인데, 자기 것만 고집하는 독선 자체가 어리석은 거죠. 그런 생각이 인간의 절멸, 나아가서 대형 동식물들의 절멸을 불러온다고 봐요. 제가 학생들에게 생물학을 가르칠 때 자주 하는 이야기가 있습니다. 태초에 특이점이라는 것에서부터 우주가 시작됐죠. 빅뱅 당시의 기초 원소에서 복합 원소로, 다시 모든 물질이 만들어지면서 현재 이렇게 우주를 채우게 됐는데, 그렇게 보면 사람뿐만 아니라 이 지구를 구성하고 있는 것, 더 나아가서는 저 하늘의 별들까지 처음에는 그 특이점에 다 모여서 시작한 존재들이라는 거죠. 그래서 사람뿐만 아니라 동식물, 더 나아가서는 자연계에 대해서 동료의식, 같이 살아가고 있음을 의식하라고 말합니다. 언젠가는 너희도 저쪽으로 다시 돌아갈 거니까…… 생명에 대한 경외감, 이 우주에 대한 경외감을 가져야 단기적이거나 자기소모적인 태도에서 벗어날 수 있거든요.

최종덕 마지막에 중요한 말씀을 해주셨어요. 특이점에서부터 우주가 생성되었듯이 빅뱅 등으로 지구가 생기고, 오늘날과 같은 호모사피엔스가 생기고, 호모사피엔스의 이성이 너무 발달하다 보니까 스스로를 파괴하는 지경에 이르렀죠. 이 위기를 극복하는 방법은 자연의 최초를 인식하고 인간이나 자연이나 모두가 하나의 우주적 공동체라는 생각을 갖는 것에서 시작될 거예요. 이는 굉장히 중요한 문명적 명제라고 생각합니다. 그런 동반자 의식이 있어야 자연이나 우주에 대한 경외심이 형성될 거예요.

전방욱 그렇죠. 인간과 인간, 인간종과 여타 생명종, 더 나아가 자연과 우주가 하나라는 동반자 의식이 인간의 미래에 대한 희망이에요. 진화론이 생태학과 맺어질 수 있는 중요한 연결고리일 겁니다.

최종덕　다윈을 이야기할 때 제일 먼저 나오는 게 당연히 5년 동안이나 탐험여행을 한 일일 겁니다. 그 탐사기간에서 결정적인 것은 갈라파고스제도를 방문하면서 《종의 기원》에서 제기된 획기적인 주장들의 사상적 기반이 다져졌다는 점이겠죠. 《종의 기원》에 나오는 유명한 새의 그림이 바로 진화론을 결정적으로 만들게 해준 갈라파고스핀치종의 분화고요. 물론 핀치가 처음에 어떻게 갈라파고스제도에 왔는지는 확실하지 않죠. 대륙에서 1,000킬로미터나 떨어진 이 화산섬들에까지 인간의 뗏목이나 바다 부유물 또는 그 밖의 다양한 방법으로 왔을 테죠. 그 이후 여기저기 흩어져 있는 섬에 따로따로 정착하게 되었고, 포식자가 전혀 없는 섬에서 나름대로 환경에 적응하게 됐을 거예요. 이런 다윈의 가설은 자연선택설을 성립시키는 '적응'의 메커니즘을 확립하는 결정적인 계기가 됩니다. 갈라파고스제도로 온 새들이 각각의 섬에서 적응하는 과정은 다양해요. 갈라파고스제도는 16개의 큰 섬으로 이루어져 있는데, 각 섬마다 생태환경이 다르단 말이죠. 그래서 어떤 핀치는 주로 갑각류를 먹기 좋게 부리가 발달했다든가, 어떤 핀치는 과일을 먹기 좋게, 어떤 핀치는 벌레를 쪼아 먹기 좋게 부리가 발달해요. 천적이 없어서 땅에서만 살게 된 핀치도 있었죠. 이렇게 열 가지 이상의 종들이 처음에는 전혀 다른 종인 줄 알았다가 나중에야 같은 원조 핀치에서 분화된 종이라는 것을 알게 된 겁니다. 이 대단한 발견이 《종의 기원》을 만들게 됐죠. 종의 분화를 설명하는 것이 진화론의 핵심이기도 하고, 종의 분화가 일어나는 가장 결정적인 원인이 바로 지리적인 격리라고 이야기했습니다. 대진화 말고 소진화의 경우에는 독특한 환경에 따라서 의외로 빠르게 적응해서 새로운 종의 분화가 일어나는 것들도 많다는 것을 다윈은 알게 된 거예요. 이런 발견이 다윈 사상의 결정적 중추라고 평가됩니다. 종의 분화와 관련해서 선생님의 설명을 듣고 싶습니다.

전방욱　말씀하신 대로 다윈은 갈라파고스제도에서 독특한 생물종들에 대해 매우 깊은 관심을 가졌어요. 대표적인 관심 대상이 갈라파고스핀치와 바다거북일 겁니다. 그중에서도 서식처에 따라서 다양한 먹이를 먹을 수 있도록 진화한 핀치에 대한 이야기는 아주 유명하죠. 말씀하신 것처럼 단단한 씨앗을 먹을 수 있는 것, 선인장을 먹을 수 있는 것, 심지어는 다른 핀치의 피를 먹는 것까지 다양하게 적응해왔는데, 그처럼 환경에서 받는 압력이 크면 클수록 분화가 굉장히 빨리 이루어진다고 보고 있습니다. 갈라파고스제도라는 데가 굉장히 황량한 곳이고, 가뭄이 들면 이전에 자신이 먹던 먹이를 더 이상 구할 수 없게 됩니다. 아마 그처럼 가혹한 환경이 새로운 종으로 분화하는 데 크게 도움을 주었을 거예요. 다윈 역시 초기에는 종의 진화, 분화에 걸리는 시간이 아주 길기 때문에 그것을 당대에 관찰하기는 현실적으로 어렵다고 생각했습니다. 그런데 최근에 30년 동안 갈라파고스제도에 들어가서 핀치의 종 분화에 대해서 연구한 피터 그랜트(Peter Grant)와 로즈메리 그랜트(Rosemary Grant)라는 부부 학자가 있어요. 조너선 와이너(Janathan Weiner)라는 사람이 《핀치의 부리(The Beak of the Finch)》라는 아주 유명한 책에서 그랜트 부부의 업적을 설명하고 있는데, 그랜트 부부는 불과 30년 만에 핀치의 부리가 변화해가는 과정을 연구했습니다. 그래서 우리가 생각하는 것처럼 종의 분화라는 것이 수백 년, 수만 년 걸려서 일어나는 것뿐만 아니라 상대적으로 상당히 짧은 시간 안에도 일어날 수 있다고 봅니다.

최종덕 새로운 종이 생겨난다는 뜻이죠. 좀 더 구체적인 사례가 있을까요?

전방욱 최근에 어떤 항생제도 잘 듣지 않는 슈퍼 박테리아 같은 것이 문제가 되고 있지 않습니까? 멀쩡했던 환자가 병원에서 슈퍼 박테리아에 감염되어 목숨을 잃은 사례들이 가끔 뉴스에 나오죠. 사실 항생제가 발견된 것은 얼마 안 됩니다. 제2차 세계대전 중에 발견됐으니까 한 70년 정도 되었는데, 그 동안에 항생제에 저항성을 가진 박테리아들이 생겨났다는 거죠.

최종덕 그런 신종 박테리아의 출현도 결국 새로운 종의 분화라고 설명할 수 있겠네요?

전방욱 예, 그렇습니다. 박테리아의 겉을 싸고 있는 껍질들이 자신의 생화학적 구조를 새로운 환경에 적응시키면서 변종이 생기는 겁니다. 결국 페니실린에 대해서 감소성이 나타나지 않게 되는 거죠. 페니실린 이후에도 감소성 약화를 방지하기 위해서 다양한 항생제들이 개발되고 있는데, 그런 것들이 점점 효과가 없어지고 있다는 게 큰 문제입니다. 새로운 항생제가 개발되면 바로 종의 분화를 일으켜서 또 그것에 견딜 수 있는 항생제 내성균이 생기고 하니까……. 물론 다윈 시절에는 이런 사례를 접할 수 없었겠지요. 그 시절에는 미생물을 관찰할 수 없었을 테니까요. 박테리아 변종보다 훨씬 더 빠르고 강력한 바이러스 변종은 더 심각합니다. 에이즈 바이러스 같은 것을 들 수 있죠. 에이즈 바이러스는 레트로바이러스(Retrovirus) 계열로 종의 분화가 너무나 빠르기 때문에 치료약을 만들기가 그만큼 어려운 겁니다.

최종덕 최근에 전 세계인을 강타한 신종 인플루엔자 바이러스 A (CH1N1)도 변종 형성이 빠르기 때문에 항바이러스를 적절한 수준에서 찾기 어려운 이유와 비슷하군요.

전방욱 일상생활에서 관련된 예를 들어볼까요? 아파트에서 살다 보면 모기들이 거의 일 년 내내 덤비는 것을 보게 되죠. 1999년에 영국의 두 학자가 런던 지하철에 사는 모기가 본래 지하철 밖에서 살던 모기와 다른 종으로 분화된 것을 발견했다는 매우 흥미로운 논문을 발표한 적이 있어요. 원래는 새의 피를 빨아먹고 사는 모기였는데, 1860년에 런던 지하철이 생기고 나서 우연히 지하 서식처에서 살게 된 거죠. 그곳은 지상보다 상당히 안정적인 기후조건을 가지고 있고, 천장에서 떨어진 빗물이 항상 고여 있는 웅덩이들도 있고, 지하에 서식하는 생쥐라든가 지하철을 타려고 기다리는 수많은 승객 등이 숙주의 역할을 하게 되면서 새롭지만 안정된 환경에 적응하게 됐다는 거예요. 지하철 바깥에 사는 모기들은 겨울에 동면을 하는데, 지하도에 사는 모기들은 새로운 환경에 적응하면서 동면 없이 사시사철 활동하게 된 거죠. 마치 아파트에서 모기가 겨울철에도 활동하는 것과 비슷한 거예요.

최종덕 그 모기도 신종 바이러스처럼 새로운 생명종의 탄생이라고 볼 수 있는 거겠죠?

전방욱 그렇죠. 이 두 학자가 연구해보니까 밖에 있던 종과 지하에 적응한 종 사이에는 교배가 일어나지 않더랍니다. 그것은 생물학적으로 전혀 다른 종으로 분화했다는 증거예요. 또 이 학자들의 추가 연구에 의하면, 지하철 각 노선마다 새로운 종들이 분화하고 있다는 아주 흥미로운 결과를 유추할 수 있다고 합니다.

최종덕 재미있는 관찰이군요. 종내 교배만 가능한 것을 동일종이라고 하고, 서로 교배할 수 없는 그룹을 다른 종이라고 하는데, 종의 분화가 일어났다는 것은 엄청난 생명계통의 변화라고 생각이 돼요.

전방욱 그래서 학자들은 종의 정의도 약간 변해야 되는 게 아닌가 생각하고 있어요. 아시다시피 예전에는, 특히 기독교에서는 종이 각자 생겨났다고 믿었어요. 신이 내려준 별도의 고유한 특성이라고 본 거죠. 그 뒤에 서로 교배하지 않는 것들을 종으로 보자는 생물학적인 종의 개념이 나왔습니다. 그런데 그 개념도 사실은 그렇게 완벽하다고 볼 수 없죠. 예를 들어서 개와 들개는 다르지만 교배가 가능하니까 교배 가능성을 기준으로 종을 구분하는 것도 수정되어야 하지 않나 싶은 거죠. 우리는 별도의 생물학적 종으로 생각하고 있지만 교배가 일어나는 종들도 간혹 있는 것 같습니다. 다윈이 제일 어렵게 생각한 것 중 하나가 종이 별도의 범주로 구분될 수 있는 것이라면, 변종이라든가 아종 같은 것들은 어떻게 생겨났을까 하는 점이에요. 생명종 사이에서 동일종 개체들이 서로 교배하기 힘든 것이라면, 종 분화 과정에 있는 종들도 본래에 있던 종들보다 교배가 어려워야 할 겁니다. 그렇다면 변이가 점차 쌓여서 새로운 생물종이 나올 수 있다는 이론 자체가 어렵지 않은가? 다윈도 그 점을 굉장히 어렵게 생각했던 것 같습니다. 그 뒤에 생물학적 종의 개념이 점점 바뀌어서 이제는 진화적인 종의 개념, 다시 말해서 지리적인 격리에 의한 종 분화까지 포함하는 종의 개념들이 나와서 한층 발전된 개념이 된 겁니다. 어떤 공통조상을 가지고 있고, 그것에서 갈라져 나온 것들이 새로운 종으로 분화됐다는 건데, 거기도 물론 난점은 있어요. 예를 들자면 어느 정도로 분화한 것이 종이고, 어느 정도로 분화한 것이 아종이나 변종이 되느냐 하는 문제죠. 여전히 우리에게 남은 과제입니다.

최종덕 종의 개념을 정의하는 건 정말 어렵죠. 그래도 종이란 고정적이고 불변하는 본질이 아니라 변화의 과정에 있다는 것은 공통의 사실입니다. 실제로 이런 점을 인식했다는 점에서 다윈의 위대성이 드러나는 것이기도 하죠. 이전까지 주류를 이루고 있던 린네의 종 분류 체계의 허점을 지적하면서 종과 종 사이에도 변종이 존재할 가능성을 구체적인 증거를 통해 보여준 거고요. 어쩌면 그것이 결정적으로 중요한 생물학적 혁명일 거예요.

전방욱 린네는 종이 변화할 수 있다는 가능성을 아예 생각하지 않았으니까, 다윈 시대에 린네가 살았다고 해도 종교적 편파와 무관하게 결코 진화를 수용할 수 없었을 겁니다. 그처럼 불연속적인 생물체의 집단으로 종을 정의했는데, 다윈은 종의 변화를 연속적이라고 봤으니 종의 개념을 분명하게 정의하는 데 어려웠을 겁니다. 그러다 보니 아종과 변종이나 종과의 구분도 모호해지는 거고요.

최종덕 변종이 어떻게 일어나느냐? 그걸 딱 부러지게 말할 수 없겠죠. 앞서 선생님께서 '압력(pressure)'이라는 용어를 사용하셨는데, 서식지마다 특수한 환경에 적응하는 것은 결국 생명 개체들이 환경적 압력을 받고 있다는 뜻이겠죠. 그 압력에 어떻게 반응하느냐가 진화를 설명하는 중요한 절차일 거예요. 그래서 그러한 환경 압력, 예를 들어서 앞서 이야기한 영국 지하철의 모기 변종 등의 사례에서 보았듯이 진화도 어떤 경우에는 속도가 꽤 빠를 수도 있다는 것 아니겠습니까?

전방욱 그렇죠. 다윈은 예상하지 못했는데, 실제로 환경의 압력이 크면 클수록 단시간 내에도 변화할 수 있다는 겁니다. 그래서 진화학자들은 진화가 빨리 일어나는 원인을 대개 두 가지로 들고 있어요. 첫 번째는 말씀하신 대로 환경의 압력이 클 경우입니다. 두 번째는 압력이 아무리 커도 개체군의 크기가 작으면, 그러니까 동일한 개체로 이루어진 집단의 크기가 작으면 압력에 적응하는 물리적인 가능성이 줄어들어요. 다시 말해서 종의 변화가 발생하기 위해서는 집단의 크기가 일정 규모 이상으로 커야 한다는 말입니다. 그래야만 변화를 수용할 수 있는 유전자의 종류가 따라서 커지거든요. 거꾸로 그 집단이 가지고 있는 유전자의 종류가 너무 적다면 외부환경의 압력에 반응하지 못하고 오히려 멸종할 수 있죠.

최종덕 좀 풀어서 이야기한다면, 환경의 압력이 크더라도 개체수가 한 100여 마리에 지나지 않는다면 유전적으로 적응될 기회가 없어지는 거죠. 얼마 전에 하이에나의 생태계를 연구한 흥미로운 책 한 권을 읽었습니다. 하이에나들이 무리를 짓고 있는데, 만약 그 무리의 30퍼센트가 사자에 의해 갑자기 죽었을 경우에 나머지 70퍼센트도 다 소멸한다는 겁니다. 그래서 개체군의 크기가 어느 정도냐 하는 점이 진화와 굉장히 중요한 상관성을 갖고 있는 것 같습니다.

전방욱 전 세계적으로 종의 멸절이 큰 문제가 되고 있습니다. 그 대부분은 서식지가 줄어든다든가 인간의 활동으로 인해 오염이 커진다든가 해서 살 수 없는 환경들이 늘어나면서 생긴 멸종이죠. 다시 말해서 그것도 진화의 압력, 선택압이라고 볼 수 있을 거예요. 현대 문명이 만들어놓은 인위적인 환경 압력이 어마어마한 겁니다. 중요한 것은 환경의 압력은 커지면서 개체군의 크기는 작아지니까 멸종될 가능성이 훨씬 더 커진다는 거죠. 따라서 보존생물학자가 가장 역점을 두어서 하고 있는 사업이 일단은 개체군의 크기를 어떻게 하면 유지하거나 늘릴 수 있는가 하는 점이에요. 그래서 인위적으로라도 서식지를 늘리려고 하죠. 또 야생동물 같은 경우에는 동물원 같은 데다 포획해놓고 인위적으로 교배시켜서 자손의 개체수를 늘리려고 하는데, 문제는 동일한 개체군에서 교배하게 될 경우 열성 유전자들이 나타날 가능성이 많아지기 때문에 쉽지 않은 일이에요.

최종덕　개체군의 규모가 작으면 친족교배의 가능성이 더 늘어나겠죠. 종의 보존은 결국 개체군의 규모를 유지하는 데서 시작하는 것이군요?

전방욱　예, 그래요. 개체군의 크기가 작으면 아무리 인위적인 과학기술을 동원해서 종을 보존한다고 해도 건강한 종을 유지하기 어려워요. 개체군의 안정성을 더 떨어트린다는 거죠. 결국에는 어떻게 하면 다양한 유전자원이 풍부한 개체군을 확보할 수 있는가 하는 점이 문제인데, 현재로서는 굉장히 어려운 일로 보입니다. 우리가 자연 상태를 모방해서 환경을 만들어주고 인위적인 교배를 시킨다고 하지만, 사람의 지식이 아직도 자연 상태를 충분히 모방할 만한 수준이 아니고, 또 모방된 환경에서 생물들이 어떻게 활동할지에 대한 정보가 거의 없기 때문이죠. 지금 역점을 두어서 생각할 것은 포획해서 교배하려고 하지 말고 지금 있는 개체군이나마 스스로 증식할 수 있도록 주변 환경을 파괴하지 않는 것입니다.

현대 문명의 위기,
진화론은 대안일 수 있는가

최종덕　진화론을 공부하는 마음가짐은 현대 문명사회가 당면하고 있는 환경 위기, 생태 위기의 문제를 풀어가는 중요한 열쇠가 된다고 생각합니다. 그래서 진화론 공부가 그냥 생물학의 한 분야로서 전문가만 하는 공부법을 넘어서야 한다고 봐요.

전방욱　맞습니다. 저는 생물학자이지만, 그 이전에 현대 문명을 살아가는 한 인간으로서 문명의 문제에 접근하는 방식으로 진화론을 대하는 것이 중요하다고 생각해요. 어떻게 보면 현대 문명과 관련해서 굉장히 중요한 해결의 단서, 해결까지는 아니더라도 문제풀이의 단서가 된다고 보기 때문입니다.

최종덕　진화론 이야기를 좀 더 해야 될 것 같군요. 진화론과 관련해서 많은 사람들이 질문하는 것 중 하나가 이런 거죠. 예를 들어서 새가 날개를 갖고 있다, 그 날개는 옛날에 새가 되기 전에 육지 동물의 앞다리가 변한 것이라면, 새의 앞날개와 육지 동물의 앞다리가 같은 원형의 흔적을 갖고 있다는 뜻이죠. 그런 것을 생물학에서는 상동(homology)이라고 하잖아요. 상동의 흔적을 찾아낸다는 것은 모든 생명체는 발생학적인 공통조상을 갖고 있음을 검증하는 중요한 관찰조건일 거예요. 그렇지만 상사(analogy)라는 것도 있지 않겠어요? 예를 들어서 벌의 날개와 새의 날개는 분명히 같은 기능을 하고 외형도 비슷하지만, 그렇다고 해서 공통된 원형에서 갈라진 것은 아니란 말이죠. 이렇게 기원은 아주 다르지만 기능이 유사한 기관들을 상사라고 하죠. 저는 상동과 상사를 통해서 진화론의 많은 이야기들이 쉽게 설명될 수 있다고 생각해요. 예를 들어서 상동기관과 상사기관을 구분하는 일은 진화의 발생을 추적하는 데 첫째 관문일 거예요. 그리고 다른 종, 다른 강과 목 사이에 상동기관 또는 상동의 흔적을 발견하는 일은 생명의 계통수를 추적하는 둘째 관문이 될 거고요.

전방욱 진화의 역사를 추적하는 일은 당연히 어렵습니다. 과거는 현존하지 않죠. 현재에는 흔적만 남았는데, 그 흔적을 통해서 진화론이라는 과학을 수립한 것은 정말 놀라운 일이에요. 그런 추적을 종합해서 자연선택과 성선택이라는 진화 메커니즘을 찾았다는 사실도 경이로운 성과라고 봐요.

최종덕 문제는 그러한 성과를 이해하는 수준에서 매우 다양한 층이 형성된다는 거죠. 예를 들어서 진화론을 적자생존 또는 자연선택 같은 용어로 쉽게 말하곤 하는데, 여기서부터 많은 오해가 생기기도 하잖아요?

전방욱　흔히 적자생존이라는 말을 살아가는 데 편리한 것이라고 해석하기가 쉬운데, 그러면 오해가 생길 수 있습니다. 실생활에서 보면 돈이나 권력이 있는 사람들은 굉장히 쾌적하고 편안하게 살 수 있는데, 그것을 적자생존이라고 오해할 수가 있어요. 일상생활에서의 적자생존과 생물학적 적자생존은 서로 비유는 할 수 있어도 범주가 전혀 다른 것입니다. 그 비유를 연장해본다면 돈이 있거나 권력이 있는 사람도 자식을 남기지 못했다면 진화생물학적 의미에서는 적자가 아니라는 거죠. 진화생물학에서는 그 환경에서 될 수 있으면 많은 자손을, 그러니까 생식할 수 있는 시기까지 살아서 많은 자손을 내는 개체가 바로 적자입니다. 적응도가 큰 개체가 되는 거죠.

최종덕　진화의 메커니즘이 자연선택의 구조라면 그 선택을 일으키는 원인이 무엇일까요? 그리고 선택의 통로는 오로지 자연선택만 있는 것인가요? 이런 문제는 단순히 진화생물학적 지식에 그치는 것이 아니라 인간을 이해하는 중요한 접근법이잖아요?

전방욱　다윈은 어떤 환경의 압력 아래서 자손을 최대한 많이 낼 수 있는 것도 중요하다고 봤지만, 그것만이 진화의 원인이라고 생각하지는 않았어요. 예를 들자면 성선택도 그 원인이 될 수 있다고 이야기했습니다. 어떤 개체가 자기 자손을 많이 남기기 위해서는 암수가 짝을 지어야 하는데, 만약 교배를 하지 못한다면 자손을 남길 수 없겠지요? 성선택이란 어떻게 하면 상대의 관심을 잘 끌 수 있느냐 하는, 개체의 교배 가능성을 높이려는 생물학적 절차예요. 성생물학 연구자들은 대개 수컷의 경우에는 자기 유전자를 퍼트리는 데 관심이 있고, 암컷의 경우에는 자기 자식을 어떻게 하면 잘 키울 수 있느냐에 관심을 둔다고 주장합니다. 희소성이라는 면에서 볼 때 수컷의 정자와 암컷의 난자 중 어떤 것이 더 가치가 있겠는지 따져보면 쉽게 이해될 겁니다. 인간 남성의 경우에는 한 번 사정에 2억 개 정도의 정자를 방출하는데, 개체가 많기 때문에 어떻게 하면 정자를 많이 퍼트릴까에 관심이 있겠고, 여성의 난자는 한 달에 한 번 생산하는 아주 귀중한 자원이기 때문에 최고의 배우자를 얻어서 자기가 만들어낸 수정란을 어떻게 하면 잘 키우느냐 하는 데 관심이 있다고 할 수 있겠죠. 현실세계에서도 미모의 영화배우나 탤런트가 외모와 무관한 재벌 아들과 결혼하는 상황들을 자주 보게 되는데, 그런 것들을 보면 여성과 남성이 배우자를 고르는 기준이 좀 다르다고 생각됩니다. 인간의 경우를 예로들었지만 모든 생명체는 자연선택 말고도 성선택의 압력에 놓여 있는 것이 엄연한 사실입니다.

최종덕 공작새의 예를 다시 들어보죠. 공작새 수컷은 포식자한테 잡혀 먹힐 위험이 높은데도 화려하고도 큰 날개를 폅니다. 개체 생존의 기준이 우선인 자연선택의 관점으로는 도저히 설명할 수 없는 행동이죠. 수컷은 암컷의 관심을 끌기 위해서 위험을 무릅쓰고 화려한 날개, 큰 날개를 편다는 것이 바로 성선택을 설명하는 중요한 요소입니다. 그걸 더 발전시킨다면 인간사회의 남자와 여자의 관계에서도 어떻게 하면 상대의 관심을 확보하느냐가 중요한 문제겠죠. 그래서 과거 영국에서 기사들이 여성의 선택을 놓고 서로 싸우는 것도 일종의 생물학적인 성선택의 하나라고 보는 사람들도 있을 것이고, 그 해석이 지나친 점도 있지만 완전히 무관하지도 않을 거란 말이죠. 그런데 문제는 성선택으로 현대 문명사회에서 나타나는 인간의 행동과 감정을 모두 설명하려는 태도입니다. 질투를 예로 들어볼까요? 질투라는 것은 인간의 감정인데, 그것도 따지고 보니까 생물학적인 성선택에 기원을 둔 거라고 이야기하는 사람도 있을 거예요. 분노라든가 기쁨 같은 감정들도 생물학적인 성선택으로 설명하는 게 요즘 진화심리학이라는 이름으로 굉장히 유행하는 것 같아요. 미국을 중심으로 하는 심리학은 거의 진화심리학이라고 말할 정도로, 진화론의 성선택을 인간 감정에 적용한 거죠. 그런데 과연 생물학적인 현상들을 그대로 인간사회에 적용할 수 있느냐에 대한 조심스런 논쟁을 먼저 해야 한다고 봅니다. 진화심리학의 설득력은 매우 높아 보이지만, 그렇다고 해서 적응주의와 성선택에 의거한 진화심리학을 모든 인간 심리에 일괄적으로 적용하는 것은 지나치다는 거죠.

전방욱　어떤 사실을 연장해서 볼 때 그것을 외삽(外挿)이라고 말합니다. 외삽을 할 때는 무리가 없어야 하는데, 현재까지 사회성 곤충이라든가 영장류에서 이루어지는 연구결과의 일부를 인간이나 인간사회에 그대로 적용한다는 것은 여러 가지 점에서 반론의 여지가 있죠. 무리한 측면도 있고요. 앞에서도 말씀을 나누었습니다만, 동물의 세계에는 엄격한 위계질서가 있는데, 특히 사회성 곤충의 경우에는 평생 일만 하는 무리, 굴만 지키는 무리, 알만 낳는 무리 등 아주 철저하게 분업 또는 서열이 이루어져 있습니다. 일종의 생태학적 카스트제도라고 부르는데, 영장류의 경우에도 그런 게 나타나죠. 먹이 서열이라든가 배우자를 선택할 수 있는 권리 같은 것들이 철저하게 제한되는데, 다만 사회성 곤충에 비해서는 다소 유연한 것이 특징이에요. 그런데 사람의 경우에는 그것보다 훨씬 더 유연하다고 생각합니다. 왜냐하면 사람은 영장류와는 비교도 안 될 만큼 문화적인 소양을 발달시켜왔고, 문화적 요인이 유전자의 위력만큼, 어쩌면 그보다 더 크게 인간의 행동이나 심리에 영향을 미칠 수 있다고 생각되거든요.

변화하려는, 그리고 유지하려는 자연의 섭리

최종덕　유전적 요인과 함께 환경적 요인의 중요성을 강조하시는군요. 이런 생물학적 사실을 인간사회의 심리적인 측면을 설명하는 데 어느 정도까지 적용할 수 있을까요?

전방욱　공작새가 꼬리를 활짝 펴서 포식자에게 잡혀 먹힐 가능성이 많은데도 암컷을 유혹하는 경우를 다시 생각해봅시다. 흥미롭게도 그것을 핸디캡의 원리라고 정리한 연구자도 있습니다. 그 연구에는 공작새뿐만 아니라 서부 영화에서 주인공으로 나오는 사람들이 목숨을 내걸고 악당과 결투하는 그림도 등장해요. 그 보상으로 미인을 얻는다는 거죠.

최종덕　그렇다면 성선택과 자연선택 사이에 나타나는 진화압력의 상대적 차이를 비교할 수 있을까요?

전방욱　성선택의 위력은 자기가 생식할 수 있는 나이까지 살아남느냐라는 것보다 훨씬 더 강력할 때도 있습니다. 사실 자연 상태에서는 그 두 가지가 서로 적절하게 타협하고 있다고 봐야 되겠죠. 중앙아메리카에 사는 거피(guppy)라는 아주 예쁜 물고기가 있는데, 두 가지 종류가 있다고 합니다. 하나는 민물돔이라는 포식자와 함께 사는 종류이고, 또 하나는 송사리와 함께 사는 종류랍니다. 이 민물돔은 아주 게걸스러워서 거피 성체나 새끼를 가리지 않고 다 잡아먹고, 송사리는 개체가 작기 때문에 주로 거피의 새끼만 잡아먹는다고 합니다. 그래서 두 집단에서는 성적인 행동이 다르다는 거예요. 그러니까 민물돔과 사는 거피의 무리에서는 수컷이 암컷을 유혹하기 위해 아름다운 색깔을 띠지 않고, 유별난 행동도 피한다고 합니다. 그런 행동은 아무리 성선택의 압력이 크다 하더라도 포식자에게 잡혀 먹힐 위험이 있기 때문이죠. 하지만 송사리와 같이 사는 거피의 무리에서는 아주 화려한 꼬리무늬를 흔드는 등 암컷을 유혹하기 위한 행동을 열심히 한답니다. 그래서 민물돔과 같이 사는 거피 개체를 잡아다가 송사리가 사는 물에 섞어놓는 실험했어요. 관찰한 결과, 일정 시간이 흐른 후에는 민물돔과 같이 살던 거피의 행동이 변화된 환경, 즉 송사리와 같이 사는 거피의 행동으로 바뀌게 되었답니다. 송사리와 살 때는 아무래도 화려한 치장을 하고 암컷을 유혹하는 행동이 훨씬 더 유리하기 때문이죠. 그래서 자연 상태에서는 포식자에 의한 압력과 성 선택, 그 두 가지가 적절하게 서로 타협하고 있다는 것이죠.

최종덕 거피의 사례는 성선택과 자연선택의 상보성을 의미하기도 하지만, 환경의 중요성이 크다는 것을 의미하기도 하는 듯합니다. 이렇게 선천적인 유전자의 영향이 더 강한지, 아니면 환경 또는 문화의 영향이 더 강한지를 따지는 논쟁은 이미 오래전부터 있었고, 아마 앞으로도 계속될 겁니다. 그 논쟁의 특색은 철학과 생물학의 영역에만 국한된 문제가 아니라는 점일 겁니다. 또한 단박에 결판이 날 대답을 기대해서는 안 되고, 나아가 선천적인 요인과 후천적인 요인이 다 혼재되어 행동이 발현된다는 점도 유의해야겠죠.

전방욱 또 한편으로는 도킨스의 초기 입장처럼 생물 개체를 유전자를 후대로 전달하는 일종의 운반기계로 보는 입장도 있습니다.

최종덕 1970년대의 도킨스와 최근의 도킨스는 좀 바뀌었죠. 요즘에는 처음처럼 유전자원자론을 표명하지는 않는 것 같습니다. 앞에서 종의 분화가 생각보다 빨리 일어나는 사례들을 말한 적이 있었죠. 종은 항상 고정된 게 아니라 새롭게 생겨날 수 있다는 건데, 그렇다고 해서 모든 생명체가 아무렇게나 분화하고 진화하는 것은 아니란 말이죠. 예를 들어 육지 동물의 앞다리가 어떤 과정을 거쳐 날개로 진화해서 하늘을 날게 됐다고 말하지만, 그렇다고 해서 코끼리나 하마가 날개를 달아서 새가 되는 것은 아니란 말이죠. 진화에는 일정한 방향이 없지만 마구잡이로 진화하는 것이 아니라 물리학의 기본법칙들이 적용되는 한계에서만 이루어집니다. 진화에도 기본적인 조건들이 있는 거겠죠. 발생학에서는 이런 진화의 한계를 'constraints'라고 하는데, 저는 그 단어를 '제한'이라고 번역해요. 모든 유전자 생명체는 전부 나름대로의 제한이 있단 말이죠. 그래서 SF 영화에서처럼 팔이 10미터, 20미터씩 늘어나는 진화는 불가능한 거죠. 그러니까 제한이라는 생물학적 조건으로 생기는 유전적인 또는 선천적인 요인을 무시하면 안 된다고 생각합니다.

전방욱 진화를 설명하기 위해 적응에 따르는 선택이 전부가 아니라는 뜻이죠. 진화는 실제로 생물학적 제한에 의해 전개되는 것이 많죠. 다른 측면에서 보면 생물 진화의 항상성이라고도 볼 수 있어요.

최종덕 저는 이런 양면성을 크게 중시합니다. 변화하려는 자연의 동력과 현재를 유지하려는 자연의 동력이 공존한다는 거죠. 매우 흥미로운 자연의 섭리라고 생각해요. 이와 더불어 저는 문명의 섭리가 있다고 말하곤 하는데, 문화적인 것과 생래적인 것 사이의 교차와 공존을 의미하죠. 앞서 우리가 많은 시간을 들여 이야기했듯이 환경적인 요인들, 인간사회의 경우에는 사회문화적인 요인 또한 무시할 수 없어요. 말씀해주신 거피의 예는 아주 재미있고 실감나는 사례인 것 같아요. 그 예에서 보듯이 환경적인 요인이 굉장히 중요한 거죠. 이 두 가지, 환경과 선천적인 이중적 요인이라는 게 우리가 영원히 안고 가야 될 과제가 아닐까요?

전방욱 역시 인간의 사유와 함께하는 이분법의 사유구조는 안기도 버리기도 어려운 영원한 문제이군요. 하하.

최종덕 맞아요, 생물학은 아니지만 범위를 넓혀 이야기한다면 호모 사피엔스로서 생각을 하게 되면서 자기에게 닥친 문제를 둘로 나누어 보는 버릇이 있는 것 같아요. '너 이거 할래, 안 할래?' 또는 '너 여기 할래, 아니면 저기 할래?' 등으로 구분하는 버릇이 있어서 그 굴레를 벗어나면 불안해하는 모습들을 우리 내면에 가지고 있는 듯해요.

전방욱 모든 신화가 둘로 나눠지는 것에서부터 시작이 되잖아요. 좋고 나쁜 것으로 나누는 인간의 원초적인 사유들, 하늘과 땅으로 나누어지고, 종말도 천국과 지옥으로 나누는 인간의 사유관습을 들여다보면 인간의 근원적인 본성 가운데 그러한 구분의 심리가 깔려 있는 것 같습니다.

최종덕 저는 그런 점에서 조건을 하나 달고 싶어요. 저 역시 천국과 지옥, 하늘과 땅, 선과 악 등 이분화하는 사유의 습관들이 있기는 하지만, 그 두 가지가 뚜렷한 경계선에 의해 완벽하게 나뉠 수는 없다는 점을 유념해야 할 것 같아요. 앞서 종의 분화에서도 이야기했지만, 다윈 이전의 사람들은 린네의 방식대로 종은 고정되고 독립적이고 주어진 것이다. 그래서 변할 수 없다고 생각했지만, 다윈에 와서 다 무너지지 않았습니까? 다윈은 종과 종 사이가 구분된 게 아니라 연속적이라고 보았죠. 그와 마찬가지로 선과 악, 천국과 지옥 같은 구분이 실은 둘로 딱 나누어질 수 있는 게 아니라, 그 양쪽을 왔다 갔다 할 수 있다는 조건을 달고 싶은 것이죠.

전방욱 어떻게 보면 그런 이분법적인 논리가 진화를 설명하는 데도 위력을 발휘하고 있다고 생각해요. 예를 들면 살아남은 것은 좋은 형질을 가진 것이고, 죽은 것은 나쁜 형질을 가진 것이라는 식으로 쉽게 생각할 수 있습니다. 그런데 좋은 형질이나 나쁜 형질이라는 다소 목적성을 가진 해석보다는 좀 더 다른 해석이 필요하지 않을까요? 좋고 나쁘다는 기준 자체가 인간적인 관점에서 나온 거잖아요. 예를 들자면 기무라 모토(木村資生) 같은 사람은 중립진화론을 이야기하고 있어요. 좋거나 나쁜 형질을 넣기 위해서는 유전자가 굉장히 많이 변해야 되고, 만약 그렇게 좋거나 나쁜 형질이라면 본래 그것이 생물의 생존에 꼭 필요한 유전자였을 가능성이 많아요. 그런데 기무라 같은 사람은 그렇게 엄청난 변화를 일으키는 유전자들이 변한 게 아니라고 말하고 있어요. 본래 그 형질로 봐서는 그렇게 중요하지 않은 유전자들이 시간이 지나면서 변했을 거라고 하죠. 한 100만 년에 두세 개 정도 변한다고 추산하고 있어요. 그러니까 선악과 관계없는 중립적인 돌연변이들이 개체에 형질화하게 되는 것이겠죠. 특정한 시기에 우연찮게 형질의 변화를 일으키는 계기가 되는 거예요. 예를 들어서 지진으로 섬이 분리되는 상황처럼 어떤 개체군이 특별한 상황에 놓이게 되면서 우연찮게 환경에 유리한 형질 또는 생식에 유리한 형질을 갖는 개체들이 살아남게 되었다고 볼 수 있습니다. 앞서서 진화가 진보라는 개념에 대해서 엄청나게 반대했던 굴드의 이야기를 했는데, 우리는 환경에 적응이 잘 되는 것은 살아남고, 그렇지 않은 것은 죽는다고 생각하기 쉽지만, 실제로 진화가 꼭 그런 방식으로만 작용되는 것은 아닐 겁니다.

최종덕　저 개인적으로 중립진화설에 전적으로 찬동하는 것은 아니지만, 좋고 나쁘고를 떠나 있는 중립진화의 의미가 새롭게 조명되어야 한다고 생각해요. 선생님이 말씀하셨듯이 사실 좋고 나쁘고도 인간이 만든 개념이죠. 그런 이분법이 문제가 될 수 있다고 봐요. 예를 들어서 동양적 사유구조에서 중요한 게 음과 양이잖아요. 그것도 겉보기로는 이분법적인 사유방식과 비슷하죠. 그런데 서양에서 말하는 하늘과 땅, 천국과 지옥이라는 이분법과 동양에서 말하는 음과 양의 이분법은 내용 면에서는 굉장한 차이가 있는 것 같아요. 동양에서 음과 양을 설명할 때, 아침에 해가 뜰 때 이쪽은 밝은 곳이고 저쪽은 그늘이었다가 해가 질 무렵에는 밝은 곳이 그늘이 되고 그늘이었던 곳이 다시 밝아진단 말이죠. 그래서 동양에서 말하는 이분법으로서의 음과 양은 그것이 이분법이라고 해도 고정되어 있는 게 아니라 서로 교차될 수 있다는 점에서 서양에서 말하는 이분법하고는 본질적인 차이가 있다는 거죠.

다윈의 호기심, 세상을 바꾸다

최종덕　다시 다윈 당시의 상황들을 살펴볼까요? 다윈 당시, 즉 빅토리아시대의 사회적 흐름들도 다윈의 진화론을 이해하는 데 매우 중요한 부분일 거예요. 다윈이 처음부터 생물학자나 박물학자는 아니지 않았습니까? 우선 다윈의 할아버지인 에라스무스 다윈은 이미 유명한 진화론 학자였죠. 물론 그 당시 진화론은 경험적인 증거도 없이 거의 상상력에 의한 유치한 단계였지만요. 그리고 다윈의 아버지는 의

사였는데, 그래서 좀 풍요로운 가정에서 자랄 수 있었을 거예요. 어머니가 일찍 돌아가셨다는 문제가 있었지만요. 어쨌든 빅토리아시대의 많은 귀족들처럼 신학적인 분위기와 새롭게 부상된 과학적 분위기 속에서 어린 시절을 지냈고, 아버지의 뜻대로 의과대학에 갔지만 수술 연습 과정조차 이수할 수 없었던 다윈의 성격으로 인해 그만두고 말았죠. 피를 봐야 하는 해부학 실습을 견뎌내지 못할 정도였다고 하네요. 아들의 장래를 걱정했던 아버지의 권유로 다시 신학대학에 입학했습니다. 다윈은 신학 공부를 하면서 채집 등을 통해서 자연사 탐구를 계속할 수 있다는 생각으로 신학대학을 2년 가까이 다녔지만 결국은 중도에 비글호를 타고 만 것입니다. 자연학자, 경험주의 과학자로서 인생을 보내기로 결정한 거죠. 이러한 과정을 통해 《종의 기원》이라는, 세상의 학문을 바꾸어놓을 정도로 어마어마한 성과를 낸 거죠. 자, 마지막으로 이런 이야기와 더불어서 다윈의 삶과 일상에 대해서 이야기를 나눠볼까요?

전방욱 우연한 일이겠지만, 다윈과 에이브러햄 링컨이 같은 해에 태어났다고 합니다. 그것도 시사하는 바가 있을 것 같아요. 링컨이 노예 제도로 고통 받는 많은 사람들을 해방시켜주었듯이 다윈은 종교적인 속박 아래 있던, 그 당시에는 생물학이라고 불리지도 못했던 박물학을 해방시켜준 게 아니겠느냐는 거죠. 당시에는 자연신학이 우세해서 자연현상으로부터 신의 전지전능함을 증명해보겠다는 신학적 과학이 많았던 것 같습니다. 우리가 지금 불가사의하게 생각하는 눈의 구조 등은 완전한 설계가 없이는 불가능하다고 생각했던 것입니다. 그래서 설계자로서 신이 존재하고, 신만이 이런 설계를 생각할 수 있다는 것을 증명해보겠다고 했죠.

최종덕　너무 엄청나게 복잡하고 정교한 설계이기 때문에 그렇게 설계할 수 있는 존재는 오로지 신뿐이고, 결국 신의 존재를 거기서 간접적으로 증명하는 방식이죠.

전방욱　그런데 다윈이 눈의 구조는 사람뿐만 아니라 문어라든가 오징어 같은 두족류에서도 독립적으로 발생하고 있고, 초기의 것에서부터 좀 더 진보된 형태로 존재할 수 있다는 점을 밝힌 거죠. 거기서부터 이미 신의 설계라는 주장은 의미를 잃은 것이나 마찬가지였죠. 다윈은 기원이 서로 다른 것 사이에서 유사하게 진화되는 것과 좀 유치한 단계에서 고등한 단계로 발전하는 것들, 이 두 가지에서 진화론의 아이디어를 찾아낸 거예요. 과학을 신학에서 해방시킨 결정적인 아이디어입니다. 자연신학적인 사상이 주류를 이루었던 당시 상황에서 다윈이 그만 한 업적을 냈다는 것은 정말 링컨이 노예를 해방시킨 것과 비슷하다고 봐요.

최종덕　그렇지만 다윈은 온순한 사람으로, 기독교의 전통사상을 대놓고 반박할 성격이 아니지 않습니까? 그래서 교회와의 갈등을 피하려고 굉장히 노력했죠. 자연신학 이야기를 하셨는데, 당시 설계이론에 의한 신의 존재 증명과 신에 의한 세계창조를 증명하기 위한 수단으로 가장 많이 인용된 것이 인간의 눈의 구조였죠. 설계이론은 이미 성 토마스 아퀴나스에 의한 신의 존재 증명 다섯 가지 방식에서 나온 것이었지만, 근대 과학이 정립되고 나서 과학을 수단으로 삼아 가장 정교하게 주장한 것은 아마 윌리엄 페일리(William Paley)의 《자연신학(Natural Theology)》(1805)이었을 겁니다.

전방욱　시계가 있다면 시계를 만든 시계공이 있다는 페일리의 설계논증은 그럴 듯하지만, 그런 논증을 생물학적 눈의 구조에 적용시키는 것은 일종의 범주오류입니다. 앞서 말했듯이 인간의 눈보다 더 정교한 오징어 등 두족류의 눈이 재조명된 상태이니까요. 다윈 이전의 자연신학자들에 의해 유행되었던 설계이론은 힘을 잃고 만 거죠.

최종덕 다윈의 삶도《종의 기원》저술에 매우 중요한 영향을 미쳤다고 생각합니다. 다윈이 비글호를 타고 5년 동안 돌아다니면서 아프리카 출신의 흑인 노예나 원주민 노예들을 많이 만나지 않습니까? 당시 남아메리카는 스페인과 포르투갈이 지배하고 있었던 때고, 그래서 아프리카에서 이주해온 노예들이 아주 많았죠. 피츠로이는 '노예는 해방되어야 한다'는 다윈의 주장에 대해 항해 기간 내내 매우 못마땅하게 생각했죠. 그렇지만 다윈은 온순한 사람이어서 자신의 주장을 그다지 강하게 표현하지는 못한 것 같아요. 그런 사소한 일상이 아마 그의 진화론에도 많이 반영되지 않았나 생각합니다.

전방욱 당시 스물여섯 살의 해군장교였던 피츠로이는 굉장히 독실한 기독교 신자였어요. 그래서 다윈이 잠시나마 신학대학에 다녔던 배경이 비글호 승선에 유리하게 작용했을 거예요. 비글호를 타면서 급여를 받은 것은 아니고, 단지 동승자의 자격으로, 선장의 말벗 수준으로 승선 자격을 얻어낸 것이니까요. 그 당시 선원들은 교육을 거의 못 받은 사람들이었으니 다윈이야말로 대화할 수 있는 상대였던 거죠. 그래서 피츠로이는 박물학적 지식을 갖고 있는 데다 신학적인 배경을 가진 다윈 정도면 말이 통하겠다 싶었던 겁니다. 다윈은 그 당시 찰스 라이엘의《지질학 원리》라는 책을 갖고 승선한 사실이 역사적으로도 매우 유명해졌어요.

최종덕 피츠로이도 그 책을 읽었는데, 그 영향은 매우 다르게 나타난 것 같아요. 다윈은 이 책에서 현대 진화론의 장구한 시간적 근거를 찾아냈지만 피츠로이는 홍수지질학(Flood geology)이라는 상상력을 만들어냈죠. 여기서도 알 수 있듯이 다윈은 지각운동이 옛날부터 지금까지 계속되고 있고, 그것이 지구의 지반을 끊임없이 바꾸어왔다고 생각하게 되었습니다.

전방욱 예, 그래요. 마찬가지로 생물도 그렇지 않을까라는 막연한 생각을 하고 있었던 것 같습니다. 5년에 걸친 여행 중에 나눈 대화들, 그리고《종의 기원》출간 2년여 전까지 지속되어온 다윈과 피츠로이의 대화를 보면 피츠로이는 신이 생명종을 고유하게 창조했다는 자신의 입장을 다윈에게 심어주려고 상당히 노력한 것 같아요. 반면 다윈은 성격이 온순한 편이었기 때문에 자신의 입장을 분명하게 드러내는 않았던 것 같고요. 그러다《종의 기원》이 출간되면서 피츠로이는 더 이상 다윈을 만날 이유가 없다고 결심한 거죠.

최종덕 다윈은 죽기 전에 자서전 원고를 후손들한테 주었고, 장녀가 보관했던 그 원고는 1953년에 출간됐어요. 매우 늦게 출간됐죠. 다시 다윈과 피츠로이의 대화에 대해 이야기해보죠. 두 사람은 함께 생명의 세계와 기독교 신앙에 대해서 논쟁을 하기도 하고, 인간사회의 세상살이에 대해 이야기하면서 5년 동안 함께 항해를 하죠. 선생님께서 말씀하셨듯이 항해가 끝나고도《종의 기원》출간 직전까지 피츠로이는 다윈의 거처였던 다운하우스를 자주 방문하면서 대화를 나눕니다. 하지만《종의 기원》이 출간되면서 피츠로이는 다윈에게 매우 공격적인 비난을 시작합니다. 그때부터 두 사람은 완전히 갈라서죠. 그런데 피츠로이는 나중에 자기 내부의 갈등을 못 이겨서 결국 자살로 생을 마감해요. 관련 과학사가들은 교회의 문제와 자연의 사실의 문제가 피츠로이의 내부에서 충돌을 일으킨 것이 아닐까 추측하고 있어요. 그러한 갈등은 다윈에게도 있었죠. 예를 들어서 다윈 부부는 아주 화목한 사이였지만 교회 문제와 신의 존재 문제에 대해서는 같은 생각이 아니었단 말이죠. 다윈이 진화론과 교회 문제로 갈등을 겪은 것은 아주 당연한 일이었을 거예요. 그러면 《종의 기원》이 출간된 이후의 이야기를 좀 해주시겠어요?

전방욱 처음 비글호를 타고 출항할 때는 다윈도 종이 변할 수 있다는 확신을 가지지 못했던 것 같아요. 비글호의 주된 목적이 남아메리카 근처의 해도를 작성하는 것이었기 때문에 갈라파고스의 여러 섬들에 일정 기간 동안 머물게 됐는데, 그곳에서 생명종 개체에 조금씩 변이가 나타나는 것들에 대해 의문을 가지게 됐죠. 왜 신은 이렇게 비슷한 환경에 각기 다른 핀치를 만들어뒀을까? 또 파타고니아 지방의 화석을 보면 심해에서 나올 만한 화석들이 고원지대에서 발견되기도 하고……. 이런 것들을 보면서 변화의 가능성, 지각이 변동하는 것처럼 생명종이 변화할 수 있다는 가능성을 점점 더 크게 확신했을 거예요. 항해를 거의 끝낼 무렵에는 이전과 달리 생명종은 분명히 변할 수 있다는 생각을 하게 됩니다. 그런 생각에 대한 확실한 증거들을 찾아낸 것이죠. 하지만 꼼꼼한 성격의 다윈은 아무래도 남미에서 얻은 증거만 가지고 책을 쓰는 것을 굉장히 부담스럽게 여겼을 겁니다. 그 이후에 실험이나 관찰을 통해서 많은 자료를 확보하게 되죠. 부인과의 신앙적인 갈등도 꽤 유명한 이야기인데, 아마 다윈의 건강이 별로 좋지 못했던 것도 그가 내적으로 많은 고민을 가지고 있었기 때문에 건강에 상당히 안 좋은 영향을 미쳤던 게 아닐까 합니다.

최종덕 다윈은 평생을 건강 때문에 고민했죠. 특히 5년간의 항해를 통해서 기후병 같은 것을 얻었던 것 같아요. 그 당시에는 알려지지 않은 질병들이겠죠. 그 5년간의 항해도 부인의 재정적인 도움을 받았어요. 정확히 말하면 장인이면서 동시에 삼촌의 재정적 도움이었죠. 그런 지원을 받아서 배를 타게 됐고, 갈라파고스제도까지 가게 된 거죠. 갈라파고스제도에 대해서 오해를 하는 경우가 많아요. 갈라파고스는 섬만 몇 개 있는 무인도가 아니냐는 거죠. 그런 오해는 잘못된 것입니다. 다윈이 그곳에 갔을 때 원주민이 500명 정도 살았고, 지금은 생태 관광으로 유명해지면서 인구가 2만 명이랍니다. 총 면적은 제주도의 다섯 배 가까이 되는 넓은 지역이에요. 지금은 그곳에 다윈 연구소가 있죠. 제주도의 다섯 배 규모니까 인구 2만 명은 아직 그리 큰 숫자가 아닐 겁니다.

전방욱 그만큼 환경이 황량한 거죠. 물이 부족하다는 것이 갈라파고스제도의 가장 큰 약점이지요. 그렇게 환경이 열악하기 때문에 그곳에 이주해서 살아남게 된 생명종은 진화론에서 매우 의미가 있게 되는 겁니다.

최종덕 또 하나 사람들이 궁금해하는 게 화산 폭발로 이루어진 그 섬에 최초의 동식물이 어떻게 가게 됐는가 하는 점이에요. 에콰도르에서 서쪽으로 1,000킬로미터 정도 떨어져 있잖아요. 그건 오랜 세월이 흐르는 동안에 우연히 동식물이 이주하게 된 거죠. 사람들은 그런 우연성을 믿기 어렵다고 하지만, 아주 긴 시간이기 때문에 그런 우연이 일어날 확률은 충분히 높죠. 다윈은 그 독특한 환경에서 살아가는, 육지에서는 볼 수 없는 핀치 등을 접하게 됩니다. 다윈조차 처음에는 그 새들의 다양한 형질 때문에 서로 다른 종으로 오해했을 정도였죠. 어쨌든 이런 시행착오와 섬세한 관찰의 결과 《종의 기원》이 탄생한 것이지요. 그렇지만 다윈에게는 다른 저서도 많잖아요?

전방욱 《종의 기원》을 쓰기 훨씬 전에 《비글호 항해기》라는 걸 썼어요. 비글호를 타고서 여행했을 때의 감상 같은 것들이 스케치와 잘 어우러진 아주 훌륭한 책으로, 우리나라에서도 번역이 되었죠. 다윈은 굉장히 여러 종류의 연구를 했어요. 지렁이에 관한 연구도 했고, 식물에 관한 연구도 했고……. 그 당시 다윈에게 호기심을 일으키는 모든 것들은 연구대상이 되었습니다.

최종덕 대단한 박물학자인 것 같습니다. 나중에는 인간의 본성과 관련된 책이 나오지 않습니까?《인간의 유래와 성선택》이라는 책도 있죠. 인간에 관한 이야기에서부터 얼굴 표정과 감정 사이의 관계와 성정 진화이론까지 다룬 《인간과 동물의 감정 표현(The Expression of the Emotions in Man and Animals)》도 흥미로운 저서예요. 인간의 얼굴 표정의 원형도 사실은 동물 표정의 원형과 같은 기원을 갖는다는 건 앞서 말한 생물학적인 상동개념이죠. 지금은 전혀 다른 종이지만 공통의 원형적 기원을 갖는다는 이야기와 굉장히 유사한 것 같습니다. 표정도 근육 활동의 하나이니만큼 당연히 형질의 결과죠. 물론 표정의 기본이 그렇다는 뜻이고 더 예민한 표정 짓기는 개인의 몫이겠지만요. 형질이라면 진화의 영향을 받았을 건 당연할 것이고요. 동물의 표정과 인간의 표정이 함께 거론될 수 있다는 게 굉장히 재미있어요. 그 책을 아주 재미있게 봤는데, 그런 흥미가 자칫하다가는 다윈을 도용하거나 오용하는 상황들로 연결되는 수가 많잖아요. 지난 토론에서도 이야기했지만 골상학도 그중 하나라는 거죠.

생명의 개방성

전방욱 최근에 우리나라 학계에서 연구윤리가 중요한 관심사로 떠오르면서 《인간과 동물의 감정 표현》에 나타난 삽화가 거짓으로 만들어진 것이냐의 여부가 문제가 되고 있어요. 원래 사람이 그런 표정을 지을 때 전기 자극이 있었다고 합니다. 그런데 자발적으로 그런 표정을 지은 것처럼 표현한 게 과연 연구윤리에 어긋나는지에 대해서 학자들 사이에 많은 논란이 되고 있어요. 아직까지 결론은 안 났습니다만, 연구윤리라는 것은 그 당시의 기준도 중요한 게 아니겠느냐는 결론이 내려지는 것 같습니다. 여기서 앨프레드 월리스 이야기를 조금 하고 가는 게 좋을 것 같습니다. 월리스 문제도 어떻게 보면 연구윤리에서 선취권의 문제와 관련이 있을 거예요.

최종덕 《종의 기원》이 1859년에 출간됐는데, 주로 말레이제도에서 관찰 자료를 많이 얻은 월리스가 1년 전인 1858년에 자기의 생각과 거의 똑같은 진화론 원고를 다윈에게 보냈죠. 그 원고를 보고 다윈은 깜짝 놀랐고요. 이후 다윈은 원고 쓰기에 박차를 가해서 다음해에 《종의 기원》을 출간했죠. 그런 점에서 다윈은 월리스에게 많은 학문적 빚을 지고 있는 게 분명하다고 볼 수 있는 거죠.

전방욱 꼭 연구윤리를 들먹이지 않더라도 그 당시에는 연구 결과가 지금처럼 학술지를 통해서 발표되는 것이 아니라 주로 서신 왕래라든가 회합을 통해서 발표되는 것이 보통이었기 때문에 그런 오해가 있을 수 있다고 봐요. 중요한 것은 연구의 산물, 결과라는 게 지나치게 개인적인 위업으로 해석될 수 있다는 점일 듯해요. 그렇게 해석될 수 있는 부분도 있겠지만, 다른 쪽으로 보면 시대의 산물이라고 봐야 하

지 않겠느냐는 거죠. 고트프리트 라이프니츠(Gottfried Leibniz)와 아이
작 뉴턴(Isaac Newton)이 거의 동시에 미적분을 발견했던 것처럼, 진
화론도 서로 독립적으로 연구하면서 그 결과가 우연히 일치된 게 아
니겠냐고 생각해볼 수 있죠.

최종덕　말레이제도에 있던 월리스가 보낸 편지를 본 다윈이 상당한
충격을 받은 것은 사실인 듯합니다. 이거 원래 내가 발표하려고 하는
건데 월리스도 어느 정도 해놨구나 하는 생각을 한 거죠. 그 편지는
개인적인 편지이고, 월리스와 다윈 간의 문제였어요. 이때부터 다윈
은 월리스가 연구해놓은 게 자기의 학문 전체를 위협한다는 것을 직
감했고, 그때부터 책 쓰기에 속도를 냈죠. 그래서 제가 다윈은 여전히
월리스에게 학문적 빚이 있다고 말하는 겁니다. 요즘도 영국에는 다
윈만큼이나 월리스를 연구하는 사람들이 있어요. 단지 월리스는 과학
적 진화론을 계속 연구하지 않고 나이 들어서 신비주의 쪽으로 흘렀
죠. 그래서 월리스는 과학자로 제대로 대접을 못 받게 된 겁니다.

전방욱　신분적인 차이도 있지 않겠습니까?

최종덕　예, 그랬죠. 다윈은 나름대로 부유층, 귀족층에 속했지만, 월
리스는 평민 계층으로 연구를 지속하기 어려운 생활을 했어요. 말레
이제도 탐험 여행을 위한 경제 지원도 힘들었죠.

전방욱　그래서 거기서 주로 표본을 수집해서 파는 일도 했던 것 같아
요. 아무튼 그런 현장 경험이 진화론에 대해 다윈과 유사하게 생각할
수 있었던 원동력이 아닌가 생각됩니다. 다윈이 너무 놀라서 자기가
몇 년 전에 썼던, 자기 혼자만 만들어놨던 발췌본도 이것처럼 훌륭하

게 요약하지는 못했다고 할 정도였죠. 아무튼 첫 진화론은 《종의 기원》이 출간되기 1년 전에 린네 학회에서 공개적으로 두 사람의 이름으로 발표됐죠.

최종덕 우리 이야기를 이제 마무리해야 할 것 같습니다. 다윈과 《종의 기원》의 의미는 앞으로도 꾸준히 재탄생하게 될 거예요. 오늘의 전체적인 결론은 따로 없겠지만, 생명은 원래 주어진 그대로를 간직하는 것이 아니라 외부환경에 의해서 끊임없이 변화한다는 사실이 진화론의 가장 중요한 핵심이라고 생각합니다. 다윈 이전의 사회에서는 변하지 않는 존재가 최상, 최고의 존재론적 지위를 차지했다면, 다윈 이후부터는 변화한다는 사실이 자연의 가장 중요한 지배원리라고 생각하게 되었죠. 과학의 혁명이며 동시에 철학의 혁명이라고 할 정도입니다. 더 나아가 인간의 문명사회에서도 가장 큰 전환점일 거예요. 이 점이 바로 다윈과 《종의 기원》이 갖는 중요한 의미라고 생각해요. 마지막으로 선생님께서 지금 연구하시는 일과 관련해서 의미 평가를 해주시고 이 자리를 마무리하기로 하죠.

전방욱 생물학은 진화론이 바탕이 되지 않으면 통일된 원리를 가질 수 없죠. 그래서 생물의 체제가 왜 그렇게 유사한지, 더 나아가서는 분자생물학적이거나 생화학적인 메커니즘들이 왜 그렇게 비슷한지 등의 질문에 대해 답을 찾아갈 수 있다고 봅니다. 모든 생물이 공통조상에서 왔고, 그것에서 분화를 시작해서 오늘날 이렇게 다양한 생물체로 발전했다는 다윈의 논리는 이론의 여지가 없기 때문입니다. 방금 선생님께서 다윈 이전의 학문적인 사상이 '불변성의 존재론'이었다면, 다윈 이후에는 변화가 학문적인 키워드가 되었다고 말씀하셨는데, 그것과 아울러서 저는 폐쇄와 개방이라는 측면에서 다윈을 좀 생각해봤으면 합니다. 개방적인 체제를 갖지 않으면 생물이 살 수 없듯이 학문도 개방적인 체제를 가져야 한다는 거죠. 너무 자기 것을 고수하다 보면 생명력을 잃어버리고 변화하는 환경에 적응할 수 없다고 봅니다. 사회생물학에 대한 비판도 많이 하지만 그것도 나름대로 의의를 가지고 있다고 생각해요. 예를 들자면 문화적인 사회현상의 저변에 있는 생물학적인 요소들을 다시 한 번 살펴보게 해주고요.

최종덕 결국 인간도 동물이니까요. 넓은 의미의 사회생물학을 의미하시는군요.

전방욱 예, 그래요. 유전자라는 것을 강조하다 보니까 그 반작용으로 문화와 환경의 중요성을 다시 한 번 생각해보게 되는 거죠. 다음 시대에는 분화된 두 가지 생각들을 포괄적으로 종합하는 새로운 학문이 대두되지 않을까 하는 기대를 강하게 해봅니다. 아무튼 선생님과 이렇게 훌륭한 대화를 나눌 수 있게 돼서 기쁘고요. 다음 기회가 닿는다면 갈라파고스제도에서 더 이어지는 대화를 했으면 참 좋겠다는 생각이 듭니다. 하하.

최종덕 갈라파고스제도에 한번 가볼까요? 저의 작은 희망입니다. 돈이 너무 많이 들어서 문제이긴 하지만 말입니다. 하하. 그럼 오늘 이야기를 마치도록 하겠습니다. 결론은 이겁니다. 인간은 동물이기도 하지만 동물을 초월해 있죠. 거기서 오는 이중성, 또는 선천적인 요인과 환경적인 요인이 충돌되는지 아니면 조화할 수 있는지를 따지는 일은 아마 영원한 과제가 될 겁니다. 또 하나는 제가 이야기했던 변화의 혁명이 한 축이라는 것과 선생님께서 말씀하신 생명의 개방성이 중요한 특징 중 하나라는 점입니다. 개방성과 변화, 이 두 핵심 개념이 우리가 그렇게 오랜 시간 동안 대담을 나눈 결론이면서 동시에 시작이라고 생각합니다. 이야기를 나눠주셔서 감사합니다.

의학의 시선으로
생태주의적 진화론을 말하다

강신익과 **최종덕**의 대담

의사였던 찰스 다윈의 아버지는 다윈이 의사가 되기를 바랐다. 아버지의 권유로 의과대학에 입학했으나 얼마 못 가서 다윈은 자신이 의사가 되기에 적합하지 않다고 판단했다. 해부학 실습을 할 때마다 피를 보아야 하는데, 그는 메스조차 들 수 없었기 때문이다. 결국 의학 공부를 중도에 포기한 그는 목사가 되라는 아버지의 권유로 인해 케임브리지로 옮겨 신학 수업을 받는다. 이때부터 다윈은 곤충 채집과 들풀의 관찰에 몰두했다. 이렇게 현장 자연학에 대한 그의 열정은 케임브리지의 자연신학 분위기와 자연스럽게 연결고리를 갖게 되었다.

그러다 비글호에 타게 됨으로써 다윈은 본격적으로 자연학자의 길을 걷게 되었고, 인류의 지적 유산인 《종의 기원》을 저술하여 크게 성공을 거두었다. 자연학뿐만 아니라 그는 인간에 대한 관심도 갖게 되었다. 그러한 관심은 나중에 출간된 《인간의 유래와 성선택》에서 빛을 보게 된다. 진화론의 가장 큰 쟁점 중 하나가 인간의 유래에 관한 것이기에 이후 진화론적 인간학의 문제는 과학뿐만 아니라 20세기 문명사회를 흔들어놓을 정도로 심대한 논쟁으로 이어졌다.

오늘날에는 상식이 되어버린 '생명의 공통조상론'을 통해서 외부환경과 생명체의 상호작용에서 진화가 비롯된다는 생태학적 시스템을 유추할 수 있다. 인간의 몸, 질병과 건강도 이러한 논의의 바깥에 있지 않다.

'진화와생태 카페'는 이러한 이유에서 열렸다. 카페에 초대된 강신익 교수는 본래 치의학을 전공하고 임상 활동을 하다가 영국에서 다시 철학을 전공한 특이한 학문 이력의 소유자이다. 그는 의학과 인문학의 고리를 잇는 인문의학 분야를 열정적으로 개척하는 의철학자이다. 무엇보다 그의 관심은 몸이다. 살아 있는 생명체로서의 몸이자 자연과 사회라는 이중의 환경 속에서 살아가는 몸이 어떤 역사를 지니고, 어떤 문화적 장(場)

속에서 삶을 영위하는가를 의학과 철학의 시선에서 사유하고자 하는 학자이다.

그래서 그가 처음 내놓은 저서가 《몸의 역사, 몸의 문화》이다. 인간의 몸은 자연사의 흔적을 온통 담고 있지만, 더불어 사회와 문화의 흔적 또한 온몸에 각인되어 있다고 그는 믿는다. 그래서 그에게 의학이란 단순한 질병의 치료가 아니다. 오히려 의학은 의술만이 아니라 형이상학을 바탕에 두어야 하고, 따뜻한 인간학을 수반해야 하며, 나아가 사회과학의 역사적 시선이 요구된다고 본다.

그는 철학과 역사라는 넓은 시야 아래에서 인간의 몸의 진화와 역사를 바라보는 관점이 필요하다고 본다. 진화의 산물로서의 몸과 문화적으로 양육되는 몸이 화해될 때 진정한 의미의 건강과 행복이 가능하다고 그는 믿는다. 그래서 진화론이 인문의학과 만나 그에게서는 생태학적 비전으로 승화된다.

'진화와생태 카페'는 이러한 시야에서, 왜 사람은 질병에 걸리는가라는 과학적이고 실존적인 문제에서부터 진화론이 우리의 몸에 어떻게 작용하는가에 대해 다양한 논의를 전해준다. 더불어 인문의학과 사회의학, 자연의학의 역할과 의미를 토론하면서, 미생물에서 인간에 이르는 생태적 평등의 이야기가 펼쳐지게 된다. 겸손한 과학의 눈으로 자연과 마주할 때 인간의 진정한 건강과 행복도 가능하다는 이야기에 귀 기울이면 좋을 듯하다.

I

왜 사람은 병에 걸리는가

최종덕 황우석 사태 이후 생물학이 교양지식의 왕좌를 차지하게 되었다고 해도 과언이 아닐 것입니다. 책방에서도 교양과학 서적 가운데 생물학 관련 번역서가 가장 눈에 많이 띄는 것 같고요. 지난 15년 동안 복제 양 돌리에서부터 다양한 체세포 복제, 그리고 '이기적 유전자' 및 유전자공학과 신약 개발 등의 키워드로 진행되어온 교양과학의 흐름은 매우 흥미로운 변화인 듯합니다. 그중에서 세계적인 베스트셀러인 리처드 도킨스의 1이기적 유전자》와 최근 들어 《만들어진 신》 두 번역서가 눈길을 끌더군요. 이런 흐름은 마치 찰스 다윈의 진화론이 곧 유전자 공학의 이론적 배경이라고 오해할 수 있다는 생각도 해봅니다. 그것이 단순한 오해라고 생각하시는지, 아니면 내적인 연관성이 있다고 보시는지, 우선 다윈에서 우리 이야기를 시작해야 할 것 같습니다.

강신익   아마 찰스 다윈의 공부 행적에 실마리가 있을 겁니다. 다윈도 에든버러에서 의과대학에 다니다가 도저히 못하겠다고 그만두고 다시 케임브리지로 옮겨 신학을 공부했어요. 목사가 되면 자연을 관찰할 시간이 많겠다 싶은 생각이 들어서 신학을 공부했다고 하죠.

최종덕   그렇다면 신학대학 역시 자연학을 위한 수단이었다고 볼 수 있을까요?

강신익   피를 보기가 싫어서 의사를 포기한 사람인데, 이 사람은 벌레를 관찰하면서 양손에 한 마리씩 들고 있다가 새로운 생물종을 발견하고 그걸 둘 데가 없어서 입에 넣었다는 일화가 있죠. 피는 못 보면서 벌레는 그렇게 사랑했던, 일반적인 상식으로는 좀 이해하기 힘든 독특한 사람이에요. 다윈에 대해서 아직도 논쟁이 계속되고 있다는 건 그만큼 오해의 소지가 많은 이론이기 때문이 아닌가 싶습니다. 이런 점에서 지난 150년은 역사적 갈등과 충돌이 많았던 과학사의 중요한 시기였다고 할 수 있지요. 중간에 사회진화론이라는 단계가 있었고요. 그 이후에 소위 신종합설이라는 게 나오면서 굉장히 거시적인 아이디어였던 진화론이 상당히 미시적인 쪽으로 흐르기도 했습니다. 분자생물학이 발전하면서 유전자가 발견되고, 진화의 아이디어가 유전자라는 미시적 매개체를 만나면서 그런 관점이 주도적인 지위를 차지하게 된 것 같습니다. 그러다가 미시적이고 환원적인 과학이 일종의 한계에 부딪치게 되면서 진화론이 다시 주목받게 되는 것이 아닌가 생각합니다. 새로운 해석이 필요해졌다는 거죠.

생물학적 결정론의 자기모순

최종덕　1950년대 초에 제임스 왓슨과 프랜시스 크릭(Francis Crick), 모리스 윌킨스(Maurice Wilkins)가 DNA를 발견했을 때 진화론이 DNA로 다 설명될 수 있을 거라고 환호성을 울리지 않았습니까? 그런 환호성에는 부작용이 일어날 가능성이 깔려 있음을 나중에 알게 되었죠. 우리가 진화론을 의미 있게 관찰하는 것은 이게 기존의 과학과는 다르게 환원주의 과학방법론으로 설명할 수 없는 부분들에 접근할 수 있기 때문인 것 같습니다.

강신익　예, 그렇습니다. 예컨대 1990년에 인간 게놈 계획이 시작될 때 총 책임자가 이중나선을 발견한 왓슨이었습니다. 왓슨은 "이 사업이 끝나면 우리는 우리의 운명을 CD 한 장에 담을 수 있을 것이다." 라고 말했어요. 다시 말하면 유전자가 우리 운명이라는 이야기죠. 그런데 재미있게도 10년 후에 이 사업이 끝날 즈음 책임을 맡았던 크레이그 벤터(Craig Venter)는 "여러분, 이제 유전자결정론은 끝났습니다."라고 선언합니다. 상당한 아이러니죠. 사업을 시작할 때는 철저한 환원적 사유로 무장했지만, 사업을 끝내놓고 보니까 문제를 전혀 새로운 관점에서 볼 수 있게 된 거죠.

최종덕　크레이그 벤터도 상당한 유전자결정론자로 잘 알려진 학자이죠. 인공생명도 만들고 그랬던 사람이니까요.

강신익　이제는 생물학계 내에서 유전자가 모든 것을 완벽하게 설명할 수 있을 거라고 믿는 사람은 아무도 없는 듯합니다. 문제는 그런데도 일반 대중의 사유양식 속에는 여전히 유전자결정론이 사라지지 않고 있다는 겁니다. 나중에 이야기가 나오겠습니다만, 대표적인 사례가 줄기세포 복제 연구 파동일 거예요. 유전자 안에 모든 것이 있다고 생각하는 과학적 유물론의 하나가 바로 기계적 원자론입니다. 소립자의 세계인 쿼크의 발견 이후 기계적 원자론은 과학 내부에서는 이미 깨졌는데도 일반 담론에서는 여전히 유통되고 있죠. 그런데 일부 과학자가 그런 담론을 이용해서 자기의 과학을 판 셈이에요. 그런 웃지 못할 일이 벌어지고 있는 것이 한국의 과학 현실이죠.

최종덕 일반적인 과학과 진화론을 이야기하자면 근현대 서양사에서 굉장히 치명적이고 불행한 역사 중 하나인 우생학이 있었죠. 그것과 비슷한 계열로 골상학이 한때 크게 유행했고요. 골상학의 대표자가 프랜시스 골턴(Francis Galton)이라는 사람이었죠. 골턴은 민족우생학이라는 논리를 폈는데, 이게 단순하게 한 개인의 의견이 아니라 미국이나 유럽에서 1930년대, 그리고 1960년대에 이르기까지 유전적 질병을 갖고 있는 사람이라든가 지적 장애자, 동성애자까지 포함한 사람들을 선별해서 강제로 불임을 시키는 강제불임법을 시행했다는 역사적 사실을 잊지 말아야 합니다. 그 피해자가 아직도 생존해 있는 경우가 많은데, 오늘날 가장 상식적이고 민주화되어 있다는 스웨덴조차도 1940년대에 이런 불임수술의 피해자가 8만 명 이상 된다는 보고가 있었어요. 얼마 지나지 않은 과거의 불행한 역사를 우리 세계가 여전히 안고 있단 말이죠. 불과 60년도 안 된 역사예요. 다 없어진 과거가 아니라는 말입니다. 소위 보수적이고 우생학적인 생물학이 우리 생물학 안에 또는 우리 과학 안에 어느 정도 숨겨져 있지 않나 하는 점을 항상 우려해야 한다는 저의 주장이 지나친 확대해석은 아닐 거예요. 그래서 예전부터 교수님은 의료윤리, 생명윤리 쪽으로 많이 관여하셨기 때문에 이런 것과 관련해서 이야기를 좀 더 나눴으면 합니다.

강신익　우선 말씀하신 것 중에 바로잡을 게 있어요. 골턴의 주장은 우생학이고, 골상학은 그것과 다른 거죠. 골상학은 프란츠 요제프 갈 (Franz Joseph Gall)이라는 사람이 주창한 건데, 이것도 연관이 되어 있습니다.

최종덕　아, 그렇군요. 제가 착각했습니다.

강신익　골상학이라는 것은 아주 재미있는 건데, 우리가 손금을 보는 것하고 비슷해요. 우리가 손금을 보고 운명이나 수명을 예측하는 것처럼, 골상학은 두개골의 모양을 보고 이 사람의 성격이 어떨 것이다, 운명이 어떻게 될 것이라고 예측하는, 전 단계 과학이었습니다. 지금의 과학 입장에서 보면 진짜 말도 안 되는 주장을 했지만, 당시에는 상당한 호응을 얻었어요. 골상학도 우생학처럼 운명이 결정되어 있다는 운명론의 한 관습이에요.

최종덕　생물학적 결정론의 전형적인 양상이군요.

강신익　요즘에 이 골상학과 유사한 현상을 보이는 게 뇌과학이에요. 뇌과학은 자칫하면 골상학과 같은 오류에 빠질 수 있다고 봅니다. 사례를 들자면 최근에 많이 나오는 'Functional-MRI', 즉 기능적 자기공명영상(f-MRI)을 봅시다. 그러니까 뇌의 특정한 부분이 활성화되는 것을 보고 그 부분이 활성화될 때 특정한 기능을 한다는 이론적 배경을 갖고 만든 영상 장치죠. 이미 일반화된 장비인데, 이게 중요한 의미를 담고 있습니다. 그러니까 말을 할 때는 언어를 담당하는 특정 부위가 활성화되기 때문에, 역으로 활성화되는 부위를 관찰하면 언어의 원천을 밝힐 수 있다는 신념이 확장되고 있는 거예요. 예를 들어 언어를

　진화와생태 카페 의학의 시선으로 생태주의적 진화론을 말하다

관장하는 브로카(Broca)라는 영역이 있는데, 그 부분이 말의 기능을 결정한다는 거죠. 이건 뇌의 특정 부위가 나의 인식, 나의 지각 행위 전체를 결정하고 지배한다는 단순한 일대일 대응논리가 적용될 수 있는 거예요. 한 발짝 물러서서 생각해보면 본다는 것, 말을 한다는 것이 과연 뇌의 특정 부위의 활동으로만 설명될 수 있을까요?

최종덕 물론 그렇지 않죠. 언어를 담당한다는 브로카 영역은 교과서에도 나오고 굉장히 유명하지만, 2000년대 들어와서 언어가 브로카 영역에만 국한된 건 아니라는 게 이미 보고되고 있으니까요.

강신익 맞아요. 그러니까 저는 예전의 골상학과 지금 첨단과학기술을 응용한 f-MRI 같은 것들이 자칫하면 똑같은 물질결정론, 운명결정론으로 갈 위험이 있다고 보는 겁니다. 골상학을 그렇게 정리하면 될 것 같습니다.

최종덕 새로운 의미의 현대판 골상학이 될 수 있다는 경고이군요.

강신익 물론 현대 신경과학에서는 영역결정론의 신화가 이미 무너지고 있습니다. 한 영역이 모든 것을 결정한다는 이야기는 이제 어떤 뇌신경학자도 하지 않습니다. 예컨대 좌뇌니 우뇌니 하는 이야기를 합니다만, 심지어 한쪽 뇌가 없는 사람도 불완전하지만 충분히 생존한다는 증거들도 많이 있거든요. 그러니까 뇌의 특정 부위가 몸의 특정 부위의 기능을 결정한다기보다는 그런 일반적 경향 속에서도 놀랄 만큼 환경의 영향을 받아들여 새로운 기능을 할 수 있도록 적응한다는 거죠. 이른바 뇌 가소성입니다. 선천적 요인도 중요하지만 환경적 요인에 의해 신경세포의 기능이 재활성화된다는 증거들이 아주 많이 쌓이고 있어요. 이 점에 대해서는 나중에 더 상세히 다룰 것으로 기대합니다만…….

최종덕　저도 최근에 아주 충격적인 과학 뉴스를 접했어요. 한국의 어떤 대규모 연구소에서 발표한 건데, 인간의 아이큐를 f-MRI로 측정할 수 있다는 것이죠. 그래서 기존의 방식처럼 두 시간에 걸친 페이퍼 테스트 대신 f-MRI로 아이큐를 확인할 수 있다는 겁니다. 이런 정도라면 앞서 이야기했던 현대판 골상학을 넘어서 정말 새로운 의미의 우생학이 될 위험이 상당히 높을 거예요.

강신익　골상학과 우생학을 구분해야 하는데, 재미있게도 우생학의 창시자인 골턴은 다윈의 사촌이죠. 잘 알려진 바와 같이 우생학은 나치의 학살로 악명을 떨쳤지 않습니까? 사실은 우생학이 상당히 각광을 받은 것은 나치 이전에 미국 사회였습니다. 미국의 상당히 많은 주정부에서 강제 불임 시술이 행해졌고, 수십만 명이 강제 불임을 당했다고 해요. 그런 사회풍조가 미국뿐만이 아니라 전 세계적인 현상이었던 것 같습니다. 심지어는 우리나라에서도 일제강점기에 상당히 많은 유명 인사들이 우생협회라는 것을 구성해서 활동했던 역사가 있어요. 이광수 등 사회 각층의 유명 인사들이 그런 단체에 참여한 것으로 보입니다. 그 당시에는 우생학이 사회적 상식이었던 것 같습니다. 지금 와서 보면 상당히 문제가 있다는 것이 밝혀졌지만요. 다시 말하면 과학이라는 것이 당대에는 진실로 받아들여졌다고 하더라도 후대에 와서 허위로 밝혀지는 역사적 사례가 상당히 많다는 거예요. 우리가 지금 진화를 이야기합니다만, 골상학이나 우생학은 그것을 결정론적 사유의 틀 속에서 이해한 것이죠. 하지만 우리는 지금 진화를 상당히 열려 있는 변화의 양식으로 보기 때문에 여기서 새로운 가능성을 찾을 수 있다고 기대하는 겁니다. 다른 말로 해서 환원주의 과학이나 기계론적 과학의 한계를 극복할 수 있는 가능성과 대안을 진화론에서 찾아볼 수 있지 않나 하는 생각입니다.

최종덕 진화론 자체가 변화를 가장 중요한 키워드로 삼고 있고, 완성형의 이론이 아니라고 다윈 스스로 이야기하고 있으니까요. DNA 발견의 역사를 이야기했지만, 좀 더 나아가서 이제는 분자 수준에서 생명을 결정해버리는 우를 범하지 말아야 한다고 봅니다. 과거와 다르게 개체나 집단 차원이 아니라 분자 차원에서 사회생물학을 설명할 수 있다는 과학적 자만심이 확장되기 시작했죠. 분자 차원에서 사회생물학을 논의할 수 있다는 이야기를 처음 한 것은 1960년대 윌리엄 해밀턴이라는 진화학자인데, 오늘날 그것을 계승한 이가 다들 잘 알고 있는 리처드 도킨스죠. 도킨스 스스로 가장 흠모하는 진화론자로 해밀턴을 들 정도니까요. 그리고 에드워드 윌슨 등이 이러한 결정론적 생물학의 위험성을 조금씩 내부에 안고 있었죠. 그러나 도킨스나 윌슨 모두 스스로 유전자결정론자가 절대 아니라고 말합니다. 도킨스의 경우 오히려 유전자결정론을 비판하고 있으니까요. 문제는 앞서 선생님이 지적했듯이 대중이나 일부 실험실 연구자들이 결정론의 관습대로 생각하고 판단한다는 것이죠.

인간은 왜 아프죠?

최종덕 이제 이야기를 과학 일반에서 좀 더 발전시켜서 선생님의 전공 분야인 의학으로 가볼까요? 진화론과 의학의 접점인 진화의학이 요즘 많이 유행하고 있는데, 대부분의 일반 사람들에게 진화의학이 굉장히 생소합니다. 그러니 진화의학에 대해서 쉽게, 일반적인 특징들에 대한 설명을 좀 부탁드립니다.

강신익 먼저 진화의학이 각광을 받고 있다고 그러는데, 사실 그렇지 않습니다. 제가 들은 이야기인데, 국내의 모 진화생물학자가 어떤 의과대학에서 특강을 하고 있었는데 어떤 의사가 심한 거부감을 보이면서 자리를 박차고 나간 사태도 있었다고 하는군요. 이런 사태는 지금 주류의학이 진화의학을 받아들이기가 무척 어려울 것이라는 사실을 극적으로 보여준 것이기도 해요. 세계적으로도 의학에서 진화론이 수용된 것은 겨우 10여 년 정도에 지나지 않습니다. 한국에도 최재천 교수님이 번역한 《인간은 왜 병에 걸리는가(Why We Get Sick)》라는 책이 있죠. 랜돌프 네스(Randolph M. Nesse)와 조지 윌리엄스(Goerge C. Williams)가 쓴 책인데, 그게 아마도 최초의 대중적인 진화의학 서적이 아닌가 싶습니다. 내용은 여전히 상당히 가설적인 수준이고요. 진화의학이 어떤 것인지는 설명을 좀 해야 되겠습니다만, 일단 흐름을 짚어보면 이렇습니다. 그러니까 지금의 의학이 단기간의 변화에 주목한다면, 진화는 그것의 수천 배, 수만 배, 수십만 배 되는 시간의 길이에서 작동된 것이므로 검증 자체가 불가능하다는 근원적인 문제가 있지요. 그렇지만 소위 실험진화학이라는 것도 있어요. 생의 주기가 짧은 생물들을 가지고 하는 실험들이죠. 이를테면 박테리아나 박테리오파지(bacteriophage) 같은 것으로 실험하는 건데, 나름대로는 이 분야에서도 상당한 실험연구들이 진행되고 있더군요. 2008년 상반기에만 진화의학에 관련된 단행본이 세 권이나 나왔을 정도입니다. 최근 들어 진화의학 분야의 연구서들이 갑자기 많아진 것이 사실입니다. 이런 사실은 진화의학의 정당성을 확보한다기보다는 기존 의학이 한계에 봉착했다는 사실을 반증하는 것이라고 생각해요. 물론 한국에서 진화의학이 수용되기까지는 아직도 많은 시간이 필요할 거예요. 어쨌든 이제 변화가 시작됐구나 하는 생각이 들게 합니다.

최종덕 확실하진 않지만 하버드 대학 의과대학에서 진화의학을 교과과정에 집어넣었다는 이야기를 들었는데, 그게 맞는 이야기인가요?

강신익 예일 대학의 스티븐 스턴스(Stephen C. Sterns) 교수가 발표한 자료를 보면 진화의학을 간단히 소개하는 정도의 수업을 하는 대학은 더러 있지만 정식 커리큘럼으로 채택한 학교는 거의 없는 것 같습니다. 의과대학에서 진화의학을 가르쳐야 된다는 논의가 이제 시작되고 있는 수준인 듯합니다.

최종덕 진화의학이 무엇인지 사례를 통해서 좀 더 자세히 설명해주세요.

강신익 몇 가지 나눠서 이야기할 수 있어요. 우선 호모사피엔스의 체형과 관련됩니다. 우리 몸은 몇백만 년 전 유인원으로부터 분기되어 인간으로 진화한 것이죠. 인간종이 성립한 이후에 우리가 살아온 시기의 대부분은 수렵과 채취의 생활양식이었죠. 나무에서 열매를 따먹고 작은 동물을 잡아먹는 원시상태를 상상하면 됩니다. 인류가 탄생한 때를 0시로 보고 지금을 다음 날 0시로 보면, 우리가 농사를 지으면서 정착생활을 하기 시작한 때는 대충 전날 밤 11시 50분쯤 됩니다. 따라서 우리는 사냥하고 열매를 따먹는 생활에 적응된 몸을 갖고 있다는 겁니다. 그런데 우리는 불과 몇백 년 동안에 그때의 조건과는 비교할 수 없을 정도로 엄청난 문화적 변화를 만들어내지 않았습니까? 문명적인 변화가 너무 커서 식생활도 전혀 다르고 운동도 거의 안 하는 상황에 오니까, 부족한 식량에 많은 운동을 해야만 했던 조건에 적응한 몸에 문제가 생기는 겁니다.

최종덕 몸이 반란을 일으키는 것이군요. 이것이 바로 질병의 요체라는 생각이 드네요. 우리 몸은 수렵채취 시대에 적응되어 있는데, 갑자기 변화된 문명 상황에 몸이 맞출 수가 없게 되었고, 결국 심각한 몸의 문제가 터지고 만다는 것이죠?

강신익 예, 그래요. 대표적인 예가 비만이죠. 우리 몸에는 소위 절약유전자라는 것이 있는데, 이것을 가진 사람은 수렵채취 시대에는 유리하지만 지금은 생존에 불리한 조건이 되고 맙니다. 그땐 음식을 항상 구할 수 있는 게 아니니까 일단 음식이 발견되면 무조건 많이 먹어서 비축해야 하는 거죠. 있을 때 먹어둬야 없을 때 며칠 굶어도 견딜 수 있으니까. 그래서 인간의 식욕은 이런 악조건에 맞춰져 있는 거예요. 그런데 이제는 상황이 바뀌었죠. 많은 북반구 현대인은 하루 세 끼뿐만 아니라 간식 먹고, 술 먹고, 안주 먹고, 엄청나게 먹으니까 결국 비만이 생기고 고혈압이 생기고 당뇨가 생기는 거죠. 소위 성인병 또는 문명병이라고 일컬어지는 것들이 바로 그런 자연적 몸의 진화와 문화적 변동이 서로 맞지 않는 상황의 결과예요.

최종덕 보통 사람도 생각할 수 있는 문명적 부작용이지만 진화론의 입장에서 재고될 수 있겠군요. 흥미로운 주제이지만 결국은 인간의 슬픈 이야기입니다. 의료 현장에서 생길 수 있는 다른 사례도 말씀해주시죠.

강신익 다른 사례로 항생제의 내성을 이야기할 수 있습니다. 항생제

진화와생태 카페 의학의 시선으로 생태주의적 진화론을 말하다

가 발명됨으로써 끊임없이 인류를 괴롭혔던 전염병을 상당 부분 극복했죠. 어느 영역에서는 아주 드라마틱하게 혁명적으로 극복한 역사를 가지고 있습니다. 하지만 아직은 박테리아와 인간의 싸움에서 인간이 승리했다고 장담할 수 있는 때가 아닌 것 같습니다. 과거에는 박테리아가 인간 몸에 침입해서 번식하여 사람을 죽게 했어요. 이제는 항생제라는 발명품 덕분에 거꾸로 인간이 박테리아를 죽일 수 있게 되었죠. 그러니 박테리아도 살아남을 궁리를 해야 하지 않겠어요? 그래서 자기도 살아남을 수 있는 방식으로 진화를 한 겁니다. 박테리아는 짧게는 20분, 길게는 한 시간 안에 스스로 분열해서 새로운 개체를 만들어냅니다. 그렇게 세대가 짧으니 많은 양의 유전적 변이가 생길 것이고, 그중에는 항생제에 내성을 가진 것들도 있게 마련입니다. 그러면 그런 개체만 살아남아 번성하게 될 것이고, 결과적으로 대부분의 박테리아가 처음에는 잘 들던 항생제에도 끄떡없는 저항형질을 가지게 됩니다. 짧은 시간에 일어나는 진화의 대표적 사례죠.

최종덕   내성을 갖는 박테리아의 진화가 인간에게는 매우 치명적이 될 수 있다는 의미이군요.

강신익   박테리아는 자기 증식에 의해 세대를 거치면서 진화하기도 하지만, 동시대의 다른 개체에게 유전자를 전달하기도 합니다. 19세기 말에만 하더라도 더 이상 의학의 발전은 있을 수 없다는 오만한 생각을 가진 사람들이 있었습니다. 지금 그런 오판을 믿는 사람은 아무도 없죠? 결국 우리와 같이 살아가는 다른 생물체와의 경쟁에서 잠깐 이긴다 하더라도 다른 생명체의 대응진화는 더 빨리 진행될 것이고, 그 속도는 우리가 신기술을 개발하는 것보다 더 빠르기 때문에 궁극적으로 우리가 이길 것이란 보장은 없다는 말입니다. 벌써 모든 항생제에 내성을 가지는 슈퍼 박테리아들도 많이 발견되고 있죠. 그 치명성이란 인간의 상상을 초월할 수 있습니다.

최종덕　그렇다면 인간도 그런 슈퍼 박테리아의 출현에 대처를 해야 하지 않습니까? 그 대처방식 중 하나로서 생명체에서 진화가 왜 중요한지를 인식하는 일도 포함될 듯해요. 의학적인 측면에서 진화의 방향을 인간에게 유리하게 끌고 갈 수 있다고 생각하시나요?

강신익　진화의 관점이 미래의 생명을 살리는 일과 직결된다는 생각이 중요하죠. 다만 진화의 방향을 인간이 통제할 수 있다는 생각 자체가 오만한 과학의 증세라고 봐요. 진화는 이상적인 상태를 향해서 가는 게 아니라 주어진 상황에 적응하는 과정의 연속일 뿐이니까요.

최종덕　적응이라는 진화의 메커니즘이 과연 메커니즘의 자격이 있는 것인지 잘 모르겠어요. 왜냐하면 메커니즘이라는 개념을 사용하기 위해서는 구조 내에서 미래의 상태를 예측해야 하는데, 진화의 적응 메커니즘은 그렇지 못하잖아요.

강신익　그렇습니다. 적응의 방향은 이상적인 상태가 아니고, 다만 단기적으로 후손을 많이 생산할 수 있는 유전자가 살아남는 방향이 바로 적응의 상태일 뿐이죠. 그러다 보니까 어떤 유전자는 후손을 남기기 전까지는 생존에 유리하다가, 후손을 남기고 난 다음에는 갑자기 불리해지는 경우가 있을 수 있어요. 네스가 그의 저서에서 지적했듯이 헌팅턴병 같은 것이 그런 사례라고 생각합니다. 헌팅턴병을 유발하는 유전자는 인생 후반기에 병을 일으키지만 어렸을 때는 그 사람의 생존에 도움을 주었을지도 모른다는 가설이죠. 말하자면 어떤 유

진화와생태 가페 의학의 시선으로 생태주의적 진화론을 말하다

전자는 한 시기에는 생존에 유리하지만 다른 시기에는 오히려 불리하게 된다는, 다시 말하면 효용과 비용의 양면을 함께 가진다는 것이죠.

최종덕　어릴 때 발병하는 게 아니라 나이 먹어서 발병하는 유전자 병이 많으니까요. 그런 것을 염두에 두고 말씀하신 것인가요?

강신익　그런 현상을 트레이드오프(trade off)라고 합니다. 유전이라는 것은 완벽을 향해서 가는 것이 아니라 이익을 취하고 비용을 지불하는 과정이라는 점에서 우리는 이제 의학에서 여러 가지 경우들을 고려해야 된다는 거죠. 다른 사례도 여러 가지 있습니다만 한 가지만 더 덧붙인다면, 의학에서 현실적으로 중요한 것은 이런 겁니다. 예를 들면 감기에 걸리면 콧물이 나고, 열이 나고, 기침이 나지 않습니까? 그런데 현대 의학은 기침이 나면 기침이 멈추는 약을 주고, 콧물이 나면 콧물이 멈추는 약을 주고, 열이 나면 열이 내리는 약을 준단 말이죠. 기침과 콧물과 열의 증상은 진화 과정에서 보면 일종의 방어기전입니다. 예를 들어 바이러스의 침입으로 인해 몸에 문제가 있다는 신호가 오면 열을 발생해서 대사를 촉진시킴으로써 바이러스에 대항하는 저항력을 높이게 되는 거죠. 기침을 하는 것도 이물질을 밖으로 내보내려는 일종의 방어기전일 수 있습니다. 그러나 현대 의학은 진화적인 시각으로 보지 않기 때문에 기침과 열, 콧물 등을 뭔가 잘못되어 고장난 것으로 본다는 것이죠. 그래서 그런 증상을 외형적으로 없애버리면 병이 낫는다는 기능적인 생각에서 벗어나지 못하는 겁니다. 그러나 그런 치료는 진화적 관점에서 보면 오히려 해를 줄 수도 있다는 결론에 이르기도 합니다. 이런 것들이 진화적인 사유양식이 도입되면 극복될 수 있는 것이죠.

최종덕 아주 흥미로운 이야기를 들었습니다. 지금까지의 말씀을 요약한다면 다음과 같을 것입니다. 먼저 비만이나 당뇨병같이 진화론적 반란이 거침없이 발생하고 있다는 게 바로 오늘의 현실이고, 두 번째로 박테리아의 내성이 인간의 과학기술 발전 속도보다 더 빠를 수 있다는 점입니다. 박테리아와 항생제의 경쟁에서 누가 이길 것인가에 대해 사람마다 다른 시각을 갖는 것이 더 문제일 수도 있을 거예요. 진화론에서는 군비경쟁이라고 표현하기도 합니다. 예를 들어서 야생의 치타와 영양은 달리는 속도가 거의 비슷하답니다. 한 놈이 조금 더 빠르면 다른 쪽은 오래가지 못해 멸종하고 말겠죠. 잡아먹는 측과 잡아먹히는 측 사이의 끝없는 진화론적 경쟁을 군비경쟁이라고 유비하고 있습니다. 선생님의 세 번째 논제가 저에게는 상당히 흥미롭습니다. 진화의 방향이 없다는 사실을 의학에 적용한 것인데, 나이 먹어서 발병하는 유전자 질환을 진화론으로 설명하면 매우 포용력이 높은 것 같습니다. 또한 지금 예로 들었던 감기 증상인 기침이나 열도 다 필요한 만큼 발생하는 것으로 이해할 수 있습니다.

강신익 우리 선조들에게서 이미 감기를 이기는 지혜를 잘 보고 있지 않나요? 감기에 걸리면 열을 빼는 것이 아니라 이불을 뒤집어쓰고 땀을 더 흘리는 것이 바로 진화론의 한 단면이에요. 진화론을 모르고도 그런 대처 방식이 더 유효하다는 것을 아는 거죠. 유럽의 전통의학에도 열을 내리기보다는 그냥 열을 더 내게끔 하는 전통적인 치료방법도 많습니다.

최종덕 진화의학을 사례를 들어서 쉽게 설명해주셨는데, 진화의학이 갖고 있는 논리 가운데 하나는 '다 그럴 만하니까 그렇게 되는 것'이라는 논법입니다. 영어로 표현해서 죄송합니다만 보통 'Just so'라고

진화와생태 카페 의학의 시선으로 생태주의적 진화론을 말하다

합니다. 이런 영어 표현의 속뜻은 자칫 필요조건이 충분조건으로 오해될 수 있죠. 쉽게 말해서 남자는 아버지가 되는 필요조건이지 충분조건은 아니라는 말입니다. 아버지가 되는 충분조건은 남자이면서도 결혼했다는 조건이 더 있어야 하고, 더욱이 자식을 낳았다는 조건도 추가되어야 하죠. 그래서 남자란 아버지가 되는 조건의 일부일 뿐이지 전체 조건은 아니라는 거예요. 실제로 적응과 진화의 관계 역시 이런 관계인지 따져봐야 한다는 것이 제 주장입니다. 그렇다면 적응으로서 진화를 설명하는 데이비드 윌슨을 다시 보기로 하죠. 그는 많은 진화생물학자들이 그러하듯이 진화의 현상을 전부 적응의 결과로 본단 말이죠. '다 그럴 만하니까 그러는 거다'라는 설명방식을 취한다면 어떤 현상도 적절한 설명을 만들 수 있을 거예요. 예를 들어 사람이 거짓말을 하는 현상도 진화론적으로 다 그럴 만하니까 거짓말하게 적응되었다는 식으로 설명하려는 태도를 말합니다. 이런 태도를 저는 적응만능주의라고 불러요. 저는 적응이 진화의 중요한 메커니즘이기는 하지만 그것이 모든 진화를 설명할 수 있다는 것은 지나친 일반화의 과욕이라고 생각합니다.

강신익 최 선생님은 적응주의를 비판하는 연구논문을 쓰신 것으로 알고 있는데, 굴드와 윌슨의 관계를 좀 더 설명해주실래요?

최종덕 적응주의 진화론으로 많이 거론되는 에드워드 윌슨과 대척점에 서 있었던 스티븐 굴드는 강력하게 적응주의를 비판했죠. 러드야드 키플링(Rudyard Kipling)이라는 영국의 소설가가 쓴 책 중에 'Just So Stories'라는 제목의 책이 있습니다. 저는 그 책을 읽지는 못했지만 서평을 본 적이 있어요. 그 책은 "전부 그럴 만하니까 그런 거야."라는 설명방식이 얼마나 독재적인지 꼬집고 있다더군요. 그 책 이야기에서 보듯 적응주의는 분명히 진화론이 획기적인 도약을 하게 해준 이론이지만, 그렇다고 해서 적응으로 모든 진화를 설명할 수 있다는 것은 무리라고 봅니다. 저는 진화의학의 의미를 매우 중시하지만, 그만큼 진화의학도 적응만능주의의 함정에 빠지지 않게 하는 것이 중요하다고 생각합니다.

강신익 진화의학을 현존 의학에 대한 전면적인 대안체제로 보는 것이 문제일 수 있습니다. 진화의학을 기성의학에 보완이 되는 수준으로 이해한다면 의학의 지평선이 크게 확장될 수 있어요. 그래서 적응주의 관점의 한 통로인 진화의학을 통해서 의학의 다양성이 증가한다면 벌써 적응진화론은 그 사명을 다했다고 볼 수 있죠. 의학 부문에서만 볼 때 그렇다는 겁니다. 임상적 효율을 위해 진화의학이 갖는 의미는 있으니까요.

최종덕 이야기를 조금 더 발전시켜서 강 선생님의 전문 분야인 질병 자체에 대한 정의를 다시 건드려보는 이야기를 듣고 싶습니다. 도대체 우리가 아프다고 하는 것이 무엇인지, 질병이 과연 무엇인지를 이야기해야죠. 거꾸로 건강이란 무엇인지를 질문함으로써 몸에 대한 진화론적 연관성을 찾을 수 있다고 생각합니다.

강신익 저는 얼마 전에 《인문의학》이란 책에서 '건강은 없다'는 도발적인 주제를 던졌어요. 지금 우리 사회에는 건강 광풍이 불고 있지 않습니까? 흔히 말하는 '웰빙'인데, 웰빙과 건강은 같은 게 아닙니다. 어쨌든 건강하기 위해서 사람들은 상상을 초월하는 온갖 노력을 다하죠. 그런데 진화적인 관점에서 보면 건강을 정의하기가 상당히 어려워요. 진화의학에서 설명하는 방식은 매우 건조합니다. 인간은 왜

병에 걸릴 수밖에 없는가를 밝히려는 것이 진화의학의 중요한 목적입니다. 거꾸로 말한다면 진화의학에서는 아예 건강이 없어요. 매우 역설적인 말이죠. 인간은 본래 병에 걸릴 수밖에 없는 존재입니다.

최종덕　그렇다면 어떻게 보면 다 건강한 것이라고 말해도 되지 않을까요?

강신익　예, 그렇죠. 거꾸로 보면 되죠. 뒤집어보면 다 건강한 것이라고 해도 좋아요. 어쨌든 인간은 취약할 수밖에 없는 존재입니다. 인간은 외부환경을 끊임없이 이겨내는 존재이기도 하지만, 상대적으로 외부 자극에 예민하고 취약한 것도 사실입니다. 진화라는 것은 내가 가지고 태어난 유전적인 소인과 환경과의 상호작용입니다. 최근에는 매개자 역할에 지나지 않는 것이 생명의 의미라고 말하기도 하죠. 예를 들어 완벽한 유전자, 평생 지속하는 유전자, 영생하는 유전자는 없어요. 이 점은 변화의 명제를 기본으로 하는 진화론의 핵심입니다. 그렇기 때문에 완전한 생명존재 또는 완벽한 생명상태를 추구한다는 것 자체가 처음부터 잘못된 길인 겁니다. 일반적인 과학 연구방법론에서도 이미 이런 논의가 있었고 대체로 인정된 상태이지만, 특히 진화생물학에서 명백하게 드러나는 게 아닌가 생각합니다.

DNA에서 단백질로

최종덕　우리의 토론 진행을 위해 다시 생물학적 결정론에 대한 이야기를 조금 더 했으면 합니다. 유전공학의 연구방법론들에 대해서 우리의 씁쓸했던 과거를 상기하는 사건이 있었죠. 이와 연관해서 이야

진화의 관점이 미래의 생명을 살리는 일과 직결된다는 생각이 중요하죠. 다만 진화의 방향을 인간이 통제할 수 있다는 생각 자체가 오만한 과학의 증세라고 봐요. 진화는 이상적인 상태를 향해서 가는 게 아니라 주어진 상황에 적응하는 과정의 연속일 뿐이니까요.

기를 좀 더 나눠볼까요?

강신익　제일 가까운 사건이 줄기세포 연구와 관련한 사태들일 것 같습니다. 줄기세포가 거의 모든 병을 치료할 것이라는 주장은 기본적으로 유전자가 모든 것을 결정한다는 유전자결정론을 전제한 것이죠. 나의 체세포를 떼어내어 외부 난자에 억지로라도 집어넣어 잘 키운다면 나와 같은 존재로 자랄 것이라는 생각입니다. 과학기술을 통해 똑같은 세포를 발생시킬 수 있다는 자신감이죠. 문제는 그런 자신감도 현재의 수준에서 과학적인 근거가 매우 적다는 사실이에요. 그런 사실을 대부분의 과학자들이 잘 알고 있었습니다. 단지 앞으로 그렇게 되도록 노력한다는 것이 상식적인 과학자의 입장이죠. 그런데도 그런 사태가 벌어졌다는 것은 우리 과학계의 참 슬픈 일입니다. 그 문제에 대해서 설명하기 전에 잠깐 브루스 립턴(Bruce Lipton)이라는 생물학자가 쓴 책을 인용해보겠습니다. 그의 주장은 이렇습니다. 유전자는 모든 체세포에 있을 수 있고, 체세포는 핵을 가지고 있으며, 그 핵 속에 염색체가 있죠. 염색체 속에 DNA가 사슬 형태로 있는 것 아닙니까? 염색체의 구성 성분들을 보면 DNA가 50퍼센트이면 단백질도 50퍼센트란 거죠. 크로마틴(chromatin) 같은 것들이 있다는 거예요. 그런데 우리는 처음부터 단백질은 쳐다보지도 않았어요. 단지 DNA의 비밀 코드에만 관심을 집중한 겁니다. 그 비밀 코드가 유전자의 모든 것을 해명해줄 수 있다는 환상에서 벗어나지 못한 거죠. 그런데 문제를 푸는 열쇠는 오히려 단백질에 많다는 사실이 나중에 조금씩 밝혀졌어요. 처음에는 유전자 하나가 RNA를 통해 단백질 하나를 만들 것이라는 가설을 믿었는데, 그러나 얼마 못 가서 이런 일대일 대응가설이 무너지고 만 것이죠. 어쨌든 DNA 그 자체가 아니라 DNA를 통해 만들어진 단백질이 유전적 형질에 영향을 준다는 점이 중요합니다.

형질을 발현시키는 것은 유전자가 아니라 단백질이에요. 유전자는 단백질을 만들 뿐이죠. 그런데 단백질은 지금의 과학수준으로 접근하기는 상당히 어렵단 말이에요. 그 구조가 너무 복잡하거든요. 예를 들면 똑같은 성분으로 되어 있어도 전혀 다른 성질을 보이는 단백질 구조를 이해해야 합니다.

최종덕 똑같은 구성요소를 갖고 있다 하더라도 그것이 어떤 방식으로 배열되어 있느냐에 따라서 전혀 다른 단백질이 되는 것이란 말이죠? 하나의 단백질 구조가 거울에 비쳐 좌우의 모습이 달라지는 것처럼, 바로 그런 측면 때문에 다른 단백질 성질로 판명되는 것임이 밝혀진 것이네요.

강신익 립턴은 아주 흥미로운 사례를 하나 더 듭니다. 그의 전공 분야는 세포학인데, 그의 실험 가운데 세포 배양 실험에서 나온 사례입니다. 흔히 하듯 세포를 하나 떼어낸 후 그 안에서 핵을 제거하고 그 상태로 배양을 계속했는데도 세포는 죽지 않고 몇 달 더 살았답니다. 이건 매우 중요하고 재미있는 현상이에요. 그러니까 핵이라는 것 또는 DNA라는 것은 내가 생식을 하는 데만 필요한 것이죠. 재생산을 하는 데만 필요한 것이지 세포 자체가 살아가는 데는 별다른 영향을 미치지 않는, 물론 어느 정도는 영향을 미치겠습니다만, 생존 자체를 위협하는 요소는 아니라는 이야기거든요. 세포 사이에는 다양하고 복잡한 신호들이 이동한다는 점을 립턴은 강조합니다. 그런데 그 신호들은 유전자 내부에서 기인한 에너지만이 아니라는 거죠. 세포의 바깥에서 오는 신호를 수용기가 받아서 핵에게 전달해주고, 핵에서 어떤 유전자의 스위치를 켜고 끌지 결정해준다는 거예요. 물론 유전자 안에도 스위치를 켜고 끄는 메커니즘이 있습니다. 바깥의 환경과 세

진화와생태 카페 의학의 시선으로 생태주의적 진화론을 말하다

포 내 환경에 의해 서로 영향을 받아요. 세포 안에도 단백질이 있으니까 그 단백질의 영향을 받기도 하고, 단백질이 세포막을 통해서 바깥에서 오는 신호를 안으로 전달해주는 아주 복잡한 과정에서 신호가 발생하는데, 우리는 그런 과정을 아예 무시해버리고 유전자에만 단순 일대일 대응의 인과율로 몰두했다는 겁니다. 그래서 인간 게놈 계획이 끝난 이후 이제야 비로소 단백질의 의미가 중시되기 시작했죠. 요즘 단백질체학(proteomics)이라는 것이 각광받는 이유예요.

최종덕 결국은 이전에 사람들이 많이 생각했던 것, 예를 들어서 DNA에 대한 환상들, 배아줄기세포에 대한 결정론적인 환상들이 생물학을 잘 모르는 일반인들한테는 오해를 낳을 수 있었던 것이겠죠. 예를 들어서 단백질의 구조적 복잡성에 기인한 상상을 초월하는 단백질의 변화 등을 여전히 모르는 상태에서 함부로 결론을 내리는 일이 얼마나 위험한 일인지를 깨달아야 합니다. 지금 이야기했듯이 어떤 외부환경에 의해서도 영향을 받기 때문에 미래를 단순히 예측하기에는 역부족이죠. 현재의 과학 수준으로는 불가능합니다. 우리의 오해에 기반을 둔 이런 환상들을 생물학자들이 잘 알려줘야 된다고 생각해요. 브루스 립턴은 유명한 생물학자이면서 미국에 팽배해 있는 단순형 환원주의 과학, 생물학적 결정론의 유사과학을 비판하는 과학자로도 많이 알려져 있죠. 또한 스티븐 굴드 같은 생물학자들이 있었기 때문에 지나친 기계론적 생물학을 견제할 수 있는 거라는 생각이 들기도 합니다. 이제는 한국 사회에서도 일반의 오해를 올바르게 풀어줄 수 있는 생물학 전공 연구자들이 등장해야 한다고 봐요. 저 같은 철학자는 별 영향력이 없죠. 저는 이런 변화가 한국 지식사회의 진정한 변혁이라고 봅니다. 과학자 내부에서 인문학적 영혼과 감성을 지닌 비판적 지식인이 많아져야 해요. 지금의 상황은 과학자 개인의 문제이기보다는 한국 사회의 획일적인 교육풍토에 더 큰 문제가 있는 것 같아요.

강신익 제가 오늘 대담을 위해서 인터넷으로 외국의 사례를 검색해 보았습니다. 과학과 관련해 우리는 '대중화'라는 표현을 자주 쓰는데, 과학의 대중화라는 말은 오해를 불러일으킬 수 있어요. 과학을 대중한테 교육하는 것이 목적이 아니라는 뜻에서 말입니다. 외국의 경우 교육이나 계몽의 차원이 아니라 대중과 소통하기 위한 프로그램들이 많이 기획되고 있다는 사실이 중요해요. 예컨대 미국 미생물학회의 캠페인을 보기로 하죠. 캠페인 제목이 '우리 미생물을 살립시다'인데, 플래시 디자인이나 캠페인송도 아주 신나고 재미있게 만들면서 미생물학회다운 충실한 내용을 전달해주고 있더군요. 그런 캠페인을 팟캐스트(Podcast)를 통해 대중에게 널리 전파시킵니다. 웹사이트도 일반 시민들이 쉽게 접근할 수 있게끔 재미나게 만들었더군요. 어떤 화면에서는 유명한 코미디언을 등장시키기도 해서 대중의 관심을 유발합니다. 미생물학이라는 학문을 딱딱하고 거창한 느낌 대신에 농담 식으로 접근하지만 내용을 충실하게 전달하는 그 방식이 아주 좋았습니다. 그러면서 미생물이 적이 아니라는 사실들을 은근히 가르쳐주는 거죠. 그런 시민 친화적 방식들이 매우 인상 깊었어요. 그 외에도 개인이 만드는 라디오 방송 등 다양한 매체를 통해 대중과 소통하는 통로들을 엄청나게 많이 가지고 있더군요. 우리에게도 그런 흐름이 절실히 필요하다고 생각합니다. 우리나라에 한국과학창의재단이라는 게 있죠? 과학문화연구센터도 있습니다. 그런데 개인의 연구를 지원할 뿐이고, 대중사업에는 미흡한 것 같아요. 과학이 대중과 소통하기 위한 방식들을 대중 미디어도 진지하게 모색해야 할 겁니다. 저를 포함한 지식인들의 책임도 크겠죠. 바쁘긴 하지만 한 발 더 나아간다면 그런 소통을 위한 장기적인 프로젝트에 정부나 기업이나 시민단체가 진정한 관심을 가지고 지원하고 참여해야 한다고 봐요.

최종덕　과학과 대중의 소통과 관련해서 대중 미디어의 사회적 책임에 대해 말씀하셨습니다만, 저도 한소리 하고 싶은 것이 있습니다. 국내 방송 중에 '사이언스 TV'라는 채널이 있죠. 한국과학창의재단 등의 자본과 연관한 채널로 알고 있습니다. 저는 그 채널을 자주 보는 편인데, 최근 들어 프로그램이 개편되면서 대학입시 준비학원 채널로 바뀐 듯한 느낌이 들 정도입니다. 과학 관련 프로그램을 제작할 능력이 부족하거나 제작비 부족 때문에 그렇겠지 하고 생각했지만, 국내 유일의 과학 프로그램이라는 자존심을 내팽개친 현상입니다. 그렇게 입시준비반 방송을 만들면서 입으로는 '창의적 과학교육'이라는 뻔한 구호를 내세운다면 도저히 설득되지 않겠지요. 진정한 소통은 이미 포기한 거나 마찬가지니까요. 요즘 그런 입시준비 프로그램이 없어졌지만, 한국 과학의 단편을 보여준 코미디였습니다. 흥분하지 말고 다시 원래 이야기로 돌아오죠. 선생님께서는 의학과 철학을 같이 공부하셨지만, 사람들은 의학에 초점을 두고 선생님을 보는 경우가 더 많을 거예요. 의학과 과학이 동일한 지평선에 놓일 수는 없겠지만, 어쨌든 기초의학자로서 오늘날의 과학을 어느 정도 대변해야 한다고 생각합니다. 오늘날의 과학이 지나치게 기계론적 과학, 원자론적 과학으로 치닫고 있는 게 안타까운데, 이 점에 대해서도 나중에 좀 더 이야기를 나누어야 할 것 같습니다. 제가 철학의 입장에서 생물학을 공부하는 이유는 당연히 실험실 성과를 내기 위해서는 아니에요. 단지 좀 더 행복한 삶이 무엇인지를 찾아가는 과정이죠. 과학도 궁극적으로는 인간의 행복과 연관되어야 한다는 데 다들 동의할 겁니다. 그런데 행복의 지표가 어디에 있는지를 잘 따져봐야 한다고 봐요.

강신익　체세포를 이식한 배아줄기세포를 만들어서 우리 주변에 수없이 많은 환자들에게 새로운 인생을 가져다줄 수 있다면 그 연구를 마다할 이유는 없을 거예요. 하지만 아직 실현도 되지 않은 과학기술을 가지고 선전효과를 노리는 방식으로 대중에게 접근한다면 정말 큰일 날 겁니다. 과학기술이 과학권력의 수단으로 전락하고 만다면 우리의 궁극적 행복은 물거품이 된다는 사실은 숨길 수 없겠죠. 결국 과학은 과학의 장벽을 벗어나서 시민과 항상 소통하는 태도를 가져야 해요. 과학자 공동체에서 여과 없이 내 연구성과를 무조건 수용하라는 태도는 소통 부재의 대표적인 모습입니다. 그런 지식인의 관습은 빨리 고쳐야 하죠.

최종덕　선생님께서는 독특하게도 임상의사 활동을 하시다가 영국에 가서 철학 공부를 새롭게 하셨단 말이죠. 다른 사람이 보기에는 상당한 삶의 혁명인데, 많은 사람들이 그 점에 대해 궁금해해요. 어떻게 임상의사의 안정된 길을 그만두셨는지, 그리고 왜 하필이면 철학으로 공부의 방향을 바꾸게 되셨는지에 대한 질문을 많이 받아보셨을 것 같아요.

강신익　진화론적으로 이야기할까요? 저는 치과의사로서의 삶에 제대로 적응하지 못했고, 그래서 경쟁력이 없었던 거죠.

최종덕　남들이 생각할 땐 그렇지 않을 텐데요?

강신익　경쟁이라는 것은 여기서 적자생존입니다. 진화론에서 말하는 더 많은 증식효과를 의미하겠죠. 여기서는 행복이라고 할까요? 행복이 제가 영국에서 철학을 다시 공부하게 된 선택의 기준이었던 것 같습니다.

최종덕 더 많은 행복을 산출하기 위해서라고요? 좋습니다. 그렇지만 돈은 적게 벌 텐데요?

강신익 그래도 먹고살 만큼의 월급은 받고 있습니다.

최종덕 다행입니다.

강신익 제가 치과의사 생활을 20년이 넘게 했거든요. 대학병원에서도 근무했죠. 나중에 개인의원을 여는 등 인생의 변화가 많았어요. 신학과 의학을 도중에 그만둔 다윈과 비슷한 경로라면 너무 건방진 말일까요? 다윈은 몇 개월 만에 때려치웠지만 저는 20년을 했단 말입니다. 그런데 너무 길게 행복하지 못한 시간을 보냈던 것 같아요. 그래서 좀 더 행복해지기 위해서 비록 늦기는 했지만 새로운 길을 나선 거죠. 저로서는 나름대로 의미 있는 선택이 아니었나 싶습니다.

최종덕 결국은 행복을 찾아서 공부의 흐름을 바꾸었다고 하셨는데, 행복이라는 것은 영원한 주제인 듯해요. 행복을 찾기 위해서는 '도대체 나는 누구인가?'라는 질문을 던져야 될 것이고요. 또 그 질문을 던지는 과정에서 '나의 본성이 뭐냐?' 아니면 '내가 태어나서 환경에 의해 이렇게까지 성장을 했는가?'라는 철학적인 고민도 돌출되겠죠. 좀 어려운 이야기인 듯 보이지만, 인간이란 무엇인가라는 질문을 잊지 말아야 한다고 봅니다. 행복을 찾는 과정에서 인간 본성의 중요성과 그 본질의 의미, 그리고 환경 또는 사회적인 영향 등에 의해서 바뀌는 것이 무엇인지…… 그런 질문은 역시 철학의 본질인 것 같습니다. 그건 철학에서 영원한 주제이지만, 생물학에서도 최근 들어 그런 주제에 대해 많은 논의하고 있는 것 같습니다. 삶의 주제에 관해 철학과 생물학의 경계를 넘나들게 되었다는 거죠. 물론 연구방법에서는 과학과 인문학이라는 큰 벽이 있기는 하지만요. 어쨌든 그런 질문에 대해 나름대로 답을 찾아가지만, 철학이나 생물학이나 동일한 한계를 갖고 있잖아요. 딱 부러지게 답을 할 수 없다는 점이 같다는 것이죠. "선천적인 게 중요해? 아니면 후천적인 게 중요해? 둘 중에 하나를 선택해!"라는 요구에 대해 답할 수 없는 것이 사실입니다.

강신익 그런 질문 자체가 잘못된 것이겠죠. 오히려 질문의 두 가지방식 또는 답의 두 가지 모색은 아마 영원히 같이 갈 거라고 보는 것이 합리적일 겁니다.

2

진화론은 우리 몸에
어떻게 작용하는가

최종덕　이제 우리 주제를 구체화해서, '환경론인가 아니면 본성론인가?'라는 논의를 진척시키고자 합니다. 인간의 본성과 관련해서 요즘 진화생물학에서 많이 논의되기 시작한 신경과학의 문제로 옮겨서 이야기를 나눠보기로 하죠. 많은 사람들이 뇌공학 같은 신경과학에 대해 관심을 가지고 있습니다. 특정종교와 뇌 연구를 그럴듯하게 연결해서 대중을 현혹시키는 신비주의 뇌 연구 사업까지 동원되기도 하고요. 옛날에도 그랬지만, 뇌를 신체적인 모든 것을 통제하는 중앙통제소 정도로 이해한단 말이죠. 그런 오해들은 반드시 비판적으로 지적이 돼야 합니다. 더 나아가서 DNA의 환상이 깨졌듯이 뇌신경세포의 운동과 기능으로 모든 사고와 행위를 설명할 수 있다는 뇌신경결정론의 오해를 풀어야겠지요. 뇌신경세포 수는 대략 1,000억 개 정도이고, 이런 세포들을 서로 연결하는 시냅스의 수가 약 100조 개 정도 되잖아요. 수학적으로는 유한하지만 실제로는 거의 무한에 가까운 숫자이기 때문에 한때 유명했던 신경세포결정론은 무의미해진 겁니다. 인간이 만든 과학으로 설명할 수 없는 영역이겠죠. 예를 들어 두뇌의 특정 부위가 일대일 방식으로 어떤 특정 형질이나 행위를 조절한다는 주장은 이미 지나간 과거의 이론일 뿐입니다. 언어를 담당하는 특정 부위, 오른쪽 눈썹을 움직이는 특정 뇌신경 부위, 내장 같은 불수의근을 담당하는 특정 부위 같은 논문들이 학술지의 많은 부분을 차지했지만, 이제는 그 타당성 자체가 의심되고 있습니다.

강신익 가소성이라는 주제는 아직 결정되어 있지 않고 새롭게 변화해나갈 수 있다는 뜻을 가지고 있죠. 뇌의 신경세포 또는 시냅스 활동이 보여주는 가소성은 본성과 양육, 선천과 후천, 생래와 환경의 갈림길 문제와 직접 연관되는 것으로 보입니다. 본성이냐 양육이냐 하는 문제가 실제 생활의 주제라면, 가소성이라든가 특이성 같은 용어는 좀 더 과학적인 차원에서 다룬다는 뜻이겠죠. 어떤 과학자는 본성-양육이란 말을 쓰지 말고 특이성과 가소성의 개념으로 형질을 다루어야 한다고 주장해요. 본성이라는 것은 고유한 특이성이죠. 예를 들면 내가 이러저러한 유전자를 가지고 태어났기 때문에 나의 본성은 이러저러하게 선천적으로 정해진 것이라고 보는 입장이 있겠죠. 그렇지만 특이성이라고 하면 범위가 좀 좁아지죠.

특이성과 가소성

최종덕 특이성이라는 개념을 사용할 경우 언제든지 다양한 외부의 환경에 따라 바뀔 수 있다는 것을 전제하겠죠. 그렇다면 가소성과 매우 밀접하게 하나의 스펙트럼에서 논의될 수 있다는 말인가요?

강신익　예, 어떤 주체는 외적인 객체에 의해 영향을 받거나 충분히 변화할 수 있다는 뜻이 됩니다. 최근 들어 뇌과학이 아주 빠르게 각광을 받는 것 같더군요. 아주 재미있는 이야기들도 많이 나오고요. 예컨대 뇌를 속임으로써 뇌를 치료하는 새로운 관점이 소개되고 있어요. 뇌과학의 한 흥미로운 사례로 환각지(幻覺肢)라는 것이 있습니다. 사고로 팔을 절단한 환자가 없는 팔 부위의 고통을 호소하는 거예요. 신경과학계의 혜성과 같은 연구자인 빌라야누르 라마찬드란(Vilayanur S. Ramachandran)은 이 환상 고통을 치료하는 아주 간단하지만 획기적인 치료방법을 고안해냈습니다. 소위 뇌를 속이는 방법이죠. 우선 윗부분이 열린 상자의 가운데에 오른쪽을 비추는 거울을 세워 두 부분으로 나눈 다음 왼팔이 없는 환자에게 상자 오른쪽에 오른손을 집어넣게 해요. 그러면 거울에 오른손이 비추어지면서 마치 왼손이 있는 것처럼 보이게 되죠. 그런 다음 정상적인 오른손을 움직이게 하면 환자는 마치 왼손이 움직이는 것처럼 느끼는 겁니다. 그렇게 반복하면 없는 왼손 부위의 고통이 신기하게 없어진다는 거죠. 없는 왼손의 고통을 있는 오른손으로 대신하여 없애는 일종의 착각요법이에요. 이런 점에서 자신의 뇌를 속이는 방법이라고 말한 겁니다.

최종덕　사고로 인해서 신체를 절단한 사람들이 제일 많이 겪는 게 바로 그러한 고통이라더군요. 손이 없는데도 손톱이 자란다는 연상에 의해 손톱이 신경 안으로 파고드는 거죠. 그 고통 때문에 굉장히 어려움을 겪고 있다고 하더군요.

강신익　그 예가 뇌의 가소성을 설명해주는 훌륭한 사례인 것 같습니다. 제가 대학에서 생물학을 공부할 때는 중앙신경계는 재생이 안 된다고 배웠지만, 현대 신경과학에서는 뇌의 신경세포 일부는 재생이 가능하다고 합니다. 물론 일부겠지만요. 라마찬드란의 책을 읽으면 흥미로운 임상 사례들이 많이 나옵니다. 예컨대 공감각(synesthesia)이라는 사례가 있어요. 특정한 색깔을 특정한 숫자로 지각하는 매우 특이한 현상입니다. 파란색을 보면 3이 연상되거나 빨간색은 2로 연상되는 식이죠. 의외로 그런 사람이 많다고 해요. 수를 담당하는 뇌의 부위와 색을 담당하는 부위가 인접해 있어서 서로 영향을 주고받는다는 겁니다. 그 외에도 매우 흥미로운 사례를 많이 거론한 신경과 의사인 올리버 색스(Oliver Sacks)의 책을 보면 더 특이한 사례를 찾을 수 있어요. 뇌가 모든 것을 만들어내는 중심기관이 아니라는 이야기죠. 뇌도 결국은 신체의 일부이고, 뇌와 신체라는 이분법은 더 이상 없다는 겁니다. 유전자와 단백질의 관계와 비슷한 거죠.

최종덕 아주 흥미롭습니다. 서양의학과 다르게 동양의학에서는 음양오행설이라는 기본구조를 볼 수 있는데, 그 오행에는 두뇌가 포함되어 있지 않아요. 간심비폐신(肝心脾肺腎) 어디에도 두뇌가 들어가 있지 않죠. 그렇다고 동양의학에서 머리 부위, 두뇌의 중요성을 모른 것은 물론 아닙니다. 그런데도 두뇌를 오행에 포함시키지 않은 것은 나름대로 의미가 있는 것 같아요. 단순하게 중앙통제 기능이 아니라 신체와의 전체적인 조화로 보고 있다는 뜻입니다. 동양의학에서는 뇌와 신체와의 관계가 몸 전체를 관장하는 통제실과 통제받는 종속자라는 관계일 수 없다는 점을 시사하는 거죠. 어쨌든 근래의 신경과학에 대한 이해는 일대일 인과관계라는 편견에 매몰된 것 같습니다. 확실히 신경과학은 철학적 문제의 양상을 많이 포함한 듯해요. 따라서 뇌신경과 기능도 관계의 양면성을 보이고 있고요. 철학에서는 결정론적

진화와 생태 카페 의학의 시선으로 생태주의적 진화론을 말하다

연구방법론을 크게 경계하면서 신경세포의 가소성에 초점을 두는 경우가 많을 겁니다. 물론 유전적 요인을 무조건 무시하는 건 아니라는 점을 분명히 해야겠죠. 콩 심은 데 콩 나오지, 팥은 나오지 않을 테니까요. 어쨌든 뇌가 인간의 삶을 결정하는 것이 아니라 삶의 과정에서 어떤 방식으로 생각하고 어떤 방향으로 의지를 갖느냐가 더 중요한 변화를 가져온다는 말입니다. 신경세포 시냅스의 변화를 중시하는 것은 아마 선천적인 결정론보다 후천적인 환경론의 중요성을 간접적으로 조명하는 것이겠죠?

강신익 상대적인 거겠죠. 지나치게 선천적 결정론이 강조돼 있었기 때문에 후천적인 환경론이 필요하다고 말할 수는 있지만, 모든 것이 후천적으로 결정되지는 않는다는 것은 아주 당연한 말이죠. 본성과 양육의 문제로 양분해서 인간을 본다면 지나치게 형이상학적인 난제에서 빠져나오지 못할 거예요. 그래서 가소성이냐 특이성이냐의 방식으로 이해하는 것이 좋을 것 같다는 말입니다.

최종덕 본성과 양육은 철학에서도 르네 데카르트 이후부터 계속 논의되어왔던 문제 아닙니까? 그래서 이런 논의가 다시 생물학에 적용된다면, 기존의 헛바퀴 돈 난제들을 반복하지 말아야 할 듯합니다. 그래서 생물과학에서 본성과 양육이라는 개념보다는 특이성과 가소성으로 접근하는 것이 좋다는 선생님의 말씀은 상당히 설득력이 있습니다.

진화윤리학

최종덕 인간의 본성 문제는 앞으로도 계속 이야기될 것이지만, 오늘은 진화론 일반, 과학 일반 차원에서 구체적으로 어떻게 적용되는지를 더 이야기해보죠. 그 이야기를 하려면 도덕의 문제를 먼저 거론해야 할 것 같아요. 인간사회가 갖고 있는 정형화된 도덕의 기원이 어디에 있는지를 묻는 문제도 있습니다. 예를 들어 기독교 윤리에서 십계명 가운데 도덕의 기원을 찾을 수 있다고 말하기도 합니다. 동양사회에서는 도덕의 기원이 원래 자연 안에 있었다는 식으로 말합니다. 일종의 자연주의적 방식으로 접근하는 틀이죠. 서양철학에서는 이 틀자체가 실체적이며 형이상학적이며 선천적인 무엇으로 존재한다고 말하고요. 이렇게 도덕에 접근하는 다양한 틀이 있을 겁니다. 그런데 진화론에 기반을 둔 진화윤리학의 등장은 기존의 윤리학과는 다른 방식으로 도덕을 규정합니다. 선험적 존재의 지위를 포기하고 그 대신 윤리의 자연적 기원을 주장하는 새로운 분야가 생긴 거죠. 실제로는 18세기 경험론인 철학자 데이비드 흄에서 그 연원을 따질 수 있지만요. 진화윤리학에서는 기본적으로 인간의 윤리도 하늘에서부터 주어진 절대적인 정언명법 체계가 아니라 인간이 대대로 살아오면서 진화적으로, 그리고 자연적으로 형성된 경험적 약속들이 누적된 체계라고 말하고 있단 말이죠.

강신익 저도 대학에서 윤리 과목을 가르칩니다만, 처음에 제가 윤리를 가르칠 때 굉장히 답답했던 게 있어요. 예를 들면 교과서에 나오는 서양의 대표적인 윤리이론이라면 의무론과 결과론이거든요. 의무론은 거짓말은 하지 말아야 한다, 살인하지 말아야 한다, 뭐 하지 말아야 한다는 식의 칸트적 정언명법에 근거를 둔 것이죠. 어떤 경우라도 이것은 지켜야 하고 저것은 금지해야 한다는 절대명령체계입니다. 결과론이라는 것은 다시 말하면 공리주의인데, 많은 사람의 행복을 가장 효율적으로 보장할 수 있는 행동 유형이 바로 도덕적인 것이라고 말합니다. 하지만 현실에서는 그런 분류방식을 그대로 적용할 수 있는 경우가 거의 없습니다. 이론일 뿐이죠. 그런데도 학교에서는 그런 이론을 가르친단 말이죠. 의과대학에서 의사가 될 사람들한테 그런 이론을 가르치는데, 가르쳐야 될 이유가 뭔지 솔직히 말해서 저도 잘 모르겠더라고요. 물론 앞의 두 이론 말고 원칙주의 등도 있겠죠. 네 가지 원칙으로 자율성 존중, 해악 금지, 선행의 원칙, 정의의 원칙을 이야기하는데, 그 이론 역시 원칙 간의 상호모순이 있다는 점에서 현실에 적용하기 어렵다는 말입니다. 교과서를 위한 논의틀일 뿐이지, 실제 행위를 결정할 때 의미 있는 역할을 하는 것 같지는 않습니다.

최종덕 저는 학생들에게 교과서대로 윤리학을 가르치는 것 외에 삶에서 윤리가 왜 필요한지에 대해 이야기하는 데 많은 시간을 할애합니다. 저는 근본적으로 인간을 위해서 윤리가 있어야지, 윤리를 위해서 인간이 있으면 안 된다는 생각이거든요. 이게 공리주의적 생각과 뭐가 다르냐고 질문하는 사람들도 있지만, 저는 아주 다르다고 봅니다. 윤리의 원칙 때문에 소외되거나 강제로 배제되는 사람들이 우리 역사 속에 너무나 많았으니까요. 윤리의 원칙이 모든 사람을 위한 것이 아니라 권력자의 횡포를 위해 존재한 경우가 많았잖아요. 윤리도 인간이 만든 것이지, 하늘에서 뚝 떨어져서 인간을 지배하는 상위법이 될 수는 없다는 것이 제 개인적인 생각이에요. 이런 생각은 규범윤리학자들한테 비판을 많이 받는데, 그래도 우리의 현실을 진단하고 개선하는 데, 더 나아가서 개인의 삶을 좀 더 행복하게 가꾸는 데 어떤 윤리가 더 필요한지를 진지하게 되물어야 한다고 봅니다. 그런 질문에 대해 저는 서슴없이 윤리를 위한 인간학이 아니라 인간을 위한 윤리학이 훨씬 더 필요한 때가 바로 오늘이라고 판단하는 겁니다.

강신익　당연한 말입니다. 그러면 진화윤리학으로 넘어가죠. 진화윤리학의 사례를 하나 말씀해주시겠어요?

최종덕　예를 들어서 이미 교과서에도 나오지만 유클리드의 공리가 있지 않습니까? '공리'라는 말의 뜻 자체가 약속인데, 어느 누구도 범할 수 없는 세계법칙과 유사한 약속이죠. 거기다가 공적인 의미를 부여했습니다. 물론 유클리드는 그 일곱 가지 공리를 자신이 자연에서 찾아낸 것이지 인위적으로 만든 것은 아니라고 표현합니다. 유클리드는 고대부터 사람들이 살아온 땅, 현재 아프리카 북부 나일 강 유역의 땅에 적응해서 살아남기 위해서는 햇빛이 나무에 어떻게 그림자를 만들고, 산 높이를 어떻게 측정해야 되는지 등 기술적인 면을 누적시켜야 한다는 겁니다. 이런 사유와 기술의 누적은 현실을 살아가기 위해 반드시 필요한 지식이 되었고, 그것이 유클리드 7대 공리로 자연스럽게 재탄생한 거죠. 넓은 의미의 지식의 진화와 연관됩니다. 진화라는  생물학적 용어를 사용하면 괜한 오해를 불러일으킬 테니 굳이 그런 말을 쓸 필요도 없습니다. 그냥 유클리드 공리조차도 인간이 인위적으로 만든 약속이 아니라 보이지 않는 약속, 즉 자연적인 조건에 의해서 자연스럽게 만들어진 명제들인 겁니다. 그렇듯이 인간사회의 윤리도 자연주의 방식으로 설명할 수 있어요. 선천적으로 주어진 것, 누구도 범접할 수 없는 절대권위의 정언명법들의 집합을 윤리라고 보는 입장에서 벗어나자는 말입니다. 인간이 살아오면서 먼 과거부터, 그러니까 호모사피엔스가 시작되는 20만 년 전부터 적절한 삶을 유지하기 위해서 가장 필요하고 유용한 자연적 조건들이 인간 이성의 발달과 더불어서 윤리학 명제로 변화되었다는 생각입니다. 이런 생각이 진화윤리학의 기본 틀이죠. 진화윤리의 기본명제는 무조건 이렇게 저렇게 행동해야 한다는 식의 당위적인 윤리체계를 거부하는 것입니다.

그래서 진화윤리학은 처음부터 완전한 체계가 아니라 변화할 수 있는 체계라는 전제에서 출발합니다. 문제는 바로 이런 점 때문에 진화윤리학이 상대주의 윤리학이라는 강한 비판을 받는다는 거죠.

강신익 상대주의라는 비판은 오해에서 비롯된 것 같아요. 예를 들어 근친상간의 비윤리성을 설명할 때 근친상간은 유전적 질병을 갖는 후손을 탄생시킬 확률이 매우 높으므로 누구나 꺼리게 되었다는 말입니다. 즉 종의 생존에 크게 불리하기 때문에 나쁘다는 것이죠. 현대 과학의 용어로 말하자면 유전적 근접성으로 인해 열성형질의 유전적 후손이 많이 나오게 된다고도 하지요. 그래서 근친상간을 금지하는 윤리적 규범들이 자연스럽게 만들어졌고, 그것을 혐오하는 심리적 특성이 진화했다는 것입니다. 이것이 진화윤리학의 단면이죠.

최종덕 진화윤리학을 아주 극명하게 보여주는 예죠. 그러나 진화윤리학을 설명하는 너무 지나치고 강한 사례가 될 수 있습니다. 상대주의라고 비판받는 진화윤리학과 절대적인 체계를 갖는다는 규범윤리학 사이에 어떤 차이가 있는지를 잘 비교해보면 더 좋을 듯합니다. 예를 들어서 살인을 하지 말라, 도둑질을 하면 안 된다 등은 그것이 규범적인 틀에서 출발하든 자연주의적인 전제에서 출발하든 똑같은 결과를 갖게 됩니다. 결국 우리가 알고 있었던 대부분의 큰 진화론적인 명제들은 우리 삶의 조건과 밀접하게 연관되어 있다는 것이죠. 예를 들어서 거짓말에 대한 진화론적 해석들이나 사기, 탐심, 분노, 사랑 등의 감정들을 진화론으로 설명하는 진화심리학의 영역에서는 기존의 윤리학과 규범윤리학의 차이를 무색하게 하죠. 인류가 또는 어떤 사람이 거짓말을 하게 된 진화론적인 배경을 논증하는 가운데 자칫 거짓말이라는 행위가 정당화될 요소가 숨겨져 있어요. 거짓말을 할 수밖에 없었기 때문에 그런 행위가 형질화되었다는 논리로 연결된다는 거죠. 물론 이런 우려는 진화심리학이라는 과학적 탐구행위와 무관하게 보일 수 있습니다.

강신익 제가 사례를 하나 들어보겠습니다. 지난 광우병 사태 때 국회에서 공청회가 있었지 않습니까? 그래서 광우병 대책 위원들이 와서 이야기를 했어요. 그런데 그 자리에 있던 어떤 국회의원의 발언은 몇 년 전 자신이 했던 말을 정면으로 뒤집는 것이었죠. 많은 정치인들이 그러하듯이 그도 거짓말을 하고 있었죠. 그 말을 들은 공청회의 증인이 그 사실을 지적했습니다. 물론 거짓말하는 사람이 자신의 거짓을 시인할 리가 없죠. 그 국회의원은 오히려 벌컥 화를 내면서 "내가 언제 그랬어요? 당신이 봤어요?"라는 거예요. 그 장면이 다음 날 뉴스 채널 돌발영상에 그대로 나왔어요. 이 프로그램에서는 그 장면 바로 뒤에 몇 년 전에 그가 했던 발언을 그대로 붙여놨더군요. 거짓말이 드러나는 순간이었죠. 방송 이후 그 국회의원이 어떻게 반응했는지는 알 수 없지만, 아마도 달라진 상황을 중심으로 자기 나름의 새로운 이야기를 만들어냈을 거라고 생각합니다. 거짓말이 단기적으로 생존에 유리한 건 사실인 듯합니다. 그래서 사람의 뇌는 그 거짓말을 합리화하는 방식을 진화시켰는지도 모르죠. 그렇다고 거짓말은 인간의 자연적 속성이므로 나무랄 수 없다고 주장한다면 그건 과학이 아니죠.

최종덕 그런 주장은 전형적인 나쁜 과학이라고 평가될 테죠. 나의 생존이 남의 생존을 위협한다면 서로 조율해야 할 필요성을 낳고, 이것도 중요한 요소로 논의해야 한다는 게 올바른 판단일 겁니다. 그게 생태적 진화의 개념이죠.

강신익 아까 제가 든 예도 그런 사례라고 생각해요. 거짓말을 하는 것이 도덕적으로 옳지 않다고 규범으로 정해놓았다 하더라도 생존을 위해서 거짓말을 할 수밖에 없다는 것이 진화윤리학이 아닐까요?

최종덕 이런 표현이 진화심리학을 제대로 이해하지 못한 결과라고 비판받을 수 있겠지만, 결국은 진화윤리학이나 진화심리학 자체의 과학적 논리보다는 그런 학문들이 현실사회에서 부딪쳐서 생겨나는 여러 가지 부작용들을 고려해야 한다는 것이 제 생각입니다.

강신익 확신할 수는 없지만, 진화윤리학을 너무 밀고 나가면 곤란한 문제에 봉착할 듯해요. 앞서 말한 'Just so'의 설명방식이 될 가능성이 크기 때문이죠. 규범이 선천적으로 주어지는 건 아니라 할지라도, 인간들의 사회관계 속에서 나올 수 있는 거라고 보거든요. 그러니까 자연이든 사회적인 상호관계에 의한 것이든 간에 거기서 만들어지는 일종의 계약이 아니겠습니까? 자연주의적인 설명에 사회적 계약이라는 것이 덧붙여지는 거죠.

최종덕 계약이라고 하면 공리주의적인 해석으로 나가는 것 아니겠습니까?

강신익 계약은 몇 가지로 나눠서 설명될 수 있다고 봅니다. 사회적인 계약이라고 하면 공리주의가 될 수 있겠지만, 저는 거기에 도덕적이라는 수식어를 하나 더 붙이고 싶어요. 도덕적 계약이라는 표현을 사용하고 싶다는 거죠. 그러니까 서로 추구하는 가치를 인정하고 서로의 가치를 주고받는 겁니다. 저는 의과대학에서 의료윤리를 가르치면서 가치 교환의 방식을 세 가지로 나누어서 설명해요. 의사와 환자,

그리고 집단으로서의 의사와 사회 일반의 계약관계를 구분합니다. 첫 번째는 도덕적 계약입니다. 의사는 돈이 되든 안 되든, 자신에게 이익이 되든 안 되든 환자의 건강을 위해서 노력해야 할 도덕적 의무가 있다는 거죠. 환자는 자신을 위해 애쓰는 의사를 신뢰할 도덕적 의무가 있고요 그런 도덕적 가치의 교환이 도덕적 관계죠. 도덕적 관계란 사회 이전에 인간의 양심에 근거를 둔 가치의 교환관계를 의미해요. 반면 사회적 계약은 그야말로 공리주의적인 관계일 겁니다. 의사는 처방과 시술을 하고 환자는 임상 서비스를 받는 대신 돈을 지불하는 사회적 계약의 관계는 결국 경제적 계약이라고도 할 수 있습니다. 하지만 경제적 관계의 계약뿐만 아니라 도덕적 가치를 교환하는 계약도 계약이지 않을까요? 저는 이를 도덕적 계약이라고 표현한 겁니다.

최종덕 이쯤에서 이야기를 조금 돌려볼까 합니다. 요즘은 과학문명 시대라고 말하고, 물질만능주의가 팽배해 있다고 말하죠. 우리는 분명히 물질적인 풍요로움을 얻었지만, 그 대신 여러 가지 부작용들도 생겼죠. 대표적으로 물리적인 환경위기나 정신적인 인간소외 문제 등을 들 수 있겠죠. 파편화된 인간의 모습에서 행복을 되찾기 위해서 우리가 어떻게 살아야 되는가 하는 생각들이 모여서 공동체운동도 하고 생명운동도 하게 된 것입니다. 위기에 대한 본질적 대응이라고 볼 수 있겠죠. 저는 잠시 전라도의 어느 생활공동체에 관여했던 적이 있어요. 거기서는 여러 가정이 모여 생활을 합니다. 농사가 주업이지만 아이들 교육이나 문화생활을 빠뜨릴 수 없겠죠. 아이들 학용품 같은 것도 사야 되니까 돈이 필요하지 않겠습니까? 농사일로 얻어진 적은 수익으로는 정말 어려운 형편이지만 나름대로 행복한 생활을 꾸려가고 있어요. 아까 말씀하신 대로 계약이나 정당한 대가를 치르는 상호관계로서 윤리가 만들어졌다면, 단지 그런 계약으로는 설명할 수 없는 공동체 관계가 있다는 거죠. 정당한 대가의 체제일지라도 내가 일한 만큼 이익을 얻는 것이 계약관계의 기본 틀이 아닙니까? 그러나 그런 공동체에서는 일할 만큼만 일하고 가져갈 만큼만 가져가는 관계의 공동체예요. 그래서 기존의 계약관계로는 설명이 어렵죠. 이런 공동체는 문명화된 사회에서 문명비판적 형태의 새로운 공동체로 형성된 관계만이 아닙니다. 어떤 인류학 연구에서 보듯, 아직도 원시 형태의 마을을 유지하고 있는 인도양의 어느 부족이라든가 남아메리카 어느 부족의 경우에도 일은 할 만큼 하고 가져가는 것은 가져가고 싶은 만큼 가져가는 방식의 공동체가 있죠. 제가 이런 인류학적 사례들을 주의 깊게 보는 이유는 계약관계가 아닌 방식의 윤리학이 성립할 수도 있지 않느냐 하는 관심 때문이에요.

강신익 물론이죠. 삶의 윤리가 계약관계로만 성립되는 것은 분명 아니에요. 계약에는 인위적인 계약도 있지만 자연적인 계약도 있을 겁니다. 예컨대 침팬지 사회를 보면 상당히 많은 시간을 다른 개체의 털을 고르는 데 사용해요. 털을 골라주는 시간을 개체마다 비교해보면 역시 털 고르기 서비스를 많이 받는 놈이 지위가 가장 높답니다. 침팬지 사회에 분명한 위계질서가 있다는 사실은 이미 잘 알려졌죠. 그러나 인간사회가 침팬지 사회처럼 되어야 한다는 주장은 사회생물학의 횡포에 해당합니다. 그런 주장들은 절대로 가능하지 않죠. 동물의 사회 또는 다른 생물의 사회에는 그 나름대로의 존재방식이 있는 것이니까요. 생태계 전체를 균형 있게 관찰해야 된다는 겁니다. 예컨대 침팬지 사회는 철저한 위계사회이고, 또 주변 집단과 전쟁까지 합니다. 다른 집단의 침팬지를 죽이기도 하고, 심지어는 잡아먹기도 하는 사례가 보고되었답니다. 제인 구달(Jane Goodall)이 그런 사례를 관찰하고 무척이나 큰 충격을 받았다고 하죠. 하지만 그런 사례만으로 투쟁과 경쟁이 생명의 본질이라고 단정하는 건 지나친 단견입니다. 투쟁의 이면에는 반드시 협동이 있거든요. 경쟁과 협동은 분리해서 볼 수 없는 상보적 관계이고, 제가 보기에는 이 상보성이야말로 진화적인 특성의 하나인 것 같습니다. 로버트 액설로드(Robert Axelrod) 같은 진화사회학자는 수학적인 모델을 써서 경쟁과 협동이 어떻게 가능한지 등에 관한 연구를 했어요. 예를 들면 매파와 비둘기파가 있단 말이죠. 두 파가 현실사회에서 경쟁을 하지 않습니까? 북한사회에도 군부 쪽이 매파에 속하고 그 반대편에 비둘기파가 있단 말이죠. 그런데 일반적인 사회조건에서 볼 때, 경쟁과 더불어 협동도 진화하는 인간사회의 특성이라는 겁니다. 진화에 대한 가장 심각한 오해 중 하나가 경쟁만이 진화의 유일한 메커니즘이라는 생각이에요. 심지어는 약육강식을 진화론의 전부로 이해하는 사람도 있었죠. 그건 진화론에 대한 지독한 오해입니다. 진화윤리학을 그런 식으로 생각한다면 아마 괴상한 윤리학이 현대사회를 지배할 거예요. 진화윤리학에서 가장 중요한 측면은 자연선택의 조건이고, 자연선택의 조건은 변이입니다. 우선 다양한 변이를 가진 개체들이 있어야 선택이 일어나는 것 아닙니까? 모든 개체가 똑같다면 선택이 일어날 수 없겠죠. 그러니까 우리는 남들의 다름을 인정해야만 비로소 생명다운 겁니다. 다름이 있어야만 진화가 있고 생명 전체가 건강해진다는 것이죠. 모든 것이 규격화된 사회에서는 진화가 일어날 수 없고, 결코 건강한 사회가 될 수 없다는 점은 아주 당연합니다.

최종덕 매우 중요한 이야기를 하셨습니다. 여태까지 진화론에 대한 오해의 핵심은 생명진화를 지나치게 경쟁과 투쟁으로 간주했다는 점이에요. 그러나 사실 진화하는 생명체와 그 집단 안에는 협동이 있고 다양성이 있죠. 그런 점은 이미 다윈이 많이 한 이야기인데도 오늘날

진화와생태 가페 의학의 시선으로 생태주의적 진화론을 말하다

에는 진화론을 너무 지나치게 투쟁이론으로만 인식하고 있어요. 그런 현상이 일어난 데는 서구사회의 의도적인 오해도 한몫을 했다고 봅니다. 약육강식의 자본주의 사회를 끌어가기 위해 진화론이라는 과학이론이 밑받침이 되었으면 하는 희망이 개입되었다는 거죠. 결국 오늘날의 아주 보수적인 사회생물학이 탄생한 배경이 되고 만 겁니다. 사회생물학이란 결국 뭡니까? 동물세계에서 먹이를 위해 치열하게 싸워야 하니까 인간사회에서도 자기만 살아남기 위해 남과 싸우고 대규모의 전쟁까지도 용인해야 하지 않느냐는 논리로 연결된다는 거죠. 이런 의도된 약육강식의 논리가 얼마나 허구적이고 과장된 것임을 꼼꼼히 뒤집어보고 일일이 들춰내야 한다고 생각합니다.

강신익 그렇다면 사회생물학의 이론적 배경인 자연주의 인식론을 부정한다는 뜻인가요?

최종덕 저는 사회생물학을 강력하게 비판하지만, 동시에 여전히 자연주의적 방법론의 입장을 취하고 있습니다. 저는 경험에 기반을 두지 않는 형이상학을 거부해요. 그러기 위해 자연주의를 취하고 있는 거죠. 예를 들어서 동물세계와 인간세계는 연속성과 비약성, 이 두 가지를 같이 갖고 있다고 생각합니다.

강신익 제 생각은 동물 종들에 따라서, 또는 같은 종 안에서도 집단에 따라서 서로 다른 행동양태를 보이는 경우가 있다는 거죠. 사회생활을 하는 동물이라 하더라도 종에 따라 다를 수가 있다는 겁니다. 그것도 하나의 변이예요. 사회생물학은 자연에서 벌어지는 양상을 인간사회에 그대로 적용해도 괜찮다는 접근방법론을 취하고 있습니다. 그런 방법론을 통해 인간사회의 규범을 만들 수도 있다는 거죠. 하지만 우리는 그 차이를 더 주목해야 한다고 봐요. 예컨대 보노보는 침팬지와 거의 같아 보이지만 계통수로 볼 때 침팬지보다 인간에게 훨씬 가까운 호미니드종입니다. 직립하는 시간이 침팬지보다 훨씬 길고 여러 가지로 인간과 가까운 동물이랍니다. 콩고 지역에 몇만 마리밖에 안 남아 있다는데, 보노보의 사회생활에 매우 흥미로운 측면이 많은 것으로 알려져 있죠. 최근에 밝혀진 바에 따르면 침팬지 사회는 굉장히 경쟁적인 사회이지만, 보노보 사회는 상당히 협동적인 사회라는 겁니다. 그런데 그 협동의 방식이 꽤나 독특합니다. 연구자들은 보노보의 성행위가 협동의사를 타진하는 중요한 수단일 거라고 보고합니다. 침팬지한테 먹을 것을 주면 서로 먼저 차지하려고 싸우잖아요? 반면 보노보들은 성행위를 통해 먹이를 나눌 수 있다는 의사를 전한다는 거죠. 물론 경쟁이 아주 없는 것은 아닙니다만.

최종덕 먹이를 나눠 갖는 아주 특이한 협동사회를 구성하는군요. 다른 말로 한다면 분배의 정의를 성 접촉을 통해 실현시킨다고 해야 하나요? 성행위는 일종의 협동의지를 교환하는 스킨십이라고 해야겠네요.

강신익 그렇죠. 보노보 사회는 스킨십을 통해 침팬지 사회보다 훨씬 더 평화로운 사회를 유지할 수 있게 되는 거죠. 아주 유사한 종이라도 그들 사이에는 변이의 폭이 매우 클 수 있는 겁니다. 그래서 사회생물학을 모든 분야에 적용하는 것은 일종의 횡포가 될 수 있다는 거예요. 경쟁이나 전쟁, 약육강식 등을 동물사회의 일반적인 법칙이라고 이야기하는 것은 지나친 일반화입니다.

최종덕 협동의 측면은 못 보고 투쟁의 측면만 본다는 것은 결국 보노보는 못 보고 침팬지만 본다는 거죠. 그런데 최근에는 침팬지 사회를 새롭게 해석하는 연구가 많아졌습니다. 제인 구달이 처음 아프리카에 가서 침팬지 연구를 시작한 게 1960년이었습니다. 20세기 초반부터 유럽인에 의한 아프리카 개발이 시작되었지만, 당시에는 아직 침팬지 집단의 생존이 위험할 정도로 밀림이 많이 잘려나간 것은 아니었답니다. 구달이 처음 아프리카 침팬지를 접했을 때 상당한 충격을 받았다는군요. 유럽의 동물원에서 보듯 침팬지가 온순한 동물인 줄 알았더니 상당히 투쟁적이고 난폭한 동물이어서 매우 놀랐다고 하죠. 제인 구달 이후 침팬지에 대한 연구가 다양하게 이루어졌고, 최근 보고된 연구는 좀 색다른 면을 보여줬습니다. 지금 이야기하고 있는 개체 간 변이와 다양성과 연관되는 건데, 구달은 탄자니아 곰비 국립공원 지역의 침팬지를 연구했죠. 1970년대에는 개발로 인해 국립공원이 상당히 좁아졌고 생태계의 파괴가 심각한 지경에 이르게 되었습니다. 서식지가 좁아지니까 먹이사슬과 교배범위가 좁아지고, 따라서 그곳 침팬지들이 상대적으로 난폭해졌다는 해석이 나왔죠. 그런데 최근 다른 지역의 침팬지를 연구한 보고서는 색다른 주장을 합니다. 탄자니아에서 더 내륙에 위치한 잠비아 강 남쪽에 서식하는 침팬지들은 곰비 지역 침팬지와 다르게 평화롭게 산다는 겁니다. 선생님께서 말씀하셨듯이 침팬지와 보노보의 차이뿐만 아니라 똑같은 침팬지종인데도 환경에 따라 다양한 성격형질이 나타난다고 볼 수 있는 거죠. 환경의 위협을 받는 지역의 침팬지 그룹과 아직 괜찮은 생태계를 유지하고 있는 침팬지 그룹 사이에서 상이한 변이가 있다는 겁니다. 이런 사례는 선생님께서 말씀하신 것과 비슷한 측면이 있다고 생각해요.

강신익 흥미로운 보고서군요. 같음보다는 다름을 주목해야 하는 이유가 거기에 있다고 봐요. 그런데 침팬지와 인간의 차이는 더하죠. 당연한 말이지만요. 물론 인간에게 동물의 측면이 없다는 건 아니에요. 그렇지만 같음과 다름의 양면성이 중요하다는 겁니다.

최종덕   결국 인간에게는 양면성이 있어서, 동물적인 면도 있고 어떻게 보면 신과 같은 특이함도 있다고 말하죠. 이런 양면성 때문에 이기주의와 이타주의 논쟁이 끊이지 않는 것 같아요. 1960년대에 윌리엄 해밀턴이 등장하면서 그 이전에 많았던 이기주의와 이타주의 논쟁이 완전히 달라지잖아요. 이타주의는 내재적으로 논리적인 약점을 갖고 있죠. 이기적인 모습이 자연의 일반적인 상식으로 받아들여지고 있으니까요. 예를 들어 이타적인 행위를 계속하는 어떤 사람이 있다고 하죠. 그의 행위를 제3의 이기주의 논쟁자라면 이렇게 비판할 겁니다. '그의 이타적 행위는 실제로 이기적인 결과를 더 많이 생산하기 위한 과정적이고 전략적인 방법에 지나지 않는다.' 그런 방식으로 공박할 경우 이타주의는 적절한 논리적 대응을 하기가 쉽지 않습니다. 그렇다고 해서 해밀턴이 이타적 행위의 본성이 없다고 말하는 것이 아닙니다. 그가 보기에 이타적 행위의 인간 본성은 존재하지만, 그 이타적 행위를 하는 이유는 그럼으로써 더 많은 이익을 내기 때문이라는 이기적 관점이 중요하다고 본 거죠. 이런 동기 이타주의와 구분해서 해밀턴 식의 이타주의를 생물학적 이타주의라고 부릅니다.

강신익   하지만 일상생활에서 사람들은 생물학적 조건이 아니라 본성에서 우러난 행동의 동기가 무엇인가에 초점을 두고 이타주의와 이기주의를 나누고 있지 않습니까?

최종덕   예, 그렇습니다. 그런데 저는 인간이 본래 이기적인 존재이냐, 아니면 이타적인 존재냐 하는 질문 자체가 잘못됐다고 생각합니

진화와 생태 가게 의학의 시선으로 생태주의적 진화론을 말하다

다. 인간 내부에 이타성과 이기성이 아주 깊이, 은밀하게 밀착되어 있다고 보거든요. 진화의 한 결과라는 점은 인정해요. 하지만 이기성과 이타성은 상호 배타적 본성이 아니라 상보적인 공진화의 결과라는 거죠. 이기적인 것도 인정해야 하고 이타적인 것도 인정해야만 비로소 인간 본성에 대한 접근이 가능하다고 생각합니다.

강신익 그러니까 규범윤리학을 거부하는 이유가 바로 그런 거군요.

최종덕 네, 그렇죠.

강신익 자연주의적인 입장에서도 이타성과 이기성의 진화론적 공존이 가능하다는 말이군요. 앞에서 말했듯이 진화론처럼 오해를 많이 받은 과학도 없을 겁니다. 오해와 더불어 시대마다 상황에 따라서 해석도 달라진 것 같아요. 예컨대 사회생물학 이전에 19세기 말엽까지 사회진화론이 나왔을 때는 유럽이 제국주의 침탈기였고, 20세기 들어 우생학이 나왔을 때는 유럽 사회에 인종과 계층의 차별이 만연했던 시절이었기 때문에 진화론도 그렇게 해석될 수 있었을 겁니다. 이런 역사적 상황들을 잊어서는 안 되죠. 진화론에 대한 오해도 이런 흐름에서 생긴 거예요. 진화론에 대한 사회생물학적 해석에 반대하는 의견도 있었죠. 소수이기는 하지만 리처드 르원틴이나 스티븐 굴드 같은 입장이 나오기도 했습니다. 그러면서 진화론은 다양한 방식으로 해석될 가능성을 열어놓은 것 같습니다. 어쨌든 인간의 본성과 관련해서 진화생물학은 다양한 이론을 제기했습니다. 자연의 세계와 인간의 세계가 얼마만큼 타협할 수 있을지 궁금하군요. 자연주의적 해석과 형이상학적 해석이 공존할 수 있을까요?

최종덕 타협의 가능성보다는 인간이 갖고 있는 영원한 이중성의 한 단편으로 보아야 문제에 더 쉽게 접근할 수 있지 않을까 생각합니다.

강신익 그러면 다시 사회생물학을 이야기해야 할 것 같습니다. 사회 생물학은 자연주의적으로 사람을 설명하는 것 아닌가요? 일단 자연 주의적 설명 방식에 근거를 두고 있는 것은 부정할 수 없겠죠. 이러한 사유배경을 지녔던 에드워드 윌슨의 'consilience' 또는 국내 번역의 '통섭(統攝)'도 그런 거겠죠?

최종덕 윌슨이 말하는 컨실리언스의 의미는 윌슨이라는 사회생물학 자로서는 아주 당연한 귀결점으로 연결된다고 생각해요. 컨실리언스 라는 것은 생물과학을 통해서 모든 인간과학 또는 사회과학, 자연과 학을 통합적으로 설명할 수 있다는 뜻이거든요. 그런 점에서 생물학 적 환원주의의 대표적인 양상이라고 말합니다. 그런 컨실리언스가 국  내에서는 통섭으로 번역되면서 많은 상상력을 일으키게 된 거죠. 컨 실리언스는 기본적으로 환원주의의 본질을 갖고 있고, 그렇기 때문에 사회생물학이 우리가 경계해야 될 가장 큰 요소가 된 겁니다.

강신익 그러면 윌슨의 컨실리언스에 나오는 자연주의와 최 선생님의 자연주의는 뭐가 다른 거죠?

최종덕 자연주의를 서양과학적인 의미대로 말한다면 일종의 유물론 이 됩니다. 그리고 사회생물학의 본연의 모습이 되는 거죠. 그러나 제 가 말하려는 자연주의는 포괄적 자연주의예요. 과학적 자연주의 또는 인식론적 자연주의가 아닌 생태론적 자연주의를 말합니다. 예를 들어 누군가 "꽃도 피면 지고, 달도 차면 기우나니, 인생 역시 일장춘몽이 저는 인간이 본래 이기적인 존재이냐, 아니면 이타적인 존재냐 하는 질문 자체가 잘못됐다고 생각합니다. 인간 내부에 이타성과 이기성이 아주 깊이, 은밀하게 밀착되어 있다고 보거든요. 진화의 한 결과라는 점은 인정해요. 하지만 이기성과 이타성은 상호 배타적 본성이 아니라 상보적인 공진화의 결과라는 거죠. 이기적인 것도 인정해야 하고 이타적인 것도 인정해야만 비로소 인간 본성에 대한 접근이 가능하다고 생각합니다.

라."라고 말하면서 인생 흥망성쇠의 흐름을 깨닫고자 한다면 이런 수
사법이 곧 자연주의에 해당한다는 뜻입니다. 일종의 동양적 자연주의
라고 말해도 좋아요. 그런 수식어가 어색하기는 하지만 생태적 자연
주의를 설명하기 위한 예시를 동양 고전에서 얼마든지 찾을 수 있기
때문에 상징적으로 '동양적'이라는 수식어를 사용하곤 합니다. 이는
서양에서 말하는 과학적 자연주의와는 상당히 달라요. 서양적 자연주
의, 아니면 보통 사람들이 인식하고 있는 과학적 자연주의는 물질적
인 원소로서 인간적인 모든 것을 설명할 수 있다는 도그마가 될 수 있
죠. 생태적 자연주의 또는 '동양적 자연주의'라는 표현이 적절하지는
않지만 서양과학에서 말하는 과학적 자연주의가 아니라는 점을 표현
하기 위해서라는 점을 양해해주세요. 생태적 자연주의의 중요한 틀은
자연적 태생의 만물, 즉 물질의 존재를 인정하지만, 결코 물질환원주
의가 아니라는 점입니다. 인간의 삶의 원천이 누구에게서 주어진, 선
천적으로 주어진, 어떤 절대존재로부터 파생되거나 창조된 것이 아니
라 원래부터 자연 상태로 있었다는 거예요. 즉 존재의 시작이 없다는
거죠. 쉬운 예를 들어서 이야기해볼게요. 이미 철학에서는 잘 알려진
이야기지만요. 시계가 있으면 시계를 만든 시계공이 먼저 있어야 된
다는 논리가 서양적인 사고방식이라면, 저는 시계가 있다고 해서 그
시계를 만든 시계공이 반드시 필요한 게 아니라는 뜻입니다. 시계와
같은 인공물을 예로 들었기 때문에 이해하기 어려울 겁니다. 그래서
이런 예는 적절하지 못해요. 다른 예, 즉 자연물의 예를 들어보겠습니
다. 흐르는 개천 가운데 있는 바위는 그것이 있다고 해서 반드시 그
바위를 만든 최초의 제작자를 설정할 필요가 없죠. 이런 자연물을 보
는 접근방식은 생태적 자연주의를 이해하는 첫 단추입니다.

몸의 역사, 몸의 문화

최종덕 지금까지 진화론과 의학이 구체적으로 만날 수 있는 지점이 어디까지인지에 대해 이야기했습니다. 이야기를 나누다 보니 오히려 제가 선생님께 질문을 받았는데, 좀 더 이야기를 진행시키기 위해 우리 사회의 구체적인 현실 문제를 다뤄야 할 것 같아요. 진화생물학 이야기를 하기 위해서는 반드시 생명 문제를 논의해야 한다고 생각해요. 선생님께서는《몸의 역사, 몸의 문화》라는 책도 내셨는데, 이제 몸에 대한 구체적 담론을 진화론의 관점에서 나눠보겠습니다. 생물학적 진화론의 범주를 넘어서 진화론이 우리 몸에, 사회에, 역사에 미치는 영향 등 좀 더 넓은 의미의 진화론이 주제라고 생각하시면 됩니다.

강신익 몸에 대해 이야기하려면《종의 기원》의 중요한 특징을 먼저 말해야 합니다. 다윈이《종의 기원》을 쓸 때부터 말했듯이, 진화론이 갖고 있는 가장 큰 의미, 그리고 역사에 던져주는 메시지를 한 마디로 표현하자면 '변화'일 겁니다. 저는 변화의 메시지를 통해서 몸을 재해석해야 한다고 생각해요. 아니, 재해석이라기보다는 몸의 원래 위상을 되찾자는 말일 수도 있죠.

최종덕 변화라는 진화론의 메시지를 그 당시 사회에서는 쉽게 받아들일 수 없었습니다. 우리는 당시 영국 기독교 사회와 진화론 사이의 종교적 갈등만 자꾸 부각시킵니다만, 실제로 그런 갈등은 표면적인 거였죠. 진짜 심각했던 것은 유럽의 전통적인 형이상학의 틀과 새로운 과학인 진화론이 갖고 있는 변화의 틀이 서로 충돌된다는 점입니다. 진화론은 고정된 것이 없다고 보는데, 서양에서는 전통적으로 불변의 철학, 정지성의 철학, 절대성, 완전성, 유일성이라는 형이상학의 철학을 발전시켰죠. 쉽게 말해서 '플라톤의 철학'이라고 하죠. 이런 전통이 2,500년 동안 내려왔는데, 그에 대해 정면으로 도전한 것이 다윈일 겁니다.

강신익　그런 충돌과 갈등이 의학에서도 나타나고 있다는 점이 아주 흥미롭습니다.

최종덕　예, 그래요. 몸에 관한 담론은 10여 년 전부터 여러 분야에서 많이 다뤄져왔지만, 진화론과 연관한 논의는 아직 그렇게 많지 않은 듯합니다. 태어날 때 가지고 있던 세포를 죽을 때까지 유지하는 게 아니라는 점에서 몸의 변화 담론을 끌어갈 수 있을 것 같아요. 전체의 틀은 유지하고 있지만 세포나 에너지, 신진대사 등으로 계속 변하지 않습니까? 그래서 몸이야말로 동역학적 존재의 대표적인 유형이라고 생각합니다. 진화론 이야기에서부터 몸의 이야기로 넘어가면서 건강이나 질병 등에 대해 좀 더 포괄적으로 논의를 나눴으면 합니다. 선생님께서는 몸에 관한 다양한 논문과 전문적인 책을 발간하신 만큼, 이에 대해 쉽게 풀어서 설명을 부탁드리겠습니다.

강신익　'몸'이라고 하면 보통 서양 말로 'body'를 생각하죠. 실체하는 존재인 몸을 떠올리는 거예요. 반면 동양 전통에서는 몸뚱이라는 실체만이 아니라 그 몸이 겪어왔던 경험의 역사를 포함하고, 나아가 다른 몸과의 교류까지 포함하는 개념인 것 같습니다. 물론 서양에서도 최근에는 실체로서의 몸이 아닌 경험을 포함한 현상학적인 몸을 많이 논의합니다. 예컨대 'lived body'라고 하면 '살아온 몸', 경험을 담아낸 좀 더 역동적 의미의 몸을 말합니다. 지금 우리가 말하는 진화론적 몸은 생물학적인 의미에서의 변화, 그 안에 포함된 경험 같은 것들을 다 포괄하는 개념이에요. 예컨대 줄기세포라는 연구 주제는 이미 고정적이고 실체론적으로 파악된 몸을 상정한다고 볼 수 있죠. 유전자가 같으면 모든 것이 같다는 전제를 깔고 있는 것이 단적인 사례예요. 사실은 그렇지 않다는 것을 현대 과학이 분명히 증명했는데도 여전히 실체론적 몸의 개념이 활개치고 있는 것 같습니다. 철학적으로뿐만 아니라 생물학적으로도 환원주의의 불충분성은 이미 확인됐죠. 몸을 이해하려는 시야를 조금만 넓히면 줄기세포 사태와 같은 코미디는 벌어지지 않았을 겁니다.

최종덕　뒤에서 줄기세포 문제를 이야기할 텐데, 여기서 이미 그것을 보는 관점 이야기가 나왔군요. 몸을 이해하는 방식이 실체론에 근거한다면 구체적인 줄기세포 연구조차도 실질적인 결과를 얻어내지 못한다는 교훈인 것 같습니다. 몸에 대한 이해가 더없이 중요하다는 것을 새삼 느끼게 하는군요. 말씀하신 '경험을 담고 있는 몸'이라는 게 상당히 흥미로운 주제인 듯한데, 그걸 좀 더 풀어서 설명해주세요.

강신익　제가 그동안 몸에 대한 글을 써오면서 명사(名詞)가 아닌 동사(動詞)로서의 몸을 생각하려고 했습니다. 저는 몸을 세 가지로 표현했어요. 첫째, 몸은 관찰과 과학연구의 대상이 되기도 하죠. 몸을 대상으로 삼아서 그에 대한 뭔가를 아는 것, '앎으로서의 몸'이라는 게 있어요. 대상화된 개체로서의 몸일 수 있죠. 둘째, '삶으로서의 몸'이라는 거죠. 말하자면 경험을 담고 있는 몸으로, 이건 실체론으로는 도저히 설명할 수 없는 거예요. 셋째, '행위로서의 몸'이에요. 우리는 몸을 움직여서 뭔가를 한다는 거죠. 물론 '인식으로서의 몸'과 '경험으로서의 몸', '행위로서의 몸'이 사실은 다 묶여 있는 겁니다. 그렇기 때문에 하나의 고정된 실체로 존재할 수 없는 것이고, 끊임없이 새롭게 알아가고, 살아가고, 뭔가 행위를 하기 때문에 그 몸은 끊임없이 새로워지는 몸이 되는 겁니다. 그것을 더 넓은 시간의 관점에서 본다면 진화적인 사유양식과 합치될 수 있다고 생각해요.

최종덕 저도 그렇게 생각했습니다. 새로워지는 몸, 그것이 진화론적 사유의 핵심구조이기도 하죠. 몸을 '앎'과 '삶'과 '행위'로 분류하는 게 상당히 흥미롭군요. 그런데 삶으로서의 몸과 행위로서의 몸의 차이점은 뭔가요?

강신익 신경학적으로 설명해도 될까요? 신경섬유에는 구심섬유가 있고 원심섬유가 있어요. 신경세포의 구심과 원심을 몸의 양상에 상징적으로 대비시킬 수도 있겠다는 생각이 강하게 들었습니다. 물론 어디까지나 수사적 비유일 뿐이지만요. 말하자면 '삶으로서의 몸'이라는 것은 외부로부터 주어지는 자극을 받아들여서 새로워지는 몸이고, '행위로서의 몸'은 행동을 보여줌으로써 달라지는 몸이에요. 즉 삶의 몸은 구심 지향적이고, 행위의 몸은 원심 지향적이라는 점이 차이라고 볼 수 있어요. 이것이 정확하게 구분되지는 않습니다만, 굳이 구분하자면 그렇다는 말이죠.

최종덕 그렇게 설명해주시니 분명하게 이해되는군요. 이런 비유와 관련해서 건강이라는 주제를 다룬다면 좀 더 이해의 폭이 넓어질 듯합니다. 우리가 건강을 이야기할 때 보통 몸에 대해서 많이 이야기하죠. 몸을 어떻게 바라보느냐에 따라서 건강이나 질병의 개념도 상당히 달라질 것 같아요. '동사로서의 몸'이라는 말씀을 하셨는데, 여태까지 '명사로서의 몸'으로 간주되어온 기존의 건강 개념과 달리 '동사로서의 몸'으로 본 건강은 어떤 차이가 있을까요?

진화와생태 가째 의학의 시선으로 생태주의적 진화론을 말하다

강신익 여기서 진화의학적인 관점이 들어가야 될 것 같군요. 예컨대 감기에 걸리면 콧물이 나고, 열이 나고, 기침을 한단 말입니다. 명사로서의 몸, 명사로서의 건강이라면 그러한 부작용들이 없는, 불편함이 없는 몸이 건강하다고 말하겠죠. 그런 실체론적인 몸의 개념에서는 겉으로 드러난 증상인 기침을 없애야 되고, 열을 내려야 되고, 콧물을 나지 않도록 해주는 약을 쓰는 것이 기존의학의 대처방식이라고 볼 수 있어요. 불편함이 없는 상태를 건강이라고 정의할 경우, 왜 불편한 증상이 생기게 되었는지에 대한 진화론적 추론을 배제하는 겁니다. 반면 진화론적인 관점에서 보면 그것은 내가 외부의 자극을 받아들여서 반응하고 대처하며 적응하는 과정이에요. 기침의 예를 다시 들어봅시다. 감기에 걸린 나의 몸은 기침을 하는 나 자신뿐만 아니라 기침을 유발하는 바이러스까지 포함해서 나의 몸이 되는 겁니다. 바이러스 입장에서는 기침이 자기를 퍼트리려는 행위이고, 내 입장에서는 내가 너무 많은 바이러스를 갖고 있기 때문에 바깥으로 내보내려는 작용이에요. 열이 나거나 콧물이 나는 증상도 마찬가지입니다. 만약에 우리가 진화적인 또는 동역학적인 개념으로서의 몸을 생각한다면 외적으로 드러난 '불편함'을 없애는 것이 '건강'이라고 볼 수 없습니다. 오히려 새로운 평형상태를 찾아가는 과정이 곧 건강이죠. 병을 앓는 것은 결국 새로운 몸의 상태로 간다는 거예요.

최종덕 저는 건강과 질병에 대해서, 특히 통증에 대해서 관심이 많습니다. 가장 쉽게 접근할 수 있는 두통을 이야기해보죠. '명사로서의 몸'으로 볼 경우, 스트레스성 두통이 생겼다면 아마도 머리가 아프다는 그 증세만 없애주는 약을 투여하고 그걸로 치유가 끝났다고 생각하겠죠? 그렇지만 앎과 삶과 행위의 주체가 되는 몸이라면 통증 자체보다는 두통을 일으키게 한 원인이 무엇인가 하는 점에 초점을 맞추겠군요. 스트레스성 두통 같은 경우에는 질병과 구분해야 된다고 생각하거든요. 스트레스성 두통에서 통증은 단순한 증상에 지나지 않고, 그 통증을 유발시킨 주변 환경이라든가 그 사람이 갖고 있는 인간관계 같은 사회적 환경, 문화적 환경, 생물학적 환경이 질병의 본질일 거예요. 저는 몸을 그런 환경과 분리해서 볼 수 없다고 봅니다. 이런 점에서 선생님께서 말씀하신 것과 일맥상통할 거라고 보는데, 이게 진화론적인 관점에서 본 건강개념일 겁니다. 그래서 물리적, 생물학적 환경뿐만 아니라 사회적 환경과의 관계를 살펴보는 게 어떨까 싶습니다.

강신익   우리가 흔히 스트레스라고 말하는데, 사실 이것도 현대 의학의 수준으로 봐서도 엄밀하게 규정된 개념이 아닙니다. 증상의 원인을 설명할 수 없을 때 '스트레스'라는 진단을 내리는 경우가 많거든요. 물론 스트레스도 생물학적으로 규정하기도 합니다만, 이것도 좀더 동역학적 관점에서 바라볼 필요가 있어요. 의사들이 흔히 말하는 스트레스의 주범이 무엇인지는 잘 따지지 않는 게 현실이죠. 설명하기 어려운 질병이 있으면 환자에게 스트레스 받지 말라고 하는데, 도대체 어떻게 하란 것인지 환자는 막연해지는 거죠. 현대사회를 살아가면서 스트레스를 안 받을 수는 없거든요. 그러니까 무조건 스트레스를 받지 말라고 하는 것은 좀 무책임한 것 같아요. 물론 질병 자체도 여러 가지 주위의 생물학적 환경이나 사회적 환경 등을 포함하기 때문에 그 원인을 밝힘으로써 대처하는 게 중요하겠죠. 그러나 스트레스를 어떤 '것'으로 규정하는 순간, 사회적이든 생물학적이든 오히려 더 큰 스트레스를 받게 되는 겁니다. 그러니까 스트레스도 존재가 아니라 관계의 관점에서 파악해야 한다는 거죠.

최종덕   스트레스를 받을 수밖에 없음을 인정해야 된다는 말이군요.

그렇다면 호모사피엔스의 운명과도 같네요. 좀 수사적으로 말할 수 있다면 호모사피엔스의 스트레스란 진화의 운명적 소산물인가요?

강신익 예, 그렇게 말할 수도 있죠. 스트레스라는 것은 불가피한 것이고, 그것이 없으면 진화의 힘도 작용하지 않아요. 스트레스가 오히려 진화의 원동력일 수 있다는 말입니다. 물론 그 강도가 너무 크면 진화가 일어나기 전에 위해를 입을 수도 있지만, 적당한 스트레스는 오히려 생명진화의 참모습이겠죠. 이렇게 생명을 이해한다면 스트레스를 없애려고만 하지 말고, 그 스트레스를 받아들여서 어떻게 긍정적인 방향으로 엮어갈 것인가를 궁리하는 것이 좋다고 봅니다. 그것이 바로 건강의 정의예요. 그리고 궁극적인 의미에서 더 좋은 건강을 찾아가는 길이 된다고 생각해요.

최종덕 스트레스가 있어야만 진화가 일어난다는 선생님의 주장은 스트레스를 진화를 유도하는 선택압력(selection pressure)으로 해석하시는 것인데, 매우 흥미롭고 새로운 명제 같습니다. 맞는 것 같아요. 꼭 문명사회에서 오는 스트레스뿐만 아니라 자연환경에서도 스트레스를 받는 것이 사실이니까요. 그래서 스트레스를 인정하고, 오히려 긍정적으로 전환시키는 태도가 굉장히 중요하다는 시사점을 던져주신 것 같습니다.

강신익 조금 전문적인 이야기가 되겠지만, 이걸 진화적으로 또는 생물학적으로 설명해볼 수 있습니다. 스트레스 반응은 HPA라는 경로를 따라 나타난다는 사실이 밝혀져 있습니다. 시상하부(hypothalamus), 뇌하수체(pituitary), 부신피질(adrenal cortex)의 첫 글자를 딴 이름인데, 시상하부에서 나온 신호가 뇌하수체를 거쳐 부신피질에서 코르티

졸이라는 호르몬을 분비하게 함으로써 스트레스 반응이 나타난다는 겁니다. 이 호르몬이 만성적으로 높은 수준을 유지하면서 여러 가지 문제가 발생한다는 거죠. 신경계(뇌)가 내분비계(부신피질)와 직접 연결되어 있다는 증거이기도 한데, 이것을 정신활동과 신체활동의 연결고리로 해석하기도 합니다. 문명이 일어난 이후의 짧은 시간과는 비교가 안 될 정도로 아주 오랜 시간 동안 우리 조상들은 수렵이나 채취를 하면서 살았죠. 따라서 우리 몸은 그 시기의 환경에 적응된 상태라고 볼 수 있어요. 예를 들어 사자가 나타나면 도망가야 되고, 뱀이 나타나면 피해야 되는 상황이 반복되면서 적응의 기제가 진화한 거죠. 맹수나 독을 가진 동물 또는 자연재해를 피하기 위해서는 짧은 시간에 엄청난 에너지를 동원해야 해요. 에너지가 목숨을 구하는 일에 집중되면 면역이나 소화와 같은 일상적인 기능은 약해질 수밖에 없어요. 이렇게 응급상황에 대처하기 위해 진화한 것이 스트레스 반응이라는 겁니다. 그렇게 피함과 도망감이라는 행위로 반응하기 위해서는 그런 행위를 유발하는 스트레스성 호르몬이 적절히 분비돼야 합니다. 그러지 않으면 생존 자체가 위험해지기 때문이죠. 스트레스 호르몬이 분비되면 그 위기를 피하는 데 필요한 신체부위에 혈액이 집중됩니다. 사자의 위험을 피하기 위해서 우리 몸은 자동적으로 소화기관 대신에 도망가는 데 필요한 다리 근육으로 피와 에너지를 집중시키는 거죠. 그것을 '투쟁-도주 반응(fight or flight reaction)'이라고 해요. 예상치 못한 외부 자극에 깜짝 놀랐을 때, 위험에 닥쳤을 때 도망가거나 대항하는 신체의 반사적 반응이 진화의 결과로 형성되었다는 거죠. 하지만 현대인은 사자에게 쫓길 일은 없어졌습니다. 스트레스 호르몬이 충만하다가 위기를 피하고 나면 원상태로 회복되는 대신 일상적으로 자질구레한 만성적 스트레스를 받게 되니까 스트레스 호르몬이 항상 일정 수준 이상을 유지하는 문제가 발생한 겁니다. 현대인은 직장

진화하생태 카페 의학의 시선으로 생태주의적 진화론을 말하다

상사나 동료의 괴롭힘 또는 지나친 경쟁으로 인한 스트레스에 만성적으로 노출되어 있죠. 그래서 조상들처럼 긴장하고 이완하는 역동적 균형을 이루지 못하고 항상 긴장된 상태를 유지한다는 겁니다. 그러니까 간헐적 스트레스는 생존과 건강에 도움이 되지만, 지속적이고 만성적인 스트레스는 건강을 망칠 수 있게 되는 거예요.

최종덕　내가 스트레스를 받았을 때 도주할 것이지 싸울 것인지를 빨리 선택해야겠죠. 그게 진화론적 스트레스의 배경이 될 거라고 생각합니다. 그런데 또 한편으로는 인도네시아 오랑우탄을 연구하는 일본 연구진의 보고서를 보니까 흥미로운 점이 있더라고요. 오랑우탄 섬이라고 불리는 그 지역에는 뱀도 같이 살고 있죠. 오랑우탄은 뱀을 처음 봤을 때도 피해야 된다는 걸 본능적으로 잘 알고 있어요. 특별히 학습하지 않아도 뱀을 피하는 법을 알고 있죠. 그런데 그 섬에 최근 들어 외지인에 의해 외래종 뱀이 들어왔답니다. 새로 들어온 뱀에 대해서는 오랑우탄들이 토종 뱀을 대할 때와는 달리 피하는 본능이 작동하지 않아 손으로 건드려보기까지 하더래요. 결국 오랑우탄은 외래종 뱀에 의해 많이 희생당했답니다. 이 보고서는 선천적인 것도 중요하지만 후천적 학습도 다양한 호르몬 분비와 연관될 수 있다는 사실을 보여준 겁니다. 그래서 후천적인 측면들도 무시하지 못할 듯해요. 지금 우리 논의에서 선천적인 측면과 후천적인 측면이 진화론을 통해 많은 부분 연결되어 있다는 생각으로 정리되어가고 있습니다. 그래서 몸을 이해하기 위해서는 진화론적인 규명을 해야 한다고 보는 거죠. 스트레스 반응에서도 선천적인 반응구조와 후천적인 반응구조가 연결되어 있다고 추정할 수 있을 것 같습니다.

강신익　흔히 이야기하는 본성과 양육 문제가 이 시점에서 다시 나올 수 있을 거예요. 환경의 영향이냐 원래 결정된 거냐 하는 문제인데, 사실 이 논의는 생물학적으로는 거의 다 정리되어 있는 것 같아요. 오늘날 유전자의 결정적 역할이나 반대로 환경의 역할의 우선성을 따지는 일은 논쟁을 위한 논쟁일 뿐입니다. 생물학적으로는 이미 후성규칙(epigenetic rules)이론이나 신경과학의 시냅스이론 등에 의해 양자의 상보성이 상당 부분 설명이 되거든요. 그러니까 유전자가 같다고 해도 그것이 발달 과정, 즉 임신 중일 때부터 시작해서 후천적으로 얻어지는 여러 가지 환경이나 학습 같은 것들에 의해서 얼마든지 변할 수 있다는 사실은 이미 논쟁의 여지가 없게 됐죠. 동일한 유전자라 하더라도 기능을 달리하는 부위에서는 다른 발현을 한다는 게 밝혀졌고요. 그런 것들은 이미 생물학적으로 설명이 다 된 것인데도 우리가 지나치게 이분법적 논쟁에 익숙해서 기존의 선입관에서 빠져나오지 못하는 것이 아닌가라는 생각이 들어요. 진화론 내부에서 선택의 단위를 따지는 논쟁 역시 마찬가지라고 생각합니다.

최종덕　예, 그래요. 그 유명한 리처드 도킨스 같은 학자는 선택의 단위(level of selection)가 기존처럼 개체군이나 집단 또는 개체가 아니라 유전자라고 했죠. 이에 대한 후폭풍이 만만치 않았어요. 선택 단위라는 주제는 너무 전문적인 것이어서 오늘은 피하겠습니다. 단지 《이기적 유전자》라는 책에서 나온 유전자의 개념이 바로 유전자 단위에서 진화가 이루어진다는 뜻이라고 보면 되지요.

강신익　정말 이 논의는 아직 해명해야 할 부분이 많이 남아 있는 것 같습니다. 진화론 논쟁 중에서 선택의 단위에 관한 논점들, 특히 유전자가 선택의 단위라는 주장에 대한 이야기는 더 많은 논의가 필요하죠. 유전자가 선택 단위라 하더라도 그것이 실제로 표현형질로 발현될 때는 외부환경의 영향을 많이 받는다는 사실이 밝혀진 상태예요. 그래서 유전자와 환경의 관계는 그렇게 이분법적으로 나눌 수 있는 게 아닌 듯합니다.

최종덕　실은 도킨스도 유전자가 선택의 단위라는 명제가 유전자결정론으로 오해되는 것을 우려하는 말을 자주 하는 편입니다. 어쨌든 선생님 말씀대로 환경과 유전자의 관계는 우리 생각과 다르게 서로 배척하는 관계가 아니라 보완적인 것만은 확실합니다.

강신익　어떻게 보면 아주 당연한 관계인데도, 이 점이 큰 논란거리가 되어왔단 말이죠. 유전자결정론의 문제도 마찬가지예요. 현대 생물학에서 유전자 단독으로 형질을 결정할 수 있다는 말은 어불성설이 되었죠. 유전자가 형질로 발현하는 다양한 조건들에는 DNA도 있겠지만 단백질의 구조공간도 무척 중요한 역할을 한다는 사실이 밝혀졌잖아요?

최종덕　네, 지난 토론에서 그 이야기를 했죠. 물론 DNA도 중요하지만 필요조건일 뿐이죠. 충분조건은 못 된다는 말입니다. 생명이 보여주는 다양성의 폭은 정말 어마어마합니다. 그런 생명의 세계를 DNA에 국한해서 해명한다는 것은 결정론자의 자만심일 뿐이에요. 작은 생명을 통해서 우주론적인 세계까지 상상하고 유추할 수 있습니다. 문제는 그런 결정론자들이 의외로 우리 주변에 많다는 점이에요. 그들에게서 인간에 대한 상상력을 찾아볼 수 없는 것은 당연합니다. 양육과 본성이라는 논의 역시 이런 차원에서 다루어야 한다고 생각해요.

강신익　예, 마찬가지 생각입니다만, DNA에서 단백질 구조의 다변성에까지 눈을 넓힌다면 양육과 본성의 문제들은 더 이상 논란이 될 수 없음을 깨닫게 될 겁니다. 특히 선생님이 강조하시는 진화발생학 부문에서는 논란의 여지가 없겠죠. 아까 말씀하신 것 중에 이미 유전적으로 결정됐다 하더라도 그것이 어떤 시점에 발현되느냐, 그리고 어떤 방식으로 형질이 발현되느냐에 따라서 후천적인 차이가 크게 난다고 했죠. 이것은 발생생물학에서 많이 연구되어왔고, 그런 부분에서는 본성과 양육이라는 문제가 많이 해소되었습니다.

최종덕 생물학은 사실 어떤 부분에서는 철학적 논의보다 한발 앞서 나가는 측면이 분명히 있어요. 물론 아직은 철학적인 반성에 의해서 다듬어지지는 않았고, 인문학적인 성찰이 부족한 과학논쟁들이 있는 것이 분명한 사실이지만요. 그러나 양육과 본성에 대한 논쟁처럼 생물학에서는 이미 많은 부분 정리가 되어 있단 말이죠. 그래서 인문학도 조금 더 용기를 갖고 생물학을 비롯한 자연과학의 사유구조를 조금씩 받아들인다면 더 많은 철학적 논의구조가 활성화될 것으로 생각해요. 아니, 확신한다고 말할 수 있습니다. 제가 보기에는 아직까지 그런 상황이 오지 않은 것 같아요.

진화와 생태 카페 의학의 시선으로 생태주의적 진화론을 말하다

3
미생물에서 인간까지,
자연의 생태적 평등

최종덕   선생님이나 저나 지금 철학을 전공하고 있지만 이전에는 과학을 전공하던 입장이어서 그런지 과학에 대해서 상대적으로 융통성을 갖고 있으며, 또한 과학에 대한 수용력이 많다고 자평해도 될까요? 하지만 인문학 전반에서 볼 때, 많은 지식인들이 여전히 현대 과학의 발전을 그다지 쉽게 받아들이지 않는다고 보입니다.

강신익   맞습니다. 소위 과학철학을 하시는 분들은 그래도 좀 이해를 가지고 있는 듯하지만, 일반적으로는 서로 무척이나 답답해하죠. 서로 지식의 장벽을 깨지도 못하고 깰 생각도 없는 경우가 많아요. 인문학자나 과학자 모두 책임을 가져야 한다고 봅니다. 앞서 이야기했던 실체적인 생각이나 환원적인 생각에 묶여서 현대 과학의 '변화'를 보지 않으려는 경향이 많습니다. 제가 이런 말을 하면 안 되지만, 과학을 하시는 분들과 대화를 하다 보면 공동작업을 하면 좋겠다는 제안이 자주 나옵니다. 과학자 집단에서도 인문학적 관심을 많이 가지고 있거든요. 그런데 실질적으로 협동연구(co-work)가 이루어지는 경우는 아주 드문 편이죠. 실험실에서 과학자 그룹이 하고 있는 연구는 대부분이 환원적 방법론에 근거한 연구인데, 이런 방법론에서는 인문학적 성찰이 필요하다는 생각을 하기가 아주 어렵거든요. 그래서 과학은 몸통에 해당하는 실질적 학문이고, 인문학은 거기에 입히는 옷이나 장식품이라고 생각하는 경우가 많아요. 예를 들면 뇌공학 연구 그룹은 대부분 어떤 현상을 조절하고 지배하는 메커니즘이 무엇인지를 밝히려 합니다. 그런 연구에서는 거의 전기화학적 신호나 물질이 어떻게 반응하는가를 미시적으로 관찰할 거예요. 그리고 보고서를 작성하고 유명한 학술지에 싣게 되겠지요. 그런 연구 과정에서 얻어지는 실험결과나 연구성과들을 인문학적으로 성찰하려는 노력은 거의 없는 것 같습니다. 그것은 연구자 개인의 문제가 아니라 우리 학계 풍토 전반의 문제인 듯해요. 학술연구 지원을 담당하는 정부기구에서도 그런 해석의 연구풍토를 허용하지 않는 분위기입니다. 그런 연구계획은 연구비 지급을 거절당하니까요. 결국 과학과 인문학의 통합 연구는 지체되고 말아요. 최근 들어 이러한 현상이 쌓이면서 이제는 다양한 학문 간의 협동 연구라 하면서도 사실은 주제만 비슷하고 진짜 연구는 아무 교류도 없이 고립적으로 수행해서 덧붙이는 경우도 있습니다. 저는 전공의 학제적 특성 때문에 양쪽의 입장을 함께 바라볼 기회가 비교적 많았기에 이런 문제점을 지적하는 겁니다. 양쪽이 마치 물과 기름처럼 만나지 못하는 듯한 답답함을 자주 느끼게 되죠. 한 발짝만 물러서서 양쪽의 문제를 한꺼번에 바라볼 수 있다면 엄청나게 창의적인 연구 주제를 설정하고 독보적인 성과를 낼 수도 있을 텐데 참 안타깝습니다.

최종덕 지금 제가 책꽂이에서 책을 한 권 뽑았는데요, 《인문의학》이라는 책입니다. 강신익 선생님께서 주관하고 있는 인문의학연구소에서 발간한 책인데, '인문의학'이라는 제목 자체가 과학으로서의 의학과 인문학이 만나서 어떤 방식으로 문제를 해결할 것인가 하는 고민을 안고 있는 것처럼 여겨집니다. 과학과 인문학 사이의 대화를 강조하셨는데, 조금 더 정리해서 인문의학이 무엇인지, 우리가 알아듣기 쉽게 설명 좀 부탁합니다.

인문의학, 사회의학, 자연의학

강신익 원래는 과학도 철학 아니었습니까? 예를 들면 뉴턴의 책 제목에도 철학이라는 말이 들어가 있죠. 라마르크의 책도 그렇고요. 마찬가지로 의학도 철학이었다고 볼 수 있습니다. 상당히 오랜 기간 동안 당연한 사실조차 잘못 알고 있었던 것이 바로 이 점입니다. '한의학은 철학이고 양의학은 과학이다'라는 이분법도 비슷한 오해의 소산이라고 봅니다. 사실은 서양의학도 상당 부분 철학의 영향을 받아 형성된 것이라고 할 수 있죠. 고대 서양의학은 이 세상이 물, 불, 흙, 공기의 네 가지 원소로 이루어져 있다는 자연철학의 영향을 받아 우리 몸이 혈액, 점액, 흑담즙, 황담즙의 네 가지 액체로 이루어졌다는 가정에서 출발합니다. 이런 자연철학적 의학이 1,500년 이상 유럽을 지배했죠. 이런 흐름은 대체로 19세기 이후부터 뒤집히기 시작합니다. 해부학과 생리학이 발전하고 세균이 발견되어 처음으로 질병의 실체를 눈으로 확인하게 되자 이제 질병을 몸 전체의 불균형으로 바라보던 시선이 몸의 특정 부위와 병을 일으키는 생명체인 세균으로 옮겨가게 된 거죠. 여기서 몸은 삶을 살아가는 주체이기보다는 쪼개고 분

석해서 다스려야 할 대상이 됩니다. 그 결과 놀랄 만한 성과를 이뤄내죠. 감염병을 치료할 수 있는 항생제가 발명되고 고통 없이 수술할 수 있는 마취제가 개발되면서 의학은 명실상부한 과학의 지위를 얻게 됩니다. 이제 이전의 의학은 철학이고 지금의 의학은 과학이라는 이분법이 당연한 사실로 굳어집니다. 하지만 20세기 후반으로 오면서 과학적 의학의 한계가 드러나기 시작해요. 감염은 이제 더 이상 많은 사람의 목숨을 앗아가는 주요 질병이 아니게 되었고, 과학적 의학이 별로 도움이 되지 않는 만성병이 늘어나면서 의학의 권위에 대한 의문이 제기됩니다. 질병의 원인을 생물학적 조건이 아닌 사회적 환경에서 찾는 사람도 있었고, 차가운 의료관계의 문제점을 지적하는 사람도 많아졌습니다. 의료윤리가 중요한 화두로 떠오르기도 했죠. 질병을 메커니즘으로 재단해서 설명하기보다는 환자가 앓고 있는 삶의 문제를 중심으로 접근해야 한다는 주장이 받아들여져 의학 교육이 전면적으로 개편되기도 했어요. 심지어는 질병이 아닌 몸이 하는 이야기에 귀를 기울여야 한다는 담론의학(narrative medicine)이라는 것도 나왔습니다. 이 모든 것이 몸을 바라보는 시선, 몸에 대한 19세기의 철학적 전제를 위협하는 거죠. 이 역사적 흐름을 바라보면 의학에서 멀어졌던 인문학이 다시 제자리를 찾아간다는 느낌을 지울 수 없습니다. 그래서 저는 인문의학을 화두로 던진 겁니다. 저는 의학사의 관점에서 의학을 세 가지로 분류합니다. 즉 인문의학, 사회의학, 자연의학이죠. 모든 의학이 다 그렇듯이 서양의학도 신비적이고 주술적인 전통에서 비롯됐어요. 이때의 의학을 주술의학이라고 부르죠. 그러다가 자연현상을 초월적 존재가 아닌 자연 그대로 바라볼 수 있게 되면서, 다시 말해서 자연에 대한 고대의 이성이 자리를 잡으면서 자연의학이 정초된 것이죠. 이때가 대략 중국에서《황제내경》이 나오고 그리스에서 히포크라테스가 활동하던 시기에 해당합니다. 그렇지만 그때에도 인문적인 것 또는 사회적인 의학의 중요성을 무시하지는 않았습니다. 그 세 가지 의학의 줄기는 결코 분리될 수 없으며, 언제나 공존할 수밖에 없다고 생각해요. 인문의학은 세 가지 줄기의 하나이면서 그 셋을 아우르는 역할을 하는 메타의학(meta-medicine)이라고도 할 수 있습니다. 직접적으로는 의학과 관련된 인문학, 다시 말해 의사학(醫史學), 의철학(醫哲學), 의료윤리, 의료문학, 의료인류학을 아우르면서 의학 자체에 대해 메타적 반성을 하는 학문이라고 할 수 있죠. 영어로는 메디컬 휴머니티스(medical humanities)라고 하는데, 아직 국제적으로 합의된 연구 분야가 있는 건 아닙니다.

최종덕 상식적으로는 휴먼 메디신(human medicine)이 맞는 표현일 것 같은데, 특별한 차이가 있어서 메디컬 휴머니티스라는 용어를 택하신 것인가요? 그리고 인문의학이라는 새로운 학문영역을 만드실 때 참고로 하신 기존 사례가 있는지도 궁금하군요.

강신익 휴먼 메디신과는 어감의 차이가 있습니다. 휴먼이 아닌 휴메인 메디신(humane medicine)이라는 용어를 쓰는 사람도 있죠. 어떤 것이든 단순히 단어의 순서가 바뀐 것 이상의 차이가 있습니다. 의학과 인문학 가운데 어느 부문을 더 강조하느냐의 문제죠. 저는 의학이 과학일 뿐 아니라 인문학이기도 하다는 의미로, 그리고 그 인문학은 의학 속에 녹아 있어야 한다는 뜻으로 이런 용어를 선택했습니다. 인문의학은 의학의 한 분야이면서도 의학의 모든 분야를 아우른다는 점에서 참 매력적인 데가 있어요. 제가 주로 참고했던 외국의 사례는 네덜란드의 네이메헌 대학입니다. 유럽 의학철학회의 본부이기도 한 네이메헌 대학의 인문의학 프로그램에서는 의철학, 의사학, 의료윤리학을 묶어서 연구와 교육을 하고 있습니다. 그 각각을 전공한 교수가 따

진화와 생태 기획 의학의 시선으로 생태주의적 진화론을 말하다

로 있지만, 교육과 연구는 대개 함께 하지요. 저는 혼자서 그 세 분야를 모두 담당하고 있는 셈인데, 이 분야에 대한 대학의 이해나 의지가 그리 강한 것도 아니어서 어쩔 수 없는 측면이 있습니다. 지금 의학사를 전공하는 연구자들은 꽤 있는 편입니다. 학회도 무척 오래되었고요. 의철학 분야 역시 대학에 자리를 잡고 계시는 분은 얼마 없지만 동서의학자, 동서철학자, 인류학자 등 다양한 분야의 학자들이 모여 학회를 만들어서 공부를 하고 있습니다. 의료윤리 부문도 학회를 만들어서 의료전문인과 윤리학자들이 모여 있죠. 그런데 문제는 각 분야의 전문가들이 연구를 따로 한다는 점입니다. 아직은 공동작업이 쉽지 않은 거죠. 네덜란드의 경우 영역마다 전공자가 따로 있지만 인문의학센터의 연구는 그 세 분야를 가로지르고 있다는 특징이 있어요.

최종덕 인문의학이 인간에게 좀 더 비중을 둔다면, 사회의학은 사회에 더 초점을 두는 건가요?

강신익 그렇게 말할 수 있죠. 사회의학의 선구라면 독일의 루돌프 피르호(Rudolf Virchow)를 들 수 있습니다. 보통 그를 사회의학의 선구자라고 하지만, 원래는 현대 병리학의 토대를 놓은 사람이에요. 세포병리학을 처음 정립한 의사였기 때문에 그 사람이 없으면 현대 의학도 없다고 볼 수 있죠. 병리학을 하지만 독특하게도 그는 사회적인 현상에 초점을 맞췄어요. 유명한 일화가 있습니다. 1848년 독일 북부의 슐레지엔 지역에서 발진티푸스라는 전염병이 발생하자 당시 유명한 의학자였던 그가 역학조사관으로 파견되었어요. 그가 조사를 마치고 돌아와서 보고서를 제출했는데 그 내용이 아주 특이합니다. 우물물을 깨끗이 하라든가 소독하라는 등의 보건의료 관련 사항이 아니라 해당 지역 주민들에게 더 많은 자유를 주어야 한다는 정치적 구호가 포함된 겁니다. 주민의 건강은 주민들 스스로 나서서 해결해야 하고, 정부는 그들의 자유를 보장함으로써 그것을 도와야 한다는, 당시로서는 무척 파격적인 제안을 하고 있는 거지요. 발진티푸스가 만연하게 된 궁극적 원인은 특정 세균이 아닌 열악한 생활조건, 사회적 불평등과 부정의라고 진단한 겁니다. 이후 이 보고서는 아주 유명해졌고, 최초의 사회의학 문서로 여겨집니다. 그는 "의학은 사회과학이고, 정치학은 확대된 의학"이라고 말했죠. 그는 세포병리학과 사회의학을 조합해서 몸과 사회를 연결하는 새로운 연결고리를 발견한 인문의학자라고 불러도 좋을 듯합니다. 그는 몸은 세포들의 공화국이고, 건강은 그 세포들의 민주주의가 구현된 상태이며, 질병은 세포 민주주의의 파국이라고 말합니다. 제가 말했던 자연의학, 사회의학, 인문의학을 종합한 저의 학문적 우상이기도 하죠.

최종덕 지금 제도권 의과대학에 산업의학 분야가 있죠?

강신익 예, 있습니다. 많은 편이죠.

최종덕 그럼 그 분야를 사회의학의 한 영역으로 분류해도 되나요?

강신익 그럴 수 있죠. 산업의학뿐만 아니라 예방의학이나 보건학 등도 포괄적으로 사회의학 영역이라고 할 수 있습니다. 다른 의과대학은 대개 '인문의학' 대신 인문의학과 사회의학을 묶어 '인문사회의학'이라는 이름을 쓰고 있는데, 거기에는 대개 이런 학문들과 의료법학 등이 포함되어 있어요. 저는 거기서 '사회'를 빼고 '인문의학'이라고 했는데, 앞서서 말씀드린 대로 인문의학은 의학의 세부 분야이면서도 모두를 아우르는 학문이라는 뜻입니다.

최종덕　인문학에 초점을 두고는 있지만, 인문의학과 사회의학, 자연의학은 필연적으로 완전히 분리될 수 없는 것들이군요. 20세기에 들어서 의학은 분명히 과학화되었지만, 이전까지만 해도 철학의 범주였다는 역사적 사실은 어떻게 보면 당연한 이야기인 것 같으면서도 의학을 보는 새로운 시각을 던져주는 것이라고 생각해요. 그래서 그점을 되짚어보는 것이 인문의학의 중요한 과제인 듯한데, 결국 의학과 인문학이 만나야 된다는 이야기를 하려면 그 만남의 구체적인 현장을 찾아야 할 것입니다.

강신익　의학과 철학의 만남은 과학과 인문학이 만난다는 주제 안으로 포함되어야 하고, 나아가 전통과 현대, 그리고 동양과 서양의 만남이라는 대주제를 빠뜨릴 수 없을 것 같아요. 그래서 자연스럽게 동양의학 이야기를 해야 할 것 같습니다.

최종덕　지금까지는 동양의학과 서양의학을 지나치게 분리해서 봤어요. 그 둘을 완전히 배척하는 대립관계로만 인식해왔다는 것이 큰 문제입니다. 아직도 그러니까요. 물론 제도권 교육 시스템이 완전히 다르고, 그나마 동양의학 또는 전통의학이 제도권의 의과대학으로 남아 있는 게 전 세계에서 몇 군데 안 되니까 소수의 잔존 의학으로 치부되는 면도 있었죠. 이렇게 동양의학과 서양의학을 대립적으로 보는 시각은 동양의학이 현대 과학의 흐름에서 벗어나 있다는 인식 때문에 생긴 것 같습니다. 서양의학이 지나치게 과학화의 길을 걸으면서 그 반작용으로 동양의학은 철학적 시스템이라는 오해를 받은 듯해요. 제가 볼 때 한의학은 그렇게 비과학적이지도 않을뿐더러 그렇게까지 철학이라고 할 필요도 없을 것 같습니다. 단지 임상의 한 고유한 방법론을 유지하고 있는 전통의학 정도로 인식하는 것이 중요하다고 봅니다. 선생님은 서양의학에서 출발했지만 의학철학을 하고 있다는 점에서 동양의학에도 많은 관심을 두셨을 텐데, 어떻습니까? 두 분야를 대비적 또는 비유적으로라도 설명해주시죠. 물론 동양의학에 초점을 맞춰서 말씀해주시면 고맙겠습니다.

강신익   제가 치과학을 하다가 처음 철학으로 바꾸어 공부해보겠다고 결심했을 때가 기억납니다. 그땐 사실 동서양 의학의 갈등을 한번 풀어볼 수 있지 않을까 하는 욕심이 있었어요. 그래서 영국 의학철학부 유학 시절에 제 지도교수에게 그런 연구계획을 제안했습니다. 그는 제 이야기를 듣고는 픽 웃더라고요. 되지도 않는 이야기는 하지 말라는 의미였죠. 한국에 돌아온 후 다양한 경로를 통해 어느 정도 그런 공부를 한 것 같아요. 물론 제가 그런 공부를 충분히 해냈다고 생각하지는 않지만요. 그래도 어느 정도는 두 의학의 문제를 철학적으로, 인문학적으로 접근해봤다는 자부심은 가지고 있습니다. 그런 시도의 성과가 무엇인지 한마디로 설명하기는 어렵습니다만, 철학적으로 이야기하면 몸을 바라보는 두 의학 사이의 차이가 무엇인지를 깨닫게 된 것이 성과라고 할 수 있습니다. 이분법적으로 나눠서 이야기하면, 과학만능주의로 치닫고 있는 서양의학을 비판하는 입장에서 볼 때 대안적 철학이 반드시 보완되어야 한다는 생각입니다. 동양의학이 가지고 있는 몸의 개념, 세상을 바라보는 관점, 어렵게 말해서 인식론과 존재론, 나아가 우주론 같은 철학적 사유구조를 어느 정도 모델 삼아 수용해야 한다는 생각이에요. 이미 말씀드렸듯이 19세기가 지나면서 서양의학은 과학으로만 달려왔지만, 20세기 후반 들어 자체적으로 상당한 반성의 기운들이 생겼습니다. 그런 조류가 본격적으로 생긴 것은 아주 최근의 일이지만, 그 싹은 대개 1960년대부터 시작된 의료윤리운동에 있었다고 볼 수 있어요. 1980년대 말에서 1990년대 초반 무렵에는 그 모습이 더 구체화되었죠. 한편으로는 사회학과 윤리학 등의 학문 분야와 여러 사회운동 세력의 비판이 있었고요. 의료계는 그런 비판에 매우 신경질적이었지만, 결국 자신들이 인간관계와 사회관계에 무심했다는 사실을 인정하고 반성하는 일부 흐름이 만들어지면서 새로운 보건의료운동으로 이어진 겁니다. 한마디로 말하면 의학에 인간적 면모를 돌려주자는 운동이죠. 의학이 지나치게 과학화됐기 때문에 의학에서 인간이 사라졌다는 점을 반성하는 겁니다. 그런 과정에서 서양에서는 소위 대안의학(alternative medicine)이 상당히 크게 일어나게 됩니다. 보통 대체의학이라고 번역하지만, 저는 대안의학이라는 중립적인 용어를 더 좋아해요. 대안의학이 그렇게 크게 일어날 수 있었던 배경에는 인간에서 멀어진 과학적 의학이 있었어요. 그런데 우리는 이미 한의학이라는 전통의학을 과학적 의학의 대안으로 가지고 있었고, 그래서 한때 한의학이 크게 부흥하는 조짐이 나타났던 겁니다. 과학적 의학에서 잃어버린 인간을 한의학에서 찾으려 했던 거죠. 하지만 전혀 다른 세계관에 뿌리를 둔 두 의학이 평화롭게 공존하기가 그리 쉬운 일은 아니죠. 그래서 먼저 철학적 수준에서 두 의학의 화해를 모색했던 겁니다. 동양의학을 공부하다 보니까 서양의학과 과학의 역사 속에도 동양적 관점이 살아 있다는 생각이 들더군요. 근대 이전의 서양의학, 그리고 최근 새롭게 연구되고 있는 첨단 분야의 연구성과들이 특히 그래요. 지금 우리가 이야기하고 있는 진화론 역시 그런 분야 가운데 하나라고 봅니다. 그 밖에 신경과학과 면역학에서도 고정된 개체가 아닌 변화하는 관계를 중심으로 세상을 바라보는 관점이 주류가 되어가고 있어요. 그렇다면 철학적 수준에서뿐만 아니라 과학과 임상의 수준에서도 구체적 접목을 시도해볼 필요가 있지 않겠느냐는 거예요.

최종덕　제가 보기에는 동양의학이 서양의학보다 훨씬 더 진화론적 사유구조에 가까이 다가가 있는 듯합니다. 동양의학의 존재론적 기반이 '변화'의 세계관이잖아요. 그런 점 때문에 동양의학이 《종의 기원》 서문에서부터 변화의 철학을 강조했던 진화론적인 사유구조와 만난다는 겁니다. 동양의학, 구체적으로 중의학이나 한의학에서 진단하고 처방하는 방식 자체가 인류를 아주 긴 시간 동안 진화론적인 적응단계를 거치고 난 소산물로 여기는 것처럼 보이는 부분이 많거든요. 그런 점에서 서양의학과 동양의학이 만날 때 진화론이 중요한 매개가 될 수 있을 거라고 생각해요. 물론 아직까지는 정리단계여서 제대로 된 매개이론을 만들어내지 못했지만요. 현대사회에서 이렇게까지 과학화된 의학이 무소불위의 힘을 갖게 된 것은 분명한 사실입니다. 하지만 과학적 의학이 절대적 지위를 갖는 것도 아니고, 현대 의학으로도 치료할 수 없는 부분이 너무 많기 때문에 현대 의학이 겸손한 태도를 유지하는 것이 중요하다고 봅니다. 몸이 하나의 기계라면 설명서에 따라 기계를 수리하듯이 몸을 치료할 수 있겠죠. 그러나 우리의 몸은 기계가 아닐뿐더러 경험된 몸, 행동하는 몸으로 역동성을 가진 몸이어서 미래의 과학의학으로도 접근하기가 쉽지 않을 거예요. 그런 점에서 동양의학이 갖는 상징적 의미는 중요할 겁니다. 왜냐하면 동양의학은 기본적으로 경험의 몸, 그리고 행동의 몸을 인식하는 데서 출발하기 때문이죠. 그런데 문제가 있습니다. 실은 오늘날 국내 제도권 교육기관에서 이루어지는 한의학, 즉 동양의학은 말만 동양의학이지 지나치게 서양의학의 과학적 방법론을 뒤쫓아가는 경향이 굉장히 많거든요.

강신익　그것도 긍정적인 측면이 없는 것은 아니라고 봅니다. 한의학 영역이더라도 과학적으로 설명할 수 있는 부분은 그렇게 해야 하지 않겠어요? 그러나 모든 것을 과학적인 방식으로 설명할 수 있으며, 또한 그렇게 되어야 한다는 생각은 금물이겠죠. 예컨대 탕약에 여러 가지 약재가 들어가는데, 그것을 성분으로 분석해서 어떤 재료에는 어떤 성분이 있기 때문에 어느 부위에 효능이 있다는 식의 설명은 결국 서양의학의 모순을 따라하는 거예요. 예를 들면 인삼의 효능을 설명하기 위해 그 안에 분자단위로 포함된 사포닌의 작용만 분석하려 했다면, 외피만 한의학이지 서양과학의 방법론과 다를 것이 없겠죠. 대상을 최소단위로 환원시켜서 설명하려는 방식은 결국 원자론과 환원주의의 하나일 뿐이에요. 우리가 동양의학을 공부하는 이유는 과학의 환원만능주의를 극복하자는 데 있는 것 아니겠습니까? 물론 우리가 서양과학의 세대에 살고 있기 때문에 과학적 관점을 완전히 버리면 안 되겠죠. 제가 의과대학에도 가고 한의과대학에서도 강의를 하면서 느끼는 것인데, 한의과대학에서 한의학의 역사를 배우고 그것을 과학적으로 설명할 수 있는 방법론을 가르치는 것도 필요합니다만, 그 이전에 서양의학의 역사를 가르치는 것이 필요할 듯해요. 한의과대학 커리큘럼 안에 의사학(醫史學) 과정이 있습니다만, 그 내용은 주로 몇천 년 또는 몇백 년 전의 것이에요. 서양의학의 역사를 가르친다면 그것을 한의학의 역사와 비교함으로써 새로운 관점을 도출할 수 있지 않겠느냐는 거죠. 서양의학의 역사에서 뭔가 새로운 통찰력을 얻을 수 있다고 보는 겁니다. 왜냐하면 서양의학도 처음부터 과학적인 방법을 취한 것이 아니거든요. 서양의학에서 과학적 의학이 태동하는 과정을 보면서 우리는 전통과 현대를 어떻게 만나게 할 것인가에 대해 판단할 수 있게 되리라고 봅니다. 그런데 지금 11개 한의과대학 중에서 서양의학사를 가르치는 곳은 거의 없는 것 같더라고요.

최종덕 과학사나 과학철학을 교과과정으로 하는 데는 있다고 알고 있습니다. 지금 의과학이 갖고 있는 문명적인 한계 때문에 서양에서는 대체의학 또는 대안의학이 상당히 큰 유행인 듯합니다. 물론 제한된 범위에서만 그렇죠. 이런 현상은 아마 과학이 갖고 있는 한계를 그대로 반영하는 것이겠죠. 그런데 그 한계를 인정하는 것은 좋은데, 그 반작용이 자칫 지나쳐서 대안의학이 신비주의 주술로 빠질 위험성이 굉장히 크단 말이죠. 서양의학은 동양의학을 대안의학의 범주에서 다루는 경우가 있어요. 서양의학이 바라보는 대안의학의 범주가 상당히 넓고, 그 범주 안에는 신비주의적인 주술의학 분야도 분명히 있으니까, 그 옥석을 어떻게 잘 가려내느냐 하는 점이 우리의 큰 과제라고 생각해요.

강신익 예컨대 미국에서 유행하고 있는 크리스천 사이언스 같은 신흥종교들이 그런 신비주의의 양태를 보입니다. 그런 것을 특히 경계해야 할 거예요. 선생님이 지적하신 신비주의의 문제는 동양이라는 이름을 신비화시켜 상품화하고 반과학적 풍토를 조성하려는 경향을 비판하는 데서부터 풀어가야 한다고 봅니다. 어쨌든 동양의학은 서양의학의 과학적 방법론을 포용하고, 서양의학과 과학은 동양의학의 철학적 사유구조를 받아들여 새로운 사유의 틀을 마련해야 한다는 것이 저의 생각입니다. 쉽지 않은 일이지만, 그 가능성은 열려 있다고 봐요. 그동안 과학은 설명할 수 없는 문제는 회피하려는 경향을 보여왔는데 이제부터는 그 문제에 정면으로 맞서면서 과학의 기존 사유구조를 비판적으로 반성할 필요가 있다고 봅니다. 그런 점에서 최근 들어 새롭게 관심을 끌고 있는 것이 바로 위약 또는 플라시보라고 불리는 현상이에요. 생물학적으로는 아무 활성이 없는데도 투여되는 조건에 따라서 분명한 치료효과를 보이는 현상인데, 현대 서양의학은 이것을 그저 가짜이거나 잘못 섞여 들어간 잡음 정도로 치부해왔어요. 지금은 이 현상을 실재하는 것으로 받아들여 그 원인을 밝히고 치료의 방편으로 삼으려는 경향이 생기고 있는데, 이것도 큰 변화 중 하나입니다. 플라시보 현상은 과학으로 설명할 수 없는 신비한 현상이 아니라 그동안 우리가 고수해왔던 과학적 방법론의 한계를 일깨워주는 귀중한 계기가 될 수 있다는 거죠. 이런 극단적인 예도 있어요. 사형수를 대상으로 한 실험인데, 사형수의 눈을 가린 후 "지금부터 당신의 팔에 있는 혈관을 절단할 것이고 당신은 출혈로 인해 사망하게 됩니다."라고 말합니다. 그러고는 피는 뽑지 않고 팔뚝에 계속 물방울을 떨어뜨립니다. 그런데 그 사형수가 정말로 죽어버렸답니다. 실제 실험인지는 확실하지 않지만, 그리고 이런 실험이 윤리적으로 허용될 수 있는지에 대해서도 논란이 될 수 있겠지만, 아무튼 그만큼 플라시보의 효과는 강력하다는 거죠. 이런 예도 있습니다. 캄보디아에는 남편이나 아들이 고문을 받다가 죽어가는 모습을 현장에서 지켜보아야만 했던

여성이 많답니다. 그들 중 많은 사람이 미국으로 이주를 했는데, 약 200명이나 되는 여성이 앞을 보지 못하게 되었답니다. 그들은 앞을 볼 수 없을 때까지 울었다고 말했다더군요. 모든 안과검사에서 아무 이상이 없는데도 그야말로 눈뜬장님이 된 거죠. 지금의 과학으로는 도저히 설명할 수 없지만, 실제로 그런 현상은 드물지 않습니다. 이것은 아마도 심리적인 것과 신체적인 것을 전혀 다른 영역에 가둬두었던 우리의 사유양식에 문제가 있음을 증언하는 사례일 거예요. 최근 신경과학에서 그런 현상들을 설명할 수 있는 단초들이 조금씩 발견되고 있어요. 경험적 증거도 쌓여가고 있고, 그런 증거들을 담을 새로운 사유의 틀에 대한 고민도 시작되고 있죠. 신비주의에 빠지지 않고도 신비롭다고 여겨지는 현상을 설명할 새로운 틀을 발견할 수 있는 아주 좋은 기회가 마련된 셈입니다. 이제 플라시보는 가짜나 잡음이 아니라 치료에 활용할 수 있고, 실재하며, 사유의 전환을 이뤄낼 기폭제

가 되어가는 것 아닌가 하는 다소 희망적인 생각을 해봅니다.

최종덕   사회적인 신비주의 현상과 의료임상 차원의 플라시보 효과를 구분해야겠군요. 플라시보라는 방법론을 수용할 수도 있다는 점은 굉장히 재미있는 단초인 것 같습니다. 선생님의 말씀을 듣고 보니까 그럴 가능성도 있겠다 싶어요. 지금 우리가 느끼고 있는 심리적인 것이 신체적인 것과 분리될 수 없고, 신체적인 것이 곧 정신적인 것이 될 수 있다는 일체적 관점이 시냅스를 관찰하는 신경과학과 같은 현대 과학에서도 중시되는 것 같습니다. 정신과 신체를 분리하는 이분법적 사유구조 때문에 거대한 철학적 형이상학의 체계가 만들어졌죠. 하지만 정신과 신체를 지나치게 구분하다 보니까 너무 많은 혼돈이 일어난 것 같습니다. 그런데 신체적인 요소와 정신적인 요소가 합쳐져 있다는 것을 이해하는 데 진화론이 매우 큰 기여를 했죠. 최근의 신경과학은 말할 것도 없고요. 자, 다시 원래 이야기로 돌아갈까요? 대안의학을 이야기하다가 신비주의 주술의학으로, 다시 플라시보 효과로 이야기가 흘렀는데, 이런 이야기를 하나의 문제의식 안에서 소화해내야 한다고 생각합니다. 그 문제의식이란 소위 과학적이라는 게 무엇인가라는 질문입니다. 그런 질문은 영원한 과제일지도 모르죠.

강신익   제가 조금 더 말씀드려볼까요? 보통 질병이 있으면 그걸 치료하고, 그래서 건강이 회복된다고 생각하죠. 그러나 질병과 치료와 건강은 서로 별개의 개념이에요. 우리는 일반적으로 질병이 없으면 건강하다고 생각하죠. 그런데 진화생물학은 질병과 건강을 그렇게 일차원적으로 보아서는 안 된다는 중요한 성찰을 할 수 있게 합니다. 질병도, 그것을 치유하는 방식도, 그리고 건강도 진화를 하니까요. 과거 우리 조상들이 앓던 병과 지금 우리가 앓고 있는 병은 상당히 많이 다르죠. 과거 사망의 주요 원인이었던 천연두는 이제 지구상에서 사라졌고, 지금은 과거에는 볼 수 없던 에이즈나 에볼라, 사스, 신종 플루, 광우병 같은 질병이 문제가 됩니다. 질병 양상이 진화하면 거기에 대응하는 우리 몸의 면역계도 진화하고, 그런 질병들에 대한 사회문화적 대응양식도 진화합니다. 그러니까 우리 몸과 자연환경, 그리고 사회는 생태적 관계 속에서 서로 적응하면서 함께 진화하는 진화공동체라고 할 수도 있겠네요.

최종덕 상호작용이면서 동시에 긴장관계라고 보면 좋겠군요. 질병의 양상이 변하면 선택의 과정도 달라진다는 것이네요. 외부 이물질들의 변이가 다양하고 빠르게 나타나면 그에 대항하는 대항체도 변화를 시도해야 할 겁니다. 대항이 실패한다는 것은 결국 바이러스의 생물학적 성공일 테고, 성공적인 대항체계라는 것은 바이러스의 증식 실패라는 뜻이겠죠. 그런 의미에서 상호 긴장관계가 유지되는 것이라고 생각합니다. 마치 아프리카 초원에서 영양과 그 포식자인 치타 사이의 속도경쟁이 긴장관계의 공진화인 것과 비슷하겠군요. 다시 그 질병은 계속 변이를 하겠죠. 끝없이······.

강신익 그렇죠, 긴장관계를 유지하면서 새로운 상태로 진화하는 거죠. 의학과 문화의 관계를 연구하는 의료인류학에서는 질병―치유―건강을 분리할 수 없는 하나의 과정으로 봅니다. 질병은 고정된 상태가 아니라 다양한 환경에 적응하며 진화하는 하나의 과정이고, 그 질병에 대응하는 치유의 양식 또한 함께 진화해요. 이 과정에서 새로운 몸의 규범이 만들어지는데 그게 바로 건강이라는 거죠. 호라시오 파브레가(Horacio Fàbrega Jr.)라는 의료인류학자가 《병과 치유의 진화(Evolution of Sickness and Healing)》라는 책을 썼는데, 그 책의 핵심이 바로 질병-치유-건강의 공진화입니다. 그런데 이런 구도가 한의학적 자연관과 상당히 유사해요. 한의학에서 사용하는 약초의 효능은 경험을 통해 알게 된 것 아니겠습니까? 계속 먹어보고 효과를 기억하고 다시 시도하는 과정이 누적되면서 약초에 대한 지식이 발전되는 거죠. 그러면서 약재에 대한 이해의 질도 진화할 거고요. 그래서 한의학의 핵심은 질병-치유 경험의 진화라고 할 수 있습니다. 그런데 지금의 한의학은 제도적 틀에 묶여서 더 이상의 진화가 안 되고 있다는 점이 문제입니다. 동양의학에게 서양의학이라는 강력한 체계는 창조적 진화의 촉매가 되지 못했고, 오히려 서양의학에 종속되어 진화의 가능성마저 잃어버리고 말았다는 겁니다.

최종덕 매우 색다른 해석이군요. 선생님의 말씀을 달리 표현한다면, 한의학이 《황제내경》과 《동의보감》이라는 전통 경전에서 과감하게 탈출할 수 있을 것인가의 문제로 귀착됩니다. 물론 쉽지 않겠죠. 의학을 바라보는 관점에서 근원적으로 차이가 나기 때문에 그런 어려움이 생기는 게 아닐까요? 저는 과학적이라는 수식어가 여전히 아주 중요하다고 생각해요, 그게 한의학이 됐든 서양의학이 됐든 말입니다. 조금은 돌아가는 이야기를 잠깐 하겠습니다. 제가 요즘 함석헌 사상에 대한 책을 잠시 볼 기회가 있었는데, 그 가운데서 제 관심과 아주 밀접한 주제를 만났어요. 함석헌 사상의 기본강령을 흔히 세 가지로 이야기하는데, 하나는 신앙입니다. 기독교에서 출발하신 분이니까 당연할 테죠. 둘째는 철학입니다. 아주 넓은 의미의 철학이죠. 그 다음에 과학이에요. 신앙과 철학의 두 기본강령은 함석헌 사상에서 쉽게 엿볼 수 있고, 어느 정도 이해할 수 있는 측면일 겁니다. 그런데 과학이 제3의 기본강령으로 자리를 잡고 있다는 점은 일반인이 보기에 매우 특이하게 여겨지기도 해요. 그런데 함석헌 사상에서도 과학의 지위는

아주 간단합니다. 신앙이 잘못된 길로 가는 것을 막아서 제 길로 잡아주는 구실을 바로 과학이 하는 겁니다. 신앙이 미신으로 변하거나 광신의 횡포로 변하거나 배타적 민족주의 신앙처럼 편협한 신앙으로 치닫게 될 경우에는 신앙을 포기하고 과학을 선택하는 것이 낫다는 거예요. 과학을 대하는 함석헌의 이해가 매우 선진적이었다는 생각이 강하게 들었습니다. 신앙도 합리적이어야 된다는 것이죠. 좁은 의미의 과학적 방법론이 아니라 넓은 의미의 과학이 중요하다는 겁니다. 그런 글을 보고 저는 상당히 놀랐습니다. 그리고 우리가 과학적이라는 수식어를 좁게 생각할 필요가 없다고 깨달았죠. 이 세상을 바라보는 좀 더 합리적인 태도, 세상을 바라보는 수평적인 방식이 바로 과학적이라는 수식어의 중요한 의미일 겁니다. 이런 점에서 서양의학이 됐든 동양의학이 됐든 넓은 의미에서 과학적이어야 한다는 것이 제 생각이며 기본적인 입장입니다.

강신익   동의합니다. 아까 말씀드렸던 것처럼 서양의 전통의학은 자연철학의 강력한 영향 속에서 나온 겁니다. 당시의 자연철학은 넓은 의미의 과학이라고 볼 수 있죠. 자연을 대하는 태도가 자연을 다루는 방식을 결정하니까요. 동양의학도 마찬가지입니다. 현대적 의미에서 기계론이나 환원의 방법론에 근거한 좁은 의미의 과학은 아니지만, 동양의학도 넓은 의미의 과학의 범주에 포함된다고 봅니다.

최종덕   자연을 관찰하고 사람을 치료하는 방법에서 주술적인 태도를 크게 경계해야 한다고 강조한 것이 《황제내경》의 출발점이기도 하니까요. 그런 점에서 동양의학 역시 과학의 범주에서 다뤄져야 하는 것은 당연하다고 봅니다.

미생물을 다시 생각하다

최종덕 질병과 치유가 공진화한다는 선생님의 지적은 아주 중요한 명제인 것 같아요. 이제 전염병의 역사를 되돌아봄으로써 자연과 인간의 상관성을 더 이야기했으면 합니다. 예를 들어서 유럽 제국주의의 가장 큰 희생자였던 남아메리카 원주민의 경우 스페인 정복자의 무자비한 총과 칼에 의해서 죽은 희생자보다 전염병에 의한 희생자가 더 많았습니다. 그리고 인도양의 안다만제도에는 한때 2만 5,000명의 인구가 있었는데, 지금은 원주민들이 200명 이하이고, 그 외에는 다 외부에서 이주한 사람들이라고 합니다. 원주민은 전염병에 대한 내성이 없어서 거의 절멸 직전까지 이르게 됐다는 겁니다. 이러한 사례는 인류의 역사 속에 상당히 많지 않습니까?

강신익 전염병이 인간의 역사를 바꿨다고 이야기할 정도로 전염병과 인류사의 관계는 밀접합니다. 군사학자들은 전쟁이 역사를 바꿨다고 하는데, 의학자들은 전염병이 역사를 바꿨다고 해요. 항생제가 처음 나와 강력한 치료효과를 보이던 시기에 벌어진 제2차 세계대전과 최근의 걸프전쟁 말고는 거의 대부분의 전쟁에서 총칼에 의해 죽은 사람 수보다 병에 의해 죽은 사람 수가 훨씬 많았다고 하죠. 말씀하신 것처럼 스페인의 에르난 코르테스가 아스텍에 갔을 때 불과 몇백 명밖에 안 되는 군대로 수십만 명이나 되는 아스텍 사람들을 거의 몰살시키죠. 그 원인이 바로 천연두였어요. 어떻게 그럴 수 있었느냐? 유럽인들은 수백 년 동안 이런 질병들에 노출되어왔어요. 고대부터 페스트나 발진티푸스, 콜레라, 천연두 등의 전염병에 수없이 노출되었고, 많은 사람들이 죽어갔습니다. 살아남은 사람들은 그런 전염병들에 대한 면역을 진화시켰던 거죠. 아스텍에 간 스페인 병사들이 바로 이런 사람들이에요. 이들이 새로운 땅 아메리카에 도착했을 때, 원주민들은 유럽인들이 가져온 전염병 세균에 대해 전적으로 무방비 상태일 수밖에 없었던 겁니다. 아메리카는 상당히 오랫동안 고립된 지역이었기 때문에 원주민들은 당연히 그런 전염병에 노출될 기회가 없었죠. 게다가 그 원주민 사회는 밀집사회가 아니었기에 전염병에 노출될 기회가 더 없었던 겁니다. 그래서 수십만 명이 아무 대처도 못하고 죽어간 거죠. 결국 유럽인 몇백 명의 세균이 수십만 명의 원주민 문화를 몰락시킨 사례가 된 거예요. 그것 말고도 실로 많은 사례가 있죠. 다윈도 "백인이 가는 곳은 어디나 원주민의 무덤이었다."라는 말을 했어요. 인간이 진화하는 과정에서 매우 중요한 역할을 한 것이 그런 미생물이었다는 이야기가 되는 거죠.

최종덕 결국 유럽인의 몸은 미생물이라는 외래환경과 함께 진화한 결과이지만, 새로운 땅 아메리카 대륙의 원주민들은 그런 환경을 전혀 접해보지 못해서 항체가 진화하지 못했다는 거군요. 천연두에 적응한 유럽인들의 몸과 그러지 못한 남아메리카 사람들의 몸에서 진화론적인 차이를 느낄 수 있습니다. 천연두는 의학사, 과학사에서 많은 논쟁의 주제였지 않았습니까? 지금은 다 없어졌지만요.

강신익 우리가 어렸을 때만 하더라도 주변에 천연두를 앓은 분들이 많았어요. 우리나라는 아직 질병의 역사가 제대로 정리되지 않아서 전염병의 피해사례가 그다지 잘 알려져 있지 않습니다. 하지만 조선시대에도 엄청난 피해를 입었다는 기록들이 있죠. 천연두가 '정복'됐다는 표현은 좀 적절하지 않지만, 어쨌든 거의 다 없어진 것은 사실이에요. 천연두를 이야기할 때는 에드워드 제너(Edward Jenner)를 반드시 거론하게 됩니다. 그가 도입한 우두가 이 병을 정복했다는 식이죠.

그렇지만 천연두의 소멸은 특별한 사례에 속하고, 지금도 여전히 인류의 역사와 함께 수백 년, 수천 년 된 질병들이 얼굴을 바꿔가면서 반복해서 나타나고 있다는 사실을 인정해야 해요. 특히 항생제가 개발된 이후에는 많은 질병들이 완전히 정복될 거라고 생각하는 사람들이 무척 많았어요. 1970년대만 하더라도 이제 전염병의 시대는 끝났다고 말하는 학자들이 있었죠. 하지만 전혀 그렇지 않았다는 사실을 잘 알고 계시잖아요. 지금도 셀 수 없이 많은 새로운 감염병이 발생하고 있죠. 모든 항생제에 내성을 지닌 슈퍼 박테리아의 출현이 빈번해졌다는 사실을 아실 겁니다. 저도 임상할 때 그런 케이스를 몇 번 봤습니다만, 정말 무섭습니다.

최종덕 지금 슈퍼 박테리아에 대한 논의가 우리 사회에서 그다지 표면에 떠오르지 않는 이유는 뭘까요? 현실적으로는 큰 문제가 되고 있는 걸로 알고 있는데요.

강신익 아마도 사회적인 이해관계 때문이 아닐까 합니다. 이건 저 개인의 생각입니다만, 현대사회가 경제적으로 굴러가는 데 있어서 제약산업이 차지하는 비중이 적지 않습니다. 거대 다국적 제약기업들은 인수합병을 통해 엄청나게 그 몸집을 불리고 있고, 이제는 개별 국가의 정부가 통제를 할 수 없을 정도가 됐죠. 제약기업은 기본적으로 이익을 추구하는 집단이기 때문에 기업의 주요 생산품목인 항생제의 효능과 바이러스 및 박테리아의 실체에 대한 문제를 스스로 밝히기가 무척 어려울 것이라는 점은 쉽게 예상할 수 있죠. 그래서 항생제의 생산과 소비는 나날이 늘어만 가고 있습니다. 지금 전 세계에서 생산되고 있는 항생제의 절반가량이 농업에 쓰이고 있다고 합니다. 식육 닭을 생각해봅시다. 옴짝달싹 못 할 정도의 크기의 닭장에 가둬서 키우

진화와생태 카페 의학의 시선으로 생태주의적 진화론을 말하다

는 닭들이 제대로 클 리가 없죠. 외부환경과의 접촉이 없으니 면역이 제대로 생길 리 없고, 그래서 각종 질병에 잘 걸리니까 항생제를 먹여 키울 수밖에 없는 겁니다.

최종덕　그런 닭들은 질병에 대한 면역력이 떨어질 것이고, 제대로 클 수 없는 게 당연하겠죠. 게다가 항생제는 항생제에 저항하는 세균의 내성력도 같이 키울 거고요. 닭이 죽은 이후에도 세균의 내성력은 세대를 이어가며 살아남기 때문에 문제가 심각하겠군요. 진화론이 우리 현실에 미치는 영향이라고 여겨집니다.

강신익　맞아요. 그렇게 인간이 세균을 자꾸 진화시키니까 슈퍼 박테리아도 생기고 어떤 약에도 반응하지 않는 다제내성 결핵이라는 골칫거리도 생기는 거겠지요. 이제 우리 생활에서 항생제는 피할 수 없는 존재가 되어버렸어요. 그 피해가 다시 나의 몸으로, 우리의 사회로 되돌아온다는 것이 문제입니다. 그래서 관련 과학기술을 연구하는 분들이 특별히 관심을 가져주셨으면 합니다. 미국은 거대 제약회사가 제일 많은 곳인데도 미국의 미생물학자들은 미생물의 실체가 무엇인지 시민들에게 사실대로 알려주는 공공 캠페인을 벌이고 있어요. 우리에게도 아주 필요하고 시급한 일인 것 같습니다.

최종덕　항생제에 대한 선생님 말씀처럼 미시진화론에 대한 이야기를 할 때는 미생물을 빼놓을 수 없죠. 앞서 말한 슈퍼 박테리아는 내성이 진화할 대로 진화한 박테리아 아니겠습니까? 보통의 건강한 성인일 경우에는 외부 미생물을 받아들이는 데 별 문제가 없지만, 면역력이 떨어진 상태의 몸일 경우에는 상당히 치명적일 수 있다는 사실이 이미 알려졌죠. 사료에 들어가는 항생제의 양은 점점 늘어나고, 회로 먹는 생선을 키우는 데도 항생제가 들어갈 정도죠. 그러나 진화의 소산물인 슈퍼 박테리아 같은 미생물과 떨어지려야 떨어질 수 없는 것이 현실이기도 합니다. 물론 미생물에는 인간의 몸에 긍정적인 역할을 하는 종도 많죠. 된장이나 간장을 발효시키는 미생물도 있지 않습니까? 요구르트나 치즈를 만드는 것도 미생물이죠. 그런 점에서 미생물의 역사는 인류의 역사와 다양한 측면에서, 그리고 아주 중요한 측면에서 밀접한 관계를 갖는다고 생각해요. 미생물을 대할 때도 외부환경에 적응하는 몸의 진화론적 관점이 상당히 중요할 테죠.

강신익 그와 관련해서 최근에 접한 재미있는 이야기가 있어요. 우리 몸에 유전자가 있지 않습니까? DNA 염기서열이 30억 쌍이라고 하는데, 그중에서 실제로 유전자로 기동하는 것은 3퍼센트 정도밖에 안된다고 하죠. 나머지 97퍼센트를 여태까지는 불필요한 쓰레기라는 뜻에서 정크 DNA라고 불렀어요. 그런데 최근에 다른 관점의 연구보고들이 나오고 있어요. 정크 DNA의 염기서열을 정밀하게 분석해보면 기존의 바이러스와 비슷한 부위가 많다는 거죠. 다시 말하면 우리 몸속에 들어와 있는 유전정보의 상당 부분은 바이러스에서 유래한 것일지도 모른다는 겁니다.

최종덕 진화발생학 분야가 최근 많이 연구되고 있는데, 발생학 연구의 키워드 중 하나가 상동입니다. 상동에 대한 연구는 최근 초파리의 호메오박스(homeo box) 또는 혹스라고 불리는 상동 유전자의 발견으로 더 재미있어지는 것 같아요. 초파리와 인간 사이의 동일형질뿐만 아니라 선생님이 말씀하신 대로 바이러스와 인간 사이의 상동 유전자를 밝힐 정도가 되었으니까요. 저는 이런 수많은 관계를 사례 삼아 모든 생명체들이 내적으로 연관되어 있다는 이론으로 밀고 가는 편입니다. 이런 점에서 진화론은 자연에 대해 겸손한 태도를 가지도록 유도하는 인류학적 명제를 포함한다고 생각하기도 하죠. 미토콘드리아와 우리 세포 사이의 관계도 그런 것 아니겠어요?

강신익 거의 정설로 굳어진 겁니다만, 우리 몸속 세포 가운데 에너지를 만드는 미토콘드리아는 핵과 같은 세포에 있으면서도 핵의 DNA와는 무관한 DNA를 가지고 있죠. 핵 속의 유전자와는 달리 아버지와 어머니의 것을 반씩 물려받는 게 아니라 순전히 모계로만 유전된다는 사실도 재미있어요. 그래서 미토콘드리아는 외부의 세균이 우리 몸속에 들어와서 적응하고 진화하는 과정에서 우리 몸의 세포와 공생하도록 진화한 것이라는 설명이 설득력을 얻고 있는 겁니다. 그러니까 미토콘드리아라는 미생물은 이미 우리 몸의 일부가 되어버렸다는 거죠. 우리의 몸을 구성하는 세포의 수보다 우리 몸에 살고 있는 세균의 수가 훨씬 더 많다는 것도 잘 알려진 사실이고요. 세균은 우리 몸에서 여러 가지 좋은 역할을 많이 하거든요. 대장균이 변질되면 병을 일으키기도 하지만, 우리가 먹은 음식 중에서 소화 안 된 부분을 분해해주면서 소화를 돕는 역할을 하기도 하죠.

최종덕 미생물과 우리 몸은 떨어지려야 떨어질 수 없는 관계이고, 지금 말씀해주신 내용이 생물학에서는 거의 정설로 받아들여지고 있는 것 같습니다. 원래 핵과 세포와 미토콘드리아라는 외부 미생물이 만나서 하나의 세포가 된 것이죠. 미토콘드리아가 세포 안으로 침입한 초기에는 기생관계였겠지만, 이제는 공생관계가 된 겁니다. 이 사실은 생명진화의 시간에서 매우 중요한 현상이죠. 더 나아가서 여태까지 우리가 정크 DNA라고 불렀던 97퍼센트의 DNA들이 실은 다 나름대로 존재 이유가 있다는 게 진화론의 가장 중요한 메시지인 것 같습니다. 불필요한 것도 없고 과잉된 것도 없다는 게 진화론이 갖고 있는 중요한 의미죠. 현재 과학으로는 97퍼센트에 해당하는 부분을 다 해명하지 못하지만 나름대로 존재의 의미, 넓게는 존재의 가치가 있을 거라고 생각해요. 이 점이 바로 선생님이 지적하신 정크의 수사학일 것 같습니다. 수사학이 아니라 실은 우리 자연의 참모습이겠죠.

강신익　'정크'란 쓰레기라는 뜻이지만, 유전체 안에서 생명체의 각종 형질들을 발현시켜주는 유전자도 정크 DNA가 없다면 생명의 진화 네트워크 자체가 무너지죠. 여기서 미생물 이야기는 그치고, 지난 모임에서 다 하지 못했던 진화윤리학, 이타주의와 이기주의 논쟁을 더 진행하기로 할까요? 이번 모임에서 논의를 계속하기로 했잖아요?

최종덕　아, 그렇군요. 그러면 주제를 바꿔볼까요? 이기주의 본성론을 주장하는 진화론자는 이타주의, 정확히 말해서 개인의 동기부여적 이타주의는 결국 이기주의에서 나온 것이라고 주장합니다. 왜 이타주의와 이기주의 논쟁에서 항상 이기주의 논리가 더 많은 설득력을 갖는다고 생각할까요? 이타주의 이야기를 하려면 과연 우리가 이타적인 본성을 실체적으로 가지고 있어야만 하는 것인지, 아니면 다른 방식의 진화론으로 설명할 수 있는 것인지 이야기해야 할 것 같아요.

강신익　사실 최근에 이타주의를 주제로 쓰신 선생님의 연구논문을 갖고 대학원 수업을 했어요. 그 수업에서 한 학생이 제기한 도전적인 질문에 저도 깜짝 놀랐습니다. 그 학생의 질문은 매우 날카로웠죠. "여기 이타주의 논거에서 중요한 점이 빠져 있다. 자꾸 본성론을 거론하는데, 이타주의 논점에서는 반드시 개인의 본성이 아닌 사회적 존재로서의 인간을 논의해야 된다. 이타성이라는 말 자체가 이미 다른

진화와 맹대 가래 의학의 시선으로 생태주의적 진화론을 말하다

사람과의 관계, 즉 사회를 전제로 하는 것이기 때문이다. 그런데 심리학적, 생물학적 논의에는 사회성이라는 중요한 맥락이 빠져 있다." 중요한 문제점을 제기한 것이라고 봐요. 독립된 개인들의 문제만 가지고, 또는 유전자의 단위만 가지고서는 이타주의 논제를 이야기할 수 없다는 아주 당연한, 그러나 잊고 있었던 점을 지적한 것이었죠.

최종덕 중요한 지적입니다. 제 논문에서는 도덕적 이타주의와 생물학적 이타주의를 구분하는 것이 전제되어야 한다고 했는데 아마 이 점에서 차이가 생긴 것 같아요. 어쨌든 그 학생의 지적은 정확합니다. 그런 문제점을 제 논문에서 분명하게 갈라놓지 않았군요. 새 논문에서는 그 학생의 지적을 참고로 좋은 원고가 되도록 하겠습니다. 다시 논점으로 돌아와서, 이기주의 논쟁은 한 인간, 개체 단독으로 설명할 수 있는 데 반해 이타주의 논쟁은 태생적으로 집단이나 사회 속에서의 상관관계를 이야기할 수밖에 없죠. 그래서 이타주의를 이야기하려면 그 학생의 지적처럼 사회성을 빠뜨릴 수 없는 것 같아요. 생물학적 해석은 이렇습니다. 이기주의 기반 윤리학은 자연선택의 단위가 개체이면 충분하지만, 이타주의 기반 윤리학은 자연선택의 단위가 집단 또는 사회집단 이상이 되어야만 가능합니다. 여기서 선택단위가 무엇인지 논의해야 하지만요. 어쨌든 우리가 지금 이야기한 건 실제로 도덕적 측면, 사회적 이타주의 혹은 심리적 이타주의죠. 그런데 진화론에서 말하는 이타주의는 생물학적 이타주의란 말입니다. 그건 자손 증식 여부에 관한 문제예요. 나의 행위가 나의 이익보다는 남의 이익을 낳게 할 때 그 행위를 이타적 행위라고 말합니다. 그리고 그 이익의 핵심은 자손 증식의 여부에 달렸습니다. 내가 이타적으로 행동함으로써 나보다는 타인이 더 많은 자손을 증식시킬 수 있는 조건을 생물학적 이타주의라고 정의하죠. 그래서 도덕적 또는 동기부여적 이타주의와는 많이 달라요. 반대로 나의 행동이 나의 자손 증식에 더 많이 기여하게 한다면 생물학적 이기주의가 되는 겁니다. 생물학적 정의대로라면 자손 증식의 관점에서 이타주의와 이기주의를 나누는 것이죠. 그렇지만 인간은 같은 사회성 동물이기는 하지만 개미나 벌 같은 동물은 아니기 때문에 생물학적인 이기주의/이타주의 논쟁 외에 지금 말씀하신 것처럼 심리적 이기주의/이타주의, 사회적 이기주의/이타주의 논쟁을 반드시 결부시켜야 한다고 생각합니다.

강신익 자, 이제 일반적인 윤리학의 문제를 다시 논의해야겠죠. 도덕론을 거론할 때 데이비드 흄을 반드시 말합니다. 흄 이후 전통 윤리학은 사실과 당위를 분리해왔지 않습니까?

최종덕 그 유명한 자연주의적 오류(the naturalistic fallacy)를 지적한 도덕철학자 조지 무어(George E. Moore) 이후 더 그랬죠. 자연 안에는 사실만 있고 당위는 없으며, 당위는 단지 인간의 가치판단 안에만 있다는 것을 지적한 겁니다. 당위를 마치 사실처럼 여기는 주장들이 실제로는 오류일 뿐이라는 점을 지적한 거죠. 기존의 규범윤리학에서는 금과옥조처럼 여겨지는 주장이기도 하고요.

강신익 그런데 윤리나 도덕을 형이상학의 틀에서 벗어나 이야기하려면 사실(is)과 당위(ought)가 분리되지 않죠. 자연 안의 사실세계를 거론한다고 칩시다. 팩트(fact)의 세계 속에서 팩트의 누적이 인간에게는 당위적인 그 무엇으로 발전한다는 것입니다. 사실에서 가치적인 당위가 도출되게 마련이거든요. 우리는 논리적으로는 그 오류를 경계하면서도 일상에서는 늘 자연주의의 오류를 저지르고 있다는 거죠. 그런데 생물학적인 생물세계의 행동유형이 그렇고 그러니까 인간의

진화의 생태 가게 의학의 시선으로 생태주의적 진화론을 말하다

행위 시스템 또는 윤리규범도 그렇고 그렇게 되어야 한다는 논리는 많은 논쟁을 일으켜요. 그런 문제가 바로 진화윤리학이 가지고 있는 문제점이며 한계일 것 같습니다.

최종덕 다윈이 등장하면서 당위적인 것도 알고 보면 사실적인 것에서 연원을 갖는다는 진화윤리학의 씨앗을 뿌려놓은 것 아닙니까? 무어의 '자연주의적 오류'는 사실과 당위를 하나로 묶어서 보려는 생물학적 유행에 대한 비판적 반발도 어느 정도 있었겠지만, 진위 판단의 대상이 되는 사실세계만 중시하고 가치판단의 언질들을 전적으로 배제하려는 당시 분석주의 철학의 흐름을 탄 성과물이기도 합니다. 하지만 그 이후 정초된 진화윤리학은 그렇게 단순하게 사실과 당위의 분리 여부 논의를 떠나서, 인간 본성의 원형이 무엇인지를 찾아가려는 하나의 망원경을 제공했다고 생각해요. 물론 진화윤리학의 명제를 통해 인간 본성의 모든 면을 설명할 수 있다는 것은 또 다른 지식의 오만이겠죠.

강신익 좀 철학적인 논의가 됩니다만, 윤리 범주를 논의하려면 자유의지 이야기를 먼저 해야 될 것 같아요. 인간에게 자유의지가 있느냐? 예를 들어 '우리는 이렇게 진화해왔어. 그러니까 우리는 이렇게 할 수밖에 없도록 결정되어 있어.'라고 주장할 수 있거든요. 그렇다면 선택의 여지 또는 자유의지라는 것은 없는 거냐 하는 점이 문제가 될 거예요. 그런데 저는 자유의지라는 것을 추상화하고 절대화해서 윤리적 판단의 근거로 삼는 것에도 문제가 있다고 봅니다.

최종덕 추상적인 거라고요? 추상적이지만 그게 경험적인 몸에서 드러나는 원형의 모습이 아닐까요? 우선 자유의지 논쟁은 기존의 전통

형이상학적 결정론에 대비하는 개념으로 탄생한 것임을 인식해야 할 거예요. 그래서 자유의지 형이상학에 빠질 우려가 있다고 봐요. 그런 점에서 추상화의 우려가 있다고 말씀하신 거죠? 하지만 진화론에서 본 자유의지는 상황이 전적으로 다르죠. 진화는 방향이나 목적이 없다는 사실이 다윈 진화론의 가장 중요한 핵심 아니겠어요? 엄청나게 긴 시간 동안 진화의 경로를 거쳐 오늘에 이른 인류의 정신적 형질 역시 앞으로의 진화 경로에서 목적을 가질 수 없죠. 인간의 사유구조 안에는 진화론적인 목적 설정이 처음부터 없는 것이기 때문에 인간은 영원히 자유로울 수 있는 겁니다. 선생님의 생각과 정반대의 논리구조이죠. 그러나 진화론에서 본 생명의 모습에서 가장 중요한 측면이 진화에는 목적이 없다는 점이라는 걸 상기한다면 충분히 이해하실 것으로 봅니다. 실체론적 형이상학의 자유의지가 될 우려도 없고, 순전히 경험적인 차원에서 자유의지를 소유하는 것으로 봐요. 그것이 인간 진화의 빠트릴 수 없는 특징도 되죠.

강신익　그렇겠죠. 상식적으로 그렇게 인정됩니다. 그런데 최근 신경과학에 관련된 글을 읽다가 이런 생각이 들었어요. 요즘 신경과학 연구 분야에서는 자유의지의 존재 여부를 따지는 것보다 구체적인 경험 연구가 중시되는 것 같습니다. 실질적으로 자기가 어떤 의지를 인식하기 이전에 그 의지의 구체적 내용이 되는 행동이 먼저 나타난다는 연구보고입니다. 물론 의지의 인식과 행동의 실현 사이의 시간 차이는 그리 크지 않다고 합니다. 최신의 연구보고라서 아직 확실히 검증된 것은 아니지만요. 물론 그런 실험의 방법론적 전제에 문제가 있을 수도 있습니다. 그래서 이런 임시적 발견을 근거로 자유의지의 존재를 부정하는 것은 지나친 단언이 될 테지만, 다양하게 열어놓고 생각해볼 여지가 있다는 겁니다.

최종덕 의지와 행동을 일원론적 입장에서 일체화하는 것이 기존의 행동주의 심리학입니다. 그런데 이 실험은 의지와 행동을 이원화해서 두 개의 양상으로 보는 입장을 대변하는 것이 아닐까요? 문제는 행위 실현을 자유의지보다 우선으로 설정하는 거죠. 더 간단하고 강하게 말한다면 의지를 부정하는 결과로 이어지겠죠.

강신익 그렇습니다. 저도 혼란스럽습니다만, 물론 자유의지를 무시할 수는 없다고 봅니다. 인간은 사회적 동물이기 때문에 사회가 가지고 있는 기본적인 규범이 있을 거예요. 그런데 신경과학에서는 자유의지를 발동시켜 행동을 유발하는 것이 아니라 유발된 행동을 거부하는 자유불의지가 더 중요하다고 보는 거죠. 물론 이것도 최신의 연구로서 제대로 확증되거나 충분한 논의를 거친 것은 아닙니다. 제가 하고 싶은 이야기는 행동의 주체가 있어서 자유의지에 따라 행동을 결정하는 것이 아니라 생물학적 동기에 의해 유발된 행동과 그것을 거부하려는 의지의 상호작용이 실제의 행동을 낳는다는 아이디어를 고려해봐야 한다는 거죠. 신경과학이라는 첨단과학의 성과를 인문학적으로 해석하면 뜻밖의 논점을 발견할 수 있다는 주장을 뒷받침하는 하나의 사례라고도 할 수 있고요.

최종덕 앞서 이야기했던 자연주의의 오류의 문제를 확장시켜보죠. 기존의 첨단과학은 주로 과학의 이미지를 결정론이나 기계론 또는 환원주의의 범주에 스스로 가두어놓았던 것 같아요. 이제 그런 이미지에서 벗어나서 과학을 자유의지의 이미지에 연결할 수 있다고 봅니다. 아마 이 점은 선생님의 생각과 비슷할 거예요. 특히 신경과학과 윤리학의 문제를 혹시나 연결할 수 있지 않을까 하는 점에서요. 신경과학이 다룰 수 없는 영역들이 아직은 더 많죠. 이와 연관해서 자유의지를 생각해봅시다. 자유의지가 무엇인지 묻는 질문에 간단히 답할 수는 없을 거예요. 그 대신 자유의지와 대비되는 결정론을 설명하면서 간접적으로 자유의지의 이해에 어느 정도 접근할 수 있을 것 같아요. 결정론이라는 것은 '그 누가' '무엇을 위해' '미리', 그리고 '딱' 만들어놓은 세계만이 이 세계의 모두라는 겁니다. 이런 고정된 질서와 대비되는 것인 자유의지는 이 세계를 만든 '그 누구'도 없고, '무엇을 위해' 세계가 움직이는 것도 아니고, '미리' 뭔가를 해놓는 것도 아니고, '딱' 그래야 하는 것도 없다는 거죠. 이런 세계는 진화론이 갖고 있는 가장 중요한 메시지와 일치하는 겁니다. 진화론에는 목적이 없지 않습니까? 그렇기 때문에 미래의 방향은 무궁무진하단 말이죠. 그래서 진화론의 사유방식, 즉 목적이 없는 진화의 방향이 가지고 있는 의미는 결국 인간의 삶, 인간의 몸, 인간의 자유의지를 확보하는 굉장히 중요한 철학적인 논거가 된다고 생각을 하는데, 너무 지나친 확대 해석이 아닐까 모르겠네요.

강신익 하지만 요즘 진화생물학에서는 한때 틀린 이론으로 접어두었던 라마르크주의의 부활이 조심스럽게 논의되고 있지 않습니까? 이스라엘의 진화생물학자인 에바 야블론카(Eva Jablonka)는 《4차원의 진화(Evolution in Four Dimensions)》라는 저서에서 진화에는 유전, 후성유전, 행동, 그리고 상징의 네 차원이 있다고 말합니다. 여기서는 결정과 비결정의 구분이 사라지고 연속적 스펙트럼으로 상정되죠. 유전이 결정의 담론이라면 상징 쪽으로 가면서 점차 자유의 영역이 확대됩니다. 그리고 생명의 삶 속에서 결정과 비결정이 서로 영향을 주고받으면서 진행하는 것이 진화라는 거죠. 그러니까 자유의지를 결정론의 대척점에 두는 것이 아니라 결정과 비결정이 서로 침투하는 과정에서 생기는 느슨한 지향성으로 볼 수 있다는 말입니다. 이런 논리는 신경과학에도 적용될 수 있다고 봐요. 뇌의 구조는 선천적으로 결정되어 미래를 펼쳐가는 운명도 아니지만, 무한한 자유를 생성하지도 않는다는 거죠. 그래서 자유의지는 선천적으로 부여된 지향성을 받아들이면서도 삶의 여건에 따라 새로운 지향성을 만들어가는 조정자로 그 역할이 다소 축소됩니다. 그래서 아직도 저는 진화에는 목적이 없다는 진술을 자유의지의 근거로 확대해석하는 방식에는 문제가 있다고 생각해요. 진화에 목적은 없지만 만들어가는 지향성은 있다는 식의 다윈주의와 라마르크주의의 타협은 어떨까요?

겸손한 과학

 최종덕 초기의 신경과학은 환원주의와 생물학적 결정론의 범주에서 많이 연구되어왔죠. 하지만 오늘날의 신경과학은 오히려 그런 주장들이 붕괴되고 있다는 것을 잘 보여주고 있지 않습니까? 대표적으로 인지과학 논쟁에서 계산주의와 연결주의 논의가 굉장히 중요하죠. 예전에는 계산주의가 과학적인 것이고, 연결주의는 철학적 자유의지를 구제하기 위해 나온 임시방편의 철학이론이라고 했어요. 마치 철학이 불쌍해서 약간 보호하고 겨우 대우해준다는 식으로 받아들였는데, 지금은 완전히 논의구조가 바뀌었죠.

강신익 철학적 사유의 관점이 아니라 구체적인 임상현실의 측면에서 본다면 그 변화는 더 적나라하게 드러납니다. 쉽게 이야기하면 이런 겁니다. 기계적 환원론의 대표적 사례로 장기이식을 들 수 있어요. 예를 들어 간을 이식한다고 할 때 우리는 보통 기계 부속품을 교환하듯이 원래의 것을 들어내고 같은 위치에 다른 사람의 간을 집어넣으면 해결된다고 생각합니다. 아주 상식적이고 편리한 해석이죠. 하지만 실제로 이식에 성공하기 위해서는 환경조건, 기증자의 생리적 역사, 받아들이는 주체의 수용능력을 결정하는 면역체계에 대한 엄청난 연구가 전제되어야 하죠. 본래 면역은 내 몸에 맞지 않는 것이 내 몸을 망치지 않도록 진화된 것인데, 장기이식에서는 그런 면역을 억제해야만 하죠. 그러니까 장기이식은 수용자의 면역이 기증자의 면역을 포용해야만 가능한 겁니다. 현대 의학은 거부반응을 일으키는 MHC라는 유전자를 발견했고, 그것이 일치하는 기증자를 선별함으로써 이 문제를 해결하고 있지만, 원리적으로 장기이식은 두 사람의 역사를 화해시키는 일이라고 할 수 있습니다. 두 몸의 시공간적 네트워크가 화합하도록 하는 거죠. 장기를 이식받은 사람이 평생 면역억제제를 복용해야 한다는 건 그 화합이 완벽하지는 않다는 증거고요. 면역이 길고 긴 진화의 시간과 그 사람의 생애를 담고 있는 것이라는 점에서 당연한 일이긴 하지만 말입니다. 그러니까 장기이식의 성공을 위해서라도 진화와 생애에 대한 이해가 꼭 필요하다는 말입니다.

최종덕 장기이식을 사례로 드니까 한결 이해하기 쉽습니다. 그래서 몸은 부속품들의 조립체가 아니라 그냥 하나라는 생각, 몸의 전체성에 대한 이해가 상당히 중요하다고 생각해요. 장기이식 이야기를 들으니 생각나는 게 있어요. 장기이식을 원하는 한국의 환자들뿐만 아니라 전 세계적으로 많은 이식 희망 환자들이 지금 중국으로 많이 가고 있지 않습니까? 중국에는 아직 사형제도가 있고, 사형이 집행된 사람들의 장기를 이식하는 전문병원들이 있기 때문이죠. 물론 공식적인 경로는 아닌 것 같고요. 그런데 장기이식이 성공한 사례들만 위주로 많이 회자되는 것 같아요. 중국 상하이에 한국 사람이 많이 가는 이식 전문병원이 있는데, 거기서 나온 결과를 보면 성공한 사례보다

실패한 사례, 사망으로 이어진 사례가 훨씬 더 많다고 해요. 인간은 로봇처럼 간단하게 장기를 바꿀 수 있는 게 아니잖아요. 물론 이식 성공확률은 점점 높아지고 있지만요. 그게 과학의 성과라고 말할 수 있지만, 그것이 우리 몸의 전체를 설명할 수는 없다고 생각합니다.

강신익　저는 진화를 의학에 적용할 때 가장 중요한 의미는 이런 거라고 봅니다. 여태까지 서양의학에서는 질병과 건강의 관계를 주로 전쟁의 은유를 통해 설명해왔어요. 외부에서 들어온 세균은 적입니다. 그래서 적을 박멸시켜야 한다는 거죠. 그리고 면역을 이야기할 때도 면역을 강화한다, 면역이 약해졌다는 식으로 이분법적으로 나눠서 이야기하죠. 그런데 진화적 관점에서는 그렇지 않거든요. 면역 능력의 존재 여부, 그리고 면역력의 강약 정도를 판단하는 문제가 아니라 단지 면역 방식이 어떻게 다른지를 볼 뿐이에요.

최종덕　매우 중요한 시사점을 주는 이야기예요. 진화의학의 현실적인 적용의 폭이 생각보다 훨씬 큰 것 같군요. 진화론과 의학의 만남은 기존의 진화의학 말고도 다양한 경로를 통해서 성립된다고 생각합니다. 앞서 말한 생태적 진화론의 범주는 진화론과 의학이 만나 논의할 수 있는 구체적인 영역일 거예요. 생태적 진화론이야말로 생명의 공존을 보장하는 중요한 과학이 될 거라고 봅니다.

강신익　생태적 관점이 결국 다양한 생명종이 공존해야만 우리도 살 수 있다는 인식을 주는 것 아니겠어요? 미생물을 대하는 인간의 태도도 마찬가지입니다. 앞서서 미생물에 대한 미국의 공공 캠페인을 말한 적이 있었죠. 우리한테 좋은 역할을 하는 미생물도 상당히 많다는 것도 여러 번 거론했고요. 지구의 전 역사를 거치면서 인간도 미생물과 함께 존재하고 있다는 존재의 겸손함을 배워야 한다고 생각합니다. 그래서 저는 진화의학을 한마디로 '겸손의 의학'이라고 말하고 싶어요. 19세기 말부터 20세기에 이르기까지 과학이 폭발적인 성과를 이루어낸 것은 틀림없는 사실입니다. 하지만 21세기를 맞아 그런 성과의 문제점들이 도처에서 드러나고 있다는 것도 사실이죠. 제가 '겸손의 과학'을 말한 이유는 바로 진화의학이 그런 과학을 이뤄낸 인간의 오만함을 질타하고 극복하는 역할을 할 수 있을 거라고 보기 때문이에요. 겸손해진다는 것은 자연의 모든 것을 정복하는 인간의 모습보다는 인간이 어떻게 자연과 더불어 살 수 있을 것인가를 생각하는 길입니다. 그래서 항생제라든가 약을 지나치게 많이 사용해서 질병의 원인이 되는 것들을 몰아내려고만 하지 말고, 어떻게 하면 질병의 원인조차도 인류와 함께 타협하면서 지낼 수 있는가를 고민해야 한다고 봅니다. 과학의 성과에 매몰되기 전에 먼저 자연을 바라보는 관점의 전환이 절실히 필요해요.

최종덕　그 관점의 전환이란 게 철학적 차원인가요, 아니면 현실적 차원인가요?

강신익　그 둘을 나누는 것은 논의를 너무 일반화시키는 거라고 생각해요. 사유의 전환이 있을 때 비로소 실용적이고 실천적인 측면에서도 효용성이 높아진다는 말입니다. 진화의학의 사례를 더 들기로 하죠. 진화의학의 최근 연구들이 상당한 성과를 내고 있어요. 아직은 가설 수준이고 과학적으로 엄밀하게 검증된 것은 아니지만, 대략 10년 전쯤에 나온 이야기를 사례로 들어보겠습니다. 누구나 걸리는 감기 같은 경우에 나는 기침을 통해서 내 몸 안의 바이러스를 밖으로 자꾸 퍼트리죠. 그런데 만약 내가 움직이지도 못할 정도로 아파서 가만히 누워만 있다면, 기침을 하더라도 바이러스는 그리 멀리 퍼지지 못하겠죠. 그래서 감기 바이러스는 우리를 그렇게 심하게 아프게 만들지는 않는 겁니다. 적절한 수준으로만 아프게 해서 숙주인 사람이 돌아다니게 해야 자신의 후손을 더 크게 퍼트릴 수 있으니까요. 물론 바이러스에게 그런 의지가 있다는 게 아니라 장구한 진화의 시간을 거치면서 그렇게 적응되어왔다는 뜻이죠. 그런데 모기로 전염되는 말라리아는 상황이 많이 달라요. 말라리아는 모기 안에 살고 있는 말라리아 원충에 의해 전파되잖아요. 모기도 자기 후손을 많이 퍼트리려는 속성이 있는데, 그러려면 많은 사람의 피를 빨아야겠죠. 아파서 누워 있는 사람이 활발히 움직이는 사람보다 피를 빨아먹기가 좋으니까 많은 사람을 심하게 아프게 하는 것이 모기에게나 말라리아에게는 유리한 겁니다. 그래서 감기와는 비교가 안 될 정도로 증세가 심각한 거죠. 따라서 이런 질병을 치료할 때는 지금까지의 방식대로 열을 내리고 원충을 죽이는 데 노력을 기울이는 대신 진화의 구조를 이용한 방법을 찾을 수 있다는 겁니다. 말라리아의 진화 방향을 인간에게 유리한 방향으로 유도하는 거죠. 모기장을 치고 모기가 번식하는 물웅덩이를 없애는 것이 약으로 치료하는 것보다 훨씬 더 효과적일 겁니다. 그러면 말라리아에서도 경미한 증세만 일으키는 변종이 생길 것이고, 그런 변종이 다수가 되면 인류의 고통도 훨씬 줄어들겠죠. 별로 새로울 것도 없는 결론이지만, 질병을 대하는 관점을 바꾸면 이보다 더 드라마틱한 결과를 얻을 수도 있을 거라고 확신합니다.

최종덕 단일 질환으로는 말라리아가 전 세계적으로 가장 많은 감염자를 발생시키는 병이라고 하죠. 대략 해마다 4억 명 이상이 걸리고, 그중 200만 명 가까운 사람들이 희생당하는 무서운 질병이니까요. 그런데 모기장 같은 우습게 보이는 대응방식이 말라리아의 진화 구조를 바꾸어놓을 수도 있다는 말이군요.

강신익   예, 우습게 보이지만, 실제로 아프리카에서는 예방접종보다 모기장이 더 큰 효과를 보고 있다는 정책보고서가 있습니다. 이런 식으로 당장 실천할 수 있는 부분도 상당히 많이 있어요. 그런데 주류 의학계가 이런 식으로의 방향전환을 아직 좀 어려워하고 있다는 점이 안타깝죠. 진화의학 또는 더 넓은 의미에서 진화론과 의학이 만나는 접점은 왜 인간이 병에 걸리게 되는지에 대한 질문에서 시작될 겁니다.

최종덕   진화의학에서는 질병과 건강이 서로 적절한 관계를 유지하면서 공존한다는 거군요. 하기야 그런 관계는 곧 자연의 질서이기도 하죠. 예를 들어 바이러스는 인간의 입장에서 질병을 일으키는 나쁜 것이지만, 자연의 입장에서는 인간에게 해를 끼치려는 생물학적 의도가 전혀 없겠죠. 그러니 전체 자연의 관점에서는 바이러스를 나쁘다고 볼 수 없는 거고요. 제대로 말한다면 바이러스는 나쁘지도 않고 좋지도 않은 거죠. 그냥 자연 안에서 자기의 자리를 지키며 전체 생명의 조화를 만들 뿐입니다.

강신익   맞아요. 적응주의 진화론으로 말하자면 이익이 있으면 반드시 비용도 있게 마련이죠. 그렇게 생명들은 적절한 수준에서 이익과 비용의 균형을 이루어낸다는 겁니다. 진화의학이 궁극적으로 설명하고자 하는 것은 '왜 인간이 병에 걸리는가'입니다. 인류의 영원한 숙제이죠. 기계론적인 생각에 갇혀 있다면 새 부품으로 교환하고, 잘 관리하고, 에너지도 잘 공급하기만 하면 완벽해질 거라고 볼 수도 있어요. 기계처럼 본다는 말이죠. 하지만 생명은 기계가 아니지 않습니까? 당연한 이야기인데도 현실에서는 무의식적으로 기계와 생명을 인간과 과학의 상호관계가 진화하는 방향은 자연의 정복이 아니라 자연과 더불어 살아가는 것이어야 할 겁니다. 앞서 말씀하셨던 자연에 대한 배려를 중시하는 과학이 되었으면 합니다. 뉴턴 이후로 과학에 붙여졌던 '위대한'이라는 수식어는 '수상한'으로 바뀌었다가 이제는 '겸손한'으로 돌아오고 있는 것 같습니다.

혼동하는 경우가 많아요. 그런데 진화의 관점에서 보면 그런 환상을 상당 부분 깰 수 있습니다. 진화의 역사, 생명의 역사를 무시한 채 당장의 기계론적 과학기술의 힘으로 모든 것을 해결할 수 있다는 생각에서 벗어나지 못한다면 건강한 미래를 꿈꾸지도 못할 거예요. 건강한 미래는 우리 몸이 완벽한 존재가 아니라는 진화론적 진실을 깨닫는 데서 시작될 것이라고 믿습니다.

최종덕   결국 겸손함을 가져야 한다는 거군요. 저는 선생님이 앞서 말씀하신 것 중에서 면역의 세고 약함을 따지려는 현대인의 이분법이 허구라는 지적에 깊은 감명을 받았어요. 면역이 세고 약한 게 아니라, 이러이러한 상황에서는 면역이 약하고, 저러저러한 상황에서는 세게 나타나기도 한다는 식으로 자연을 대해야 한다는 생각이 들었습니다. 면역의 다양성, 나아가 자연 진화의 다양성을 말씀하신 것으로 이해합니다. 외부환경을 받아들이는 나의 삶 자체가 오만에서 벗어나 겸손해야 한다는 점이 바로 의학과 진화의 만남이라는 우리 이야기 전체의 핵심이며 결론에 해당하는 듯합니다. 이제 우리의 이야기를 마무리해야 할 것 같습니다. 이번 대담의 전반적인 기조는 우리의 몸이 기계가 아니라 경험이나 행위, 인식의 주체로서 살아 있는 몸이기 때문에 단순하게 환원적이고 결정론적인 각도에서 볼 수 없다는 점입니다. 더 나아가서는 미생물 이야기를 통해서 자연을 대하는 인간의 오만한 태도를 버리고 자연을 배려해야 된다는 점입니다. 진화론이 우리에게 알려주는 것은 미생물에서부터 인간에 이르기까지 모든 자연물이 각기 나름대로 생태적 지위를 평등하게 지니고 있다는 사실입니다. 그러한 자연을 바라보는 '진화론적 시선'이 바로 생태주의적 자연관의 토대를 구축하겠죠. 그래서 겸손함의 철학, 겸손함의 과학은 우리 모두의 과제가 될 것입니다. 이제 선생님께서 우리 대담을 마무리해주세요.

강신익　잘 정리해주셨습니다. 한마디 덧붙이자면 지금까지 우리는 과학계의 여러 가지 스캔들을 겪어왔습니다. 따라서 지난번에 대담하셨던 전방욱 교수께서 제기한 '수상한 과학'의 논제를 좀 더 심각하게 고민할 필요가 있습니다. 그렇지만 현대 문명사회의 과학기술이 매우 획기적인 진보를 이뤄낸 사실마저 부정해서는 안 될 겁니다. 누구든 현대 과학기술의 한 단면만 보고 비판할 수는 있지만, 그것이 과학기술의 전체는 아니라는 사실을 잊지 말아야 합니다. 긍정적인 측면과 부정적인 측면을 동시에 직시하면서 혹시 있을 과학기술의 부작용들을 막아가는 것도 과학이 할 일이라고 봅니다. 그런 긴장관계 속에서 발전해가는 것이 바로 과학지식의 건강한 진화라고 생각할 수 있어요. 인간과 과학의 상호관계가 진화하는 방향은 자연의 정복이 아니라 자연과 더불어 살아가는 것이어야 할 겁니다. 앞서 말씀하셨던 자연에 대한 배려를 중시하는 과학이 되었으면 합니다. 뉴턴 이후로 과학에 붙여졌던 '위대한'이라는 수식어는 '수상한'으로 바뀌었다가 이제는 '겸손한'으로 돌아오고 있는 것 같습니다.

최종덕　매우 중요하고 의미 있는 큰 주제를 아주 흥미롭고 신선한 결론으로 이끌어주신 선생님께 감사드립니다. 진화론과 의학의 만남이라는 주제 아래 아주 긴 시간 동안 이야기를 나눴습니다. 정말 고생 많이 하셨습니다. 감사합니다.

다윈과 철학 카페

진화론적 사유가
동아시아의 사유와 만나다

김시천과 **최종덕**의 대담

찰스 다윈의 《종의 기원》은 아이작 뉴턴의 고전역학과 더불어 서양 과학의 대표적인 성과 가운데 하나이다. 그런데 뉴턴의 고전역학과 다윈의 진화론은 각각 물리학과 생물학이라는 상이한 학문 분야이다. 두 학문은 모두 근대 서양에서 탄생한 과학이면서도 그것이 전제하는 방법론과 세계관에 차이가 있을 수 있다.

뉴턴의 고전역학은 연역적 방법론을 포함하지만, 진화론은 다윈의 비글호 항해가 그 기초가 되었던 것처럼 철저하게 귀납적이고 경험적이다. 그래서 물리학이 시간에 지배받지 않는 법칙 세계를 향해 있는 데 반해 생물학은 생명 탄생의 역사 안에서 이루어진다는 점에서 자연사적이고 경험적이다. 또한 물리학이 실체적이고 연역적·법칙적 존재를 전제한다면, 진화론은 시종일관 시간과 역사 속에서 변화를 중시한다.

다윈은 《종의 기원》 처음의 상당 부분을 '변이'의 개념을 설명하는 데 할애했다. 진화가 일어나기 위해서 먼저 생물종에서 변이가 일어나야 하기 때문이다. 변이로 인해 새로운 형질이 선택되고, 이를 통해서 또는 지역적 분리에 의한 생명종의 분화를 통해서 새로운 종의 탄생한다. 이러한 생명의 무궁한 탄생 가능성은 곧 생명종이 처음부터 정해진 설계도면대로 생겨났다는 실체론적 존재가 무의미함을 증명한다. 오로지 변화만 있을 뿐이다. 이렇게 진화론은 시간의 철학이자 변화의 철학이다.

'다윈과철학 카페'에서는 생물학 이론으로서의 진화론보다 그 안에 들어 있는 '진화론적 사유'에 관한 이야기가 펼쳐진다. 그래서 진화론적으로 사유한다는 것이 무엇인지를 살펴보고, 이를 동아시아의 사유구조와 비교하면서 생명의 역사와 문명의 시간을 사유하는 서로의 궤적을 확인해보고자 했다. 독자들은 '다윈과철학 카페'의 대화를 통해 동아시아적 사유가 진화론적 사유로 이해될 때 새로운 고전 해석이 가능함을 확인하게 될 것이다.

'다윈과철학 카페'에 초대된 동양철학자 김시천은 본래 노장(老莊)철학을 전공한 소장학자이다. 일찍부터 동아시아의 기론(氣論)적 세계관과 한의학에 관심을 두어온 그는 서구의 학문과 방법에도 비교적 친숙한 편이다. 더구나 최종덕과 함께 오랜 시간 동아시아의 고전과 진화론적 사유 사이의 소통 가능성을 고민해온 터라 《찰스 다윈, 한국의 학자를 만나다》에 초대되는 것은 자연스러운 일이었다.

그는 이미 《기학의 모험 1·2》와 같은 공동 저서, '정(情)'의 인간학으로 고전을 재해석한 《이기주의를 위한 변명》 등 나름의 모색을 해온 학자로서, 최근에는 동아시아적 사유와 진화론적 사유의 만남을 주선하려는 글을 지속적으로 발표하기도 했다. 아마 독자들에게는 이 네 번째 카페가 가장 낯설게 보일 것이다. 진화생물학과 동아시아 철학 사이의 연관성을 짐작할 수 없기 때문이다. 하지만 두 사람의 이야기에 귀 기울인다면 진화론적 사유와 고대 동아시아의 사유 사이에서 새로운 대화의 지평선을 확연히 볼 수 있을 것이다.

아마도 이 책의 부제가 '진화론은 한국 사회에서 어떻게 진화했는가'가 된 까닭을 독자들은 이 네 번째 카페를 통해 공감하게 되지 않을까 싶다. 지난 100년 동안 동아시아는 서구와는 '다른 그 무엇'이 되고자 했다. 19세기 말에 겪었던 서구라는 충격에 대한 반작용이었을 것이다. 하지만 이제 우리는 같음과 다름의 문제를 좀 더 객관적인 지평에서 살펴야 하는 상황에 이르렀다. 그런 의미에서도 진화론적 사유와 동아시아적 사유의 대화는 새로운 방식의 나침반이 될 수 있지 않을까 한다.

I

진화론적으로 사유한다는 것

최종덕　이제 한국에서도 과학이나 사회생물학, 사회과학을 통해 진화론에 대한 논의를 어느 정도 진행해온 것은 사실입니다. 하지만 동양철학 전공자를 모시고 대화를 나누는 일은 아마 최초일 겁니다. 주제의 특성상 국내뿐만 아니라 국제적으로도 처음이라고 봅니다. '진화론과 동양적 사유의 상관성'이라는 주제는 과연 '상관성'이 있는지에 대한 문제부터 논의해야 할 듯합니다.

김시천　전공 영역에서 매우 많은 차이가 있다고 여겨지는 양쪽 분야가 대화를 한다는 것 자체가 중요하다고 생각합니다. 진화론과 의학, 진화론과 역사학을 연관시킨다면 그럴 수도 있겠구나 하겠지만, 동양철학을 연관시킨다고 하면 많은 사람들이 생소해할 겁니다. 그 속에서 우리의 논의가 모아지는 접점을 찾는다는 이 작업 자체가 매우 의미 있을 것으로 봅니다.

최종덕   우리 대담이 쭉 진행되다 보면 독자들도 진화론적 사유구조
와 동양적 자연관이 이렇게 연관성을 가질 수도 있겠구나 하고 생각
할 듯해요. 저 역시 진화론을 공부하는 과정에서 서구과학의 한 갈래
인 진화론과 동양의 사상구조인 선진 시대 철학이 대화할 수 있는 접
점이 가능하다는 것을 늦게 알게 되었습니다. 그리고 제 공부의 관심
도 늘었죠. 진화론적 사유구조와 동양적 사유구조는 객관성의 과학과
인간학적 요소를 배제할 수 없는 철학이라는 근원적 차이를 안고 있
어요. 하지만 서양과 동양, 전통과 현대 사이에 다리를 놓을 수 있는
아주 중요한 공통의 질문을 갖고 있다는 점에서 매우 의미 있다고 생
각합니다.

김시천   동양의 전통 사유를 '동양적 사유구조'라는 개념으로 일반화
하기에는 좀 무리가 있지만, 서구의 사유구조와는 다른 특성이 있는
것은 사실입니다. 그러니 양쪽을 비교하면서 그 차이와 공통분모를 모
색하는 일은 문명사 연구라는 수준에서도 매우 중요할 거예요.

최종덕   《종의 기원》이 발간된 1859년부터 교회의 비난이 심했다는
것은 이미 잘 알려진 역사입니다. 그 이유는 단순히 진화론적 사유구
조가 기독교의 창조론과 모순되기 때문만은 아닐 겁니다. 그보다는
플라톤에서부터 내려오는 서양의 전통적인 철학과 정면으로 대비되
는 모습을 보였기 때문일 거예요. 그렇다면 진화론적 사유구조가 혹
시 동양적 사유구조에 간접적으로 연결될 가능성이 있지 않을까요?
저는 10여 년 전부터 일반 사람들의 생각을 맹신과 신비주의로 몰고
가는 신과학운동의 행태를 비판해왔어요. 그런데 이번 대담을 통해서

자칫 진화론과 동양사상을 무작정 연결하는 것이 아니냐는 역공을 받을 수도 있다고 봅니다. 하지만 사유의 구조 측면에서 그 두 가지를 충분히 비교해볼 수 있다고 생각해요. 겉으로 드러난 이론과 명제들 이면에 유사한 구조와 틀이 분명히 있다는 걸 알게 되었거든요. 그동안 김시천 선생님과 제가 동양 관련 또는 진화론 관련 세미나를 쭉 해오면서 선생님께서도 그러한 공감대가 생겼으리라고 생각합니다.

진화론적 사유구조의 특징

김시천   진화론적 사유구조와 동아시아적 사유구조라는 이야기를 하기 전에 먼저 짚어볼 게 있어요. 서구 사상과 동아시아 사상이 직접 만나게 된 것은 19세기 후반부터라고 할 수 있는데, 그 가운데 한 가지 중요한 사건이 있었습니다. 19세기 말에 동아시아로 들어온 서양 사상에는 사회사상도 있고 과학사상도 있을 텐데, 기독교의 유입으로 가장 큰 문화적 충돌이 생긴 겁니다. 서구의 종교사상과 과학사상이 가장 영향력 있는 외부 유입 사상이었는데, 그중에서도 기독교적 세계관이 수용되는 과정에서는 유림들의 상당한 반발이나 부정적인 인식들이 있었던 반면, 진화론적 사유가 유입되는 과정에서는 그러한 반발을 찾아볼 수 없을 정도로 거의 전폭적으로 수용하는 양상을 보였어요.

최종덕   특이한 현상이었군요. 아마 당시 중국이나 일본의 경우와 비슷하게 부국강병론이나 동도서기론 같은 정치적 상황에 맞물려 있었기 때문이겠죠. 동양의 도를 지키기 위해 서양의 기독교는 배척의 대상이 되지만, 과학기술은 동양의 도를 건드리지 않았고, 오히려 사회

발전을 위해 쓸 만한 것이라고 생각했을 거예요.

김시천   그런 현상은 오늘날에도 어느 정도 적용된다고 생각해요. 적절한 비유일지는 모르겠지만, 진화생물학 실험실에서 실험과학을 하는 과학자이면서 동시에 일요일에는 교회에 가서 하나님을 믿는단 말이죠. 그런 모습이 저한테는 상당히 신기한 현상으로 보였습니다. 서구에서 진화론이 탄생한 지가 벌써 150년이 더 되었는데도 미국 사회는 아직도 창조론과 진화론을 같이 교육시켜야 된다는 얼토당토않은 주장들이 많은 데 반해서, 우리는 아직 그런 상황까지는 아니잖아요. 저도 어렸을 때 진화론을 배우면서 창조론과 진화론은 상당히 대립적인 사고체계라고 알고만 있었지, 실제로 그런 대립이 제 마음 속에서 갈등을 일으킨 적이 없었어요. 그런 점들이 진화론과 동양사상을 접근시킬 때 먼저 캐봐야 될 문제가 아닌가 싶어요. 진화론적인 사유구조가 동양철학적인 사유구조와 비슷하다거나 구조적으로 유사하다는 이야기를 하기 전에 실제로 동아시아인들이 진화론을 심각한 갈등 없이 수용했다는 사실이 먼저 생각해볼 중요한 문제라고 봅니다.

최종덕   중요한 지적입니다. 양쪽의 사유구조를 직접 비교해서 서로 대응된다고 말하는 것은 굉장히 위험한 일일 수 있죠. 구체적인 내용을 일일이 비교하지 않고 전체적인 틀을 일반화시켜서 비교하는 일이 얼마나 위험한 오류를 낳는지를 잘 알고 있으니까요. 그래서 더욱더 조심스러운 접근이 필요할 겁니다. 더 나아가서 선생님께서 지적하신 대로 동양적 사유구조가 무엇이고 진화론적 사유구조가 무엇인지 한 마디로 설명하기 전에 당시 사회적 상황이나 역사적 상황에서 진화론이 거부감 없이 받아들여졌다는 사실을 재해석하는 일이 더 중요한 것 같습니다.

김시천　진화론적 사유구조와 동아시아적 사유구조 사이에서 일반적인 동등비교가 가능한가 등을 타진해야 하는데, '진화론적 사유구조'라는 용어를 선생님께서 처음 쓴 것으로 알고 있어요. 선생님께서 먼저 그 의미에 대해서 개괄해주신다면 우리 대담이 좀 더 구체적으로 진행될 수 있다고 봐요. 양쪽의 다름과 같음을 이야기하기 위해 한쪽을 먼저 이야기하는 것이 자연스럽지 않을까요?

최종덕　좋습니다. 앞선 다른 선생님과의 대담에서도 잠시 논의하기는 했지만 독자들을 위해 다시 정리하도록 하죠. 진화론적 사유구조라고 하면 생물학에서 말하는 진화론보다 폭이 더 넓은 의미라는 것을 눈치 챌 수 있을 겁니다. 우선 다윈의 진화론이 갖고 있는 존재론 및 인식론적 의미와 진화론의 시간관에 깊이 연관된 내용입니다. 다윈이 《종의 기원》에서도 몇 번 강조했듯이 진화론에서 가장 중요한 것은 고정되거나 완성된 존재를 다루는 것이 아니라 항상 '변화하는 존재'를 다룬다는 점일 겁니다. 그게 진화론의 핵심이죠. 아마 서구사상사에서 '변화의 철학'을 본격적으로 이야기한 것은 진화론에서부터일 거예요. 물론 헤라클레이토스처럼 고대 그리스 철학에서도 그런 사유의 씨앗이 있었긴 하지만요. 서양사상의 일반구조에서는 진리를 정지된 실체 속에 있다고 보는 반면, 진화론적 사유구조에서는 '변화' 그 자체가 진리라는 거죠. 진리라는 형이상학적 냄새를 풍기는 말보다는 과학적 사실이라고 표현하는 것이 더 적절할 것 같습니다.

김시천　과연 '변화의 존재론'이라는 말이 성립되는지 의심하는 사람들이 많을 텐데, 선생님 말을 들어보니 동양철학에도 존재론이 있냐는 비난 어린 질문을 접했던 기억들이 새롭게 떠오르는군요. 존재론이라는 개념을 플라톤 철학에 국한시킬 경우 그런 비난이 생길 수 있겠죠. 마찬가지로 진화론에 대해서도 존재론이라는 딱지를 붙일 수 있는지 질문할 수 있다는 겁니다.

최종덕 《종의 기원》이 출간될 때만 해도 '생물학'이라는 학문 분류는 없었습니다. 그저 동물학이고 식물학이었을 뿐이죠. 당시의 동물학이나 식물학은 물리학과 다르게 박물지의 성격을 강하게 갖고 있었어요. 쉽게 말해서 과학의 왕좌인 물리학은 연역적 구조인 법칙의 세계를 기본적인 존재론으로 갖고 있었지만, 박물지 학문은 철저하게 귀납적이고 경험적인 자료 수집에 근거한다는 뜻입니다. 《종의 기원》이 탁월한 이유는 박물지의 성격에서 출발했지만 생명의 시계 안에서 모종의 법칙을 찾아냈다는 거죠. 그런데 그 법칙은 기존의 존재론적 법칙이라기보다는 오히려 반존재론적 성격이 더 강합니다. 기존의 존재론이라는 범주에서 볼 경우에 그렇다는 거예요. 그러나 여기서 반존재론적이란 뜻은 존재의 성격이 플라톤 식으로 영원불변의 이데아로서의 존재가 아니라 존재 자체가 변화하고 있다는, 존재론 같지 않은 존재론이라는 점입니다. 이런 진화론의 존재론을 저는 '변화의 존재론'이라고 부르는 겁니다.

김시천 결국 시간의 흐름에서 독립된 영원불변성이 기존 존재론의 가장 중요한 특성인데, 시간에 의존하고 변화하는 존재론을 변화의 존재론이라고 부르자는 것이겠군요.

최종덕 예, 그렇습니다. 진화론에서는 시간의 흐름을 인정하는 시간관이 중요해요. 당연하겠죠. 생명체의 탄생과 죽음, 그리고 다음 생명체로 이어지는 생명사는 곧 시간이니까요. 기독교적 세계관이나 유토피아적 세계관에서는 시간이 처음에 한 번 시작되었다가 앞으로, 앞으로만 계속 지속됩니다. 미래를 향해 앞으로만 가는 시간의 지속을 진보(progress)라고 합니다. 진보는 진보의 종점을 갖죠. 시간이 앞을 향해 쭉 진보하다가 마지막 지점에 다다를 거라고 합니다. 그렇게 시간의 처음과 끝을 상정하죠. 기독교에서는 시간의 처음을 창조라고 하고 시간의 끝을 종말이라고 표현합니다. 유토피아 사상이나 플라톤과 같은 이데아 존재론에서는 시간의 끝을 진리의 완성점으로 설정하죠. 반면 진화론의 중요한 특징 중 하나는 시간의 끝을 설정하지 않는다는 점입니다. 시간의 비선형성이라고 할까요? 그래서 끝이 무엇이 될지 아무도 예측할 수 없는 거죠. 그게 진화론적 사유구조의 두 번째 중요한 특징이라는 겁니다.

김시천   그렇다면 진화론에는 목적론이 들어설 자리가 없다는 말인가요? 시간의 끝이 있어야 그 끝을 향해가는 목적이 가능한 것 아니겠습니까?

최종덕   그렇습니다. 시간의 끝과 더불어 시작점조차 설정하지 않기 때문에 진화론적 사유는 목적론적 사유와는 다른 세계관을 갖게 됩니다. 진화론적 사유구조의 존재론적 특징도 있죠. 진화론의 세 번째 특징은 자연의 만물, 즉 자연의 존재들이 서로 동등한 위격을 가진다는 겁니다. 서양철학에서는 인간의 존재를 우위에 놓고 동물의 존재나 식물의 존재를 하위에 놓지 않습니까? 물론 인간보다 더 높은 것은 신이겠죠. 이렇게 존재의 위계질서와 등급이 있는 데 반해서 진화론적 사유구조에서는 모든 존재가 같은 위격을 갖고 있다는 겁니다. 일단 진화론적 사유구조의 특징을 요약하면 이렇게 세 가지로 이야기할 수 있다고 봅니다.

지금 우리가 말하는 동양적 사유라는 것 자체가 사실은 20세기 학자들이 알게 모르게 근대라는 것을 투영해서 만든 개념입니다. 여기서 동양적이라는 것은 동아시아의 사유구조를 밝혀서 전체 특성을 부각시킨 것이라기보다는 서양에 대한 반대급부, 즉 '카운터파트(counterpart)'로 부각시킨 측면이 강하다고 생각해요.

동아시아의 사유구조

김시천   선생님 말씀을 요약한다면 변화나 무목적성, 시간 비선형성, 그리고 존재 동등성으로 진화론적 사유구조를 정리할 수 있겠네요. 특히 변화 또는 모든 존재가 동등하다는 특징은 동양적 사유구조의 원형이라고 할 수 있는 《주역》을 가장 먼저 떠오르게 하는군요. 《주역》은 영어로 번역될 때 주로 'The Book of Change', 즉 '변화의 경전'이라고 번역됩니다. 《주역》이 동아시아적 사유의 밑바탕이 되어왔다는 것이 인정된다면, 변화를 세계관의 가장 밑바탕으로 인정하고 있는 동아시아적 세계관에서 진화라는 말을 당연히 거부감 없이 받아들일 수 있었을 거예요. 문제는 시간의 차원에서 본다면 진화론적 사유구조와 동양적 사유구조는 단순 비교를 할 수 없다는 겁니다.

최종덕   동양적 사유구조를 시간의 비선형성으로 비유하는 것은 잘못된 표현이라는 것인가요?

김시천   잘못되었다기보다는 지나친 일반화의 오류라는 거죠. 20세기 들어 서구의 역사관과 비교하는 연구가 많아지면서 동아시아적 세계관은 진보적인 역사관을 가지고 있지 않다는 데 거의 일치된 학술적 견해를 보였어요. 저도 이와 연관한 연구논문을 발표한 적이 있었죠. '동양학과 진보론'이라는 제목의 논문이었습니다. 내용이나 논지에서 우리의 대담 내용과 연관된 것이 많아요. 서양에서 말하는 진보는 과학적인 개념이기보다는 사회역사적인 개념이고, 19세기 유럽인들의 공통된 시간관을 반영하고 있는 일종의 역사적 믿음체계라고 생각합니다. 과학적 사실이라기보다는 믿음에 가까운 것이라는 뜻이죠. 동아시아에서는 서구처럼 직선적인 시간관을 전제하지 않았고, 굳이 표현한다면 순환적이었다는 거죠. 그리고 나선형적이라는 입장도 있었습니다. 진보적 시간관과 화해시키기 위해서 나사가 돌아가듯이 발전해간다는 정도의 논의까지 나왔죠.

최종덕 그렇다면 동양적 사유구조의 시간관과 진화론적 사유구조의 시간관이 유사하다고 할 수 있지 않을까요?

김시천 일반적인 이해는 그럴 수도 있지만, 저는 그런 의견에 동의하지 않습니다. 동양적 사유구조의 시간관도 현상적으로는 직선적인 모습을 지녔다는 것이 제 주장이에요. 직선이라고 하더라도 처음과 끝을 나누는 종말론적인 시간관이냐 아니냐의 차이일 뿐이라는 거죠. 동양에서도 대개 왕조사는 연대기로 되어 있는데, 연대기야말로 직선적 시간관의 가장 원형적 모델이지 않습니까? 대부분의 역사서들이 다 연대기로 되어 있다면 직선적인 시간관이 없었다고 말할 수는 없을 거예요. 다만 아까 말씀하셨던 것처럼 역사의 목적을 설정하지 않았다는 것, 즉 목적이 없다는 점에서 진보라는 것이 없었지, 직선적인 시간관 자체가 없었다는 해석은 맞지 않는 것 같아요. 선생님의 용어를 빌리자면 직선에도 선형적인 직선이 있을 테고 비선형적인 직선도 있을 거예요. 예를 들어 중력에 의해서 공간도 휘어질 수 있다는 우주론이 있잖아요. 역사가 일직선으로 발전해간다거나 시간이 일직선으로 흐른다는 것은 기하학적 의미에 국한되겠죠. 그런 의미는 현실의 세계, 즉 경험의 세계에서 우리가 직접 부딪힐 수 있는 건 아니라고 생각해요. 그렇다면 시간이 앞으로 나아간다는 의식 자체가 동아시아인에게 없었다는 말은 곤란하겠죠.

최종덕 여기서 직선적이라는 표현은 선형적인 직선의 의미에 국한한 것으로 봐야 할 듯해요. 예를 들어 선진(先秦) 시대는 극심한 분열과 혼란의 시기였죠. 《논어》를 비롯해 대부분의 제자백가 문헌들은 당시의 혼란을 극복하려는 사회적 노력이었다고 생각합니다. 《논어》에서도 그렇지만, 안녕하고 평안한 시대가 언제쯤 올지 스승님께 물어보면, 대부분 요순이나 탕왕 등 그보다 훨씬 오래전이 평안한 시대였다고 답을 합니다. 이런 과거지향성을 복고보다는 상고라고 표현합니다만, 이상사회의 존재를 미래가 아니라 과거에 두고 있다는 점이 중요하겠죠. 저는 이런 사유구조가 매우 중요한 시간관의 역전이라고 생각해요. 왜냐하면 서양의 사상사에는 그런 시간관이 없었다는 점과 비교되기 때문이거든요. 서양에서 이상사회는 항상 미래에 오는 것입니다. 물론 서양에서도 신화가 지배하던 시대, 또는 유대적인 사고방식이 풍미했던 시대에는 좋은 세상, 이상사회가 과거에 있었다는 이야기도 많죠. 아르카디아(Arcadia)가 그 사례고요. 그렇지만 플라톤과 아리스토텔레스의 철학이 서구에 정착되면서 그런 과거지향적 이상사회의 사유구조는 없어지고, 좋은 것은 항상 미래에 있다는 사유가 지배합니다. 이런 점에서 서양과 동양의 시간관이 다르다고 말한 겁니다. 또한 서구가 바라보는 이상사회는 직선적 미래에 있지만, 동양이 바라보는 이상사회는 그렇지 않다는 점에서 비선형적 시간관이라고 표현한 거죠. 바로 이 점이 중요한 차이가 아닐까요?

김시천   그 점에 대해서는 철학사와 더불어 문명사를 함께 공부한다면 좀 더 흥미로운 결론에 도달할 것 같군요. 직선적인 시간관이라는 것은 기독교를 제외하고는 대부분의 문명권에서 쉽게 일반화할 수 없는 시간관이라고 종교사가인 미르체아 엘리아데(Mircea Eliade)가 지적하고 있어요. 엘리아데는 그것을 대체할 수 있는 역사철학으로써 영원회귀(eternal return)라는 신화가 훨씬 더 인류의 보편적인 시간 체험을 반영하고 있는 개념이라고 말합니다. 그런데 나중에 기독교의 직선적인, 특히 종말론적인 시간관이 들어오면서 회귀적 시간관이 대체되었다고 해요. 그러니까 서구 근대 기독교 문명이 직선적으로 발전하는 시간관, 그리고 역사의 목적이 있고 종말을 향해 나아가는 시간관을 전제했지만, 그 이전의 유대 전통에서만 해도 순환적 시간관이 밑바닥에 깔려 있었다고 생각합니다. 엘리아데에 따르면, 플라톤이 《티마이오스(Timaeos)》에서 말하는 주기적 격변도 천체의 운행 탓이라 말할 때는 《국가(Politeia)》에서 '영원한 반복'을 비웃을 때와는 다르다고 말합니다. 즉 헤시오도스가 구분했던 황금시대, 은시대, 청동시대, 철시대의 순환은 그에게도 유효했다고 합니다.

최종덕 보통 《티마이오스》는 서구가 갖고 있었던 신화적인 시간관을 잘 설명해주고 있다고 하죠. 말씀하신 대로 기독교의 직선적 시간관은 오히려 특수화된 시간관일 테지만, 오늘날 이 세계를 지배하고 있는 것은 순환적 시간관이 아닙니다. 기독교의 선형시간관이 현재 세계를 지배하고 있죠. 엘리아데의 표현을 빌리자면 인류에게 원형적으로 깔려 있는 회귀의 시간관이라는 것은 동양의 전통사상에나 조금 남아 있을 뿐이고요. 진화생물학의 입장에서 볼 경우 순환의 시간관이 자연의 역사에 합치된다고 판단합니다. 그런 점에서 자연의 시간관을 다룬 진화론적 시간관이 서구의 기독교적 시간관보다 오히려 동양의 시간관에 더 맞지 않을까요?

김시천 그런 차원에서 본다면 이런 이야기를 지적할 수 있을 것 같아요. 먼저 기독교적 시간관이 선형적인 종말론적 시간관을 갖고 있다 하더라도 인간의 삶을 지배하고 있는 생명의 현장에 적용할 수 없을 겁니다. 자연의 상태에서 신체를 가지고 있는 내가 경험하는 대부분의 시간들은 순환적인 흐름에 놓여 있는 게 사실이지 않습니까? 문명의 차원에서 보더라도 세계 4대 문명은 일종의 농업혁명이었고, 거대한 강 유역에서 발달했죠. 농경을 바탕으로 한다는 것은 계절적 주기에 인간의 생존 여건이 결합되어 있고, 그에 대한 체험이 반영될 수밖에 없다는 거죠. 그렇게 본다면 사계절의 변화야말로 인간이 체험할 수 있는 중요한 시간적 계기의 하나예요. 이때 사계절의 주기라는 것은 '변화'라는 의미를 추동했다는 점을 반드시 명심해야 한다고 봅니다. 계절에 따라 별자리가 바뀌기도 하고, 비가 오거나 눈이 오기도 하고, 날씨가 더워지고 추워집니다. 이러한 변화는 다시 하루의 시간에서도 해가 뜨고 지는 등 반복되어 나타나죠. 하루 안의 변화, 절기의 변화에서 오는 순환의 시간관이 바로 자연 본연의 흐름이고, 근대화된 문명세계의 시간관은 왜곡되거나 인위적인 형태라는 말입니다. 그래서 저는 근대 과학에 의해 이상화된 선형적 시간관이 특수한 시

간관이라고 말한 거예요. 신화 속에 반영되어 있는 시간관에 의하면 인간은 자연세계와 감응하면서 느끼는 시간의 흐름에 놓여 있습니다. 반면 근대를 지배하고 있는 시간은 상당히 추상적입니다. 인위적이기 때문이죠. 근대적 시간관은 자연의 패턴과는 다른, 이른바 도시 안의 시간을 형상화한 것이잖아요.

최종덕 근대적 시간의 의미를 좀 더 쉽게 이해하겠어요. 구체적인 시간은 자연의 변화를 느끼고 감응하는 삶의 시간인데, 철학과 이성이 들어오면서 추상화된 시간이 생기게 됐다는 말씀이군요. 이렇게 추상화된 시간을 통해서 서구에서는 자연과학이 탄생하긴 했지만, 추상화된 시간이 오히려 우리를 얽어매는 역전현상이 일어났다고 봅니다.

김시천 조금 더 이야기를 보태겠습니다. 제 처가 임신했을 때였어

요. 입덧이 끝난 후에 처음에는 국수를 먹고 싶다고 하더니, 한여름이 되면서부터는 갑자기 때 아닌 귤을 먹고 싶대요. 그래서 한여름 내내 귤을 구해오느라 고생했죠. 한여름에 귤을 먹는다는 것 자체가 자연의 순환과 주기를 파괴한 것이죠. 시간이 순환적이니 선형적이니 하는 논의가 더 이상 필요치 않은 거예요. 더 나아가 과학기술에 의해서 한겨울의 비닐하우스에서 온갖 채소들을 길러서 소비자에게 공급하는 것이 요즘의 일상이 되어버렸어요. 결국은 근대적 시간관이라는 것이 추상적인 이론에 그치는 게 아니라 이미 우리의 실제 삶의 시간으로 깊숙이 들어와 있다고 보는 것이 타당하다는 말입니다.

최종덕　좋은 예를 들어주셨어요. 그래서 우리가 선형적 시간관이냐 순환적 시간관이냐를 따질 때 개념에 접근하는 것부터 어렵죠. 하지만 추상적 시간과 구체적 시간이란 말로 바꾼다면 좀 더 쉬워질 거예요. 이성으로 무장된 시간이 곧 추상화된 시간일 테고, 구체적인 시간이란 체험하는 삶의 시간이라고 이해한다면 좀 더 쉬워질 것 같다는 생각이 들어요. 그런데 20세기 초반 서양의 유명한 철학자인 앨프레드 화이트헤드(Alfred N. Whitehead)에 의하면, 서양 근대문명이 가지고 있는 문제의 핵심은 '구체성을 잘못 놓은 오류'라는 거예요. 추상적인 이성의 축조물들을 마치 구체적인 실제인 양 잘못 생각하고 있다는 거죠. 이성의 도움을 받아 추상적인 것을 만들어내고 선형적인 사유방식을 만들어내서 현대의 과학기술과 같은 엄청난 사유의 축조물을 통해 근대문명이 만들어진 겁니다. 과학적 이성이 이제는 자연의 구체적인 세계를 밀어내고 마치 자기가 구체적인 양식인 것처럼 그 자리를 차지했다는 말이죠. 그래서 원래는 추상적인 것인데 마치 구체적인 것인 양 행세하고 있음, 그것이 바로 근대문명의 가장 어려운 질곡이라고 지적한 겁니다. 그런 점에서 우리의 논의와 화이트헤드의 생각이 서로 접근할 수 있다고 생각해요. 진화론의 경우도 비슷할 겁니다. 진화론은 생명과학의 이론체계이지만, 진화론적 사유구조라는 것은 일종의 철학적 사유의 틀로서 과학문명의 브레이크 없는 폭주를 경계하는 비판적 사유가 될 수 있을 겁니다. 예를 들어 선형적이고 추상적이고 도구화된 이성체계의 과학적 시간관을 조절할 수 있는 중요한 철학적인 사유가 아니겠냐는 거죠. 다시 말해서 진화생물학은 과학적 엄밀성을 지녀야 하지만, 진화론적 사유구조는 세계의 구조와 현상을 직시하는 열린 존재의 시선을 갖습니다. 바로 이런 점에서 진화론적 사유구조의 시선을 선생님의 전공처럼 동양적 사유, 동아시아 사유의 바탕과 연관해서 이야기하는 것도 중요할 것 같습니다.

김시천   사실 저는 제자백가 시대를 전공했지만 '동양적 사유'라는 말이 상당히 낯선 편입니다. 왜냐하면 '동양적'이라는 표현의 실체가 어디에 놓여 있는지 불확실하기 때문이에요. 저의 공부를 예로 들자면, 제자백가 시대에 동양적인 사유의 원류가 되는 다양한 흐름들이 형성되었다고 하더라도, 우리는 끊임없이 재해석되어 현재까지 흘러온 제자백가의 사상들을 동양철학이라는 이름으로 배워왔습니다. 저는 그것이 이미 근대적으로 정리된 동양철학이지, 고전문헌들이 담고 있는 내용들을 당대 그대로 보여주는 것은 아니라고 생각해요. 우리가 동양철학에 대해 갖고 있는 몇몇 가정들이 있습니다. 예를 들어서 동아시아인은 비논리적이고 일원론적인 세계관을 갖고 있었기 때문에 영혼의 존재 같은 건 믿지 않았다고 흔히 말하죠. 그런데 사실 진시황릉에 가보면 그런 생각을 바꿀 수밖에 없어요. 이집트에서 피라미드를 만들고 미라를 만들었던 것과 똑같이 진시황릉에서도 지하에 엄청나게 거대한 궁전을 만들고 병사나 마차의 모형들을 거의 그대로 만들어놓고 그 속에서 사후세계의 삶을 연장하려고 했단 말이죠. 그렇다면 적어도 진시황릉의 지하궁전을 설명하는 논리와 피라미드를 설명하는 논리는 같아야 한다고 생각하는 것이 더 타당하겠죠. 그런데도 많은 분들은 그러한 '같음' 이면에 놓인 사유방식의 '다름'을 아예 전제해놓고 그 '다름'에만 주목하려고 한다는 거죠.

최종덕　이집트와 중국 또는 더 넓게 동양과 서양을 구분하려는 태도에 문제가 있다는 뜻이군요. 선생님 입장에 저도 동의합니다. 혹시 혼란의 시기였던 조선 말 '서학'이라는 말이 먼저 생긴 이후에 그에 대응하는 '동학'이 나왔듯이, '동양적'이라는 표현이 물밀듯 들어오는 서양문물에 의한 위기의식과 자기보호 본능에서 유래한 것이 아니냐는 도전적 질문인 듯합니다만……

김시천　지금 우리가 말하는 동양적 사유라는 것 자체가 사실은 20세기 학자들이 알게 모르게 근대라는 것을 투영해서 만든 개념입니다. 여기서 동양적이라는 것은 동아시아의 사유구조를 밝혀서 전체 특성을 부각시킨 것이라기보다는 서양에 대한 반대급부, 즉 '카운터파트(counterpart)'로 부각시킨 측면이 강하다고 생각해요.

최종덕　그런 점에서 이제 저도 '동양적'이라는 말을 조심해서 써야겠군요. 그렇다면 앞서 말한 고대 중국의 시간관에서 이상사회의 모델을 과거인 요순시대에 두는 상고적 시각을 '동양적'이라고 표현하면 안 되나요?

김시천　유학자들의 세계관이나 고대 중국에서 시간을 파악하는 기본적인 세계관을 복고(復古)라고 말하죠. 요순, 문왕, 무왕, 탕왕 등 이른바 선왕의 시대를 최고의 황금시대로 설정하고, 그 시대의 모습들이나 가치들을 현 세계에 복원하려는 목표를 최고의 가치로 삼습니다. 그런 가치관이 당대 지식인들의 시간관을 지배했던 중요한 의식 가운데 하나라고 한다면 틀린 말은 아닙니다. 하지만 적어도 제가 읽었던 책들, 예들 들면《한비자》같은 경우에 시간이 직선적으로 앞으로 나아간다는 역사적 계기들이 분명히 있어요. 따라서 동양적 사유를 상고적 시간관이라고 일반화해서 정의하는 것은 곤란하다고 생각해요. 우리는 지난 2,000년 동안 유학이 거의 사회체계를 지배했기 때문에 유교 중심으로 사상사를 투영하게 되는 것 같아요. 하지만 우리 안에는 유학과 다른 시선으로 시간을 바라본 도교의 전통도 상당하다고 봅니다. 도교에는 심지어 기독교적인 구원론도 포함되어 있죠. 예를 들어 이 세계를 태상노군이 창조했다거나 태상노군의 꿈속에 이 세계가 현존한다는 이야기 등이 도교 안에는 많다는 겁니다. 역사 속의 중요한 혁명들, 예를 들면 한나라 시대의 황건운동 등 몇몇 역사적 변혁운동 같은 것들은 기독교의 천년왕국운동과 같은 방식으로 설명할 수 있다는 주장을 하는 학자들도 꽤 있습니다. 그러니까 동서의 대비라는 단순 대차대조표를 버릴 수 있다면 동아시아의 사고방식도 상당히 다층적이고 시대마다 굉장히 복잡하다는 것이죠. 그래도 큰 틀에서 이야기한다면 동아시아 세계에는 '변화'라는 키워드가 가장 중요한 사유의 핵심어라고 해도 큰 무리가 없을 것 같아요. 제가 이렇게 말한 이유는 동양적 사유구조와 진화론적 사유구조를 대비해서 말하는 경우, 자칫 다양성과 다층적 변이의 측면을 놓칠 우려가 있기 때문이라고 이해해주시면 고맙겠습니다.

최종덕　매우 중요한 비판이라고 생각합니다. 저도 느낀 바가 많았습니다. 큰 틀에서 '변화'라는 시선의 구조에 대해서는 기본적으로 동의하셨습니다만, 반드시 그런 비판적 태도가 붙어 있어야 한다고 봅니다. 처음에도 지적되었지만 동양적 사유라고 말할 때 또는 진화론적 사유라고 말할 때 자칫 일반화의 오류를 범할 수 있다는 점을 조심해야겠죠. 그래서 동양적 사유구조라는 모호한 개념을 통해서 동양철학의 모든 것을 하나로 묶을 수 있는 절대적인 끈을 만들어내는 일은 위험하다는 지적은 정말 당연합니다.

김시천 《한비자》에서 말하는 시간관을 서양의 학자가 서구에서 말하는 직선적이고 진보적인 것으로 해석할 수도 있다고 했지만, 그런 시간관이 그 이후로 강하게 두드러진 것 같지는 않아요. 이제 문제는 서구 진화론을 수용하는 근대 지식인의 역사관이 어떠했는지가 중요하다고 봅니다.

최종덕 서구의 유토피아론이 갖고 있는 중요한 측면 가운데 하나가 이 세상의 끝, 종말이든 완성점이든 그 종점에 놓인 어떤 좋은 것을 향해 더 진보해야 한다는 세계관입니다. 그 '끝'이란 철학에서는 진리의 세계가 될 수도 있고, 절대적인 과학법칙의 세계 등 시대마다 다양한 방식으로 표현될 수 있겠죠. 앞에서도 이야기가 나왔지만 동양적 사유구조가 근대 중국에도 적용될 수 있는 것인지를 타진해보는 게 중요할 듯합니다. 구체적으로 현대 중국학에서 그런 유토피아 방식의 미래관이 어떻게 수용되는지 말씀해주시죠. 또한 중국이 근대에 접어드는 시기는 제자백가 이후 다시 한 번 큰 혼란이 일어난 시기인데, 잘 알려졌듯이 부국강병론의 와중에서 서양의 진화론이 크게 부각되었다는 점이 독특하다고 생각합니다. 19세기 말 진화론적 사상을 중국이 어떻게 수용하는지도 거론되어야겠군요.

김시천 진화론이 본격적으로 동양에 소개된 것은 19세기 후반일 텐데, 아무래도 옌푸(嚴復)라는 학자를 거론하지 않을 수 없을 것 같아요. 옌푸는 토머스 헉슬리의 《진화와 윤리(Evolution and Ethics)》라는 책을 '천연론(天演論)'이라는 이름으로 번역했죠. 그러면서 당시 중국 사상계에서 굉장히 강한 영향력을 행사하던 캉유웨이(康有爲)라는 학자와 간접적으로 대화를 합니다. 그의 제자인 량치차오(梁啓超)라는 학자를 통해서였죠. 옌푸의 번역원고를 출간되기 전에 보게 된 량치차오는 옌푸에게 이런 편지를 보냈어요. 그 편지에서 량치차오는 이렇게 말합니다.

> 선생님의 책은 충격적일 정도로 배울 것이 굉장히 많다. 그런데 우리 스승님(캉유웨이)이 말씀하시기를 '이와 같은 이론들은 이미 여러 사람들에 의해서 서구사회에서 오랫동안 논의된 걸로 알고 있다. 특별히 대단한 건 아니다. 하지만 당신은 여태까지 뛰어난 저작들을 냈기 때문에 배울 것이 많다.'고 하셨다.

캉유웨이는 상당히 독특한 사람으로 나중에 《대동서》라는 책을 썼죠. 이 사람이 갖고 있는 시간관이 이른바 금문 계열의 춘추공양학을 잇고 있습니다. 이 사람의 표현에 의하면 역사가 발전하는 계기가 있는데, 첫 번째는 거란세(據亂世), 그 다음에 승평세(升平世), 그리고 태평세(太平世)라는 거예요. 점점 더 좋아진다는 것이죠. 물론 역사의 최종 목적점을 설정한 것은 아니었습니다. 그러나 미래에는 좀 더 좋은 세계가 열릴 것이라는 믿음에서는 유토피아론과 유사한 구조를 가진 겁니다. 혼란의 시대인 거란세에서 승평세로 접어들어 조금 더 좋아지는 세계로 가는 거죠. 그리고 결국은 태평의 세계라는 아주 이상적인 세계로 간다는 거예요. 이러한 시간관은 그 안에 목적점이 없고 시간적인 종말을 가정하지 않았다 뿐이지, 실제로는 서구의 진보적인 시간관과 상당히 유사하다고 할 수 있죠. 당시 그런 분위기들이 있었기 때문에 그 계통에 있던 지식인들 사이에서 옌푸의 《천연론》과 같은 책이 아주 자연스럽게 받아들여질 수 있었을 거예요. 그리고 관련 지식인들은 서구 진화론의 사유방식을 당시 자강운동의 정신 또는 자강운동 이데올로기로 차용했죠. 그렇게 본다면 동아시아에서 진보적인 사고방식이 없었다고는 말할 수 없을 것 같아요.

최종덕 저는 선생님의 견해에 하나 더 보태고 싶어요. 19세기 말 동아시아는 당시로는 전혀 생각지도 못했던 서구의 병기 앞에 무릎을 꿇지 않았습니까? 자존심이 엄청나게 깎였던 이 혼란스러운 상황에서 시간을 대하는 동아시아인들의 지향성이 종교적으로 치우치게 되는 것이 보통이라고 생각해요. 위기에 처해 있는 자신을 어떻게 회복할 수 있을 것인가라는 희망은 곧 종교적인 구원의 희망으로 연결되곤 하죠. 이 점에서 당시의 정치적인 지향점과 종교적 지향점이 서로  만날 수 있다고 판단해요. 이런 의미에서 캉유웨이의 《대동서》도 상당 부분 종교적 성향을 분명히 내포하고 있다는 거죠. 물론 종교적 성향이란 정확히 말해서 기복적 측면을 말합니다만, 그것이 원래 동서고금을 구분하지 않고 유토피아에 대한 희망을 담고 있다는 겁니다. 결국 종교적인 측면은 미래를 담고 있는 시간관을 처음부터 포함하고 있다는 점이 아주 당연하다는 거죠.

김시천 저는 유토피아라는 말 대신 다른 표현을 써야 할 것 같아요. 대개 '대동(大同)'이라는 표현을 서구의 유토피아로 번역하기도 하는데, 사실 동아시아에서 말하는 이상향이 유토피아에만 해당되는 건 아니거든요. 아르카디아적인 것도 있어요. 아르카디아가 전원적이고 목가적이고 비교적 탈정치적인 성향이라면, 유토피아는 대개 지식인

다윈과 철학 카페 진화론적 사유가 동아시아의 사유와 만나다

들이나 사회 엘리트들이 꿈꾸었던 세계로서 사회구조적 측면이 많은 것 같습니다. 시간적으로 미래에 설정된 세계이면서 동시에 인간의 자발적이고 주체적인 노력에 의해서 달성할 수 있다는 희망의 차원이 죠. 그런 차원에서 본다면 유가의 지식인들이 꿈꾸었던 세계관의 모델이 과거에 있었다고 하더라도, 그것의 시간적 계기나 구현의 과정이 과거라고 단정할 수는 없을 것 같아요. 다만 아까 말씀하셨던 것처럼 동아시아 사람들은 이런 시간의 계기를 목적론적으로 파악하지 않았다는 거죠. 우주의 창조주를 처음부터 설정하지 않았기 때문에 그런 무목적성의 세계관이 오히려 더 자연스럽겠죠.

최종덕 종교적 절대 창조주나 경험을 초월한 형이상학적 존재들, 도달할 수 없는 유토피아를 설정할 경우, 대부분은 목적 지향적이겠죠. 목적을 먼저 염두에 두고 그런 존재를 설계할 테니까요. 그러나 생명과 같은 자연세계는 원래부터 저절로 존재한다는 것이 동양적 사유구조의 뿌리 아닙니까? 음양의 철학원리도 햇빛이 비추는 양지와 그늘의 변화를 보고 생각해냈듯이 말입니다. 저는 이런 간단한 생각으로부터 동양적 사유구조와 진화론적 사유구조 사이에서 모종의 상동성을 제안한 겁니다. 물론 검증된 이론이 아니지만요.

김시천 그런 제안을 세계적인 갑골문 연구학자인 새러 앨런(Sarah Allan)의 견해를 들어 설명할 수 있을 거예요. 앨런이 쓴 책 중에《거북의 모양(The Shape of the Turtle)》이 있어요. 우리나라에는《거북의 비밀》이라고 번역됐죠. 앨런이 오행의 원형적 사유를 말하는 부분은 많은 것을 생각하게 해요. 예를 들어보죠. 일상생활에서 우리는 공간을 말할 때 사방이 탁 터져 있다느니, 오방 장군이라느니 하는 식으로 '방(方)'이라는 표현을 쓰지 않습니까? 어릴 때 동네 골목에서 하던 오징어놀이라고 아세요? 사각형 몸과 세모 머리를 그려놓고 하는 놀이였죠. 십자가놀이라고 해서 직사각형 두 개를 포개어놓고 도는 놀이도 있었고요. 모두 사각형의 모양과 모서리를 잘 이용해야 이기는 전통놀이예요. 본래 '方'이라는 글자는 '모 方'자였습니다. 우리는 보통 이것을 오른쪽, 왼쪽, 앞, 뒤 사방이라고 생각하고, 방향을 가리키는 말로 씁니다. 하지만 방향은 '모 方'으로서 사각형을 말합니다. 모서리는 방향을 가리키는 것이죠. 앨런에 따르면 나를 중심으로 오른쪽, 왼쪽, 앞, 뒤를 그리면 오방(⊕)이 된다는 거예요. 그것들을 연결하면 거북의 등딱지 모양이 되고요. 갑골문이라는 것이 바로 거북의 등딱지에 형상을 새긴 것이죠. 그리고 거북의 등딱지 조각을 이용해서 점을 치기도 했어요. 앨런의 주장에 의하면 거북의 모습이 우주의 형상을 닮았기 때문에 점을 치는 데 사용되었다는 겁니다. 외국 학자들의 이론과 학설을 수용하는 데 상당히 인색한 중국의 학자들도 이 학설은 받아들이고 있어요. 앨런의 견해를 통해서 저는 사유의 원형이라는 것이 형이상학에서 출발하기보다는 자연의 은유방식에서 출발한다고 생각하게 되었습니다. 예를 들어 우리는 유비적 사유 또는 상관적 사유(correlative thinking)라는 표현을 자주 씁니다.

최종덕 이때 중국적 사유구조의 원형이 과연 어디서 시작되었는가를 질문하는 일이 우리의 과제 중 하나 아니겠어요? 소위 인류학적 철학이라고 말해도 좋겠군요. 사유구조의 시원을 따지는 일은 문명 이해의 첫발이 되는 거니까 이런 질문은 매우 중요하겠죠. 이럴 때 흔히 그리스 철학이라면 불변의 형이상학적 실체니 아리스토텔레스의 본질이라고 말하고, 중국 사상의 원형이라면 음양오행론을 시원적 사유라고들 말하는데, 그런 견해에 문제점을 제시하시는 것인가요?

김시천   비슷합니다. 우리, 특히 지식인들은 사유구조의 시원을 너무 형이상학적으로 추측하는 습관이 있어요. 그런 습관이 잘못되었음을 앨런이 지적한 겁니다. 고대 중국적 사유의 원형을 찾아가는 과정은 우리가 생각하는 형이상학적 사고방식과는 다릅니다. 예를 들어 '중국적'이라고 할 때, 그 '중국적'의 내용을 채우는 것 중에서 가장 많이 이야기하는 것이 기(氣) 철학이고, 그 다음에 오행론(五行論)이죠. 그런데 앨런의 주장은 다릅니다. 그런 형이상학적 배경에서 출발한 것이 아니라는 거예요. 예를 들어 오행 개념을 만들었다고 추측되는 당시의 지식인들은 모종의 특별한 형이상학 체계에서 오행을 생각해낸 것이 아니라 자연의 흐름과 현상을 모방한 일종의 은유체계를 통해서 출발시켰다는 겁니다. 이것이 앨런 주장의 핵심이기도 하죠. 자연을 은유하는 방식의 사유체계가 당시에는 제자백가를 막론하고 대부분의 고대 중국인이 공유했던 일반적인 생각이라는 겁니다. 이를 '뿌리은유'라고 해요. 예를 들면 《노자도덕경》에 '상선약수(上善若水)'라는 말이 나오죠. '가장 좋은 것은 마치 물이 흐르는 것과 같다'는 뜻입니다. 물의 이미지는 당시 모든 제자백가에서 거의 비슷하게 등장하며 같은 의미로 표현됩니다. 그리고 또 한 가지는 식물 생장의 비유들이 있죠. 예를 들어 맹자는 인간이 선한 본성을 바탕으로 선한 인간이 되어가는 과정을 식물 생장에 비유해요. 한 알의 작은 씨앗 속에 싹이 트고 자라나서 큰 나무가 되는 생명의 잠재성이 담겨 있듯이, 인간 성선의 바탕도 그와 같은 방식으로 존재한다는 겁니다. 씨앗이 적당한 습기와 햇빛을 받지 못하면 온전한 나무가 될 수 없듯이 사람도 성선을 완성하기 위해 꾸준히 노력해야 된다는 거죠. 결국 인간의 성선성을 주장하기 위해 특별한 형이상학적 전제를 필요로 하지 않고 다만 자연의 은유에서 찾는 거예요. 이렇게 고대 중국인의 사유 속에는 형이상학적 선험성이나 논리적 진리체계보다는 모든 사람들이 경험적으로 공유하는 공통의 은유체계들이 있는데, 그것들을 통해서 고대 중국적 사유를 복원하는 것이 더 효과적이라고 하죠. 그런 점에서 생물학적 사유구조와의 유사성을 찾을 수 있는 게 아닌가 하는 생각을 많이 했어요.

최종덕   전적으로 동의합니다. 그런 의미에서 저는 동양적 사유구조의 틀을 자연주의라고 표현하기도 해요. 제가 말하는 자연주의는 서양에서 말하는 자연주의 인식론(naturalistic epistemology)과는 다릅니다. 서양의 자연주의 철학에서 말하는 자연주의는 자연과학의 성과를 통해 철학적 인식론의 검증 근거를 제공한다는 점에서 자연주의 인식론이라고 불리죠. 하지만 제가 말하려고 하는 동양적 자연주의는 선생님이 소개한 앨런의 견해에 더 가깝다고 할 수 있어요. 바로 자연과 존재, 자연과 인식, 자연과 인간사회 사이의 은유체계를 말하는 거죠. 예를 들어서 현실의 문제를 동물에 비유한다든가, 식물에 비유한다든가, 물의 흐름에 비유한다든가, 구름의 흐름에 비유하는 은유체계가 바로 자연주의 철학의 내용인 거죠. 기 철학이나 음양오행 등의 개념을 형이상학으로 접근하는 것이 아니라 자연현상의 은유나 상징을 통해서 접근하는 것이 훨씬 더 진리에 가깝다는 것을 이해할 수 있어요. 그래서 《장자》에는 그렇게 많은 우화들이 나온 것으로 봅니다.

김시천   예, 그렇죠. 《장자》는 인간사의 도 또는 존재의 도를 동물이나 자연의 현상들을 은유하거나 상징 삼아 설명하는 것으로 대신하죠. 저는 이런 은유의 방식, 상징적으로 표현하는 방식이 바로 자연주의 철학의 출발이라고 생각합니다. 저는 이런 특성을 사유의 상형성 또는 상형적(象形的) 사유라고 부릅니다.

생명의 역사, 문명의 시간

최종덕 자연주의라는 식으로 이념체계를 말하기 위해서 먼저 자연이 무엇인지를 이야기하는 것이 더 중요할 거예요. 이미 앞서 여러 차례 논의했지만, 자연에 대한 이해를 넓히기 위해 다시 한 번 세밀하게 토론할 필요가 있을 듯합니다.

김시천 먼저 서구 진화론이 동양사회에서 재해석되는 과정을 통해 자연의 개념이 얼마나 왜곡되는지 살펴볼 필요가 있다고 생각합니다. 저는 요즘 선진 유가의 인성론과 진화심리학의 비교가 과연 가능한지를 공부해보려는 욕심으로 진화심리학 관련 몇몇 책들을 읽고 있어요. 그런데 이런 비교가 자칫 사회진화론의 전조가 되는 것은 아닌지 스스로를 의심해봅니다. 최 선생님께서도 진화생물학을 공부하면서 이런 우려를 생각해보셨을 텐데, 사회진화론이 생물학적으로 밝혀진 인과성을 인간사회의 다양하고 복잡한 사회적 행동이나 심리에 무반성적으로 적용하는 몰인간적 폐해를 보였지 않습니까? 특히 도덕적 성격을 지닌 허버트 스펜서의 적자생존론이 미국 사회로 넘어갈 때 자기 마음대로 사회적 약육강식론으로 과대 해석해서 전파했죠. 문제는 그 부작용이 너무 컸다는 사실 아니겠습니까?

최종덕 예, 그런 오해를 받기도 합니다. 20세기에 들어오면서 다윈의 진화생물학이 여러 가지 비난의 대상이 되죠. 초기에는 교회와의 갈등으로 인한 비난들이었지만, 후기에는 사회진화론의 원흉이라는 비판을 많이 받게 됩니다. 사회생물학은 생물학적 결정론을 내포하기 때문에 굉장히 위험한 측면이 있죠. 나아가 사회진화론을 진화론의 귀결점으로 여기는 선입관 때문에 진화론이 큰 위기에 처하기도 했어

요. 진화론을 스펜서처럼 해석한 사람도 있지만, 그것이 진화론의 진실한 모습이라고 할 수 없죠. 데이비드 윌슨처럼 진화론에서 사회생물학을 유추한 학자도 있지만, 사회생물학은 진화론의 핵심과 거리가 멉니다. 생물학적 사실을 인간사에 직접 적용하는 일은 과학을 하는 인간의 만용이라고 생각해요. 하지만 거꾸로 문명사회 속의 인간이 자연에 순응하고 조화한다면 이상사회의 모델이 될 수 있지 않을까요? 진화론을 사회생물학으로 푸는 것이 아니라 자연주의 사유구조로 푼다면 좀 더 인간적인 과학으로 재탄생할 거라고 봐요. 이런 점에서 진화론적 사유구조와 동양적 사유구조가 서로 만날 필요가 있다고 봅니다.

김시천　참 모호하고 어려운 문제입니다. 서양은 물질지향적 인간중심의 문명이고 동아시아는 자연중심의 문명이라는 생각을 얼핏 비추셨는데, 저는 그런 생각에 동의하지 않습니다. 선생님께서 말씀하신 자연주의를 좀 다른 맥락에서 이야기할 수 있어요. 예를 들면 서구문명은 자연을 지배와 수탈의 대상, 인간이 조작하고 만들어낼 수 있는 대상이라는 생각을 깔고 있기 때문에 문명중심이고, 이성중심이고, 인간중심이라는 거죠. 반면 동아시아는 문명을 자연과의 조화를 실현하는 모델에 두었고, 이런 모델이 동양적 자연주의의 핵심이라는 것이겠죠. 헌데 오늘날 동아시아의 현실은 전혀 그렇지 않잖아요. 지금 동아시아의 공해 문제는 심각하죠. 자연주의 전통을 2,500년 동안이나 유지해온 중국이 지금 저렇게 자연을 파괴하는 행동들을 쉽게 선택할 수 있는 이유가 무엇인가? 설명이 안 되는 거죠. 철학을 마치 한 사회의 문명을 지탱하는 뼈대처럼 보는 사고관 속에서는 그런 것도 연역적으로 적용돼야 할 텐데 그러지 못하는 거예요. 중국의 현실이나 한국의 현실이나 마찬가지지 않습니까? 한국의 산업화 과정을 이야기하면서 이른바 토건경제라는 이야기를 많이 합니다. 불행히도 한국은 정말 세계에서 앞서가는 토건국가임이 확실하죠. 자연 파괴를 수반하는 것은 당연할 것이고요. 그러니 한국을 포함해서 오늘날의 동아시아에서 자연주의를 말할 자격이 있을까요? 결국 철학을 통해서 동아시아 자체를 비호하는 것은 단순한 변호에 불과하다고 봐요.

최종덕 의미 있는 지적입니다. 한 문명의 사유구조를 형이상학에서 찾지 않고 사회사적인 입장에서 해명하는 것이 왜 중요한지를 말씀해주셨습니다. 철학이 아무리 고귀하더라도 우리가 사는 구체적인 세상살이와 무관하다면 단순히 추상적인 이론체계에 지나지 않는다는 뜻이군요. 사회적인 측면에서 동양사상을 바라보는 태도는 저도 동감해요. 그렇지만 또 다른 범주의 이야기도 가능하다고 봅니다. 기 철학이나 음양오행의 사상을 동양적 사유의 주요범주로 간주할 수 있다는 점에 많은 사람이 동의할 거예요. 동아시아 사람들은 지식인이 아니 더라도 기나 음양오행의 용어들을 아주 자연스럽게 사용하고 있다는 점을 주목해보면 그런 개념에 대해 보이지 않는 공감대가 형성되었음을 알게 됩니다. 사람들에게 기나 음양에 대해서 설명해보라고 하면 대답하기 어려워해요. 그래도 일상에서는 아주 자연스럽게 이야기한단 말이에요. 예를 들어 동양 사람인 제가 서양 사람과 오행 또는 기에 대해 토론한다면 아마 이야기가 잘 진척되지 않을 겁니다. 실제로 제가 독일에서 유학할 때 지도교수가 음양오행 사상에 대해 세미나 발표를 해보라고 해서 발표는 했는데, 토론 자리에서 독일 학생들과 소통하기가 어렵더군요. 주제 토론이나 일상 대화에서 이야기가 진척이 되려면 먼저 소재가 되는 개념에 대한 정의가 대충 합의되어야 하죠. 그렇지만 동아시아 사람들끼리 음양오행에 대해 말할 때는 그런 설명 없이도 일상적인 대화가 가능해요. 이런 현상은 문화적 관습이 얼마나 중요한지를 보여주는 중요한 사례일 거예요. 저는 선생님이 제시하신 사회역사적 관점이 중요하다고 생각하지만, 사유구조의 원형이 무엇인가에 관계없이 현재 우리를 지배하는 키워드의 비중도 중요하다고 봐요. 어쨌든 현재를 사는 우리의 삶을 지배하는 사유구조가 있고, 그 사유구조가 일상에 좋은 것인지 나쁜 것인지를 따지는 가치의 관점에서 보는 것은 아니니까요. 오늘날 동아시아는 서구보다 더 심한 자연 파괴를 하고 있지만, 그렇다고 해서 중국의 고전과 고대 그리스의 사상에 등장하는 개념들의 차이가 무색하다고 말할 수는 없을 겁니다.

김시천 이제 선생님께서 말씀하시는 자연주의의 모습이 드러난 것 같군요. 저는 제자백가의 문헌들에서 '자연'이라는 말이 실제 쓰이는 용례들을 비교해봤는데, 우리가 흔히 알고 있는 '자연'이라는 말이 나오는 대표적인 문헌이 《노자도덕경》이에요. 《노자도덕경》에서는 자연이라는 말이 다섯 번 나오는데, 전부 사람과 관련해서 쓰입니다. 《여씨춘추》라는 책에도 꽤 많이 나오는데, 거기에는 싹이 돋아나는 것, 물이 흘러가는 것 같은 자연현상들에 대해서 쓰여요. 흔히 자연이라는 말은 지금 많은 분들이 번역하고 있듯이 '나의 의지나 간섭과 상관없이 저절로 그렇게', 즉 현재 우리 눈앞에 드러나 있는 현상과 변화가 그 사물이 가지고 있는 내인(內因)에 의해서 이루어진다는 굉장히 중요한 뜻을 함축하고 있어요. 여기서 자연이라는 것은 내가 어찌할 수 없는 변화의 흐름이라는 뜻이죠. 그런데 문제는 자연이라는 이미지가 인간 밖의 세계에 적용되기 이전에 구체적인 내 몸에 적용된다는 겁니다. 예를 들면 제가 오늘 점심을 못 먹어서 배가 고파지는 것, 이게 바로 자연이라는 거죠. 이렇게 인간이 의식적으로 또는 의지적으로 생각하는 것과는 달리, 어찌할 수 없는 흐름의 총체를 표현하는 것이 바로 자연이에요. 자연을 그 흐름대로 내버려두지 않고 간섭하는 것을 맹자는 '조장(助長)'이라고 표현했습니다. 많이 알려진 이야기죠. 어떤 사람이 씨를 뿌린 후 얼마 안 되어 밭에 나가봤더니 싹이 별로 자라질 않았어요. 그래서 쑥쑥 자라라고 싹을 뽑아뒀단 말이에요. 집에 돌아가 힘들게 일하고 왔다고 해서 그의 딸이 밭에 가보니까, 새싹들을 쑥쑥 뽑아놓았다는 겁니다. 잘 자라기는커녕 죽고 만 거죠. 잘 자라나도록 도와준 행위가 곧 조장이지만, 조장은 자연이 아니라서 싹이 죽게 만든 것입니다. 인위적 개입의 한계를 잘 보여준 거죠. 그런 차원에서 조장과 자연이 대립적인 개념이라는 데 동의하지만, 자연과 문명, 자연과 인간의 대립이라고 하는 건 적절한 표현이 아닐 거예요. 그런데 더 중요한 것은 《노자도덕경》의 '자연'은 기본적으로 정치적 개념이라는 데 있습니다.

최종덕 오늘날 사용되는 자연이라는 단어는 서양어의 'nature'라는 개념을 일본 사람들이 자연이라고 번역한 그 용어를 뜻하죠. 자연이라는 용어 자체는 상당히 잘된 번역이라고 봐요. 그렇지만 동양에서 말하는 자연은 명사로서의 자연이라기보다 형용사 또는 동사로서의 '자연적임'을 의미한다는 게 중요할 겁니다. 바로 이 지점에 제가 말한 자연주의의 핵심이 있습니다. 즉 인위적인 것에 대비되는 자연적임이죠.

김시천 선생님과 대화를 나누다 보니 누가 옳고 그르다는 것이 아니라, 어떤 시각에서 주제를 바라보나에 따라 견해 차이가 생길 수 있다는 것을 알게 되었습니다. 겉으로 드러난 차이를 넘어서서 대상을 바라보는 관점의 다양성이 더 중요하다는 것에 이야기가 모아졌다는 점에서 우리의 대화는 의미가 컸다고 생각합니다. 자, 그러면 우리 논의

다윈과철학 까페 진화론적 사유가 동아시아의 사유와 만나다

를 한 단계 더 나아가서 선생님께서 평소에 관심을 두고 계셨던 진화론적 사유구조와의 접속점을 찾는 방향으로 전개해볼까요?

최종덕 그렇다면 연속성의 문제를 이야기해야 될 것 같습니다. 다윈의 진화론에서는 생명의 연속성이 아주 중요한 의미를 갖고 있죠. 생명이 진화하는 과정은 비약이 없다는 것이 《종의 기원》의 핵심입니다. 이와 관련해서 스티븐 굴드는 단속평형론이라는 이론을 세우면서 일정 기간 동안 진화가 없다가 갑자기 한꺼번에 생명진화가 일어난다는 주장을 하죠. 즉 늘 진화가 발생하는 게 아니라 누적되었다가 한꺼번에 터진다는 거예요. 그리고 이런 단속성은 연속성의 비선형적 표현이라고 보는 해석이 주류를 이루고 있죠. 결국 진화론 일반은 연속적인 생명성의 변화가 가장 중요한 의미라고 보고 있어요. 진화론에서 말하는 생명종은 린네의 분류방식을 따른 생명종과는 다른 의미를 가지고 있죠. 린네는 종과 종은 서로 다른 종 실체라서 그 사이가 불연속적이라고 봤지만, 진화론에서는 종과 종 사이는 연속적으로 연결할 수 있다고 봤으니까요. 생명종은 영원불변의 고정된 실체가 아니라 시간에 따라 변할 수 있다는 것입니다.

김시천 제 관심은 이러한 진화론의 연속성이 과연 인간문명의 역사에 어떻게 적용될 수 있는지에 대한 겁니다. 직접 적용될 수는 없겠지만, 생명의 시간과 문명의 시간 사이에서 어떤 유비점을 찾을 수 있지 않을까 하는 거죠. 생명의 역사를 무시하고 인간사가 이루어졌다고 볼 수는 없으니까요. 특히 동양 고전을 공부하다 보면 생명의 역사와 문명의 역사가 매우 밀접한 관계라고 느끼게 되거든요.

최종덕 저는 진화론에서 말하는 생명 세계의 연속성이 인간 역사의 연속성과 유비될 수 있다고 봅니다. 물론 과학이론 자체를 비교한다면 유사한 모든 것을 마구잡이로 연결하는 신비주의 과학이 되어버리겠죠. 하지만 사유의 방법론, 사유의 원천, 또는 사유의 구조라는 측면에서 본다면 진화론적 사유구조와 동양적 사유구조 사이에서 어떤 메타포를 얻어낼 수 있다고 생각해요. 쉽게 말해서 진화론의 철학적 의미는 연속적인 존재론에서 찾아질 수 있다는 거죠. 연속의 존재론은 전통적인 서구 형이상학의 스펙트럼에서 완전히 벗어나 있습니다. 서양의 역사관, 서양의 존재론은 불연속적인 존재론이잖아요? 예를 들어서 신과 인간, 이데아와 현상, 본질과 현상, 실체와 양상이라는 서로 넘나들 수 없는 관계로 구성된 것이 서구 전통의 존재론이란 말입니다. 그런데 같은 서구 문명권이면서도 다윈의 진화론에서는 생명이 연속적으로 진화한다는 생각에서 출발하니까 존재 간의 불연속적인 관계를 허용할 수 없는 거죠. 그런 관점에서 저는 동양적 사유, 동양에서 말하는 존재의 의미에서도 진화론적 연속성을 대비시킬 수 있는 가능성이 있는지 궁금합니다. 현대 과학과 동양사상을 무작정 연결하자는 것이 아니라, 그들 사이의 문명적 대화가 어떻게 가능한지를 진단하자는 말이죠. 두 문화 사이의 소통이라는 측면에서 매우 소중한 과제라고 생각합니다만…….

김시천 이건 답변하기 쉽지 않은 문제군요. 일단은 용어들을 먼저 살펴볼까요? 우선 우리가 쓰고 있는 자연이라는 말은 오히려 '천지(天地)'나 '만물(萬物)'이라는 용어가 더 적절할 거예요. 현대 중국 사람들도 우리가 지금 말하는 자연과 본래의 자연을 구분하기 위해서 '대자연'이라는 표현을 따로 쓰기도 하죠. 사실 우리가 번역어를 중심으로 고전들을 보기 때문에 용어의 차이에 대해서도 분명히 지적해야 할 거예요. 자연의 연속성과 관련해서 이야기를 한다면, 그런 부분에서는 선생님께서 말씀하신 대로 분명히 진화론적인 사유구조에서 말하는 자연의 연속성이라는 것은 충분히 설명할 수 있어요. 아주 쉬운 예를 든다면 동곽자(東郭子)라는 사람이 장자를 만나서 "당신이 말하는 도(道)가 도대체 어디 있느냐?"고 물으니까 "기왓장에도 있고, 땅강아지에게도 있고, 심지어 똥에도 있다."고 아주 유명한 대답을 하지 않습니까? 이때 도라는 것은 엄밀하게 말하면 우주의 틀로서 원리이거나 세계를 주재하는 주권의 의미까지 아주 복합적으로 갖고 있는 개념이거든요.

최종덕 그런 점에서 서양의 창조신화와 비슷한 구조를 가진다고 할 수 있군요. 어차피 창조신화는 동서문화의 차이와 무관하게 내재한 내러티브 구조이니까요. 문제는 창조된 세계의 창조주에 대해 존재론적 위계질서를 독립적으로 부여한 내러티브 구조는 철학적 형이상학이나 기독교와 같은 종교로 기울게 되었다는 겁니다. 그런 점에서 동양의 창조설화는 그렇지 않은 것 같은데요?

김시천 동양의 내러티브에서는 분명히 이 세계에 존재하는 모든 사물이 가치의 위계를 나눌 수 없는 연속적인 체계로 해석될 수 있다고 봅니다. 동양의 내러티브 한가운데 놓인 개념이 기와 도인데, 그중에서 기라는 개념은 생명을 만들어내는 근원적인 에너지, 생명의 에너지에 해당해요. 그 기가 어떻게 취산(聚散) 화생(化生)하는가에 따라 나무나 동물, 인간 등 만물이 생겨난다는 거죠. 만물은 생명이기 때문에 모든 생명은 연속적이라는 거예요. 그런데 동양의 고전 문헌을 읽을 때 탄생 과정이나 맥락과는 상관없는 방식으로 문헌이 작위적으로 인용된다는 점에 주의해야 합니다. 그런 작위적 인용은 현대에 이루어진 것도 있지만, 기론 또는 기 철학이 형성되는 과정에서 생겨난 개

넘의 오차도 있어요. 당시의 사회구조와 지금의 사회구조가 다르기 때문에 생기는 문제일 겁니다. 오늘의 지식은 학교나 학계 같은 제도를 통해서 생산되고 전파됩니다. 물론 지식의 수용 여부는 다른 문제겠죠. 그렇지만 황제가 다스렸던 고대 중국의 세계에서 지식은 권력을 수호하는 방어수단이며 일방적으로 백성을 다스리기 위한 도구였잖아요. 예를 들어서 《황제내경》이라는 책은 의학서로 분류되고 있지만, 그 당시에는 지금과 같은 의학서라는 개념이 없었어요. 물론 그 나름의 분류방식이 있어서 그 가운데 방기략(方技略)이라는 특수한 항목으로 의서가 분류되어 있긴 하지만, 《황제내경》은 사실 의학서와는 다른 측면을 갖고 있죠. 그 책에서 대화를 하는 주인공들은 중국을 최초로 통일한 전설적인 황제와 그의 신하들입니다. 그 내용은 내 몸을 어떻게 다스릴 것인가라는 치술에 관한 논의고요. 그런데 개인의 양생은 국가의 치술과 같다는 은유가 밑바탕에 깔려 있어요. 즉 국가를 어떻게 다스릴 것인가라는 뜻으로 해석할 수 있거든요. 의학서이기도 하지만 정치 교과서의 성격도 띠고 있다는 겁니다. 양생에 관한 지식을 소유한 방사(方士)나 의사들은 자신들의 지식을 유통하기 위해 황제에게 자신들의 지식체계를 재가받아야만 했죠. 그래서 자신의 건강을 지키는 것뿐만 아니라 자기의 제국을 안정시키고 통치권을 안정적으로 유지하려는 황제의 요구를 수용하는 겁니다. 따라서 문학을 한 사람들은 문학을 한 사람 나름대로, 의학을 한 사람들은 의학을 한 사람 나름대로 황제의 시대적 요청과 자신의 전문지식 사이의 조율을 하게 됩니다. 문헌 안에 은유적인 용어들이 많이 나오는 것도 그 때문이죠. 일종의 시대적 사고의 방법이라고 할까요? 그러다 보니 후대 사람들이 자신들의 입맛에 맞게 재해석할 수 있게 된 거죠. 사회적 해석도 가능하고, 형이상학적 해석도 가능하게 된 겁니다. 예를 들어 '형이상학'이라는 개념을 볼까요? 《장자》에는 '통천하일기(通天下一

氣)'라는 표현이 나오는데, 사람들은 그런 용어들을 너무 안이하게 근대의 형이상학과 접목시켜서 형이상학적인 실체, 또는 근원자라고 해석합니다. 그중에는 이 자연계를 지배하는 선험적인 원리로 간주해버리는 아전인수 격 해석까지 있는 것 같아요. 그런 해석은 당대의 상황을 무시한 채 오늘의 입장에서 고전을 제멋대로 재단하는 겁니다. 고대 중국 사람들의 문헌을 아무리 읽어봐도 형이상학을 찾아보기가 힘들거든요. 물론 번역 자체가 〈계사전(繫辭傳)〉에 나오는 '형이상자(形而上者)'라는 용어를 쓴 것이긴 하지만, 형이상(形而上)과 형이하(形而下)의 구별이 서구에서 말하는 형이상학과는 달리 경험적 차이에서 오는 구분으로 단순하게 받아들이는 것이 타당하다고 생각합니다. 보이는 세계와 보이지 않는 세계의 구별이라는 거죠.

최종덕 보이지 않는 세계를 발견한다는 것은 아마 지금이나 그때나, 서양이나 동양이나 상당히 중요했을 겁니다. 보이지 않는 세계가 보이는 세계를 작동시킬 것이라는 믿음 때문이겠죠. 그런 믿음은 단순한 정서적 차원을 넘어서서 아마 인류가 갖는 특수한 사유능력의 하나일 거라고 생각됩니다. 그런 사유능력을 어떻게 전개하느냐는 동양과 서양이 다른 것 같아요. 보이지 않는 세계를 추상화해서 경험적인 요소를 제거함으로써 전적으로 선험적인 그 무엇으로 비약시키는 것, 즉 존재의 차원을 승격시키는 것이 서양의 형이상학이라고 봐요. 반면 동양에서 말하는 보이지 않는 세계는 분명 보이는 세계를 지배하는 원리이기는 하지만 보이는 세계와 질적으로 같은 존재를 말하는 것 같아요. 그런 존재 양상을 군이 형이상학이라고 해도 되지만, 서양에서 말하는 위격이 다른 형이상학과는 전혀 다른 의미겠죠. 그래서 기의 존재도 보이지 않는 세계를 지칭하지만 실은 보이는 세계와 같은 질적 수준을 지니고 있다고 말해도 괜찮을까요? 보이는 세계와 보이지 않는 세계 사이에 존재의 비약이 있다면 서구 전통의 형이상학일 것이고, 비약 없는 등격이라면 동양 고전에서 말하려는 존재들의 모양이라고 말하곤 하니까요.

김시천 서양과학의 사유구조에서는 자연의 운동현상과 그 현상을 지배하는 선험적 법칙의 세계를 이원론적으로 설정합니다. 하지만 동양 고전의 사유구조에서는 그런 선험적 원리마저도 은유적으로 기능하다는 점을 알아야 합니다. 예를 들어 저는 장자의 '통천하일기'라는 표현을 아주 쉽게 생각해요. 천하라는 것은 단순히 하늘 아래라는 뜻만이 아니라 하늘 아래 살고 있는 모든 사람을 표현한 거거든요. '모든 백성이 하나의 기운에 통한다'라는 뜻은 인간세상을 지배하는 절대적인 주권자를 상징하는 표현이죠.

최종덕 특별한 형이상학이 아니라는 말이군요. 그런 해석은 원래부터 당연한 사실이지만, 일반 독자들에게는 생소할 수 있을 겁니다. 독자들은 장자나 노자에게 고도의 형이상학을 많이 원하고 있을 텐데, 그런 희망을 깨는 게 아닌가요? 전 도가철학을 너무 신비화해서 받아들이는 사람들의 마음을 이해합니다. 도나 기와 같은 도가의 용어들도 상당히 개념적이지 않습니까?

김시천 물론 동양 고전에서도 보이지 않는 세계에 대한 개념체계들이 발전해서 우주의 중심이라든가 가치의 중심 같은 것들을 표현하는 방식으로 발전되기도 합니다. 예를 들면《주역》에서 말하는 태극이라는 표현은 일종의 우주적 운동의 중심원리를 뜻합니다. 태극 속에 음양이 있고, 거꾸로 음양이라는 것은 태극으로 포섭된다고 하니, 결국 중심을 향한 방식이죠. 태극이 왕을 상징하고 음양은 그 신하를 상징하기도 하죠. 신하는 왕을 향해 수렴되어야 하듯이 음양은 태극이라는 중심을 향해 있다는 것으로 유비됩니다. 그래서 우리가 형이상학적으로 해석하는 많은 중국 고대의 개념들이 사실 형이상학이라기보다는 당시 통일된 중국의 정치적 질서를 하나의 중심 속에 모으고자 하는 운동의 산물로 봐야 합니다. 따라서 우리가 고전 문헌을 읽을 때 주의해야 할 점은 과학적이고 경험적인 내용들을 그런 것들이 정치화되고 이데올로기화된 표현들로부터 구분해내는 안목이 필요하다는 데 있습니다. 그런 안목을 통해 비로소 고전을 이해하는 폭이 넓어질 거예요.

최종덕　동양의 고전 문헌을 읽을 때 서양과 같은 형이상학의 눈으로 봐선 안 된다는 지적은 동서양의 가교에 놓인 우리의 현실에서 매우 의미 있고 중요하다고 생각합니다. 서양에서는 형이상학의 시각으로 세계를 봤기 때문에 존재의 절대적인 위격을 만들어냈겠죠. 저는 그러한 절대적인 존재와 일상적인 존재 사이에 불연속적인 측면이 서구 사회의 근간이라고 판단합니다. 선생님이 동양 고전의 존재론적 위상이 경험적인 사회현상에서 유비한다고 하셨듯이, 서양사상에서도 최상위 존재 계층은 하위 존재 계층을 지배하는 원리로 작동합니다. 단지 서양의 상위 존재와 하위 존재는 불연속적인 단절이 있어서 넘나들 수 없는 반면에, 고대 중국에서 말하는 존재의 양상으로 볼 때 높고 낮음이 있어도 단절은 없어서 존재 간 이동이 가능하다고 봐요. 이런 생각이 맞는 것인지 선생님의 진단이 필요한데, 어쨌든 서양의 존재론 일반은 불연속적 단절이 내포되어 있다는 거죠. 그런 측면 때문에 서구 사회에서 자연과학이 탄생하게 됐다고 봅니다. 다른 한편으로는 그런 불연속적인 위격의 차이가 근대 이후 서구의 제국주의를 옹호하는 이론적 배경으로 작동한 것으로 생각해요.

김시천 이제 우리의 논의를 왜 우리가 이런 형이상학을 거론하는지에 대한 문제로 초점을 맞춰야 할 것 같습니다. 《종의 기원》의 진정한 의미는 기독교의 신을 부정하는 데 있기보다는 불변의 형이상학적 실체를 거부하는 데 있다고 앞서 여러 번 밝히셨습니다. 불변의 실체보다는 '도(道)'의 개념처럼 변화 그 자체를 사유의 기틀로 하는 동양적 사유구조에 유비할 수 있다는 데 동의합니다. 다만 선생님도 자주 지적하셨듯이 그런 유비는 유비에 그쳐야 하죠.

최종덕 다윈이 밝힌 '이제 나에게 형이상학은 없다'라는 표현은 진화론적 사유구조의 핵심이기도 합니다. 다윈이 형이상학을 거부하는 태도에는 형이상학으로 만들어진 신의 존재를 거부하는 측면도 있지만, 진짜 중요한 의미는 플라톤에서부터 내려오는 변화 없는 실체의 존재를 부정하는 데 있죠. 이런 논리를 대척점에 놓게 되면 형이상학을 부정한다는 측면에서 진화론적 사유구조와 동양적 사유구조 사이에서 어느 정도 대화가 가능하지 않을까 싶습니다. 좀 더 나아가서 생명의 연속성, 더 넓게는 존재의 연속성이라는 측면에서 두 사유방식이 대화할 수 있는 공통분모를 지녔다고 봅니다. 그런데 김 선생님께서 동양철학을 형이상학의 관점에서 벗어나도록 해야 한다고 지적하신 것을 보면, 동양철학 전공자이면서도 상당히 합리적 방법론으로 동양학 공부를 하신다는 인상을 받았어요.

김시천 칭찬인지 비판인지 구분이 안 되는군요. 그런 평판을 이미 많이 받아왔기 때문에 어느 정도 익숙해졌지만, 중요한 점은 동양철학 공부가 합리적 이론체계로만 되는 것은 아니라는 겁니다. 모든 역사적 지식이 다 그렇지만, 동양의 고전철학도 현재에 놓인 문헌 외에 문헌이 만들어진 당대의 일상과의 연관성을 찾는 일이 중요해요. 진화론이 생명의 일상을 경험적으로 관찰하는 데서 성립된 지식체계이듯이, 동양철학도 삶의 일상을 경험적으로 관찰하는 데서 시작한 것으로 본다면, 그들 사이의 구조 유비가 가능하다고 봅니다.

최종덕 그러면 경험적 일상의 측면에서 동양철학을 보는 건 어떨까요? 예를 들어 저는 옷에 깃이 없지만, 선생님 옷에는 깃이 있죠. 예전에는 깃에 풀을 먹였어요. 그와 관련해서 예를 들어 어떤 사람이 연애를 하다가 헤어져서 굉장히 낙담을 했단 말이죠. 어깨도 축 처지고 기운이 없어 보일 때 주변 사람이 '풀 죽지 마!'라고 위로하잖아요. '풀 죽지 마!'라는 말이나 옷깃에 '풀 먹인다'라는 표현에서 '풀'은 똑같은 걸 뜻해요. 혹시 '풀 죽지 마!'라는 표현과 똑같은 표현 아시는 것 있어요?

김시천 '기죽지 마!'라고 하죠.

최종덕 잘 아시는군요. 그래서 '풀'과 '기'가 같은 뜻이라는 겁니다. 이처럼 고전 문헌은 갑자기 탄생한 것이 아니라, 일상의 경험세계에 대한 유비와 상징이 쌓여 만들어진 것이라고 봐요. 아무도 쳐다보지 않는 풀 한 포기가 있는데, 사람이 밟고 비바람에 쓰러졌다가도 다시 일어난단 말이에요. 그게 바로 '생명'이고, '풀'이고, '기'인 거죠. 일상생활에서는 풀의 개념, 즉 자연의 개념과 기의 개념을 같이 사용하고 있는 게 동양적 일상인의 모습일 거라고 생각해요. 제가 이런 이야기를 하는 이유가 있습니다. 모든 생명체는 공통 선조가 있다는 게 《종의 기원》의 출발점인데, 다른 말로 하면 모든 생명은 공통의 생명성을 갖고 있다는 뜻이거든요. 생명과학 용어로는 단세포를 넘어서 DNA이니 단백질이니 하겠죠. 공통된 생명성이 있다는 말은 결국 모든 생명은 연속적이라는 뜻이거든요. 그런 점에서 《종의 기원》에서 유추할 수 있는 진화론적 사유와 일상성 속에서의 기 철학, 쌍방의 연속성을 비유해볼 수 있지 않을까요?

김시천 우회적인 답변이 될 수 있을 텐데, 예전에 이화여대 중문과에 계신 정재서 교수님과 이런저런 이야기를 하다가 동양의 시간관과 서양의 시간관 문제가 나온 적이 있었어요. 정재서 선생님께서 시간을 비유하는 아주 재미있는 예를 들더군요. 동양이나 서양이나 똑같이 시간을 거스르는 불사의 추구가 있었다는 거예요. 그런데 그 현상은 아주 다르답니다. 동양에서 시간을 초월한 존재, 영원히 사는 존재는 신선이지 않습니까? 신선은 보통 머리가 희고, 수염이 축 늘어지고, 눈과 눈썹도 착 늘어지고, 인자하고 온화한 인격의 소유자처럼 그려집니다. 그런데 서양에서 가장 대표적으로 시간을 거스른 존재인 흡혈귀들은 추악하게 그려진다는 거죠. 달리 말하면 시간을 거슬러서 영생을 얻는다는 것에 대한 인식이 동아시아에서는 상당히 긍정적인 결과물로 그려진다면 서양에서는 그렇지 않다는 거죠. 이런 구체적인 예들을 통해서 동양학의 개념들을 접한다면, 재미있으면서도 훨씬 더 원형적 의미에 다가갈 수 있을 것 같아요. 앞에서도 잠깐 이야기가 나왔지만, 음양과 기는 상당히 다른 차원이죠. 예를 들어서 음양이라는 것은 빛과 그늘을 유비하여 생긴 글자입니다. 해가 떠서 사물을 비추고 있을 때 이쪽에 그림자가 있으면 음이고, 저쪽은 양이겠죠. 그런데 저녁이 되면 음과 양의 자리가 뒤바뀝니다. 동아시아 사유에 가장 커다란 영향을 미친 음양사상의 활용은 매우 사회적이기도 해요. 예를 들어 지난 40~50년 동안 한국 사회가 추구해왔던 근대화에 밝은 부분이 있었다면 어두운 그늘도 있었다는 거죠. 사람은 모두 장점이 있으면 단점도 있다는 것이 음양논리가 가지고 있는 가장 중요한 측면이에요. 어떤 사물에 음과 양이 뒤섞여 있다는 것은 궁극적인 선이나 궁극적인 악의 개념이 나올 수 없다는 뜻이죠. 모든 것이 다 상대적인 의미를 가지고 있다는 겁니다.

최종덕 '상대적'이라는 말을 저는 '변화'라고 이해합니다. 음양이라는 말에서 중요한 것은 음양을 정의하는 내용이 아닐 거예요. 음양이 고정된 공간개념이 아니라 변화하는 사실 그 자체가 중요하다는 점이죠. 음양사상은 자연의 개념적 지식에 그치는 것이 아니라 세상사나 인간사에 그대로 은유되고 유비된다는 말일 것입니다.

김시천 자연에 원형을 둔 언어들이 표현되는 방식은 사회적 권력, 정치권력 또는 지식의 권력에 의해 물들게 되는 것이 인간의 역사인 것 같습니다. 예를 들어서 '만물'이라는 말은 자연계의 모든 것을 포함해요. 그러나 만물은 만물 그대로 존속하는 것이 아니라, 인간 또는 사회와의 관계로 표현된다는 점이 동양철학의 특징이기도 하죠. 그런 관계를 통틀어서 '도'라고 표현하기도 하고요. 도라는 것은 자연이 운행하는 법칙입니다. 예를 들면 절기의 변화가 있고, 밤낮의 변화가 있고, 기온의 변화가 있고, 바람의 변화가 있어 그에 따라 씨앗이 봄에 싹을 틔어 자라나고 가을이 되면 열매를 맺는 거죠. 이런 자연 변화가 도예요. 이렇게 보면 자연의 모든 것은 각자의 자리가 있어서 변화의 한몫을 하고 있을 뿐입니다. 어느 것이 더 잘났고 어느 것이 더 못난 것이 없는 거죠. 도의 원형을 자연의 관점에서 본다면, 이 세계에 존재하는 모든 사물이 다 평등해요. 그런데 세상사는 그렇지 않다는 겁니다. 제자백가를 거쳐 한나라 시대로 들어오면서 기(氣)를 분류하는 방식이 본격적으로 등장합니다. 기를 음양만으로 분류하는 것이 아니라, 기에도 질의 차이가 있다고 본 거죠. 예를 들면 청탁수박(淸濁粹

駁)이라고 해서 나중에 조선조 유학자들이 도덕심성론을 이야기할 때 많이 쓰는 표현인데, 기에는 탁한 것과 맑은 것, 빼어난 것과 거친 것이 있다는 겁니다. 그래서 맑고 깨끗한 기를 받은 사람은 성인(聖人)이 되고, 그렇지 못한 사람은 우매한 사람으로 태어난다는 등 위계적 표현들이 뒤섞여 나타납니다. 원래 이야기로 다시 돌아가면, 이 세계의 모든 존재는 하나의 연속적인 흐름이라는 것이 동양학의 원형이라고 할 수도 있어요. 그런 자연의 원형적 사유가 사회화하면서, 즉 인간사에 편입되면서 단절과 불연속으로 표현되고 있죠. 지식 세계를 장악하고 있는 기성의 정치권력 안으로 중첩될 수밖에 없기 때문에 권력의 위계가 생기고 지식의 단절이 생기는 거죠.

최종덕 자연은 평등하지만 인간사는 평등하지 않다는 말과 같군요. 동양철학의 개념들도 그 원형을 자연에서만 찾을 것이 아니라 사회적인 상관관계에서 찾아야 한다는 입장으로 이해합니다. 저 역시 같은 생각이에요. 예를 들어 노장자의 철학도 지나치게 자연의 시각으로만 신비화시키지 말고 당대의 사회적인 갈등구조와 문제해결이라는 차원에서 볼 필요가 있다는 겁니다. 철학이 고고하게 형이상학으로만 있을 수는 없다는 거죠. 철학도 일정 부분 정치사회적인 구조에서 그 원형을 찾을 수 있기 때문에 자연과 사회 사이의 차이를 예민하게 봐야겠죠. 동양이든 서양이든 정치권력을 유지하기 위해서는 권력자와 구성원들 사이에 등급 차별을 두었단 말입니다. 모든 존재가 똑같은 게 아니라 너의 존재와 나의 존재는 다르며, 그런 존재의 불연속성이 있어야만 나의 정치권력을 유지할 수 있다는 논리죠. 그래도 동양과 서양이 사물을 바라보는 방식은 좀 다르다고 생각합니다만……

김시천 예를 들어서 인물성동이론(人物性同異論)에서 존재의 등급을

다윈과 철학 카페 진화론적 사유가 동아시아의 사유와 만나다

유추할 수 있을 거예요. 보통 '만물'을 영어로는 'all thing'이라고 번역합니다. 그런데 실제로는 상당히 많은 문헌에서 주로 사람을 가리킬 때 만물이라는 표현이 쓰여요. 물론 유가 문헌에서는 천지와 만물이라는 표현은 별로 쓰이지 않습니다. 주로 도가 문헌에서 많이 쓰이죠. 도가는 유가와 대립되고 법가와도 다른 것으로 생각하기 쉽지만, 사실 도가는 법가와 상당히 유사한 사유체계를 가졌고, 사상이나 지향점도 비슷했습니다. 만물이라는 표현은 도와 만물, 제왕과 만인이라는 양대 축을 중심으로 그 의미가 바뀝니다. 말하자면 공자가 살았던 봉건시대까지만 하더라도 그 세계를 지배하던 사람들은 왕이라기보다는 제후와 같은 귀족계급 세력들이었거든요. 이들은 천민이라든가 양민과는 달랐죠. 결국 만물이라는 표현은 모든 사람이 평등하다는 것이 아니라, 귀족계급에 있던 사람들의 기득권이나 세습특권 같은 것들을 내리누른다는 뜻이죠. 《장자》〈제물론(齊物論)〉편에 나오는 '제물'을 그런 방식으로 해석하기도 하는데, 그런 의미에서 본다면 절대적 주권자, 통치자인 제왕을 뺀 모든 사람을 동등하게 만드는 의미를 가질 수 있습니다. 이런 관점에서 인물성동이론이 다뤄질 수 있는 거죠. 여기서 '인'은 당연히 조선 사람을 말합니다. 그리고 '물'은 청나라 오랑캐를 가리킵니다. 이렇게 '인'과 '물'처럼 흔히 쓰이는 글자조차 시대에 따라서, 실제로 무엇을 지칭하는가에 따라서 다양하게 해석될 수 있어요.

2

동아시아 사회에
진화론적 사유가
어떻게 적용되는가

최종덕 이제 《종의 기원》 출간 당시를 벗어나 오늘날 진화론의 논쟁점들을 살펴봐야 할 것 같습니다. 진화론과 관련된 논쟁이 다양하지만 그중 하나가 본성과 양육의 문제이죠. 인간의 성격은 선천적으로 부여된 본성에 의존하는 것인가, 아니면 후천적으로 변할 수 있어서 교육과 환경 또는 문화 등에 의한 양육이 더 중요한 것인가라는 논쟁입니다. 사실 이런 논쟁은 몇천 년 전부터 해왔던 거고, 20세기에 들어와서는 진화생물학에 바탕을 두고 재현되는 것이죠. 이런 논쟁은 끝없는 악순환 구조를 안고 있어서 아무리 논쟁을 해도 담판이 날 수 없는 측면을 가지고 있어요. 그런데 동양학의 관점에서라면 어떻게 조명될 수 있을까요? 선생님은 맹자의 인성론에 대한 해석을 많이 연구하셨으니, 이와 연관해서 이야기를 풀어주셨으면 좋겠습니다.

김시천 그 전에 본성이라는 말 자체를 검토해봐야 할 것 같아요. 본성이라는 말은 원래 'nature'를 번역한 것이지 않습니까? 예전에 서양철학을 하는 선배와 이야기를 하다가 "사람의 본성도 바뀌는 것이 아니냐?"고 했더니, 그 양반이 "본성이 바뀌면 이미 본성이 아니지."라고 하더군요. 단순한 말장난이 아니라, 본성은 변하지 않는다는 실체를 이미 그 속에 갖고 있다는 거죠. 반면 동양사상에서는 그러한 실체론적인 세계를 갖고 있지 않기 때문에 본성에 관한 논의의 함정에 쉽게 빠지지 않고 악순환의 고리를 끊을 수 있는 소지가 분명 있는 것 같아요. '모든 것이 변화한다'는 것이 《주역》의 가장 기본적인 원리라는 것은 다 아는 사실이죠. 그 다음에 '모든 것이 변한다는 그 원리만큼은 불변이다.' 이게 《주역》의 3대 원리 가운데 하나죠. '과연 인간의 본성이 무엇인가?'라고 할 때 용어의 번역이 참 재미있습니다. 하나는 '性' 자를 썼고, 하나는 '근본 本' 자를 넣었단 말이에요. 그런데 '本' 자는 나무의 뿌리 부분을 가리키는 글자잖습니까? 그 속에도 식물적인 유비가 들어 있는 거죠. 결국 본성이라는 것도 형이상학적이고 추상적인 무엇인가를 가리키는 게 아니에요. 생명계를 포함한 자연의 사물들은 시간 속에서 변하겠죠. 그런 변화의 과정, 즉 어떻게 탄생하고 성장하는가 하는 흐름의 원리가 본성이에요. 이런 《주역》의 생각은 당연히 진화론적인 사유구조와 자연스럽게 만나게 될 겁니다.

최종덕 본성이 고정불변의 실체가 아니라는 말에 동감합니다. 그런 사유구조가 동양철학에서 말하는 본성론의 근간이라는 설명도 이해했습니다. 그런 차원에서 동양적 사유구조와 진화론적 사유구조 사이의 교량을 찾을 수 있을 거예요. 이 점은 수많은 본성들 사이에 차별이 있느냐 없느냐의 문제로 연결되지 않을까요?

김시천　좀 엉뚱한 말처럼 들릴지도 모르겠지만 재미난 예를 들어보겠습니다. 둔갑이라는 말이 있죠. 어린이 만화에서 많이 등장하는 둔갑술의 둔갑 말이에요. 소설 《삼국지》의 주인공 제갈공명은 바람을 부르고 비를 내리게 하는 것은 물론 둔갑술에도 능했다고 합니다. 서양에서도 'metamorphosis'라고 해서 '변신'이라는 말이 있는데, 얼마나 같고 다른지는 모르겠어요. 어쨌거나 둔갑이란 사람이 땅강아지가 될 수도 있고, 새로 변할 수도 있고, 다른 다양한 모습으로, 다른 존재로 변할 수 있다는 거죠. 그런데 인간이 모든 생명체 가운데 가장 뛰어난 존재라는 차별적 관념이 있다면 둔갑의 메타포를 수용하기 어려울 거예요. 이 논리를 거꾸로 푼다면 둔갑의 메타포가 있다는 것은 존재의 차별화가 별로 없음을 간접적으로 보여준다는 거죠. 인간이 최고의 존재라는 오만한 자부심과 함께 역설적이게도 오히려 인간이 다른 하급의 존재로 변하고자 하는 욕망이 숨겨져 있단 말입니다. 가장 고귀한 존재가 왜 다른 존재로 변하고자 하는지 논리적으로는 있을 수 없는 일이지만 실제로는 인간의 마음속에 자리 잡고 있는 욕망이죠. 그렇다면 비록 인간과 다른 동물이나 식물의 가치나 위계가 평등하다는 지식체계가 적긴 했지만, 자연이라는 커다란 세계 속에서 인간과 다른 생명체를 연속적으로 바라보는 사유구조가 밑바닥에 깔려 있을 수밖에 없다는 거죠.

본성과 양육

최종덕　재미있는 이야기입니다. 본성을 이해할 수 있는 단서를 말씀해주셨는데, 아까 질문에 본격적으로 답변을 해주세요. 본성과 양육의 문제는 맹자에서 출발한 걸로 알고 있는데, 맞나요?

김시천   전에 본성과 양육의 문제를 재해석해야 한다는 주제로 연구 논문을 발표한 적이 있습니다. 그래서 하는 말인데, '性'이라는 글자는 그 맥락이 상당히 다양합니다. 본래 '性'이란 한자는 사람에 대해서 쓰이는 말입니다. 또 '性' 자를 '날 生' 자와 호환해서 쓰기도 해요. 그럴 경우 형이상학적인 관념에서 완전히 벗어날 수 있어요. 성으로서의 생은 말 그대로 살아 있는 생명체가 보여주는 활동이나 생장 변화의 모습 전체를 가리키는 표현으로 쓸 수 있습니다. 예를 들면 '인간의 본성은 무엇인가?'라는 방식의 질문은 아예 없었다는 거죠. '콩을 심었는데 콩이 난다. 이것이 바로 콩의 본성이다.' 이렇게 말하는 것과 '콩의 본성은 무엇인가?'라고 말하는 것은 다르거든요. 결국 철저히 현상적인 기술과 경험이라는 계기를 통해서 술어적으로 규정되는 것들이 본성의 내용이에요. 명사형의 실체적 본성 관념에서 빨리 벗어나야 한다는 말입니다. 따라서 본성과 양육이라는 구분 이전에 이미 동양에서 말하는 '性' 자 속에는 본성과 양육이라는 두 계기가 같이 들어 있는 겁니다. 이렇게 이해한다면 본성의 본래 의미에 가까울 수 있는 거죠.

최종덕   그런 구분 자체가 서양적인 개념의 구분이기 때문에 동양의 시선에서는 그런 방법론 자체를 반성해야 된다는 것이군요. 도덕 교과서에서는 인간의 본성이 너무 획일적으로 구획됩니다. 맹자는 성선설이고 순자는 성악설이라고 단순하게 나누고 말죠. 마치 서양의 토머스 홉스와 장 자크 루소를 성악설과 성선설의 대표자로 구분하는 것과 마찬가지로 순자와 맹자를 대비시키고 있어요. 선생님 말씀대로 인성에는 성선과 성악이 이미 내포된 것으로 봐야 한다면, 교과서의 획일적 구획은 상당히 문제가 크다고 생각합니다.

김시천   본성과 양육의 양면성이 성선과 성악의 양면성과 어떻게 관계되는지는 아주 복잡한 이야기일 듯합니다. 그런데 성선이나 성악은 참 모호한 표현이에요. 왜냐하면 동양 고전의 성론에서 나오는 선(善)이라는 표현이 오늘날 생각하는 도덕적인 선의 개념과 같은지부터 문제 삼을 수 있거든요. 맹자와 순자를 성선설과 성악설로 대립시키는 주장들은 실은 문자 차원의 대립이지, 학문적 내용이 전혀 다르다는 건 아닙니다. 큰 틀에서 보면 둘 다 유가이고, 둘 다 공자의 계승임을 스스로 천명한 사람들이거든요. 구체적인 예를 들어볼게요. 맹자가 성선설을 이야기할 때 아주 자연스러운 예를 듭니다. '산이 민둥산이 된 것은 본래 그것의 본성인가? 그렇지 않다.'라는 구절이라든가 버드나무 가지로 만든 그릇을 통해 본성을 설명하는 등 아주 일상적이고 경험적인 사례를 들죠. 순자의 경우도 마찬가지예요. 순자가 인간의 본성에 대해 이야기하면서 드는 예가 참 재미있습니다. 어머니가 밥상을 차려놓고 아들을 부르시는 거예요. 그래서 아들이 식탁에 갔더니 아버지가 아직 안 오셨어요. 어머니는 아버지가 오시면 식사를 시작하라고 하죠. 그러나 아들은 배가 너무 고파서 어머니 말을 무시하고 먼저 밥을 먹고 싶어요. 태어나면서부터의 본성과 무관하게 예의를 배우는 것이 중요하다는 이야기입니다. 이런 예를 들면서 순자는 '훈육을 통해서 이루어진 것이지, 타고나서 그렇게 된 것은 아니지 않느냐?'라고 합니다. 이런 생각을 순자는 화성기위(化性起僞)라고 요약합니다. 즉 타고난 본성과 무관하게 문화적 훈육을 통해서 바른 인간으로 바뀌어간다는 거죠. 이때 '僞' 자가 쓰였는데, 타고난 바탕을 바꾸어서 문화적으로 다듬는다는 뜻이거든요. 그런데 문제는 맹자와 순자라는 두 학자 사이의 시간적 차이를 염두에 두지 않는다는 거죠. 마치 두 사람이 동시대에 태어나서 논쟁을 벌인 것처럼 생각하는데, 사실은 맹자에서 순자로 이르는 동안 중국 사회에서 학문이 상당

그 생물학적 본성이 문화나 문명과 잘 부합하지 않는다면 저는 인간을 바꾸는 것이 아니라 문화와 문명을 바꾸는 것이 더 바람직한 게 아니냐고 거꾸로 묻고 싶습니다. 저는 유학자들의 선택은 그런 방향이었다고 생각합니다.

히 폭넓게 변화했습니다. 둘 사이에 이런 시간의 간격이 있었다는 점을 고려한다면 이렇게 말할 수 있을 것 같아요. 맹자는 '어린아이가 우물에 빠지려고 하는 걸 보면 누구든 차마 어쩌지 못하는 마음, 측은지심이 일어난다.'고 했습니다. 맹자는 사람의 마음이 잘 자라도록 키우는 과정이 바로 수양이고, 도덕적인 인간이 만들어지는 방식이라고 봤던 거예요. 그에 반해 순자가 들었던 예는 배가 고프면 밥을 먹는 게 자연스럽고, 이 자연스런 행위가 성이라는 겁니다. 반면 어른이 오신 다음에 밥을 먹어야 한다는 것은 문화적으로 절제된 행위이고 도덕적으로 고양된 행위인 거죠. 그런데 순자의 이야기에는 아주 중요한 내용이 숨겨져 있어요. 아이에게 밥을 먹지 못하게 한 것이 아니라는 점입니다. 단지 아이와 어른의 밥 먹는 순서가 있다는 것이죠. 그런 순서는 예절 그 자체를 위해서가 아니라 사회적 질서를 위해서 필요한 거죠. 어린아이에게 밥을 먹지 못하게 한다면 큰 문제이지만, 밥을 먹을 때도 순서가 있고 자기를 절제할 줄 아는 능력이 필요하다는 정도예요. 실용적인 측면이 보이는 부분입니다.

최종덕 본성이란 용어를 좀 넓게 사용해볼까요? 내가 배가 고픈 상황에서 밥을 먹고 싶은 것도 인간의 본성이죠. 동물도 마찬가지고요. 그래서 욕구도 성에 포함되겠죠. 배가 많이 고픈 내가 지금 빵을 하나 먹으려고 하는데, 그 빵은 내 소유가 아니라 가게에 있는 것이에요. 그 빵을 먹고자 하는 욕구는 내 성이지만, 가게 소유의 빵을 내 마음대로 먹으면 도둑질이죠. 내가 무엇을 선택해야 하죠? 본성? 사회적 도덕? 너무 원론적인 질문 같지만 이것이 인간의 본성을 진단하는 첫걸음이라고 생각해요.

김시천 바로 그 점을 말씀드리고 싶었습니다. 어떤 메타포 또는 이야기를 예로 드느냐에 따라 하고 싶은 주장이 전혀 다르게 각색되기도 합니다. 그래서 사례를 잘 들어야 하죠. 예를 들어서 맹자가 성선설을 보여주기 위해 들었던 예처럼 우물에 빠지려고 하는 아이를 보면 불쌍한 마음이 자연스레 든다는 것입니다. 그리고 길거리에서 구걸하는 분들을 보면 불쌍한 마음이 자연스럽게 들고 주머니에 손이 가는 사람이 꽤 많지 않습니까? 이런 예는 인간의 아주 자연스러운 상황이라는 거죠.

최종덕 자연스럽게 발현된다고 해서 그런 것을 다 설명할 수 있다고는 할 수 없겠죠. 마음은 보이지 않는 세계이지만, 그렇다고 해서 마음을 신비하게만 규정하는 것은 형이상학의 독단이 될 수 있다고 생각합니다. 이런 점에서 마음이 형이상학적인 존재인가요, 아니면 사회적 존재로서 역할을 하나요? 특히 동양철학에서 어떻게 보는지 궁금하군요.

김시천 맹자는 인간이 가지고 있는 마음의 바탕은 무규정적이지 않다는 겁니다. 제가 하려던 말이 이겁니다. 보이지 않는 세계를 발견하는 계기가 인간에게 있다는 거죠. 상형문자를 만들었던 고대인에게 보이지 않는 세계는 신에 의해 지배되는 애니미즘적인 질서를 갖고 있기 때문에 그런 세계 역시 무규정적이지 않다고 본 것입니다. 고대인의 입장에서 볼 때 자연의 불규칙성은 종교적인 차원을 통해서만 접근할 수 있었던 거죠. 우리가 볼 때는 미신 같고 불합리한 측면들이 많지만, 어쨌든 고대인들은 자신들이 이해할 수 없는 영역을 수용합니다. 예를 들어 귀신에게 올리는 제사가 그렇죠. 제사를 지낸다는 것은 자연세계의 신령이나 조상들에게 뇌물을 공양하는 거잖습니까? 인간이 다른 사람의 환심을 사기 위해 선물을 주는 것처럼 자연의 신적 존재들에게 선물을 주면서 호의를 끌어내는 방식이란 거죠. 그런데 이런 세계관이 지워지면서 인간이 합리적으로 마주하는 세계로 바뀌었어요. 그러다 보니까 자연세계의 운행방식과 구조를 파악하려는 노력도 상당히 필요하지만, 그만큼 보이지 않는 세계, 앞으로 어떻게 변할지 모르는 세계, 즉 예측이 불가능한 미래의 세계를 마주하게 됐단 말이죠. 이처럼 변화된 상황에 마주한 고대인들은 두 가지 방식으로 세계를 관찰하기 시작해요. 첫 번째는 자연세계의 운동구조를 합법칙적으로 이해하려는 노력입니다. 이런 노력은 당시의 수많은 과학기술, 소위 경험과학(hard science)의 발달을 불러왔습니다. 다른 하나는 인문학적·사회과학적 담론들입니다. 이 두 번째 담론은 특히 인간의 마음이라는 '보이지 않는 세계'를 발견합니다. 《장자》에 공자가 노나라 군주인 애공(哀公)을 만났을 때 이야기가 나옵니다. 위나라에 사는 애태타(哀駘它)라는 사람은 정말 흉측하게 생겼습니다. 그런데 이 사람이 인기도 많고 호평을 많이 받고 있는 거예요. '애태타가 사는 마을의 처자들은 다른 사람한테 시집을 가느니 차라리 애태타의 첩이라도 되겠다.'라고 말할 정도니까요. 이에 애공이 하도 신기해서 애태타를 부릅니다. 처음에는 애태타의 겉모습 때문에 몹시 놀랐는데, 한 달쯤 지나면서 애태타에 대한 감정이 좋아지더란 말입니다. 여섯 달쯤 되니까 정말 믿을 만한 사람으로 보이고, 나중에는 자기 나라를 애태타에게 맡기고 싶을 정도였답니다. 심지어는 애태타가 정상적인 사람처럼 보이고 다른 사람들이 오히려 이상해 보이더라고 이야기합니다. 그러니까 공자가 '그 사람이야말로 바탕이 제대로 갖추어진 사람이면서 그 덕이 안으로 잘 갖추어져 있기 때문에 그렇게 되는 겁니다.'라고 이야기합니다. 이 덕은 곧 마음의 세계에 관한 이야기입니다.

최종덕 덕이 구비되어 있다는 말은 덕이 어디에서 나오고 어떻게 생

다윈과 철학 카페 진화론적 사유가 동아시아의 사유와 만나다

겨나는 것인지 몰라도 된다는 말인가요? 마음에서 도덕의 문제로 접어드는데, 마음과 도덕을 같이 이야기해야 할 필요가 없다는 것이 제 생각입니다만…….

김시천 '道德'은 영어로 'moral'이라고 번역돼요. 'ethics', 즉 윤리와 별 차이가 없는 말처럼 씁니다. 그런데 도와 덕이란 별개의 용어예요. 이 두 용어가 결합돼서 만들어진 책이 바로 《노자도덕경》입니다. 그런데 《노자도덕경》을 아무리 읽어봐도 우리가 요즘 말하는 윤리적인 내용을 찾을 수 없어요. 그럼 도대체 도덕이 뭐냐? 도덕은 기본적으로 하나의 대원칙을 갖고 있습니다. 도라는 말을 통해서 이 세계가 운행되는 질서를 나타내고자 했죠. 예를 들어서 봄이 지나면 여름이 되고, 여름이 지나면 가을이 되고, 가을이 지나면 겨울이 되는 절기의 변화는 이 세계가 움직이는 길입니다. 그런 길이 바로 도예요. 특히 하늘이 움직이는 길이고 땅이 움직이는 길이죠. 그와 같은 자연의 길에 나의 삶을 맞출 때 나에게 자연스럽게 생겨나는 것이 바로 덕입니다. 《노자도덕경》이라는 것은 자연세계의 운행질서를 파악하려는 노력과 더불어서 그러한 깨달음을 나의 삶에, 또는 인간의 삶에 적용하려는 노력이에요. 그리고 도덕이라는 것은 그러한 적용이 인간사회의 질서를 확장할 수 있는 힘으로 작용하는 것이죠.

최종덕 그렇다면 본성과 양육이라는 구분을 떠나서, 그 본성이 서양에서처럼 하늘에서 주어진 것, 고정적으로 주어진 것이 아니라 자연의 흐름에 잘 맞추어갈 수 있는 대로 나타나는 것이고, 상황에 맞춰 발현되는 것이라고 설명할 수 있을까요?

김시천 그게 아니라, 제가 도덕이란 이야기를 끌어들인 이유는 이렇

습니다. 고전 문헌에서 볼 때 정치를 하는 사람들이 자연세계의 질서를 파악한다는 명제 이면에는 정치적 목적이 깔려 있어요. 당대의 지식은 황제를 위해서 동원되었다고 해도 과언이 아닐 정도입니다. 예를 들어서 황실에 커다란 약재창고를 만들어서 모든 약재를 갖추는 까닭은 백성이나 신하를 위해서가 아니라 황제라는 한 사람의 수요 때문이죠. 물론 양이 꽤 많다 보니 다른 사람들에게도 가끔 쓰일 수 있겠죠. 마찬가지로 자연세계의 질서를 파악해서 인간의 삶에 적용했다는 것은 사실 자연세계를 바라보는 관점 자체가 이미 인간의 경험적 색안경에 비춰진 자연이라는 겁니다. 인간의 경험이 자연세계에 투영되는 과정을 거친다는 거죠. 만약 자연세계를 인간사에 투영하지 않고 자연 그 자체만 바라보는 관점이 있었다면 중국에서도 오늘날에 가까운 과학체계가 나왔을 겁니다. 적어도 경험과학적인 차원에서 본다면요. 그런데 자연을 바라보는 관점에는 이미 종교적 관심, 사회정치적 해석, 절기나 날씨 같은 자연의 경험적 변화들에 대한 연역적 해석들, 태극 같은 위계적 표현들이 그 속에 섞여 들어간 겁니다. 결국 정치적 관심이나 목적들이 깊이 개입, 수반한다는 것이죠. 이는 사회과학적인 차원의 관점으로 국한될 문제는 아니라고 봅니다. 오히려 이런 해석 안에는 아주 의미 있는 함축이 있다는 거죠.

최종덕 군이 사회과학적이라는 딱딱한 용어를 사용할 필요도 없이 원시인류에게서부터 인간의 생존방법은 주어진 환경에 적응하는 과정이라고 말하면 되겠죠. 적응을 더 잘하기 위해 집단 안의 사람들 사이에서 경쟁을 통해 서열을 매기거나 협동하는 등의 인간관계를 맺게 될 겁니다. 그런 관계를 통해서 집단 내 사람들의 행동양식이 형성된다고 봐도 좋을 테죠. 그런 과정 자체가 인간 본성으로 정착될 거라고 봅니다. 선험적 본성론은 한참 후 이성이 문자로 표현되었던 2,000~

3,000년 전부터야 논의된 것이라고 보면 되겠죠.

김시천 인간의 본성이라는 것은 아까 말씀하신 것처럼 선험적으로 정의되어 있지 않습니다. 만나서 부딪치고 대화하고 겪어가는 개별 존재자들에 대한 구체적 경험이 인간에 관한 이미지를 구성한다는 거죠. 사실 이런 생각은 누구나 짐작할 수 있는 추론입니다. 마찬가지로 그 사람들을 다스리는 노력 속에는 그와 같은 본성을 파악하는 과정이 비례적으로 작동된다는 겁니다. 따라서 사회적 존재로서의 인간은 자신의 행동양식을 사회구조에 맞추기 위해 절제할 필요가 있을 거예요. 그러기 위해서 인간 본성에 대한 올바른 이해가 필요한 거죠. 그런 후에 본성에 부합하는 제도나 규범체계를 만들어간다는 거예요. 대표적인 예가 바로 삼년상 제도입니다. 오늘날 삼년상 제도는 의미가 거의 없는 것처럼 보이죠. 삼년상에 관한 가장 오래된 언급은 《논어》에 나옵니다. 공자의 제자 중 한 사람이 공자에게 "꼭 3년씩이나 상복을 입어야 합니까?"라고 물었습니다. 공자는 "너는 그렇게 하지 않아도 마음이 홀가분하냐?"라고 되묻죠. 나중에 공자가 그 제자의 허물을 말하기도 해요. 삼년상이라고 말은 하지만 오늘날의 개월 수로 따진다면 25개월이에요. 햇수로 3년째가 되는 해 첫 달에 탈상을 하는 겁니다. 사람이 세상에 태어나서 부모에게 전적으로 의존하는 기간이 그 정도이기 때문이죠. 대략 돌 정도가 되면 걷기 시작하고, 두 돌이 지나면 말을 하기 시작하고, 부모와는 다른 개체로서의 자각, 표현을 하기 시작합니다. 즉 태어나서 처음으로 부모의 품에서 떨어지는 때가 그 정도이니까 저세상으로 떠난 부모에게 상을 올리는 기간도 거기에 맞춘다는 거죠. 이렇게 인간의 본성이라는 건 선험적으로 결정되어 있는 것이 아니고, 실체적이거나 선험적인 것도 아니에요. 오히려 사람의 말이나 행동, 평소의 일상, 생장의 과정을 통해서 보여주는 모습이 인간의 본성이고, 그 본성과 가장 부합하는 합리적인 행동방식이 무엇인가에 관한 탐구가 중요하다고 볼 수 있겠죠. 그런 차원에서 본다면 순자가 말한 예(禮)란 자식과 아버지 사이의 권력과 이데올로기의 측면을 어느 정도 반영하기도 했겠지만, 결국은 인간 본성에 조화하는 방식을 찾아가는 길이라고 봅니다. 인간의 본성이 드러나는 과정과 이에 위배되지 않는 방식을 추구했다고 보는 것이 예의 정신에 더 부합하는 겁니다. 특히 순자는 개개인이 가지고 있는 욕망이라든가 정욕을 일차적인 것으로 여기면서도, 그런 감정을 인간의 생각이라는 능력을 통해서 변화시켜야 된다는 차원에서 접근했기 때문에 맹자와는 상당히 다른 것처럼 보이는 겁니다. 그러나 계속 이야기했듯이 전체 틀에서는 크게 다르다고 말할 수 없어요.

최종덕 본성과 양육이라는 논쟁 자체가 이것이냐 저것이냐 하는 배중률적 모순관계로 보면 안 된다는 것이군요. 1859년에《종의 기원》이 나오고 1871년에《인간의 유래와 성선택》이 나왔죠. 다윈은《종의 기원》에서 인간에 대해서 이야기하지 않지만, 그 이후에 나온 저작에서는 인간의 본성에 대해서 이야기를 던집니다.《종의 기원》에서는 예를 들어서 최상위 포식자로서 호랑이 같은 동물을 비유할 때 '피 묻은 이빨'로 표현하거든요. 인간의 본성 역시 그렇게 평화로운 게 아니라는 걸 이야기하려는 거죠. 다윈 초기에는 자연 생명계 안에 먹고 먹히는 포식관계만 있다고 추측했지만, 나중에는 단순하게 먹고 먹히는 관계가 아니라 자연의 순리가 들어 있다는 것을 깨닫게 돼요. 물론 인간 도덕의 차원과는 좀 다르지만요. 허버트 스펜서나 그를 따르는 후대 사람들은 '피 묻은 이빨'이라는 메타포를 유독 강조하면서 생명의 이기적 측면을 확대했습니다. 그러나 사실 다윈은 후대의 저작물에서 인간에게는 이기적인 측면도 있지만 이타적인 측면도 있다고 말합니다. 양면을 다 갖추고 있다는 거죠. 그러나 불행하게도 이에 대한 다윈 자신의 논증은 별로 없습니다. 대신 후대 사람들이 생물학 차원에서 인간의 본성에 대한 논쟁을 엄청나게 벌여왔죠. 이제는 사회과학에서 논쟁을 주도하고 있는 편이고, 생물학 분야에서는 그런 논쟁을 더 이상 하지 않습니다. 생물학 분야에서는 이미 인간의 이기성과 이타성이 공존하고 있다는 사실을 인정한 상태이니까요. 그래서 배타적 논쟁은 쓸모가 없어진 지 오래라는 말입니다.

김시천 그렇다면 동양 고전이 바라보는 인간론과 유사한 측면이 있겠군요.

최종덕 예, 그럴 수 있다고 생각합니다. 그런데 제가 요즘 고민하고 있는 문제가 하나 있어요. 1800년대 말의 의학자인 이제마가 쓴 자생적인 의학 문헌이 《동의수세보원》이잖아요. 그 책은 사상체질이 매스컴을 타면서 상당한 유명세를 타고 있지만, 사실 《동의수세보원》에는 체질이라는 말이 안 나와요. 체질이라는 개념은 서양의 실체론에서 나온 느낌이 있죠. 이제마의 의학은 기존 변증논치의 중국식 의학과는 분명히 달라요. 사상은 음양을 다시 나누어서 태음인, 소음인, 태양인, 소양인으로 구분하죠. 이제마는 《동의수세보원》에서 태양인은 1만 명 중 서너 명에서 많아야 10명 정도, 태음인은 5,000명 정도, 소양인이 3,000명 정도, 소음인이 2,000명 정도라고 했어요. 그런데 사람마다 다른 이 사상은 변하지 않는다는 사상론이 가장 이해하기 어렵더군요. 동양적 사유구조의 원형일 수도 있는 《주역》의 흐름들이나 《황제내경》에서부터 쭉 내려온 인간의 본성에 대한 믿음들은 항상 변화를 기초로 하고 있는데, 이제마의 사상의학에서는 타고난 사상을 바꿀 수 없다고 하니까요.

김시천　그렇다면 변화의 본성이 아니라 고정되고 불변하는 본성론에 가까운 것으로 보시는 듯하군요. 제가 아는 범위에서는 《동의수세보원》에서 말하는 본성론 역시 맹자의 본성론에서 크게 벗어나지 않는다고 생각합니다만, 어쨌든 사상의학은 외형적으로는 불변의 본성론에 근거한 것처럼 여겨질 수 있을 거예요.

최종덕　바로 그런 점이 저를 혼란에 빠뜨린 겁니다. 사상의학의 존재론적 위상이 내가 알고 있었던 《주역》의 흐름과 위배되는 것이 아닌가 하는 의문이 들거든요. 그런데 선생님이 설명해주신 도와 덕의 개념 덕분에 많은 부분이 풀린 것 같아요. 도가 자연의 길이라면 덕은 인간이 그 길을 어떻게 걸어가느냐 하는 궁합의 문제라고 하셨잖아요. 《동의수세보원》의 〈사단론(四端論)〉에 그와 비슷한 문구가 나오기는 해요. 태양인, 소양인, 태음인, 소음인이 있어 각각 다른 오장육부를 갖고 태어나는데, 서로가 다 다르지만 그 가운데 같음이 있으니 '하늘의 이치가 변화한다(天理之變化也)'는 겁니다. 오장육부와 심성은 달라도 천하의 변화원리는 성인(聖人)이나 중인(衆人) 모두에게  같다는 말도 함께 합니다. 그런데 하늘의 기운이 사람에게 깃들 때 기의 맑고 탁함에 따라 사람의 기질이 달라진다는 거죠. 이런 말은 김 선생님이 앞서 한 이야기와 같은 의미일 거예요. 이렇게 사상이 변하지 않는 것인지, 아니면 변할 수 있는 것인지의 문제가 저를 곤혹스럽게 만든 겁니다. 이런 문제는 제가 공부해오던 생물학의 철학 가운데 본성과 양육 논쟁의 핵심이기도 하니까요. 이제 본성과 양육이 배타적이 아니라는 사실, 나아가 사상의학에서 주어진 사단의 본성과 변화하려는 기질의 추구가 배타적이 아니라 공존하는 측면이라는 것을 알고 나니 많은 문제가 풀린 것 같아요.

김시천　동양철학에서 그런 문제는 기질변화 문제와 관련이 됩니다. 기질변화라는 것은 타고난 바탕이 우매한 사람이 성인이 될 수 있느냐 하는 이야기예요. 거기에는 권력의 위계가 존재하죠. 신분제 사회에서 신분의 변화까지 함축하는 이야기거든요. 예를 들어서 어떤 고대 지식인이 모든 사람은 성인이 될 수 있다고 쓴다면 사회적으로 큰 문제가 될 수 있습니다. 그 당시에 성인이라는 표현은 황제나 왕을 간접적으로 이르는 말이었으니까요. 즉 왕이 성인이 돼야 백성이 그 은혜를 받을 수 있다는 사회적 논리입니다. 그런 상황에서 모든 사람이 성인이 될 수 있다는 것은 왕정체제를 부정하는 의미를 가질 수도 있기 때문에 지식인들은 그런 표현에 상당히 조심스러운 거죠.

최종덕　그렇게 되면 권력체계가 위협받겠죠. 많은 유가 문헌에서도 그렇지만 《동의수세보원》에서도 성인과 중인은 동일한 장부의 이치를 갖지만 기질의 차이가 나타난다고 합니다. 여기서 말하는 성인은 욕심이 없는 사람이라고 했지만, 이제마 역시 실제로는 천하를 잘 다스려야 한다는 욕심을 인정합니다. 즉 성인에게 정치사회적 권력을 부여하는 거죠.

김시천　그런데 귀족들이 득세하면 '모든 사람이 성인이 될 수 있다'는 표현들이 자연스럽게 등장합니다. 시대마다 약간의 차이는 있지만요. 예를 들어 소위 문화적 안정기였다는 영·정조 시대를 바라보는 시각을 바꿀 필요도 있어요. 영조와 정조는 민생의 안정을 도모한 훌륭한 사람으로만 묘사되고, 노론 등 당시 사대부들은 음모와 당쟁의 주체로 묘사되곤 합니다. 하지만 다르게 볼 수도 있어요. 예를 들어 당시 등장하는 시대적 명제 가운데 '조선은 사대부의 나라다'라는 표현이 있습니다. 달리 말하면 국가를 통치하는 힘이 임금이 아니라 사대부에게 있다는 간접적 표현이죠. 왕을 상징적 의미로 대접해준다는 것이지, 왕이 주권을 가지고 있는 세계가 아니라는 뜻입니다. 이런 생각이 첨예하게 드러났던 게 예송논쟁이거든요. 왕실의 상례에서 어떻게 옷을 입어야 되느냐, 즉 사대부의 예법을 따를 것인가, 아니면 왕실만의 예법을 따를 것인가? 만약 왕이 사대부의 예법을 따른다면 사대부와 위상이 같아지는 거예요. 주권의 확대라는 측면에서 보면 분명히 '사대부의 나라'라는 논의가 왕정 단일체제보다는 훨씬 더 바람직하다고 볼 수 있습니다. 구체적인 사회구조와 철학이라는 추상화된 이론구조가 서로 분리될 수 없다는 겁니다. 그런데 우리가 본성을 이야기할 때 눈여겨봐야 될 점이 있습니다. 물리에서 본성을 이야기할 때와 생물에서 본성을 이야기할 때는 다르지 않습니까? 그리고 동양에서는 본성을 이루는 내용물이 인간의 몸을 매개로 삼죠. 그래서 동양의 본성론은 경험적인 기반을 갖는다는 겁니다. 예를 들어서 물의 본성을 규정하는 표현을 보세요. 동양철학에서는 0도가 되면 얼고 100도가 되면 끓는다는 식으로 물을 규정하지 않죠. 일상에서는 물이 따뜻하다거나 차갑다는 표현을 쓰고요. 똑같은 물을 어떤 때는 차갑게 느끼고, 어떤 때는 따뜻하게 느껴요. 내 몸이 환경을 수용하는 과정이 기준인 겁니다. 본성이라는 것은 감응적(感應的)이라는 거죠. 사회를 바라보는 눈도 그렇고, 자연세계를 바라보는 눈도 그렇고요.

최종덕 저는 그것을 주로 '섭동적(攝動的)'이라고 표현해요. 이제 본성론 이야기를 마무리해야 할 것 같네요. 저는 동양에서 바라보는 기의 개념에는 두 가지 측면이 있다고 봅니다. 하나는 도덕적인 측면이고, 또 하나는 생명적인 측면, 이 두 가지가 공존한다고 보거든요. 예를 들어 선진 시대 도가의 입장에서 양생은 생명을 유지하는 방법론이었다고 생각합니다. 양생이란 생명을 보존하고 더 키우는 건데, 그러려면 당시 사회의 권력구조와 어긋나면 불가능해지죠. 왕의 눈에서 벗어나면 목숨을 부지하기가 어려워질 테니까요. 이런 논증은 실은 제가 평소에 선생님에게 배운 것 아니겠어요? 어쨌든 도가의 양생 개념도 사회적 측면을 담고 있다는 거죠. 사회정치적 측면에서 권력구조와 잘 부합해야만 목이 잘리지 않고 오래 사니까 그것도 중요한 양생의 길이죠. 그것을 도덕적 측면이라고 봅니다. 또 하나는 잘 먹고, 소화 잘 시키고, 불필요한 데 신경 쓰지 않고……. 요즘 식으로 말하면 '웰빙'이죠. 이런 신체적인 측면도 굉장히 중요한데, 이걸 생명적 관점이라고 봐요. 그래서 저는 생명적 관점과 도덕적 관점이 섞여 있다고 보는 거죠. 본성과 양육이 섞여 있듯이 이것도 섞여 있어서 두가지 측면을 같이 보는 게 좋겠다고 생각해요. 본성과 양육을 이분법의 논리로 다루려니 자꾸 악순환이 되는데, 도가의 양생론으로 보면 그런 구분이 무의미해진다는 것을 알게 됐습니다.

김시천   본성과 양육이라는 논의 자체가 서구에서 나온 문제의식이라는 점을 인식하는 것이 중요합니다. 예를 들면 이런 차원인 것 같아요. 리처드 도킨스는 '이기적 유전자(selfish gene)'라는 표현을 통해서 'selfish'를 'gene' 앞에 놓고선 진화의 동력이 인간 개체나 집단에 있는 것이 아니라 유전자에 있다는 메시지를 전달해주고자 했죠. 그리고 이때 'selfish'란 자기 복제, 자기의 후손을 가장 많이 남기려는 방식이고, 그 주체는 개체가 아니라 바로 유전자라는 이야기를 하려고 'gene'이라는 말을 썼다는 거죠. 그러면서 도킨스는 "나는 인간사회 차원에서 일어나는 이기주의를 이야기하는 것이 아니다. 유전자는 이기적이지만 인간은 이타적인 행동이 가능하다."라고 적극적으로 이타주의를 긍정하는 표현들을 많이 했습니다. 저는 그 차이가 굉장히 중요하다고 생각해요. 많은 사람들이 《이기적 유전자》를 읽을 때 이기적이라는 말을 도덕적이고 사회적인 의미의 이기주의로 오해하는 경우가 많지 않습니까? 저는 그 책임을 도킨스가 져야 한다고 생각합니다. 왜냐하면 도킨스가 말하는 이기적이라는 단어는 원래 중립적인 용어에 가까운데도 너무 강한 은유 때문에 논점이 지나치게 불거졌으니까요. 사실 그 부분은 책의 흥행이라든가 선전효과와도 맞물려 있다고 생각합니다.

최종덕 책의 흥행과 맞물려 있다는 이야기는 아주 새로운 시각인 것 같습니다만, 어쨌든 도킨스의 책이 제목에서부터 논란을 불러일으킨 것이 사실이니까요. 본인도 인정했듯이 과학에서도 은유는 상당히 중요한 비중을 차지하고 있어요. 은유로 시작해서 실험적 검증으로 이어진 것이 더 많다고 해도 과언이 아니죠. 이런 점에서 은유는 한 과학자의 가설체계를 낳게 하는 인문학적 상상력과 맞닿아 있는 것 같습니다. 다시 본성과 양육의 문제로 돌아와서 왜 이런 주제가 논쟁이 되었는지를 역추적해본다면 본성론에 대한 구체적인 접근이 가능하지 않을까 생각합니다만……

김시천 저는 본성과 양육이라는 문제를 다른 방식에서 볼 수 있다고 생각해요. 본성이라는 것이 인간이 태어나서 문화생활을 영위하고 사회에 적응하는 데 아무런 하자가 없다면 양육의 문제는 대두되지도 않았을 겁니다. 그런데 사람들 중에는 사회에 적응하지 못하는 이들도 있죠. 어떻게 하면 이 사람들을 사회에 적응시킬 것인가 하는 논의에서 생긴 입장 차이가 바로 본성론과 양육론의 입장 차이라고 하면 아마 틀리지 않을 거예요. 이런 관점에서 양육론은 인간이 백지이며, 어떻게 만들어가느냐에 따라서 성격이 만들어진다는 주장입니다. 다른 한편에서는 본성은 타고난 것이어서 그 본성의 방향을 먼저 알아

다윈과 철학 카페 진화론적 사유가 동아시아의 사유와 만나다

야 한다고 하죠. 이를 본성론이라고 하겠죠. 이때 본성에서 좋은 면을 긍정적으로 확충시켜야 한다는 쪽이 맹자라면, 순자는 부정적인 면을 어떻게 제어할 것인가에 관심을 가지고 본성에 접근한 사람입니다. 따라서 사실은 둘 다 본성론에 가까운 입장을 가지고 있어요.

최종덕 본성과 양육의 문제를 자연과 문화로 대비하는 학자들도 있어요. 그 경우 자칫 본성을 동물적인 요소로 정의하는 오류에 빠질 수 있거든요. 이런 문제가 선진 유가 시대에도 하나의 논점으로 등장했다고 아는데요?

김시천 그런데 문제는 고대 중국의 철학자들이 제시했던 본성론에 관한 담론을 우리가 많이 오해하고 있다는 겁니다. 순자는 이미 '성'에 대해서 불학이능(不學而能), 즉 배우지 않고도 할 수 있다는 의미 규정을 합니다. 그리고 위진 시대에 이르면 본성과 '자연(自然)'이란 말이 결합되어 쓰입니다. 즉 본성이라는 것은 가만히 두어도 갈 길을 스스로 간다는 개념입니다. 이런 생각이 두드러지게 나타나기 시작하는 것이 위진 시대예요. 이는 당대 최고의 현학적 담론의 중요한 내용 가운데 하나입니다. 물론 우리가 알고 있는 예학 체계가 다시 한 번 수립되는 시기이기도 하고요.

최종덕 다시 말해서 본성을 서양의 일부 논점처럼 악의 원천으로 보는 것이 아니라 선의 원형으로 보고, 거기에서 인의예지의 실마리가 찾아지는 것으로 간주한다고 보아도 괜찮을까요? 본성론은 어쨌든 조선 시대 성리학에 이르기까지 동양 수양론의 전제라고 말할 수 있어서 본성과 당대의 문화가 어떻게 연계되는지를 살피는 일은 매우 중요하다고 생각합니다.

김시천 인간의 본성과 사회제도는 당연히 관계가 있지만, 그렇다고 해서 사회제도에 의해 본성이 제약되는 것은 아니라는 점이 동양 고전의 중요한 측면인 것 같습니다. 인간의 몸은 문화 양상에 동조되지만, 그렇다고 해서 사회제도적 강압에 제한되는 것은 아니라고 봐요. 강압적 환경에 적응하지 못하는 이유가 여기에 있다는 거죠. 이건 미셸 푸코(Michel P. Foucault)가 제기했던 문제의식과 비슷한 것 같아요. 푸코가 본 몸의 근대화란 유랑자나 부랑자들을 산업사회의 노동력으로 사용하기 위해 그들의 신체를 개조하려는 데서 시작한다는 겁니다. 한국 사회에서도 박정희 정권 때 '인간 개조'라는 표현이 많았죠. 이러한 몸의 개조를 양육이라고 간주한다면, 동아시아 유학자들의 기본적인 의식에서 멀어지는 겁니다. 오히려 인간의 몸이라는 것이 어떤 가능성을 가지고 있는가에 관한 탐구에서 사회적 제도를 이끌어내야 한다는 점이 오늘날 우리에게 훨씬 더 의미 있는 것이 아닌가 싶어요. 저는 진화론의 연구를 통해서 우리가 얻을 수 있는 중요한 점이 바로 그런 부분이라고 생각합니다. 과학적으로 인간을 연구한다는 것은 결국 인간이 어떤 행태적 특성을 갖고 있느냐를 연구하는 것일 텐데, 그런 것들의 집합이 생물학적 본성의 내용이 될 수 있겠죠. 그 생물학적 본성이 문화나 문명과 잘 부합하지 않는다면 저는 인간을 바꾸는 것이 아니라 문화와 문명을 바꾸는 것이 더 바람직한 게 아니냐고 거꾸로 묻고 싶습니다. 저는 유학자들의 선택은 그런 방향이었다고 생각합니다.

최종덕 지금까지 본성과 양육이라는 주제를 가지고 이야기를 했습니다. 김시천 선생님께서는 도가철학 전공자시면서도 진화생물학에 대한 공부를 상당히 많이 했기 때문에 이렇게 깊은 이야기를 나눌 수 있었던 것 같습니다. 우리 이야기를 정리해보죠. 우리는 맹자의 본성론에 붙여서 동양에서 도덕이란 무엇인가, 나아가 동양적 사유구조라고 할 때 동양적이라는 수식어가 붙을 만큼 동양의 정체성이 과연 따로 있는가 등에 대해 이야기를 나눴어요. 이어서 본성과 양육 논쟁을 검토해봤죠. 본성과 양육 논쟁은 동서양 할 것 없이 상당히 오래된 문제였습니다. 고대 그리스 철학에서부터 쭉 있어왔으니까요. 근대철학의 핵심인 경험론과 합리론이라는 인식론의 두 기둥 역시 본성-양육의 문제와 깊이 연관되어 있죠. 합리론의 배경이 본성의 선험성에 있다면, 경험론의 배경은 양육론에 있다는 겁니다. 19세기 진화생물학에서 본성과 양육의 문제는 자연과학의 문제로 전환되었지만, 여전히 논쟁점을 안고 있었습니다. 20세기 진화론의 신종합설에서는 본성과 양육의 논쟁이 새롭게 변화하고 있죠. 그동안 본성이 우선이냐 양육이 우선이냐 하는 논쟁을 했지만, 진화론이 도입되면서 본성과 양육 중에 하나를 배타적으로 선택해야 하는 모순적 관계가 아니라는 게 확연하게 밝혀진 셈이죠. 어떻게 보면 본성과 양육은 논리적인 대립 관계라기보다는 현실 속에서 항상 공존해나가는 것입니다. 그것이 우리 생명의 모습이며 인간의 진정한 모습이 아닐까 생각해요.

"사회역사적인 시각이 필요합니다"

최종덕 이제 현실사회에 진화론적 사유가 어떻게 적용될 수 있을 것인가, 우리의 구체적인 문제와 진화론이 어떤 연관성을 갖고 있는 것인가 등에 대해 좀 더 토론해야 될 것 같습니다. 그런 큰 주제를 거론하기 위해 우선 심리적 기제로서 본성의 문제에 대해 좀 더 각론적인 이야기를 해야 할 텐데, 본성이란 말이 사실 모호하거든요. 진화생물학에서 말하는 본성, 근대 철학에서 말하는 본성, 또 고대 철학에서 말하는 본성이 서로 조금씩 다르기 때문에 우선 그 차이들을 짚고 넘어가야 될 것 같아요. 물론 동양 수양론에서 말하는 본성 또한 다른 측면이 있겠죠. 선생님의 전공 분야와 관련해서 제일 먼저 본성과 혼동하기 쉬운 본능의 문제를 한번 꺼내주시죠.

김시천 본성이라는 말이나 본능이라는 말이나 다 번역어잖습니까? 동양학을 하는 입장에서는 그런 서양적 의미의 용어 부분이 참 어려워요. 예를 들면 요즘 유행하고 있는 진화심리학에서 말하는 본성도 조금 다릅니다. 인간의 진화 과정을 통해서 성립된 심리적 기제를 대부분 본성이라고 번역하는데, 사실 제가 보기에는 본능이라고 하는 게 타당한데도 거의 다 본성으로 번역하고 아무 문제 없이 사용하는 것 같아요. 그런 언어의 격차가 동양학을 하는 사람들에게는 상당히 부담스럽죠. 다시 말하지만 동양학에서 말하는 본성에 해당하는 것은 '본성 性' 자일 거고, '性' 자와 가장 가까운 게 '날 生' 자일 겁니다. 즉 인간의 삶이나 생물의 성장 변화 과정이 그 안에 포섭되는 거죠. 그러니까 성이라는 개념이 20세기에는 주로 불변실체의 본질적인 요소를 의미했다면, 고대 동아시아 세계에서는 자연스런 삶의 과정 전체를 포괄하는 비실체적 요소라고 보는 게 더 합당하죠.

최종덕 그러니까 우리는 본성이라는 개념 속에 서양에서 말하는 변하지 않는 어떤 것이 있다고 생각하는데, 그런 생각을 피해야 한다는 지적이시죠?

김시천 앞의 토론에서도 이미 비슷한 이야기가 반복되었지만, 다시 강조해도 지나침이 없을 거예요. 또 한 가지 차이점이 있어요. 보통 성론을 이야기할 때 순자는 성악설을 지지했고 맹자는 성선설을 지지

다윈과철학 카페 진화론적 사유가 동아시아의 사유와 만나다

했다는 이야기에만 초점을 맞추곤 합니다. 그렇게 양쪽을 대립시키는 방식으로 구분하는 건 시험 문제 답안지로나 적당할 거예요. 실제로 제자백가의 사유에서 본성에 관련된 논의는 성선설과 성악설 자체의 대립보다는 본성을 대하거나 본성에 대해 기술하고 표현하는 방식의 차이에 중점을 두어야 합니다. 왜냐하면 맹자든 순자든 성선과 성악이라는 개념의 차이는 있을지 모르지만 목적성은 분명하거든요. 제자백가 시대의 많은 지식인들이 그랬듯이 맹자나 순자도 어떻게 하면 사회 전체의 조화를 이끌어낼 수 있는가, 그리고 어떻게 인간의 본성에 부합하는 방식으로 이끌어낼 수 있는가 하는 목적성이 있었다는 거죠. 또는 인간의 본성을 어떻게 바람직한 길로 이끌어낼 것인가 하는 시각에서 본 겁니다. 그러나 법가나 노자는 본성 자체를 바라보지 않았어요. 특정 방식으로 드러난 행동양식의 밑바닥에 본성이 자연적으로 깔려 있다는 것이지, 본성 그 자체가 어떤 존재 위상을 갖는 게 아닙니다. 본성을 바라보는 방식이 다른 거죠. 제도라든가 인간의 권력, 힘 같은 것들이 어떤 방식으로 영향을 미치게끔 해서 사회에 부합하는 인간의 행동양식을 이끌어낼 수 있는가 하는 사회통제적 관점에서 본성을 바라보는 거죠.

최종덕 결국 본성에 대한 형이상학적 접근이 아니라 사회역사적인 관점에서 자아를 본다는 뜻이기도 하겠네요.

김시천 예, 정치사회적 측면이 강했어요. 일반적으로 유가는 성선이고, 순자는 상대적으로 약간 이단적인 성악설이고, 장자와 노자는 성선이라고 분류하곤 하는데, 실제로 그런 주장의 연원이 어디였는지 확실하지 않아요. 예를 들어 《노자도덕경》에는 '성' 자가 전혀 나오지 않습니다. 단지 자연 질서의 흐름이 있어 그 흐름에 따르는 것이 성인들의 방식이라고만 나와 있죠. 인간의 보편적 본성이라는 말은 하지 않지만, 기본적으로 공유된 사회적 의미가 있는 거죠. 자연의 질서나 본성의 의미를 형이상학적 지위로 설명하는 것이 아니라 통치자의 지배원리가 타당성을 갖도록 하기 위한 은유의 대상으로 여긴 겁니다. 즉 통치자가 어떤 방식으로 행동하도록 유도함으로써 피지배자들을 통제하는 은유에 지나지 않는 거죠. 예를 들면 당나귀에게 당근을 주면 당근을 먹으려고 끌려오겠죠. 그래도 말을 안 듣고 다른 방향으로 가려고 하면 채찍으로 때리고 고삐를 억지로 끌면 오게 할 수 있다는 겁니다. 특히 《한비자》의 시각에서 바라보는 인간의 본성은 본성이 어떠한가가 중요한 것이 아니라 조작적 개입을 통해서 사회에 부합하는 행동을 이끌어낼 수 있다는 게 중요하다는 거죠. 통치자의 궁극적인 목적은 백성이 정치권력에 관심을 두기보다는 농사 열심히 짓고, 전장에 나가서 죽음을 무릅쓰는 병사가 되게 하는 겁니다. 그러한 행동지향적 관점에서 인간을 보기 때문에 유가적인 인생관과는 사실 상당히 차이가 있는 거죠.

최종덕 선생님이 노자를 해석하는 방식은 매우 독특한 듯해요. 일반적인 노자 이해와는 다르니까요. 일반적으로는 무위자연이나 청정함 등 비사회적 요소에 비중을 두어왔는데, 선생님은 그런 이해방식을 깨면서 철저히 사회정치적 관점에서 노자를 해석해오셨으니까요. 혹시 지나치게 사회정치적 해석이 아닐까 하는 생각도 들지만, 선생님의 해석에는 충분한 학문적 전거가 있기 때문에 전적으로 수용하도록 하겠습니다. 당시의 역사적 상황을 무시한 채 형이상학적으로만 해석되어온 기존 해석을 반성해야 한다는 지적에 동의합니다. 우리가 범하기 쉬운 지나친 형이상학적인 과오들, 즉 '본질이 그 안에 숨어 있을까?'라는 가정에 빠진 채, 그 본질을 찾으려는 끝없는 과정들에 대해서 노자나 장자나 법가는 혁명적인 반전을 보여준 것이라고 생각합니다. 선생님께서는 정치적이라는 표현을 하셨는데, 듣는 사람들에게 상당히 오해를 불러일으킬 수 있거든요. 그래서 정치사회적이라기보다는 사회역사적이라고 표현해도 될까요?

김시천 저는 그렇게 어렵게 표현하는 것보다는 구체적인 수식어가 중요하다고 생각했어요. 어쨌든 요즘 말하는 술수와 음모로서의 정치이기보다는 권력 유지를 지속할 수 있는 가장 평화스러운 방법을 찾는 과정에서 나온 권력의 기술에 가까운 측면을 갖고 있다고 봐야겠죠.

최종덕 어쨌든 본성의 본질이 존재하는지의 여부와 관계없이 그 본질이 중요한 것이 아니라 본성의 외형적 발현이 우리 사회 속에서 어떻게 드러나는지가 더 중요하는 말씀을 하셨습니다. 저는 이런 비유를 해보곤 합니다. 원숭이한테 바나나를 던져주면 껍질을 까서 먹는 모습을 동물 다큐멘터리에서 자주 보았을 거예요. 원숭이도 껍질은 맛없고 쓸모없는 것으로 알고 있단 말입니다. 반면에 껍질 속에 있는 것은 맛있는 본질이라고 인지하고 있는 거죠. 그런 학습된 인지 결과에 따라서 껍질을 까는 기술을 익히게 된 것이겠죠. 속이 본질이고, 그러한 본질을 찾기 위해서 껍질을 까서 먹는단 말이에요. 이렇게 껍질과 그 속에 든 내용물을 본질과 현상으로 유비하는 설명방식이 꽤나 그럴듯하죠. 한데 이런 유비가 현실에 다 적용되는 건 아닙니다. 바나나 껍질에 대비되는 유비를 하나 더 들어보기로 하죠. 예를 들어서 원숭이한테 양파를 던져줘요. 바나나를 까는 능력을 가진 원숭이는 양파도 까기 시작합니다. 그런데 속에 껍질이 또 있는 거예요. 그러니 원숭이는 소위 본질에 해당하는 속을 먹기 위해 껍질을 까고 또 까다 보니 생각한다면 아무것도 먹을 수 없게 됩니다. 양파를 바나나처럼 겉과 속을 나눠서 생각한다면 아무것도 남지 않게 된 거죠. 불변의 본질을 찾기 위해서 계속 현상을 까다 보니까 아무것도 남지 않는 경우가 됐다는 뜻입니다. 제 이야기의 핵심은 본질이 따로 있는 게 아니라 나타나 있고 표현돼 있는 것 자체가 그냥 본질이라는 뜻입니다. 본질과 양상이 나눠지는 것이 아니라는 말이죠. 이런 차원에서 본질적 본성론 대신에 역사적 본성론이라는 표현이 가능할지 생각해보았습니다.

김시천 저도 원숭이 이야기를 하겠습니다. 잘 알려진 장자의 조삼모사(朝三暮四) 이야기가 있죠. 그 우화에서 흥미로운 사실을 알 수 있어요. 아침에 세 개, 저녁에 네 개를 줄 때와 아침에 네 개, 저녁에 세 개를 줄 때 원숭이들의 반응이 전혀 다르다는 것은 만족과 불만의 정서에서 차이가 난다는 것이죠. 요즘 식으로 말한다면 연봉은 똑같은데 매달 월급으로 균등하게 받는 대신 상여금이라는 명목으로 나누어 주면서 기업주가 생색을 낸다고 칩시다. 거꾸로도 마찬가지죠. 백성의 약한 정서를 악용하여 군주가 자기의 정책을 펴나가는 꼴과 비슷해요. 이와 관련해서 진나라 때 변법(變法)을 주도했던 상앙(商鞅)의 저술이라고 알려져 있는 《상군서(商君書)》에 그와 같은 표현이 적나라하게 나옵니다. 그 책에서 인간은 고통을 피하고 자기에게 유리하거나 편한 것들을 추구하는 존재라는 이야기를 하는데, 여기서 말하는 인간의 본성과 유가에서 말하는 본성의 의미는 상당히 달라요. 선생님이 바나나 속의 본질과 껍질의 차이를 말씀하셨지만, 법가에서는 본질이라는 것에 아예 관심이 없었습니다. 바나나를 까서 주느냐 그냥 주느냐, 몇 개를 줄 때 만족하고 몇 개를 주면 화를 내느냐…… 이런 데 관심이 있는 거죠. 유가 문헌에 성선이나 성악이라는 개념이 주로 등장한다면, 법가라든가 도가 계열의 사상에서는 '호오(好惡)'라

는 말로 요약할 수 있듯 자기에게 좋고 싫은 것으로 본성을 대신한다는 점이 더 중요한 의미를 갖는다고 생각합니다.

최종덕 매우 중요한 이야기입니다. 형이상학적 본질론이 아니라, 그 대상에 대해서 좋고 싫음을 표현하는 반응들이 본성에 가깝다거나, 그것이 바로 본성이라고 할 수 있다는 선생님의 지적은 많은 시사점을 줍니다. 이 시점에서 인간이라는 존재가 동물과 차이가 없다는 뜻인지 우려 깊은 질문이 충분히 나올 수 있을 것 같아요. 정리한다면 유가의 본성론은 상당히 형이상학적인 형식을 갖고 있지만, 도법가의 본성론은 동물의 본성론과 무슨 차이가 있겠냐는 질문과 비슷하다는 거죠.

김시천 좀 더 황당한 이야기를 통해 그 대답을 대신해볼게요. 우리는 인간과 동물이 큰 차이가 있다고 강조해왔습니다. 고대 중국어에서 사물들을 지칭하는 용어로 많이 쓰이는 게 만물이라고 말씀을 드렸는데, 만물은 동물이나 식물, 인간뿐만 아니라 일반 사물까지 다 포함합니다. 그리고 만물 사이에 위격의 차이를 별로 두지 않죠. 실제로 도가적 사유에서 만물이라는 용어가 더 많이 나온다는 것은 인간과 동물의 차이에 대해 별로 비중을 두지 않는 것이라고 생각합니다. 앞에서 만물이라는 표현이 인간을 가리키는 표현이기도 했다고 말씀드렸는데, 인간을 동물이나 다른 존재들과 차별화함으로써 인간다움의 특수성을 더 많이 규정했던 것은 유가입니다. 이상하게 20세기에 들어와서 도가 쪽이 상당히 인간적인 학문인 것처럼 이야기를 하는데, 저는 도가의 저술들을 읽으면서 인간적인 냄새를 별로 맡지 못했어요. 이런 생각이 상당히 새로운 각도에서 본 해석이라고 말하는 사람들이 있지만, 실제로는 한국과 일본을 벗어난 중국과 서구의 도가 연구자들에게는 일반적인 해석이기도 합니다. 요즘에는 노장학을 주로 무위자연의 측면에서 해석하지만, 이런 무위청정의 멋있는 해석은 뒤늦게 성립된 겁니다. 《노자도덕경》이나 《장자》 속에 배어 있는 소리는 그렇게 아름다운 인간적인 목소리가 아니에요. 오히려 노장자에서는 인간을 바라보는 시선이 매우 차갑죠. 그래서 리쩌허우(李澤厚)라는 중국의 학자가 말하기를, 유가야말로 따사로운 인간의 손길이나 눈길을 읽을 수 있는 정감적 합리주의가 있다면, 다른 제자백가에서는 그런 것들을 찾기가 어렵다고 합니다. 이런 지적이야말로 중국 고대 문헌을 읽는 아주 솔직한 태도에서 나온 것이라고 생각합니다.

최종덕 《장자》에서 그렇게 많은 우화들이 유비의 이야기로 등장한 것도 다 이유가 있군요. 동물과 인간 사이의 존재론적 간격이 크지 않다는 것을 전제하는 것이니까요. 저는 유가가 동물과 인간의 차이점을 나름대로 살려보려는 사유의 전환점이었다고 생각해요. 노자와 장자가 인간과 동물의 차이를 무시하려고 했던 점에 대해 오히려 유가의 지나친 인간중심주의를 비판하려 한 것이라는 관점에서 보면 어떨까요?

김시천 인간중심주의라는 말은 참 모호한 용어입니다. 플라톤이나 아리스토텔레스 당시만 해도 그리스 인구가 가장 많았을 때가 100만 명이라고 하던데, 시민의 숫자는 5만 정도밖에 안 됐다고 하잖습니까? 그들이 말하는 '인간'에서 여자와 어린아이는 빠지고, 외국인도 빠지고, 노예도 빠지는 등 매우 협소한 개념이었죠. 마찬가지로 고대 중국에서 인간의 범주 안에 들어가는 존재는 오늘날의 시각과는 상당히 다를 수 있어요. 그리고 또 한 가지 지적해야 할 것은 지금 선생님이나 저나 근대 개인주의 사회, 자유와 평등이 상대적으로 확보되어

다윈과 철학 가래 진화론적 사유가 동아시아의 사유와 만나다

있는 체제 속에 살고 있지 않습니까? 그렇지만 고대 문헌에서 거론된 '인간'의 범위는 고무줄처럼 왔다 갔다 할 수 있어요. 그런데 우리는 지나치게 현대의 경험들을 고대에 투영시킨다는 것이죠.

최종덕 그렇다면 고대사회에서는 정치적 행위를 할 수 있는 존재만 '인간'으로 규정되었다는 말인가요?

김시천 선생님의 질문 가운데 '정치적'이라는 수식어도 현대적인 의미가 적용된 것으로 생각됩니다. 그래서 그 질문에 단도직입적으로 답변하기 어려운 겁니다. 인간을 바라보는 관점이 '정치적'이라는 기준 한 가지만 있는 건 아니지만, 적어도 당시에 문헌을 구성할 만한 능력이 있는 지식인들, 또는 그들의 담론이 문헌으로 남아 있는 사람들의 경우에는 실질적으로 학자라기보다는 거의 정치 지망생이거나 정치가인 경우가 더 많다고 보는 것이 합당할 것 같습니다. 좀 강하게 표현한다면 고대 지식인의 정체성은 학자이기보다는 정치가에 있었어요. 동양이나 서양이나 마찬가지일 테죠.

최종덕 다시 한 번 독자들을 위해서 정리를 좀 해야 할 것 같아요. 19세기 서양에서《종의 기원》이 등장하면서 기존의 형이상학적인 세계관이 아니라 자연을 바라보는 변화의 존재론을 수용하기 시작했습니다. 이미 이런 이야기는 수없이 말한 것입니다. 여기서 진화론은 선험주의 형이상학과 대비적이죠. 변화의 존재론이라는 측면에서 동아시아 고대인의 사유방식을 낚아보는 시도로서 동양철학 전공자이신 선생님과 대화를 시작했는데, 이야기를 나누다 보니 지금까지 소위 무위자연과 청정소요의 이미지였던 노자의 철학에서 오히려 자연주의적 본성론의 원형을 갖고 있다는 점이 부각되었습니다. 나아가 유가와 도가에서 사람을 보는 관점이나 자연을 보는 관점이 '변화'라는 상징성에 초점이 맞춰져 있다는 생각을 하게 되었고요. 우리 대담에도 여러 번 이야기가 나왔지만, 진화론이 갖고 있는 철학적인 의미는 단순하게 기독교적인 측면과 대비되는 것뿐만 아니라 플라톤에서 이어지는 전통 형이상학에 대한 하나의 대반전이라는 데 있죠.

인간은 누구입니까

최종덕 지금까지 우리는 동양 고전에서 유가와 도가를 아주 뚜렷하게 대립시킬 수는 없지만, 자연을 보는 관점이나 인간을 보는 관점에서 약간의 상징적 차이가 있음을 비중 있게 논의하고 있습니다. 나아가 인간중심주의라는 말 속에서 '과연 인간이라는 개념이 무엇인가?' 라는 질문이 더 중요하다고 말씀하셨는데, 인간중심주의라는 말은 자연중심주의와 대비됩니다. 선생님은 고대사회에서 말하는 인간의 의미를 따지고 보면 당시 사회에서 권력을 가지고 있는 소수 계층으로 규정될 수 있다고 하셨죠. 그 점에 대해서는 이해를 하겠습니다. 그렇다면 유가와 도가의 차이를 인간중심적인 것과 자연중심적인 것으로 초점을 맞춘다면 너무 무리인가요?

김시천 저는 그 논법, 즉 유가와 도가를 인간과 자연으로 구획하는 방식이 오히려 고전 문헌을 읽는 데 상당히 방해가 되면 되었지, 도움이 되지는 않는 관점이라고 생각해요. 왜냐하면 그런 대비가 만들어진 것은 그리 오래되지 않았거든요. 중국 근대 지식인 중에서 제1차 세계대전이 일어나기 이전에 유럽으로 유학을 가거나 여행을 갔다 온 사람들과 그 이후에 유럽 여행을 하고 온 사람들의 시각은 굉장히 달

다윈과 철학 카페 진화론적 사유가 동아시아의 사유와 만나다

릅니다. 예를 들면 현대 신유가를 세웠던 대표적 학자 가운데 한 사람인 량수밍(梁漱溟)은 제1차 세계대전 직후에 유럽을 방문했어요. 당시 중국의 지식인 사이에서는 서구의 과학과 민주주의를 수용해야 한다는 주장이 대세였습니다. 5·4신문화운동의 기조가 대표적이죠. 그렇게 중국 지식인들은 과학기술과 민주주의의 원천이라고 생각했던 유럽 문명의 완숙함과 서구 이성의 막강함을 배우러 갔지만, 실제로 그들이 유럽 세계에서 본 것은 제1차 세계대전을 치른 폐허의 처참함이었습니다. 그들이 받은 충격이 컸죠. 그들은 대안을 찾으러 유럽으로 갔지만 서구적인 것만이 대안일 수 없다는 판단을 합니다. 서구에 대한 비판적인 자세로 돌아온 그들은 새로운 대안들을 모색하게 됩니다. 그러면서 '서양은 물질, 동양은 정신' 같은 이분법의 구호들이 횡행하기 시작한 것이죠. 그때부터 서양과 동양을 구획하기 시작한 거예요. 조선에서 서학이 생기면서 그에 대한 반작용으로 동학이 생긴 것도 그런 흐름에서 볼 수 있겠죠. 자연과 문명, 또는 신과 인간 같은 이분법적 도식이 탄생한 것은 동서 갈등이 확대된 19세기 말 20세기 초라는 말입니다. 물론 그 이전에 수용된 서양의 학문도 있긴 하지만, 실제로 일반적인 문제의식으로 넓혀진 이유는 사고방식의 차이보다는 역사적인 요인, 특히 제1차 세계대전이라든가 문명 간의 교류 확대 등에서 찾아야 합니다. 모든 것이 다 철학적인 차이에서 왔을 것이라는 입장은 철학자들의 인식론적 환원주의에서 비롯된 잘못이라고 생각해요.

최종덕 매우 중요한 지적을 하셨습니다. 동양과 서양의 구분을 '서양은 물질, 동양은 정신'처럼 이분법으로 나눈다든가, 인간과 자연으로 나누는 것이 사실 역사가 얼마 안 된 구분이라는 점은 우리가 지나치기 쉬운 측면일 겁니다. 자연과 인위, 자연과 문명의 차이란 원천적인 것이 아니라 인간이 환경과 충돌하면서 생긴 차이일 뿐이라는 거군요. 그렇게 이분법적인 구분이 아니라 감응이나 순응을 통해 양자가 관계하는 작용이 더 중요하겠군요. 그러자면 자연과 문명이란 연속적인 스펙트럼의 양단이라는 말로 이어지는 것 같습니다. 그래서 본성과 양육이 그렇게 구획되는 것이 아니라는 선생님의 견해를 이제야 이해할 수 있네요. 인간의 존재 양상은 인위적인 모습 그 자체가 자연적이라는 뜻일 거고요. 어떻게 보면 실존적 존재로서의 인간이라는 모습으로 비춰지기도 합니다. 자연이 그 자체로 자연이 아니라 인간이 있기 때문에 자연이라는 의미를 가진다고 해도 될까요? 결국 인간 중심적 사유로 다시 돌아오는 것은 아닌가요?

김시천　한 가지 더 생각해보죠. 예를 들어 우리는 천지가 개벽하는 현상을 매일 겪고 있어요. 천지가 아무리 크다고 하더라도 두 눈꺼풀을 여닫는 순간 천지는 열리고 닫히는 겁니다. 깊은 계곡에서 보는 하늘과 사방이 뻥 뚫린 벌판에서 보는 하늘이 다르게 보일 수 있지만 하늘은 여전히 하늘이죠. 인간이 먹는다는 것에 대해 생각해볼까요? 비닐하우스에서 기른 토마토를 먹는 것은 인위적인 것을 먹는 거고, 야생에서 키운 토마토를 따먹는 것은 자연을 섭취하는 거라고 말할 수 있나요? 실제로는 양단을 명확히 나누기 어렵죠. 인간이라는 존재를 파악하는 방식에 여러 가지가 있을 수 있겠지만, 사실 인간은 신체의 표피를 중심으로 한다면 7개 또는 9개의 구멍, 즉 '칠규'라든가 '구규'라고 표현하잖습니까? '칠정'이라는 표현도 이와 연관됩니다만, 구멍이라는 표현은 내부와 외부환경이 끊임없이 교류하는 창구를 의미합니다. 그래서 인간은 자연 속에서 홀로 존재하는 게 아니라 자연과 서로 감응하는 관계에 있는 것이고, 그러지 않으면 생명 자체가 불가능합니다. 인위적인 것과 자연적인 것을 나눈다는 것 자체가 불가능

하다는 거죠. 크게 보면 문명이라는 것도 자연 안에 있는 거잖아요. 문명이라고 할 때 '文' 자는 옥돌에 난 결을 의미합니다. 인간이 행동하는 방식의 결을 뜻하는 거죠. 그 결이 얼마나 아름다운 무늬를 갖느냐 하는 것은 방식에서 달라질 뿐이지, 인간의 행위나 문화적인 행위 자체가 부자연하다거나 반자연하다는 표현은 동아시아 사회에서는 낯선 것이었습니다.

최종덕 이제 이야기가 여기까지 오게 된 출발점으로 돌아가야 될 것 같아요. 도가에서 말하려는 본성이란 존재론적 본성이 아니라 내가 좋다거나 싫다는 등의 정서적 측면을 강조하는 것이라고 설명해주셨는데, 그렇다면 인간의 본성이 동물적 본능과 어떤 차이가 있는지를 질문할 수밖에 없어요. 여기서 의미의 차이는 언어의 차이에서 오는 것이 많다고 생각되는군요. 이 대담을 하면서 저는 언어와 개념 사이에서 차이점을 심각하게 느끼고 있거든요. 저는 여전히 서양적 개념으로 질문하는 것 같고, 선생님께서는 동양철학자로서 개념 자체에 대한 문제점을 지적하시는 것 같아요. 내용에 대해 격론하기 전에 먼저 동양철학 연구자와 서양철학 연구자 사이에서, 또는 자연과학 연구자와 인문학 연구자 사이에서 개념을 소통시키려는 노력이 우선되어야 한다는 생각이 듭니다. 예를 들어서 인간의 개념이 어디에서부터 차이가 나는지, 본성이나 본능의 개념을 어디까지 사용할 것인지 등, 개념의 차이를 극복하는 것이 굉장히 중요하다고 봐요. 나아가 동물이라는 개념을 너무 하위적인 선입관을 갖고 보면 안 된다고 지적하셨죠. 인간과 동물의 차이를 중시하지 않는다는 언명 이전에 동물과 인간의 존재론적 위격에 차이를 두지 않는다는 언명을 먼저 한다면 두 언명 사이에 실질적인 차이가 없어지는 것과 마찬가지입니다. 그렇다면 도가에서 말하려는 자연의 개념을 더 깊이 이해할 수 있을 겁니다. 이런 점을 잘 살펴보면 선생님이 지금까지 해주신 동양철학의 이야기들이 결국 서양 형이상학의 전통과 정면으로 마주치게 된 진화론적 사유구조 및 그 사고방식을 많은 부분 그대로 재현하는 것이라는 생각이 자연스레 들어요. 그런 점에서 제가 공부하는 진화론의 철학과 선생님이 공부하는 동양철학의 사유방식이 싫든 좋든 하나의 광장에서 대화를 할 수 있는 계기가 된 것 같습니다.

김시천 한국 사회도 마찬가지이지만 중국의 사상적 전통에서 도교와 불교의 전통 그 이상으로 유가 전통이 주류였다고 생각합니다. 인간관의 측면에서 가장 영향을 준 것은 역시 유가라고 말할 수 있죠. 유가에는 맹자도 있고 순자도 있고, 다양한 해석들이 있어요. 그런데 제가 유가나 도가 등의 동양 전통사상을 거론한 이유는 동양의 문제의식이 원천적으로 서양과 다르다는 걸 주장하려는 게 아니에요. 20세기에 들어와서 역사적인 환경에 의해 동서양의 변화된 상황을 부각시키고자 했던 것일 뿐이죠. 인간의 사고나 두뇌구조의 측면에서, 그것도 결정론적 방법론에 의해 동서양이 다르다는 건 아니었어요. 물론 질문하는 방식에 따라 동양 전통과 서양 전통 사이에 차이가 있습니다. 서양 학문의 정체성과 동양 학문의 정체성이 질문 방식에서 차이가 있다는 뜻이에요. 예를 들어 아리스토텔레스는 《자연학(Physics)》의 앞부분에서 "인간은 본성적으로 진리를 추구한다."고 말합니다. 서양에서는 바로 이런 질문에서 철학이 시작한다고 볼 수 있을 거예요. 마찬가지로 동양 학문에서도 철학이 그와 같은 물음에 대한 답변들에서 시작한다는 생각을 갖기 쉽죠. 그건 잘못됐다고 봅니다. 왜냐하면 그런 질문은 동양적 사유의 본래 구조를 흩어놓거나, 좀 더 과장하면 파괴시킨다고까지 할 수 있어요.

최종덕　그렇다면 동아시아 지식인들이 추구했던 방향은 진리체계보다는 삶의 지혜와 양식이었다고 할 수 있을까요?

김시천　진리의 존재를 직접적으로 추구한다는 질문방식에서 벗어나야만 동양의 사유구조를 이해할 수 있다는 견해를 잘 보여준 학자가 바로 앵거스 그레이엄(Angus Graham)이에요. 그가 쓴 책 중 하나가 《도의 논쟁자들(Disputers of the TAO)》이죠. 선진 시대에 도라는 말은 유가든 도가든 노자든 장자든 상관없이 천하를 다스리는 길이었습니다. 천하를 어떻게 다스릴 것인가, 인간세계의 질서와 화합을 가져오기 위해서는 제도를 어떻게 만들어야 하고 인간을 어떻게 훈육하고 교화해야 하느냐 등의 질문이었죠. 여기서 인간을 본성에 준해서 훈육하고 교화하는 것이 더 효과적이고 영속적인 길이 될 것이라고 말합니다. 하지만 순자는 인간의 본성 가운데는 동물적 요소의 부조화가 분명 있으니까 그런 부분들을 좀 더 확실하게 통제하는 방식으로 제도를 만들고 인간을 변화시켜야 된다는 쪽에 주안점을 두었죠. 사실 도가나 법가 쪽은 순자의 관점을 훨씬 강화할 수밖에 없었습니다. 한비자와 이사(李斯)가 순자의 제자였다는 사실은 바로 그런 점과 맞아떨어집니다. 이 가운데 한 가지 특징적인 것이 있어요. 바로 《장자》라는 책에서 인간 본성의 양면성이 나타난다는 거죠. 장자는 그러한 질서에 순치되는 지식인이길 거부합니다. 《장자》의 내편은 〈소요유〉, 〈제물론〉 등으로 전개됩니다. 그런데 그 내용을 끝까지 치밀하게 읽어야만 장자의 본심에 접근할 수 있게 됩니다. 〈소요유〉의 첫 번째 내용이 워낙 많이 회자됐기 때문에 영원한 자유를 추구하는 철학처럼 생각하지만, 〈소요유〉의 가장 큰 주제는 자유가 아니라 대용(大用)입니다. 소용과 대용, 소지(小智)와 대지(大智), 다시 말해서 작게 쓰는 것과 크게 쓰는 것의 차이, 나아가 작은 지혜와 큰 지혜의 차이를 보

　다윈과철학 가꿰 진화론적 사유가 동아시아의 사유와 만나다

여줍니다. 그런데 장자가 원하는 것은 대용이며 대지예요.

최종덕　그렇다면 자유라는 주제보다는 실용이라는 주제에 가깝다는 거죠? 장자를 영원한 자유와 절대무욕이라는 주제의 화신으로 여겨온 것이 보통의 이해방식일 텐데, 장자를 너무 자연화하는 게 아닌가요? 자유와 무욕을 문화적인 상징이라고 치고 반대로 대용과 대지는 자연적인 것의 상징이라고 비교된다면요.

김시천　사물에 대한 일종의 수평적 태도를 제시한 〈제물론〉은 모든 사물이 평등하다고 해석되는 것이 보통이지만, 역사적 관점에서 본다면 선진 시대에 난무했던 논쟁들 사이에 각자의 위계를 정하지 않은 채 무마시켜주는 합당한 논리를 제공한 것으로 볼 수 있습니다. 《장자》는 〈소요유〉, 〈제물론〉 다음에 〈양생주〉, 〈인간세〉, 〈덕충부〉, 〈대종사〉, 〈응제왕〉으로 구성되어 있죠. 맨 마지막의 〈응제왕〉은 뭇 제왕에게 답한다는 뜻이에요. 최근 학자들은 《장자》를 전기와 후기로 나눕니다. 장자도 나름대로 유세라는 걸 통해서 정계에 참여하려고 했죠. 하지만 기회를 별로 갖지 못했던 것 같습니다. 혜시(惠施) 주변에 장자가 있었습니다. 혜시는 양혜왕(梁惠王)의 재상이었던 적이 있으니까 정치가라고 해도 좋죠. 혜시를 통해서 장자는 인간사의 덧없음에 깊은 염증을 느끼고 사고의 전환을 하게 된 것으로 보통 해석을 합니다. 그런 전환은 장자의 독특한 차원이라고 할 수 있어요. 초기 장자의 화두였던 '제왕은 무엇인가?' 라는 질문 속에 장자의 생각도 뭉뚱그려져 있습니다. 사실 이런 사유들은 전국시대 후기에 정치와 철학이 만나면서 이루어진 겁니다. 그런 접점이 황로학(黃老學)에서 드러나죠. 황로학이란 황제의 지배체제와 관련된 모든 학문의 포괄적인 사상운동을 말합니다. 기존의 해석에서는 황로학을 도가 전통의 한

아류나 분파로만 해석했기 때문에 선입관이 개입될 여지가 있었어요. 하지만 황로학은 당시 사회의 역사적 소명에 따른 것입니다. 도가나 유가 또는 법가로 분류할 필요가 없죠. 철학사에서는 유가, 도가, 법가 등을 대등한 이론체계로 나열하지만, 실제로는 유가든 묵가든 특정 시기, 특정 지역이나 나라를 지배했던 주류의 정치원리라고 볼 수도 있어요. 실제로 중국 사상을 포괄적으로 이야기한다면 통일을 하기 위한 방책은 무엇인가라는 질문일 겁니다. 그래서 사회과학적인 접근은 반드시 필요해요.

최종덕 결국은 장자의 소용과 대용, 그러니까 작은 것에 신경 쓰지 말고 크게 생각하고 행동하면 더 나은 것을 얻을 수 있다는 실용주의적인 해석이라고 볼 수 있겠군요. 물론 이렇게 간단히 단정할 수는 없겠지만요. 지금 이 논의에서 밝히고자 하는 것은 장자에 대한 해석이 옳으냐의 문제가 아니라 서양철학에서 질문하는 방식과는 다른 시대적 질문이 있었다는 점입니다. 그리고 당대의 철학은 그런 시대적 질문과 밀접하게 연관되어 있다는 사실이죠. 서양적 관점에서는 존재론과 인식론이 철학의 주요 관심이었고, 그래서 '실재하느냐 아니면 관념적이냐' 또는 '경험적이냐 아니면 선험적이냐?'라는 질문의 틀 속에 모든 철학적 사유를 집어넣기를 원했죠. 그런 구조 속에는 유가든 도가든 동양사상이 들어오기가 쉽지 않을 겁니다. 그나마 서양적 개념으로 말한다면 '존재냐 인식이냐'의 문제보다도 내가 살아가는 구체적인 실용성과 연관이 돼 있다는 느낌을 받습니다.

김시천 실용성 말씀을 하시니까 제가 구체적으로 말씀을 좀 드리고 싶어요. 예를 들면 공자 당시만 하더라도 인간 본성에 관련된 논의는 매우 적었습니다. 그렇다고 해서 공자에게 인간을 바라보는 관점이 없다는 건 아니고요.《논어》속에서 찾을 수 있는 인간 본성에 관련된 구체적인 제안은 '성상근 습상원(性相近 習相遠)'이라는 표현 속에 나옵니다. 인간의 본성은 원래 대개 비슷비슷하지만, 그들이 갖고 있는 관습이나 문화가 지역마다 다르기 때문에 상당한 차이가 벌어진다는 뜻이겠죠.《논어》에서는 그런 정도의 논의밖에 없습니다. 그런데 맹자 때부터 본성론 논의가 비약적으로 풍부해지고 심화되는 모습을 보여요. 그럼 도대체 공자와 맹자 사이에 무슨 일이 있었던 것인가를 질문해야 할 겁니다. 그런데 오늘날 상상하는 철학의 범주를 통해서 그런 질문을 던진다면 처음부터 오류에 빠지게 될 거예요. 공자에서 맹자에 이르는 시기 동안 갑자기 철학적 관심이 깊어지고 늘어났기 때문에 그런 심도 있는 질문이 많아졌을 것이라는 상상력은 정말 역사를 도외시한 추상화의 오판에 빠진다는 말입니다. 춘추시대와 전국시대 사이에 사회가 근본적으로 변했어요. 춘추시대만 하더라도 이른바 귀족, 즉 신분제가 지배하는 사회였고, 특정한 계급에 속한 사람만 칼을 차고 다니고 군사훈련을 할 수 있었죠. 하지만 전국시대로 넘어가면서 일반 농민들도 칼을 들고 전쟁에 나가게 됩니다. 지금으로 말하자면 국민이라면 모두 군인이 되어야 하는 국민개병제와 같은 제도가 도입되죠. 그리고 전쟁에서 이기면 공적이 있는 사람들에게 토지를 나눠줌으로써 보상을 하고요. 즉 당시 정치적인 차원에서 한 사람 한 사람의 신체는 정치적으로 유의미한 것으로 시대적 상황이 바뀐다는 겁니다. 그러면서 중국에서는 본격적으로 영토국가가 생기기 시작합니다. 이것을 대표하는 것이 군현제이죠. 그러다 보니까 이제는 신분제적인 결속을 통해서 국가를 통치하는 전략은 곤란해졌습니다. 한 사람 한 사람의 충성이 정권의 향방, 제후들의 권력의 크기를 좌우한다는 거죠.

최종덕　개인 개인의 지위가 보장된 것으로 이해해도 되나요? 아니면 고대 중국 사회에서 한 사람 한 사람마다 본성이 구비된 인간 개념이 처음으로 생겨났다는 말인가요?

김시천　서구 근대화의 과정처럼 개인의 지위가 격상된 것으로 이해할 순 없어요. 한 사람 한 사람의 인간의 의미가 무엇이며, 이들은 도대체 어떤 방식으로 행동하고, 생각하고, 살아가느냐 하는 구체적인 질문이 나타나는 겁니다. 그런데 당시 학자들은 실험실에서 인간을 해부학적으로 연구하는 경험과학자도 아니었고, 오늘날처럼 통계자료 같은 것을 가지고 인간을 파악하는 심리학자들도 아닙니다. 이들이 가지고 있는 근거는 두 가지밖에 없어요. 하나는 자기들이 실제로 겪고 있는 구체적인 사람들이고, 다른 하나는 역사의 사례나 고사 문헌을 통해서 전해들은 이야기들이죠. 그런 것들을 통해서 구체적인  인간에 관해 관찰한 겁니다. 제가 얼마 전에 진화심리학자인 마틴 데일리(Martin Daly)와 마고 윌슨(Margo Wilson)의 책을 읽었어요. 남편에게 폭행을 당하는 아내의 연령대를 조사한 결과를 진화심리학으로 해석하는 내용이죠. 다양한 해석 가운데 어느 것이 더 옳은 이론인가를 따지기 위해 내세운 증거와 근거는 누가 더 많은 임상 자료를 경험하고 확보했느냐의 문제였습니다. 마찬가지로 사람들을 일일이 접해야만 했던 고대 중국 사회에서 누가 인간관계를 더 많이 했느냐에 따라 인간에 대한 이해와 사회제어의 기술이 늘어나는 것으로 생각됩니다. 한 사람 한 사람의 본성을 안다는 것은 형이상학적으로 추론하고 사유해서 할 수 있는 건 아니죠. 많은 경험과 자료를 확보해서 인간을 파악하려는 노력은 요즘 말로 통계적 분석에 해당할 겁니다. 고대 중국 사회에서 다양한 인간들을 많이 겪을 수 있는 지위에 있는 사람이 인간에 대해 더 정확하고 정리된 개념을 확보할 수 있었겠죠. 오늘날과 같은 통계 분석은 발달되어 있지 않지만, 폭넓은 경험이 가능한 상층 지위의 사람들의 머릿속에서는 구체적인 인간의 유형들이 확립될 수 있었다고 보는 겁니다.

최종덕 그런 경험적인 노력들이 당대의 사회적 문제를 해결해보고자 하는 제자백가로 발현한 것으로 보면 되는군요. 결국 추상적인 존재에 대해서 관심이 있었던 게 아니라 아주 구체적인 나의 현실에 대해서 관심을 두었다는 걸로 요약해도 되겠죠.

김시천 진화론에서 말하는 인간의 본성은 유전자가 발견되기 이전과 이후에 차이가 많아 보입니다. 현대 진화론이 발전해가는 과정에서도 마찬가지라고 생각해요. 유전공학이나 발생생물학 등이 새롭게 나오면서 인간 진화에 대한 더 많은 자료와 증거가 확보됨에 따라 진화론이 바라보는 인간 본성에 대한 이해의 폭도 넓어지는 것일 테죠. 본성 대 양육이라는 관점이 같지는 않더라도, 고대 중국에서도 인간의 본성을 바라보는 관점이 상당히 유사했을 거라고 생각합니다.

최종덕 서양에서 카를 폰 린네가 생명종 분류를 완성했을 때 완벽한 지식의 승리라고 호평을 받았죠. 린네는 종과 종 사이를 넘나들 수 없는 완전히 분리된 본질이 개별 종 안에 각각 들어 있다고 생각했지만, 다윈에 와서 그런 이론은 다 깨져버렸죠. 《종의 기원》은 생명종이 고유한 본질이 아니라 늘 변화한다는 것을 밝힘으로써 기존의 형이상학이 깨지는 계기가 된 것입니다. 그런 점에서 앞서 말씀하신 인간 본성의 '성'이 '태어날 生'과 같은 뜻이라는 내용이 저에게 중요한 시사점을 주었습니다. '性'을 '生'에서 찾아야 한다는 점에서 볼 때, 본성이라는 말 속에는 이미 자연적 본능이라는 개념도 들어가 있고, 나아가 문화적 본능도 있을 겁니다. 저는 문화라는 것을 일종의 '확장된 본능'이라고 표현하기도 해요. 문화적 본능이라는 말을 설명하려는 뜻에서 그렇다는 말입니다. 추우면 따뜻한 것을 원하고, 배고프면 먹고 싶고, 싫은 걸 보면 피하고 싶고, 이득이 생긴다고 판단하면 좋아하는 감정들이 생기는 등 인간이 갖고 있는 감정 자체가 바로 아주 구체적인 인간의 몸이죠. 그런 몸을 잘 다스리는 일, 그런 수양론 중 하나로서 정치적인 대응체계를 갖게 되었다고 말할 수 있겠죠. 그만큼 동양적 사유에서는 '生'으로서의 '性'을 중시했기 때문에 서양과 같은 본질론적 형이상학보다는 감정론 또는 심학(心學)이 강조된 것으로 이해해도 될까요? 서양에서처럼 본질론적인 형이상학에 진리의 뿌리를 두었다면, 당연히 감성적인 것에는 진리가 없거나 무의미한 것으로 간주될 테죠. 진리가 존재한다면 감성적인 것을 떠나 이성적인 것 속에 있을 테니, 그 이성적인 것을 추구하는 게 철학이라고 규정한 것이 바로 서양철학의 기본 질문인 것 같습니다. 그런데 동양에서는 그러한 존재를 아예 설정하지 않았으니까 서양과 다른 접근방식이 있다고 생각합니다. 대표적으로 사단칠정론 같은 것을 들 수 있죠. 우리가 아까 본성(性)과 생(生)의 개념을 연관시킨 것처럼, 본성의 개념을 선생님의 전공인 동양적 감성론, 사단칠정론 등과 연관시켜서 좀 더 이야기를 전개해주시죠.

김시천　성이라는 개념 자체가 형이상학적인 테두리가 아니라 경험적인 의미가 많이 들어 있기 때문에 성은 이성이고 정은 감성이라는 단정적 표현은 할 수 없습니다. 전국시대 말기부터 이미 성과 정은 서로 혼용되는 경우가 많았죠. 성과 정에 관련된 최초의 논쟁을 공격적으로 제기했던 맹자마저도 성에 대해서 '정으로 말하면'이라는 표현을 사용할 정도입니다. 정을 가지고 성을 이야기할 정도로 혼용되어 있다는 뜻이죠. 그리고 '재주 才' 자는 바탕이란 뜻이기도 한데, 이런 글자들을 상당히 섞어서 씁니다. 그 뜻을 그대로 번역한다면 성도 본성이라고 번역해야 하고, 정도 본성이라고 번역해야 합니다. 그러니까 이성과 감성이라는 서구적인 이분법을 받아들이면서 성은 본성이고 정은 감성이라고 규정하는 것은 전적으로 잘못된 거죠.

최종덕   저만 해도 성을 연역적 원리(原理)라는 측면에서 이해하곤 했죠. 그 정도로 우리가 서양적 사유구조 안에 있었던 거라고 스스로 반성하게 됩니다. 그리고 성을 정의 토대에서 설명하려 했다는 말씀을 듣고 보니, 인간의 본성이나 인간을 양육한다는 것의 차이가 어디에 있는지를 깨닫게 됩니다.

김시천   양육의 문제를 말씀하시니 순자를 다시 거론하면 좋을 것 같아요. 순자만 하더라도 '정성(情性)'을 말합니다. 그리고 《주역》의 〈계사전〉에는 그런 것들이 상당히 형이상학적인 차원으로 심화되어서 나타나는데, 여기서는 성명지리(性命之理) 같은 표현들을 많이 써요. 실제로 성이라는 것을 규정하기 위해 형이상학적인 개념들이 어느 정도 개입된 것도 사실입니다. 하지만 천하와 같은 자연 범주 말고 주로 인간에 관련된 진술들에는 경험적으로 접근해왔고, 정을 통해 성을 설명하는 방식이 주류를 이루게 되었죠. 그래서 성과 정의 구분이 모호하다는 겁니다. 성정이라는 말은 유가에서도 2,000년 동안이나 사용되어왔습니다. 특히 성정을 바탕으로 인간을 파악하려고 했던 대표적인 사람이 이제마라고 할 수 있습니다. 이제마의 사상의학에서 중심이 되는 것은 성정을 기준으로 한 분류라고 할 수 있어요. 사상의 분류는 아주 중요한 의미를 갖고 있죠. 일단 사상의학은 이성과 감성의 분리라는 도식을 완전히 배제하고 출발해요. 정이라는 개념 자체가 중요하다는 거죠. 제 연구논문을 통해서 밝히기도 했지만, 정 개념을 설정해야만 비로소 기 개념이 설정될 수 있습니다. 특히 한의학에서 그래요. 이런 부분들은 서양적인 사유구조에서 본다면 진리판단의 최대 약점이면서 동시에 존재론적 철학의 부재라고 할 정도입니다. 과학적 실재와도 거리가 먼 사고방식이죠. 하지만 살아 있는 생체, 살아숨쉬고, 말하고, 행동하는 인간을 대상으로 한 학문이라는 점에서 동양철학의 본체론 또는 사상의학의 성정론 등을 그것이 서구 근대 과학의 패러다임에 부합하지 않는다는 이유로 비과학적이라고 규정하는 일은 일방적인 횡포라고 생각합니다.

최종덕　동양적 사유구조의 하나라고 할 수 있는 성정의 문제를 이렇게 설명해주시니 이제 인간의 본성을 파악하는 방법론을 깨닫게 된 것 같습니다. 진화생물학 등의 현대 과학은 죽은 대상이 아니라 살아 있는 존재, 특히 인간에 대해서 말해야 할 과제를 안고 있습니다. 그렇게 살아 있는 인간을 한 마디로 정의할 수 있다면 그 순간에 과학은 승리를 부르짖을 수 있겠지만, 그런 환상은 오히려 인간 지성의 오만일 수 있죠.

김시천　과학적 주장을 전개하기 위해 무수히 많은 증거를 수집하고 분류하고 종합해서 이론을 도출하는 방식에서는 객관적인 탐구 태도의 중요성을 강조하곤 했죠. 그런 연구 태도에서 한때 소위 가치중립성이라는 구호가 가장 큰 연구거리였다고 들었어요.

최종덕　예, 맞습니다. 하지만 지금은 과학사회학 연구가 진척되면서 가치중립성은 추상적인 이론이라는 생각이 더 주류를 이루고 있죠.

김시천　예, 저도 과학적 사실이 윤리적 사회가치와 무관할 수 없다고 생각합니다. 조금 넓게 말하자면 시대의 사회적 지평선 위에서 사실을 바라보는 시야가 만들어진다는 거죠. 예를 들어 똑같은 인간 본성을 바라보면서도 법가와 맹자는 다른 지평선의 시야를 갖습니다. 법가는 인간을 '어떻게 하면 사회에 적응시키고 자신들의 구미에 맞는 인간으로 개조시킬 것인가?'라는 조작적 관점에서 보지만, 맹자는 '어떻게 하면 이 한 사람이 자신의 따뜻한 본성을 만개할 수 있을까?'라는 관점에서 보고 있는 듯해요. 저는 진화론이 얼마나 과학적이냐 아니냐의 차원보다는 진화론이 삶을 살아가는 개개인들에게 어떤 자양분, 어떤 지혜를 줄 수 있는가에 관심이 더 많아요. 저는 과학자가 아니라 철학자이기 때문이죠. 제가 이런 말을 하면 과학자들은 과학의 가치중립성이라는 것을 모르고 하는 말이라고 비난하겠지만요. 쉽게 말해서 과학도 인간이 원하는 세상의 방향과 어우러져야 한다는 겁니다. 만약 과학자들이 이런 소박한 생각을 간단히 거절한다면 앞으로 무시무시하게 발전할 과학의 성과를 인류사회는 윤리적으로 감당할 수 없을 거라고 봅니다.

최종덕　전적으로 동감입니다. 과학 중에서도 특히 진화생물학은 인간을 다루는 연구영역이 상대적으로 많기 때문에 사회적 가치 또는 과학자 개인의 가치관에 따라 영향을 받을 수 있다고 봐요. 예를 들어 기독교의 창조론을 수호하는 사람에게 고생물학적 화석 연구나 지질학 연구를 기대하기란 어렵겠죠. 평소 인간을 경쟁과 권력구조로 보는 습관에 갇혀 있다면 그에게서 진화생물학의 이타주의 논점을 진정으로 기대하기가 어려울 거예요. 나아가 과학의 성과는 계속 진행되는 것이니까 한때의 시대적 이념으로 새로운 과학을 규정할 필요는 없을 겁니다. 예를 들어 진화론은 다윈의 《종의 기원》에서 시작하지만, 다윈이 생각했던 초기의 진화론만이 진화론의 전부는 아니죠.《종의 기원》은 도그마를 실은 경전이 아니니까요. 진화론은 지금도 발전해가고 있고, 다양한 해석들이 등장하고 있기 때문에 진화론을 특정한 시각으로만 해석하는 것은 무리라고 생각합니다. 예를 들어서 요즘 진화심리학이 전 세계적으로 유행하고 있는데, 진화심리학은 기본적으로 진화론의 여러 가지 이론 중에서 적응주의 진화론을 채택하고 있죠. 물론 그 적응주의 진화론이 현재로서는 주류적 해석이라고 평가받고 있어요. 그렇지만 적응주의만으로 진화론을 모두 설명할 수 있는 것은 아니란 말입니다. 진화론도 굉장히 다양하기 때문에 특정한 해석만으로 사회나 문화를 단숨에 설명하려는 시도들을 경계해야 된다고 생각합니다. 또 하나의 생물학적 제국주의의 씨앗을 조금이라도 틔우면 안 되니까요.

3

다윈, 진화론, 한국 사회를 말하다

최종덕 앞에서 본성 문제를 주제로 진화론에서 말하는 본성과 동양 철학에서 말하는 본성에 대해서 이야기했습니다. 나름대로 구체적인 사례를 통해서 이야기하려 했지만, 아무래도 선생님이나 저나 철학 전공자인 만큼 추상적인 이야기도 많이 나온 것 같습니다. 그래서 독자들이 어렵다고 느끼실 수 있는 부분들이 있을 거라고 생각해요. 그렇지만 다윈을 이야기하려면 형이상학과 대척점에 있는 변화의 철학을 반드시 이야기해야 하기 때문에 최소한의 철학적 사유를 피하기 어려웠던 것 같습니다. 그동안 우리의 대담은 동양적 사유구조와 진화론적 사유구조가 어떻게 대화할 수 있는지 조금씩 진단하는 과정이었다고 생각합니다. 감정의 발현논리를 통해 본성 문제가 재구성될 수 있다는 생각들, 불변성의 본성이라는 것이 실제로는 진화론에서는 물론이고 동양철학에서도 무의미하다는 이야기 등을 나눴습니다. 본질이 무엇인지에 대해 많이 이야기했지만, 아마 동양의 음양사상은 본질론이 무너지는 대표적인 철학적 사유구조일 거예요. 음양은 서양의 +극과 -극, 또는 지구 방위로서 남극과 북극의 차원이 아닐 것입니다. 음과 양이라는 개연적 성질은 파악되지만, 그것이 본질적으로 주어진 성질은 아니기 때문에 규정적일 수 없는 거죠. 상황에 따라서 음이 양이 될 수도 있고, 양이 음으로 변할 수도 있으니까요. 그래서 음과 양의 본질을 따지는 것이 아니라 음과 양이라는 성질들의 변환 과정을 관찰하는 것이 더 중요합니다. 동양적인 음양 개념이 서양의 본질론에서 다뤄질 수 없듯이, 진화론적 사유구조 역시 기존 형이상학적인 전통에서 다루기에는 어렵다는 뜻입니다. 지금까지 우리가 진행한 이야기를 음양의 사례로 정리한 것입니다만, 이 분야에 대해서 선생님께서 하고 싶은 이야기가 있으실 텐데, 음양 개념을 사례 삼아 이야기를 더 확장시켜나가기로 하죠.

김시천　음양의 경우 영어로 번역될 때 'yin and yang'이라고 음역을 합니다. 뜻에 맞춰 번역하기가 어려우니까 그럴 테죠. 그만큼 서구 근대철학의 관점에서는 상당히 이해하기 어려운 개념일 텐데, 음양처럼 번역할 때 동양이나 서양의 개념이 일치하지 않음으로써 생기는 오해가 상당히 많은 것 같아요. 제 전공 분야이기도 한 노자의 해석학 발표에서 생긴 경우를 예로 들어볼게요. 2007년에 한국여성철학회에서 도가와 노자하고 페미니즘 사상과의 관계에 대해서 발표해달라는 의뢰를 받았습니다. 그래서 이미 발표된 관련 연구논문들을 찾아보니 공통점이 있더군요. 노자를 페미니즘으로 규정하고 서술한 거예요. 도가사상은 '양'을 강조하는 유가에 비해서 '음'을 강조하고 있어서 노자사상은 기본적으로 페미니즘에 대해 친화적이라는 내용 일색이었죠. 그런데 저는 《노자도덕경》을 읽으면서 노자가 특별나게 페미니즘 친화적이라는 생각을 해본 적이 없었어요. 노자 당시에는 생식숭배가 일반적인 문화여서 기층 남녀의 관계가 매우 자유로웠다고 할 수 있어요. 그런 문화현상은 당시의 일반적인 상황이었지, 노자만의 특별한 사유체계가 아니라는 거죠. 고대 중국 민속학이나 신화학에 등장하는 생식숭배나 생산력 숭배 등의 서술을 고려한다면 이런 현상이 전 세계적으로 보편적인 고대 종교의 문화적인 유산임을 알게 됩니다. 그런 문화적 보편성으로 해석되어야 할 부분을 노자에 덧씌워서 해석하다 보니 노자와 페미니즘이 친화적인 것처럼 보이는 거죠. 역사적 상황들을 제대로 못 본 결과예요. 선생님께서도 잘 아시는 조지프 니덤(Joseph Needham)은 첫 번째 책부터 왕링(王鈴)이라는 여류학자와 공동작업을 했죠. 그 책에는 페미니즘과 관련해서 상당히 격앙된 표현으로 유가의 남성중심주의를 비판하는 부분들이 있습니다. 상대적으로 노자를 통해서 새로운 부분들, 즉 페미니즘 유형의 대안을 긍정적으로 모색하는 논조가 강하게 배어 있더군요. 그 부분은 조지프 니덤의 서술이라기보다는 왕링이 주도적으로 썼던 게 아닌가 추측합니다. 그 이후에 노자사상과 페미니즘의 관계를 강화하려고 했던 논술들은 거의 다 고대 문헌이나 《노자도덕경》이나 그 주석서들에 근거한 것이 아니라 니덤과 왕링의 저술에서 시작된 것이더군요. 노자와 페미니즘 사이, 그 연결고리의 역사는 60년 정도밖에 안 됐다는 이야기죠. 전통사상에 근거를 두었다거나 전통사상에서 시작되었다고 알고 있는 것들 대부분이 사실 20세기 이후 주도됐던 내용들로 채워졌다는 점을 잘 기억해야 할 거예요.

최종덕 중국 과학문명사의 대가인 조지프 니덤의 이야기를 사례로 들었는데, 조지프 니덤은 중국의 도가사상이 현대의 과학적인 사유와 접점이 가능하다는 걸 강조합니다. 나아가 권력중심적인 유가와 달리

도가는 상대적으로 권력수평적이고 페미니즘의 요소를 갖고 있다는 말을 하죠. 그런 니덤의 해석조차도 사실은 원전에 의한 게 아니라는 말씀인가요?

김시천 니덤의 해석은 원전에 나름대로는 충실했다고 봅니다. 다만 그 해석이 지나치거나 오역한 개념들이 있었고, 후대 학자들이 그런 해석에 전적으로 의존했다는 점이 문제라는 거죠. 예를 들면《노자도덕경》에는 '곡신불사(谷神不死)'라는 말이 나오는 아주 유명한 장이 있어요. 이 말을 번역할 때 보통 곡신을 다음 어구인 시위현빈(是謂玄牝)을 대구로 봅니다. '검을 玄' 자에 '암컷 牝'을 쓰는데, 그것을 서양어로 번역한 텍스트를 보면 'mysterious female'이라고 번역하거나 'mysterious feminity'라고 번역해요. 이때 'feminity'에서 'ty'만 빼고 'sm'을 붙이면 페미니즘이 되는 거죠. 그런데 현빈이란 제사에 바쳐지는 암컷 제물이거든요. 그러니까 오늘날 현빈을 여성주의라고까지 확대해석한 것이 얼마나 왜곡된 것인지를 알 수 있어요. 생식력과 관련된 제사의 암소, 다산의 상징으로 바쳐진 암소를 수사적으로 사용한 문장이었지만, 서구 언어로 번역된 말을 본다면 그 자체가 마치 여성성 또는 여성주의 철학을 상징적으로 옮겨놓은 것처럼 읽힐 소지가 분명 있긴 합니다. 그런데 실제로 한문 원전을 읽는 사람에게조차도 그와 같은 압력이 주어진다는 것은 해석의 자율성을 상당히 무력화시키는 거죠. 달리 말하면 해석이 그다지 자유롭지 못하다, 철학의 굴레 안에서 해석이 되는 경향이 크다는 것입니다. 철학이란 당대의 사회문화적 상황을 대신 말하는 겁니다. 발언자가 처해 있는 사회정치적, 학문적인 상황 속에서 발언할 수밖에 없다는 거죠. 음양 개념도 역사 속에서 같은 과정을 거쳤습니다. 음과 양이라는 것이 본래 햇빛이 비칠 때 밝은 부분과 어두운 부분이라는 경험주의적 개념이었죠. 그런데 음양론이 주로 활용하는 것은 추연(騶衍)과 같은 독특한 방사(方士) 유형의 사람들입니다. 방사란 전국시대에서 후한시대에 걸쳐 역사에 본격적으로 등장해요. 일기예보나 농사 절기에 따른 농사법, 천문지리 등 과학과 양생 등에 밝은 전문가 그룹이었다고 생각하면 됩니다. 이 사람들은 오늘날 자연철학자로 알려져 있는데, 추연 같은 경우는 당시에도 상당히 대접받는 지위였습니다. 추연이 방문하면 그 지역의 제후들이 몇십 리 길을 마중 나가 환대할 정도로 영향력이 컸죠. 추연이 제안했던 학설 중에 오덕종시설(五德終始說)이 있어요. 여기서 덕이란 '선행'이라기보다는 '주권'에 더 가깝습니다. 즉 온 천하를 다스릴 수 있는 주권이 하늘에서 내려온 명령에 의한 것이 아니라 자연세계에 내재되어 있는 도의 움직임에 달려 있다는 거죠. 도의 움직임이란 목·화·토·금·수라는 다섯 개의 커다란 힘의 상징들이 순환한다는 것이고, 따라서 순환하는 힘의 어느 부분이 지금 어디에 해당되는지를 파악하는 것이 학설의 핵심입니다. 도의 흐름에 맞춰 정치질서를 조절하고 그에 따라 제도를 만드는 등, 도의 운동을 파악하는 이가 실제로 주권을 가질 수 있다는 학설이었습니다. 달리 말하면 왕의 혈족이 아닌 사람도 천하를 다스리는 지배자가 될 수 있다는 정치이론이었죠.

최종덕 방사라면 자연의 힘을 잘 조절하거나 예측할 수 있는 사람들이겠네요. 나아가 그런 능력이 사회적 상황과도 연결되어야 하지 않았겠어요? 도의 사회적 관찰을 시도했다는 점에서 정치적 의미를 파악했던 도사나 방사 모두 밀접한 관계를 갖겠군요.

진화론적 시간관, 동아시아의 시간관

김시천 그런 성격이 있지만, 방사는 오늘날로 따지면 과학기술자 역할을 했죠. 당대의 방사들은 주술사적인 성격도 있고, 과학자적인 성격도 있어서 현대 학자들은 방사를 'technician'이라고 번역을 많이 합니다. 그러니까 특정 분야에 전문적인 지식을 가진 사람들이죠. 인문사회과학적인 차원도 있을 수 있고요. 대체로 방사라고 하면 많은 분들이 연금술이나 연단술 쪽 사람들과 연관시키는데, 그쪽 사람들이 유명하기 때문에 그런 거죠. 예를 들면《황제내경》을 편찬했던 사람들도 당시에는 방사라고 했는데, 오늘날의 의사나 의과학자에 해당되는 사람들이죠. 그렇지만 오늘날의 지식 분류의 관점으로 고대 문헌을 읽는다면 당대의 지식인이 차지하고 있었던 지위를 올바르게 파악할 수 없게 됩니다. 과학기술자 같은 당대의 지식인들은 정치권력과 무관하게 과학지식만 공부할 수 있었던 게 아니거든요. 예를 들어 오늘날은 학회에서 연구자가 자기 생각을 정리해서 연구논문을 발표하고 토론이나 반박 등을 통해 지식의 엄정성을 확보하려고 하죠. 하지만 고대사회에서 지식이나 지식을 담은 책은 황제의 재가를 받아야만 유통할 수 있었어요. 그러지 않은 지식과 학문은 일반적으로 유통되기가 상당히 힘들었죠. 이런 환경들을 고려하고서 고대 문헌을 읽는 게 마땅합니다.

최종덕 선생님의 해석학적 입장을 잘 보여주는 사례라고 생각됩니다. 아니, 누구에게든 그것이 학문을 하는 기본적인 태도가 되어야 한다고 생각해요. 자기의 입장에서만 상대를 보는 것은 상대를 이해하는 것이 아니라 자기 생각을 고집하는 것에 지나지 않을 겁니다. 진화생물학의 첨예한 논점 중 하나가 사회생물학인데, 사회생물학의 핵심은 생물세계를 바라보는 입장을 그대로 인간의 사회에 적용하려는 독단의 고집이죠. 저는 개인적으로 생물 자연계가 인간 문화계의 원천이 될 수 있다는 입장이지만, 그렇다고 생물계를 그대로 인간사회에 적용할 수는 없다고 생각해요. 이런 점에서 저는 고대 중국의 방사들의 역할은 자연계와 인간사회를 연결하는 중요한 역사적 고리라고 생각합니다만……

김시천 좋은 비유군요. 당시 이야기를 더 해볼까요? 음양오행론이 발전하는 과정에서 방사 계통 지식인들의 풍부한 경험적이고 과학적인 내용들이 이른바 황로학이라는 학문체계를 형성하게 됩니다. 그러다가 한나라 무제를 거치면서 황로학 문헌들에 대한 개정 작업도 이루어지게 됩니다. 많은 자료들이 모이면서 지식의 정치화가 생기게 되죠. 한나라 때 치열하게 학술토론을 했던 백호관 회의를 여는데, 거기서 나온 논의의 성과를 모은 게 《백호통의(白虎通義)》입니다. 그 책에서 '양은 남자고 음은 여자다, 양은 선이고 음은 악이다.'라는 표현이 등장합니다. 이것은 과학적인 담론을 통해 체계화된 자연의 지식이 점점 사회화되는 과정이죠. 오늘날로 따지면 과학자의 지식이 위정자의 정치적 이데올로기와 아주 강하게 결합하는 과정이라고 할 수 있어요. 남자는 양이고 여자는 음이라는 생각이 선진 유가사회에서 아예 없었던 것은 아니지만, 이처럼 음양론 등 고대 사유체계들은 오늘날 우리가 일반적으로 이해하고 있는 것에서 조금씩 수정되어야 한다고 생각해요.

최종덕 도가사상을 역사적 고려 없이 페미니즘과 연결해서 페미니즘을 옹호하는 사상으로 일반인에게 수용된 것이 실은 일종의 선입관이고, 그런 선입관조차 20세기에 들어와서 생긴 것이라는 지적은 엄정한 학문을 하는 학자에게 중요한 공부법이라고 봅니다. 그렇지만 여전히 도가는 유가와 일정 정도의 역사적, 나아가 사상적 차이를 보이고 있지 않습니까? 유가에 대한 반작용으로서 반권력적인 성격이 없다고는 할 수 없을 텐데요?

김시천 그 문제는 새로운 문헌이 발굴되면서 사라진 논쟁이 되어버렸어요. 《노자도덕경》이라는 텍스트는 두 번에 걸쳐서 발굴됐는데, 먼저 1973년 마왕두이 한묘(馬王堆漢墓)에서 비단에 쓰인 《노자덕도경》이 발견되었죠. 거기에는 오늘날 우리가 발견할 수 있는 반유가적인, 예를 들면 절성기지(絶聖棄智) 같은 내용들이 들어 있습니다. 그런데 1993년 궈디엔(郭店)에서 죽간에 쓰인 《노자도덕경》이 다시 발굴되었습니다. 오늘날 《노자도덕경》의 2/5 정도 되는 분량입니다. 그런데 궈디엔본에는 절성기지가 절지기변(絶智棄辯)이라고 되어 있습니다. 그러니까 '알 知' 자에 '말 잘할 辯' 자로 되어 있는 거죠. 교묘한 언변이나 술수의 지식을 배제하는 것이야말로 올바른 통치술이라는 뜻으로, 《노자도덕경》과는 조금 다른 것입니다. 《노자도덕경》이 애초부터 반유가적인 성향이 있는 것이 아니라, 후대 들어 《노자도덕경》이라는 책이 개정되고 편집되는 과정에서 반유가적인 성격이 강화되었다고 볼 수 있는 거죠. 사실 이 부분에 대해서는 여러 가지 설명이 있을 수 있어요. 현재 뉴욕 주립대학에 있는 철학의 김홍경 교수는 아주 독특한 논제를 제시했었습니다. 현재의 《노자도덕경》이 진나라 때 반유가적 지식인 그룹에서 개정된 작품이라는 거죠. 제나라 등에서 형성된 고대 텍스트들은 추적하는 과정이 상대적으로 쉽습니다. 하지만 《노자도덕경》이나 《장자》 같은 텍스트가 어떻게 형성되었는지를 추정하기는 상당히 어려워요. 진나라 때 거론된 고대 텍스트들이 생산된 배경에 대한 자료들이 거의 사라졌거든요. 항우가 궁을 불태

위 많은 전적들이 소멸되었기 때문이기도 하겠지만, 정치적인 이유도 있을 것 같아요. 진시황의 아버지로 추정되는 여불위는 진나라의 재상을 지냈던 사람이죠. 여불위도 상당히 많은 식객을 거느리고 있었는데, 그 식객 가운데 한 문객이 《노자도덕경》 편찬에 상당히 구체적으로 관여했다고 추정합니다. 진나라에도 유학자 계열의 학자들이 있었고, 법가 계열의 학자들도 있었고, 묵가 계열의 학자들도 있었습니다. 《노자도덕경》에 나오는 '불상현(不尙賢)'이라는 구절은 《묵자》에 나오는 〈상현〉편을 반박하는 부분인데, 그런 것들을 볼 때 《노자도덕경》 텍스트는 아마도 진나라 학계에서 묵가나 유가를 강하게 배척했던 지식인들의 입장을 대변한 것으로 편찬되었을 것으로 추정한다는 '《노자도덕경》 진 제작설'을 바로 김홍경 교수가 제안한 것입니다. 저는 여러 가지 정황으로 볼 때 그와 같은 추정이 상당히 구체적이고 설득력이 있다고 생각해요. 이런 사실들을 생각하면 더 이상 고대인의 사유를 현대인의 관점에서 보지 말고, 가능한 범위에서 그들의 시각으로 보도록 노력해야 한다는 겁니다. 그래서 앞서 선생님이 말씀하신 대로 사회생물학도 자연계는 최대한 자연의 시각에서, 문화 계통은 최대한 문화의 시각에서 보는 일이 중요한 첫걸음이라고 생각합니다. 상대를 나의 시각이 아닌 상대의 시각으로 바라보는 일에서부터 상대와 내가 만날 수 있겠죠.

최종덕 좋습니다. 아주 새로운 각도에서 동양학을 설명해주셨습니다. 동양철학을 이야기하면서도 사회생물학의 문제까지 바라보는 관점을 제공해주시는군요. 이렇게 우리가 동양철학과 진화론적인 사유 방식이 서로 대화할 수 있는 측면들이 다양하다는 이야기를 해왔는데, 가장 두드러진 것은 '신(神)'이라는 개념이죠. 즉 동양철학에는 기독교적처럼 절대인격을 가진 신의 존재가 아예 없으니까요. 유가나 도가가 그렇고, 불가도 마찬가지고요. 그런 점에서 많은 사람들이 동양사상과 진화론이 서로 대화할 수 있는 가장 중요한 지점이라고 이야기하고 있죠. 그리고 이 세계가 언제 만들어졌는가 하는 질문일 거예요. 천체물리학에서는 140억 년 전 정도로 추정되는 빅뱅을 우주의 시작점으로 보고, 지구는 50억 년 전에 만들어졌고, 대략 40억 년 전부터 생명체의 씨앗이 생기기 시작했다는 지구 탄생의 역사를 말합니다. 물론 관련 전문 연구자마다 차이가 있지만요. 38억 년 전부터 오늘에까지 이어온 생명의 진화는 인간을 포함한 다양한 생명 생태계를 만들어냈죠. 이렇게 특정 시점이 아니라 장구한 우주적 시간에서 이 세상의 역사를 바라본다는 측면에서 서양의 기독교적인 세계관과 대비됩니다. 엄밀한 논리적 추론은 아니겠지만, 그런 추정을 역설적으로 볼 수 있다면 진화론적인 시간관과 동양적인 시간관이 서로 대화할 수 있다는 생각이 듭니다.

김시천 동아시아 세계관의 가장 큰 특징은 《주역》이라는 문헌의 위상에서부터 찾아진다고 할 수 있어요. 《종의 기원》이 서문에서부터 '변화'의 주제를 강조했듯이, 《주역》은 '모든 것은 변화한다'는 세계관이 가장 일차적인 전제였습니다. 달리 말하면 《주역》은 탈실체적인 사고를 밑바닥에 깔고 있는 거죠. 예를 들면 다윈이 《종의 기원》을 쓰면서 변이를 통한 새로운 생명종의 탄생을 말하는 진화 개념을 안착시켰죠. 그런데 동양학에서는 변이에 의한 변종 개념 같은 것들을 받아들이는 데 전혀 문제가 없어요. 왜냐하면 인간이라는 개념 자체가 형이상학적인 실체로 정의되어 있지 않기 때문이죠. 앞서 상징적 사례로서 둔갑술과 같은 변신에 대해서 이야기했듯이, 결국 변신은 다른 존재에 대한 연결적 공존 가능성이 상당히 열려 있는 것으로 보여요.

현대인을 위한 진화론 이야기

최종덕   동양적 사유구조와 진화론적 사유구조의 대화 가능성에 대해서 충분히 이야기했습니다. 우리가 진화론을 논의한 이유는 현대 생물학을 배우려는 게 아니라 그 사유구조의 인문학적 접근법을 찾는데 있을 거예요. 우리 인문학자들이 인문학에서 어떻게 진화론을 수용할 수 있을지의 문제가 바로 궁극적인 방향이겠죠. 진화론은 단순히 개별 자연과학으로 그치는 것이 아니라 오랜 문자의 역사에 획기적인 전환점을 가져다준 혁명적 사유구조를 체계화한 것이죠. 단지 전문 생명과학의 범주만은 아니라는 뜻입니다. 그만큼 우리는 진화론을 좀 더 다양하고 폭넓은 각도에서 해석해야 할 겁니다. 특히 진화론은 서양의 과학이지만 짧은 시간 내에 일본 및 중국과 조선에 소개되면서 당시 물리학과 화학, 나아가 지리학이나 여타의 개별 과학 이상으로 동아시아 사회에 매우 신속하게 흡수되었죠. 이렇게 빠른 수용은 미국이 허버트 스펜서의 사회다윈주의를 매우 빠르게 수용한 과정과 비슷하고, 그 속도도 비슷한 편입니다. 그렇게 된 배후에는 여러 가지 사회문화적 측면이 있다는 생각을 할 수밖에 없어요. 그래서 이제 21세기 한국 사회에서 진화론을 어떻게 새롭게 받아들일 수 있을까라는 총론적인 이야기로 접근해야 할 것 같습니다. 여러 가지 제안들이 나올 수 있겠죠.

김시천   앞서 토론했던 사회생물학 이야기, 그리고 저 개인적으로는 별로 거론하고 싶지 않지만, 창조론과 진화론을 마치 대립적인 논점인 것처럼 끌고 가는 사회적인 현상들에 대해서도 이야기를 나눠야겠죠. 그리고 다른 개별 과학 이상으로 요즘 한국에서도 엄청난 속도로 서양의 진화론 관련 서적들이 번역되고 있잖아요. 이렇게 진화생물학 관련 교양 도서가 아주 빠르게 대중에게 소개되는 우리 현실을 어떻게 설명할 수 있을 것인지 등 한국 사회에서 진화론을 보는 관점을 이야기해야 할 것 같습니다.

최종덕　제일 먼저 도대체 믿음이란 무엇인가 하는 이야기를 해보고자 합니다. 믿음의 심리학을 말하기 위해서 적응이 무엇인지 다시 살펴볼 필요가 있어요. 진화론에는 여러 가지 이론들이 있지만, 에드워드 윌슨이나 리처드 도킨스가 해석했듯이 현재의 진화론적 소산물은 적응된 결과라는 적응주의 진화론이 거의 지배적인 듯해요. 그런 적응주의 진화론으로 진화심리학을 설명하고 사회생물학도 설명한단 말이죠. 그런데 저는 이런 적응주의 진화론이 과연 진화론의 전부인가에 대한 의구심을 던지는 것입니다. 쉽지 않은 이야기지만 한국의 미래사회를 만들어가는 중요한 논점이라고 봅니다. 종교의 예를 들어볼까요? 왜 유독 한국 사회와 미국 사회에서 그렇게 종교에 대해서 열광하는지를 연구하는 일은 한국 사회를 진단하는 중요한 척도일 수 있죠. 우리의 논의는 한국의 종교 현상을 언급할 수 있을 정도로 구체적이어야 한다는 뜻입니다. 또한 진화론을 대하는 사회적 태도가 종교 문제에 여실히 반영되는 이유이기도 하고요.

김시천　유교라고도 하고 유학이라고도 하고, 도교라고도 하고 도가라고도 하고, 불학이라고도 하고 불교라고도 할 정도로, 사실 동아시아 전통에서는 종교와 철학의 구분이 없습니다. 종교나 철학이라는 용어 자체가 없었고, 그런 구분이 희미했죠. 그렇다고 해서 내용적인 차이나 이념적인 차이들에 대한 구분이 없었다는 말은 아니에요. 제일 중요한 점은 동아시아 사회에서 황제의 권력이나 왕권으로 통제할 수 없을 만큼 세력이 커지지만 않는다면 어떤 종교나 철학이든 충분히 살아남을 수 있었다는 거예요. 오늘의 한국 사회는 더욱더 독특한 문화를 갖고 있죠. 뉴스에서 자주 보았듯이, 한국 사회에서는 사회적으로 큰 현안이 생길 때마다 대통령이 여러 종파의 종교 지도자들을 초빙해서 조언을 듣죠. 한국 사회에서 종교다원주의는 기독교계에서만 파란을 일으키는 것 같습니다. 그러나 실제로 한국 사회를 살아가는 개개인의 입장에서 종교분쟁 같은 심각한 문제는 없다고 봅니다. 물론 앞으로 어떻게 될지는 모르죠.

최종덕 10여 년 전쯤인가, 통계청에서 발표한 자료 중에 한국 사회에서 개별 종교단체들의 종교인 수를 통계 낸 것이 있었어요. 문화관광부에 신고된 모든 종교단체의 종교인 수를 더했더니 우리나라 전체 인구보다 더 많았다는 아주 재미있는 통계를 봤습니다. 대한민국은 종교의 천국이라고 말할 수 있을 거예요. 다행히도 아직은 다종교의 공존이 이루어지고 있죠.

김시천 초등학교, 중학교 다닐 때 학교에서 가정환경조사서를 써오라는데, 그 안에는 종교란이 있더군요. 제가 교회에 나가기 전까지만 하더라도 뭐라고 써야 되는지 아버님께 여쭤봤어요. "음, 그럼 유교라고 써라." 그래서 유교라고 썼다가 나중에 교회에 다니기 시작하면서 기독교라고 썼죠. 이런 수준에서 아마 모호하거나 다중적인 종교 소속이 훨씬 더 늘어날 수도 있겠죠.

최종덕 한국에서 종교가 풍성하다는 말은 반대급부의 측면을 가지고 있는 거라고 판단할 수 있어요. 현대를 사는 우리가 그만큼 거대한 문명사회에 대한 불안감을 안고 있고, 그런 불안감을 해소하기 위해 절대자에 대한 믿음을 추구하는 것으로 볼 수도 있다는 말이죠. 사실 한국의 종교들이 가지고 있는 특성들은 대부분 기복종교라는 점이죠. 기복종교라는 것은 내 소원을 해결해주는 강력한 대존재를 전제하잖아요. 그러한 대존재를 믿으려는 태도가 인간의 특성 가운데 하나이기도 하죠. 처음에는 애니미즘의 양식으로 출발했다고 하더라도 오늘날의 거대 종교가 된 배경에는 그런 심리적 믿음이 매우 중요한 요소가 될 거예요. 무언가를 믿으려는 우리의 태도를 진화심리학에서는 다양하게 해석할 수 있습니다. 진화심리학에서는 믿는 행위 자체가 불안이나 두려움을 극복할 수 있는 정서적 표현형으로 적응된 결과라고 말하기도 합니다. 그렇지만 그것만으로는 왜 한국인이 더 종교적인가라는 물음에 답할 수 없거든요. 그렇게 모든 것을 적응주의로 설명하려는 태도는 좀 지나치다고 생각합니다. 앞서 고대의 사유구조를 현대의 시각에서 바라보기 때문에 생긴 편견들에 대해 선생님이 많은 지적을 해주셨습니다. 그런 편견들을 하나의 용어로 표현하자면 '시점 편차의 오류'라고 하고 싶습니다. 물론 제가 만든 용어이지만요.  적응주의 논의도 마찬가지예요. 인간의 감정과 관련해서 현대 시점에서 적응적인 요소들, 즉 사랑이나 미움, 믿음이나 시기심 등의 감정을 간단하게 적응의 결과로 간주하는 것은 '시점 편차의 오류'에 해당한다고 저는 강조합니다. 오늘날 현대인의 관점에서 적응적이라고 판단되는 사랑이나 미움의 감정이 반드시 원시인류에서부터 적응된 소산물이 아닐 수 있거나, 아니면 아예 아니라는 거죠. 진화생물학에서는 이를 '적응적(adaptive)'과 '적응(adaptation)' 사이의 차이가 있다고 하는데, 이것이 바로 선생님이 말씀하신 오판의 지적입니다. 저는 이를 '시점 편차의 오류'라고 이름 붙였을 뿐이고요.

김시천 매우 흥미로운 연결고리군요. 사유구조의 측면을 비교하는 일이 왜 중요한지 알겠어요. 종교와 철학의 관계도 그럴 겁니다. 신에 관한 개념에서 동양과 서양의 차이, 진화과학과 종교의 차이를 무시한 채 혼동하는 경우가 그 사례입니다. 상대 종교를 종교의 시각에서 바라보고, 상대 진화과학을 과학의 시각에서 바라본다면 아마 진화론과 창조론의 갈등은 없어질 겁니다. 고대 동아시아 사유구조의 문제를 당대 고대인의 시각에서 바라볼 때 문제의 실마리가 풀린다는 말과 비슷합니다.

최종덕 예, 그래요. 일반적으로 진화론과 종교의 관계를 말할 경우, 진화론에서는 절대불변의 존재를 설정할 수 없기 때문에 종교와 상충되는 면이 있다는 거죠. 특히 인격신을 토대로 한 기독교와는 상반된 측면들이 두드러지게 나타나잖아요. 그래서 동양적 사유는 절대존재를 설정하지 않기 때문에 오히려 진화론과 같은 구조를 가질 수 있다고 말한 겁니다.

김시천 동아시아적 사유가 절대적이며 초월적인 신을 상정하지 않았기 때문에 진화론을 수용하는 데 밑바탕이 될 수 있다는 언명은 대체로 틀린 것은 아니지만 매우 모호한 판단입니다. 유가의 형이상학이나 존재론, 또는 변화의 철학을 공유하고 있는 사람들은 문자 해독 계층이었어요. 문자에 접근할 수 없었던 기층민의 경우 기복적이든 아니든 관계없이 절대 권력에 대한 신앙이 어느 지역 어느 역사에서나 발견되는 것 같습니다. 한 사회를 보는 데 있어서도 동양문화라든가 서양문화라는 큰 틀만 가지고 규정한다면 모호해지죠. 한 사회 속에도 다양한 문화층이 공존하고, 각각의 문화층마다 수용자들의 태도가 다를 수 있으니까 동서양이라는 커다란 틀로 일반화시키는 것은 의미가 적지 않나 싶어요. 이렇게 본다면 앞의 논의와 다르게 오늘날의 한국 사회에 종교 간 갈등이 없다고 말할 수 없을 겁니다. 갈등이 있긴 있죠. 예를 들어 종교 방송에서, 불교 전통 문화유적에 대해서, 사찰 입장료 등 각양각색의 갈등이 내재해 있다고 봐요. 단지 이런 것들이 정치적이거나 사회적인 갈등을 일으킬 정도가 아니기 때문에 적어 보일 뿐이지, 어느 사회나 마찬가지로 종교적 갈등 요소들이 있긴 있는 거죠. 다만 사회 전반적인 차원에서 볼 때 그런 것들을 융화할 수 있는 보이지 않는 시스템이 적절히 정착되어왔던 게 아닌가 싶어요. 그 모종의 시스템을 분명하게 해명할 능력은 없지만, 전통 유학사상이 그런 시스템의 하나라는 견해는 상당히 설득력 있는 논리라는 생각이 듭니다.

최종덕 알겠습니다. 지금 우리가 종교 문제를 이야기하는 이유를 좀 더 구체적으로 설명한다면, 기독교의 창조론과 진화생물학이 서로 모순되기 때문에 진화생물학을 절대 수용할 수 없다는 기독교의 강한 입장들도 있다는 것을 잘 아실 겁니다. 전 세계적으로 볼 때 기독교 안에서 진화생물학 자체를 부정하는 극단의 원리주의자는 아주 소수이지만, 문제는 한국 사회와 미국 사회에서는 그들의 수가 상당히 많다는 겁니다. 예를 들어 제가 유럽에서 체류했던 오랜 시간 동안 창조론과 진화론이 서로 논쟁을 벌이는 것을 거의 못 봤습니다. 창조론이란 용어도 사용하지 않고, 그 대신 '성경적 해석(Bible interpretation)'이라고 말하죠. 그런데 미국 사회에서는 창조론 원리주의자들이 행정소송을 걸 정도로 진화론을 제도권 교육에서 가르치는 걸 문제 삼고 있는 형편이죠. 한국도 그런 영향을 받아서 대립된 상황들을 많이 보여주고 있거든요. 저는 이런 현상이 종교와 과학의 문제를 넘어서 우리 역사가 안고 있는 가장 슬픈 일 가운데 하나라고 생각합니다. 한편 종교와 무관하게 진화론에 대한 관심이 늘어나고 있는 것도 사실입니다. 최근 들어 한국 출판계에서는 앞다투어 진화생물학 관련 번역서를 발간하고 있어요.

김시천   그런데 한국에서 발간되는 진화생물학 관련 서적들은 흥미를 유발하는 주제를 담은 책들이 주종을 이루는 것 같더군요. 물론 좋은 책들도 많지만요. 많은 사람에게 팔리는 책들은 통속심리학과 거의 구분이 가지 않을 정도로 생활과 밀접하게 연관된 진화심리학 책들인 듯하더군요. 예를 들어서 제가 최근에 읽었던 책 중 하나는 대학생들에게 설문조사를 한 내용을 해석한 것이었어요. '외모가 뛰어나고 예의바른 이성이 접근해왔다. 처음 본 그 이성과 섹스를 할 생각을 하는가?'라는 설문에 대한 답변이 성별에 따라 큰 차이를 보인다는 겁니다. 여학생들은 거의 대부분 아니라고 대답했다는 거예요. 반면 남자의 경우에 처음부터 생각하지는 않았지만, 좋은 분위기가 형성되면 할 수 있지 않느냐는 질문에서는 상당수 이상이 그렇다고 대답한다는 거예요. 이처럼 인간이라면 누구나 예측할 수 있는 정서들을 구체적인 상황을 곁들임으로써, 흥미로우면서도 상당히 단정적인 결과를 유도한 이야기를 담은 책들이 많다는 거죠. 예를 더 든다면 '남성들이 왜 강간을 하는가'라는 질문을 진화심리학이라는 명분을 통해서 '남자들이 강간을 할 수밖에 없는 이유가 여기에 있다'는 식으로 답변을 유도하고 있다고 저는 느꼈습니다. 그래서 저는 진화론이 역사적으로, 그리고 과학적으로 매우 중요하다고 역설하면서도, 한편으로는 진화심리학이 인간의 감정 문제들을 너무 안이하게 판단해버리는 것이 아닌가라는 의구심을 가지게 되었죠.

최종덕   선생님은 동양철학 전공자이면서도 진화심리학에 대해서 매우 놀라울 정도로 비판적 혜안을 가지신 것 같습니다. 진화심리학은 현재의 감정 형질을 소급해서 어떤 적응환경이라도 짜 맞출 수 있어요. 그런데 저는 그런 일방적 주장들이 앞서 말한 적응주의 진화론의 일방향적 통행법이라고 봅니다. 진화심리학이 형성된 기간은 매우 짧습니다. 1970년대에 시작된 거죠. 진화심리학은 크게 두 가지로 나뉩니다. 하나는 윌슨의 저서에 나타나듯 사회생물학과 동등개념인 진화심리학입니다. 또 다른 부류로 기존의 통속심리학을 진화론적으로 해석한 것을 진화심리학이라고도 합니다. 최근에 유행하는 진화심리학은 후자의 흐름에 있는 과학주의 심리학 이론들이죠. 어쨌든 둘 다 적응주의 진화론을 가정하고 있어요. 적응주의 해석은 매우 설명도 높은 이론입니다만, 그것이 만병통치약은 아니죠. 진화론의 다양한 해석들 중에서 우리에게 잘 알려진 것이 도킨스와 윌슨의 책들일 겁니다. 저는 그런 입장이 마치 진화론 전체의 입장인 양 이야기되고 있다는 점을 조금은 반성해야 한다고 생각해요. 물론 그들의 입장이 주류이긴 하지만요. 그들의 입장은 모든 건 다 적응된 결과라는 거죠. 우리의 형질이나 성격도 적응된 결과이고, 우리의 코가 이렇게 높은 것도, 머리카락 색깔이 검은 것도, 손가락이 다섯 개인 것도 생명진화의 적응 결과라는 거예요. 이렇게 전부 적응주의로 진화론을 설명하는 태도죠. 그런 설명이 부분적으로는 맞긴 하지만, 모든 인간의 형질들을 적응주의의 결과로 설명하는 것은 과도한 해석이에요.

김시천   적응주의 진화론이 현재 주류의 해석이라고 하셨는데, 그렇다면 비판적 해석도 있나요? 일반인이 진화론을 이해할 때 대부분 '선택'과 '적응'이라는 두 가지의 큰 개념으로 접근하잖아요?

최종덕   적응주의로 모든 것을 설명할 수 있는 게 아니라는 적응주의 비판 이론을 전개한 연구자는 스티븐 굴드입니다. 굴드의 비판을 쉽게 설명하자면, 어떤 기계를 돌리는 엔진이 있어요. 엔진을 가동시키

다윈과 철학 가패 진화론적 사유가 동아시아의 사유와 만나다

면 엔진 소리가 크게 나겠죠. 이 상황을 적응주의로 설명한다면 엔진 소리를 엔진의 적응적 소산물로 간주하는 기이한 설명이 나오는 겁니다. 엔진 소리는 엔진을 돌리다 보니까 나오는 부산물(by-products)일 뿐인데, 그것을 적응의 결과라고 해석하는 것은 적응 만능주의라는 거죠. 마찬가지로 인간의 감정과 관련되어 있는 많은 형질들 가운데는 그것이 적응의 결과라기보다는 진화하다가 생긴, 부산물로서의 형질인 경우가 많거든요. 적응주의 논란은 이제 여기서 그치기로 하죠. 선생님의 전공 분야인 동아시아 본성론에 이런 해석을 부연할 수 있을까요?

김시천 맹자가 인간의 본성은 선하다고 한 명제를 예로 들겠습니다. 서구 논리학처럼 그런 명제가 철학적으로 옳으냐 그르냐의 관점에서 보면 그 의미를 제대로 찾을 수 없습니다. 고대 동아시아 사회가 맹자라는 이론적 입장을 선택한 역사적 또는 문화적 배경은 그런 본성론에 대한 철학적 해부가 아니라 당시 사회에 어떤 영향을 줄 수 있는지에 대한 판단이었어요. 중점이 다르죠. 예를 들어 어느 지방관이 있는데, 그가 아들을 혼인시켜 며느리를 들였어요. 그런데 신혼 첫날밤에 시아버님이 돌아가셔서 신혼의 남편이 2년 반 동안 시묘살이를 하고, 또 탈상할 때쯤 시어머님이 돌아가시고, 그 다음에 바로 숙부가 돌아가셨단 말이에요. 그런데도 남편은 계속 시묘살이를 청했고, 너무 오랜 시묘살이에 참지 못한 며느리가 문제를 제기했어요. 당시로서는 무모한 행동이었지만 이 문제는 결국 지방 정부의 손을 떠나 중앙 정부에서 다루게 되었습니다. 아무리 제례가 중요하더라도 누구를 위해 필요한 것인가를 공공연하게 논의하고, 그 집안의 과거 전적들을 살핀 후 매우 실질적인 판결을 내렸다는 것입니다. 이 이야기는 유교사상의 인간 본성 연구는 그것이 적응주의냐 아니면 부적응의 산물이냐

하는 이론적인 범주에서 결론을 내리는 것이 아니라, 실제로 일반인들의 입장에서 도움을 줄 수 있을 것인가 하는 것이죠. 내가 처해 있는 구체적인 상황에 대해서 유학이 얼마나 바람직한 해결책을 제안할 수 있는가? 사회적인 갈등구조가 있다면, 일상 속의 개개인들에게는 그러한 본성론과 같은 지식체계가 갈등구조를 얼마나 풀어줄 수 있는가라는 차원이죠.

최종덕　알겠습니다. 관점이 다르다는 말이군요. 저도 동감합니다. 이제 우리 논의의 폭을 넓히기로 해요. 인간은 자신의 행위에 대해 인정받고 많은 사람에게 호응받기를 원합니다. 서구의 근대 과학혁명 이후 인간 집단은 더욱더 소위 객관적이라는 과학에 의해 자신의 또는 자신이 속한 집단의 이념이 옹호되기를 굉장히 바라고 있죠. 그래서 크게는 인간 집단의 정치적 권력 문제, 작게는 남녀 간의 위계 문제에 있어서 기득권자 또는 남성의 권력을 옹호하는 다양한 사이비 과학이론들이 등장하게 됩니다. 특히 서구에서는 19세기 말 20세기 초에 이런 권력옹호형 사이비 과학들이 많이 등장했어요. 조금이라도 더 많은 권력을 쥔 집단 또는 개인의 현실을 옹호하고 합리화시키기 위해서 과학의 힘을 빌리는 거죠. 서구 과학사를 보면 기꺼이 그런 권력에 부합하는 가짜 과학이 생기는 사례를 쉽게 볼 수 있어요. 앞에서도 여러 번 이야기가 나왔지만, 침팬지의 사례를 다시 들어볼게요. 침팬지가 의외로 상당히 폭력적인 성향을 지닌 영장류라는 게 밝혀진 지 벌써 몇십 년 됐습니다. 이런 관찰 보고서 이후 인간의 전쟁 욕구, 내재된 폭력성 등 인간행동의 기원을 침팬지의 폭력성에 비교하면서 은근히 긍정하는 오도된 해석들이 생긴 겁니다. 이렇게 편향된 해석은 인간의 폭력적 권력을 옹호하는 사이비 과학이 될 수 있어요.

인간과 동물 사이에 차이가 있느냐 없느냐? 있다면 얼마나 있고, 없다면 진짜 똑같은 것인가? 이런 질문들에 대해 많은 지식인들이 관심을 갖고 덤볐지만 누구도 답을 내리지는 못해요. 질문하는 사람들에게 문제가 있다는 게 아니라, 질문하는 대상 자체가 답을 내리기 어려운 존재라는 겁니다. 그게 생명존재의 전형적인 특성일 거예요. 그래서 생명을 다루는 자연과학은 다른 자연과학보다 더 많은 철학적 반성을 요구하게 되는 거고요.

김시천   과학지식사회학의 이야기와도 통하는 것 같은데, 좀 더 구체적인 예가 있다면 이해가 쉬울 것 같아요.

최종덕   어떤 이론을 입증하기 위한 증거들은 그것이 객관적인 경험자료라고 할지라도 수많은 자료들 중에서 어떤 것을 채택하느냐 따라서 상반된 이론이 나올 수도 있죠. 예를 들어 침팬지라고 해서 다 같은 침팬지가 아니에요. 폭력성의 행동유형을 범례화한 침팬지 생태계는 우간다 서쪽지역 밀림이라고 합니다. 제인 구달이 조사한 탄자니아 곰비 국립공원 지역이었습니다. 그쪽 침팬지 집단은 상대적으로 폭력적 성향이 강했죠. 반면 도쿄 대학 인류학과 연구팀의 보고(1980년)에 의하면 아프리카 마할레 산맥 지역의 침팬지들은 상대적으로 온화하다고 합니다. 그리고 같은 영장류이면서 침팬지와 근연관계가 가장 가까운 보노보는 매우 온순하고 부드러운 행동유형을 지니고요.  즉 연구자가 평소에 어떤 이념과 일상의 생각을 갖고 있느냐에 따라 증거자료를 수집하는 유형이 달라지는 겁니다. 거꾸로 어떤 유형의 증거자료를 채택하느냐에 따라 결과가 달라지죠. 곰비 지역 침팬지 대신 마할레 지역 침팬지 집단을 조사한다면 그 결과를 통해 인간의 평화로운 행동유형의 원형으로 해석해서 귀납적 결과가 전혀 다르게 나타날 수 있다는 말입니다. 단적으로 말해서 사이비 과학은 연구자 스스로 또는 외부의 강압에 의해 귀납적 자료를 편협하게 취합한 결과로 볼 수 있어요.

김시천   사례를 들어 설명하시니 쉽게 이해되는군요. 그런 문제는 한국의 출판시장에도 적용될 수 있을 것 같아요. 예를 들면 우리나라에서 《총, 균, 쇠(Guns, Germs and Steel)》, 《문명의 붕괴(Collapse)》라는 책으로 유명한 제러드 다이아몬드(Jared Diamond)의 번역서들이 꽤나 많이 읽힌 것으로 알고 있어요. 저는 《문명의 붕괴》라는 책을 먼저 읽은 후에 《총, 균, 쇠》를 접하게 되었는데, 사실 그 책을 읽다가 중국에 관한 진술 부분에서 책을 덮어버렸어요. 과학저술가로서 그렇게 지명도가 높은 사람의 책이 심하다 싶을 정도로 정치적으로 심한 편견에 사로잡혀 있는 거예요. 그 책에서는 중국이 경제개혁정책을 채택하고 자본주의화되면서 수입이 늘게 되고, 문화적 변화는 먹을거리의 변화를 가져오고, 따라서 육류 소비량이 늘어났다는 거예요. 엄청난 양의 쇠고기 소비는 엄청난 양의 옥수수 사료의 생산을 필요로 하고, 이런 순환은 생태학적으로 불건전한 방식이라는 진단을 내리더군요. 나아가 엄청나게 많은 중국 인구가 쇠고기를 먹어댄다는 것 자체가 위협적이라는 논조였어요. 아무리 생태의 차원에서 그렇게 판단했다고 하더라도 엄청난 환경파괴를 대가로 경제발전을 이룬 서구인이 자신의 잣대를 중국에만 들이대는 것은 한마디로 서구중심적인 불공정한 서술이라는 생각이 들었습니다. 달리 말하면 19세기 말에나 가능했던 표현을 지금도 재생산하고 있다는 말이죠.

최종덕   저도 동의합니다. 바로 그런 점이 우리 지식인이 풀어가야 할 역사적인 과제라고 생각해요. 같은 과학을 수용하는 데도 조선 시대가 다르고 고려 시대가 달랐을 테고, 같은 지식이라도 한국 사회가 받아들이는 자세와 미국 사회가 받아들이는 자세는 다르다고 봅니다. 같은 지식이라도 사람에 따라 편협하게 보거나 자신의 이익에 맞춰 가공하는 경우가 많죠. 예를 들어 나치의 우생학이 그랬고, 노벨의 폭약도 그랬잖아요. 튀코 브라헤(Tycho Brahe)의 지식을 요하네스 케플러(Johannes Kepler)는 행성운동의 법칙을 만드는 지식으로 탈바꿈시키기도 했고요. 고대 중국의 사상에 대한 선생님의 설명을 듣고 보니 지식의 영원한 객관성은 없는 것으로 보입니다. 어떻게 보면 중국 고대 사상에는 현대 과학사회학의 시각과 유사한 측면이 있는 것 같다고 하면 지나칠까요? 과학사회학이라는 말을 사용한 이유는 지식에도 건강한 지식과 사이비 지식이 있을 수 있다는 겁니다. 지식의 문제이기도 하지만 지식의 사용자가 어떻게 가공하느냐 하는 것도 큰 문제겠죠. 우리가 건강한 지식을 지향해야 되는 굉장히 중요한 이유죠. 그렇다고 해서 이 지식은 안 된다거나 저런 지식은 좋다는 판단을 지식인의 주관에 맡겨놓을 수는 없을 거예요. 다양한 지식이 보통 사람들에게 제시되어야겠죠. 지식인의 주관적 판단에 따라 일정한 지식이 우리 사회를 지배하면 그 사회는 결국 획일적인 독단의 사회가 될 테니까요. 그래서 우리는 좀 더 다양한 과학을 도입해야 한다고 생각해요. 한쪽에 편향된 과학을 경계해야 한다는 뜻이죠.

김시천 그런 점에서 저도 동양철학의 지식 지평선을 이야기하고 싶은 부분이 있습니다. 보통은 동양철학에 대해서 자연친화적이라거나 동도서기를 거론하면서 동양철학의 정신적 위상을 강조하곤 하죠. 그런데 저는 동양철학이야말로 인간중심적 지식의 지평선에 있다고 생각합니다. 예를 들어 동물에 대한 관찰을 통해서 만든 동물 이야기를 인간사 개인 또는 사회에 적용해서 자신의 주제를 부각시키고자 하는 서술방법이 있어요. 《장자》에 그렇게 많이 등장한 우화도 그런 경우입니다. 《장자》뿐만 아니라 동양의 문헌에는 동식물계의 행동양식을 따다가 사람들이 따라야 할 범례로 표현을 하는 경우가 많습니다.

최종덕 윌슨의 사회생물학이 인간의 행동유형을 동물계 행동유형으로 환원하려는 시도라면, 《장자》에 등장하는 우화 등의 연결방식은 동물의 유형을 인간의 행동유형으로 대체하는 일종의 애니미즘 양식이라고 저는 생각합니다만……

김시천　고대 중국 철학자들의 글에 동물과 관련된 비유들이 많이 나오잖습니까?《장자》도 그렇지만 도가 쪽에 아주 많이 나오죠. 저는 그런 것들을 읽으면서 비록 동물을 관찰하는 수사가 들어가 있긴 하지만, 실제로는 인간을 관찰한 내용들을 거꾸로 동물 세계에 투영해서 은유적으로 자신의 생각을 전개하는 방식이라고 생각합니다. 저도 진화심리학 책을 읽으면서 처음에는 이런 느낌이 들었어요. '아니, 어떻게 개미나 원숭이처럼 하찮은 동물을 관찰한 걸 가지고 인간인 나랑 비교하는 방식으로 이야기할까?' 이런 생각이 불편해서 책을 덮었던 적이 많았습니다. 그런데 다윈의 진화론을 조금씩 체계적으로 공부하면서 선입견을 버리게 되었죠.

최종덕　고백하건대, 저는 실은 그런 인간의 자존심마저도 버린 것이 아닌가라는 생각이 들 때도 있어요. 하지만 저는 침팬지와 인간, 동물과 인간을 비유할 수는 있겠지만 분명한 차이가 있다고 생각해요. 더 넓게는 자연과 사회 사이에는 '연속적인 불연속'이 있다는 거죠.

김시천　아마 동물과 인간이 모두 생명이기 때문에 모순처럼 보이는 그런 수식어가 가능한 게 아닐까 싶어요. 지금까지 인문학이 살아 있는 인간에 대해 축적한 것들 중에서 어떤 것들은 비록 현재의 진화생물학과 어긋나는 것으로 보이는 것이 있을지라도 인문학이 갖는 풍부한 비판력과 상상력, 그리고 과학이 갖는 사실 세계에 대한 법칙성이 만남으로써 더욱 확장된 해석이 탄생되겠죠. 그런 노력들이 실제로 얼마나 있는지 상당히 궁금합니다. 같은 침팬지인데도 그 연구조건에 따라 다양한 해석이 나온다는 이야기를 해주셨는데, 일부 침팬지에 대한 연구 결과를 자기 입맛에 맞게 해석해서 사회적인 현상에 적용한다면, 연구조건이 다른 상황에서 다른 연구결과가 나오게 되면 처음의 주장이 스스로에 의해 오히려 덜미를 잡히는 격이 되죠. 결국 동물 세계에 대한 관찰은 이른바 경험적인 관찰이어서 다양한 결과가 형성될 수 있죠. 특수한 관찰 결과는 세계 해석의 지식창고 안에 하나의 파일을 축적한다는 점에서 의미가 있을 수 있겠지만, 과연 인간의 세계에 전적으로 적용한다면 정말 의미가 있을까요? 특수한 경험 자료를 축적해서 일반화의 법칙을 탐구하는 과학 연구는 자칫 세계에 대한 전체 이해를 놓칠 수 있어요. 그래서 더욱더 인간과 동물의 의미론적 차이 같은 인문학적 성찰이 더 요청되지 않은가 싶어요.

다양한 시대정신이 조명한 우리 시대 진화론

최종덕   인간과 동물 사이에 차이가 있느냐 없느냐? 있다면 얼마나 있고, 없다면 진짜 똑같은 것인가? 이런 질문들에 대해 많은 지식인들이 관심을 갖고 덤볐지만 누구도 답을 내리지는 못해요. 질문하는 사람들에게 문제가 있다는 게 아니라, 질문하는 대상 자체가 답을 내리기 어려운 존재라는 겁니다. 그게 생명존재의 전형적인 특성일 거예요. 그래서 생명을 다루는 자연과학은 다른 자연과학보다 더 많은 철학적 반성을 요구하게 되는 거고요. 앞서 이야기가 나왔지만 동양사상의 한 축이 되는 도가의 문헌에는 많은 은유법이 있죠. 그건 자연과 사회 사이의 은유일 겁니다. 자연의 흐름에 빗대어서 설명하려는 것은 자연이 아니라 인간이죠. 인간사회 또는 인간의 본성, 즉 인간 행동양식의 모델을 보여주기 위해서 자연의 현상을 자연스럽게 도입한단 말이죠. 거기서 수많은 우화가 나오고, 비유가 나오고…… 그런 방법을 통괄적으로 '은유적 태도'라고 말합니다. 은유적 태도까지는 매우 중요하다고 생각합니다만, 그것이 자연과 인간 사이가 일대일로 대응될 것이라는 논리는 좀 독단이 아닌가요? 과학 탐구방법론에서 적응주의 일반 전체를 또는 환원주의 일반 전체를 부정하는 것은 물론 아니죠.

김시천   저 역시 동양의 문헌에 등장하는 은유적 태도와 진화론에 등장하는 생명의 연속성은 경험세계를 바라보는 사유방식에서 매우 접근된 구조를 보여준다고 생각합니다. 그래서 두 문화가 더욱더 의미 있는 대화 공간으로 모일 수 있다고 봐요. 진화론과 동양사상 사이의 대화는 실은 자연과학과 인문학의 소통을 위한 구체적인 단서에 지나지 않을 겁니다.

최종덕   예, 그래요. 우리 대담이 모색하는 방향은 진화론이나 동양철학을 모두 알려고 하는 데 있기보다는 과학과 인문학의 소통이 어떻게 가능한지를 보여주려는 작은 시도에 있었다고 생각합니다. 소통을 위해서는 상대가 하는 말에 귀 기울이는 태도가 매우 중요하죠. 상대가 무슨 말을 하든 무시하고, 내 말이 옳기 때문에 나만 말하고 있다면 소통의 가능성은 이미 물거품이 되는 거죠. 소통이 이루어지려면 내 안에 네가 있고, 네 안에 내가 있을 수 있음을 서로 인정해야 한다고 봅니다. 대화의 공통분모를 찾는 작업이 우선되어야 할 것 같아요. 둘 사이에 절대적인 장벽은 없으니까 공통분모를 찾는 일이 가능하죠. 저는 절대적인 차이라든가 구분은 무의하다고 생각합니다. 침팬지는 폭력적이고 보노보는 평화적이라는, 둘 사이에는 절대적인 종의 차이가 있다는 것도 사실이 아닙니다. 침팬지 중에도 폭력적인 개체가 있고 온화한 개체가 있듯이, 보노보도 폭력적인 면이 있죠. 이제마의 《동의수세보원》에는 아주 재미난 구절이 있어요. 남자 안에 여자의 기질이 있고, 여자 안에 남자의 기질이 있다는 겁니다. 그래서 남자와 여자는 소통이 가능한 겁니다. 대부분 가부장적 사회에서는 남성과 여성의 정체성 사이에 넘지 못할 장벽을 높게 쌓는 관성이 있겠지만요. 우리가 개념을 이야기할 때 '나는 이거고, 너는 저거야'라는 절대적인 구획 만들기 버릇을 조금만 고친다면 아마 과학과 인문학의 대화도 굉장히 쉬울 거라고 생각해요. 종교와 과학의 대화도 그렇고요. 서로의 절대적인 간격만 좀 없앤다면 소통이 한결 쉬워질 것이라고 봐요. 인문학과 과학철학, 동양과 서양도 마찬가지죠. 나한테 이미 너의 형질이 있고, 너의 형질 속에 나의 형질이 어느 정도 있다는 공통분모를 서로 인정할 수 있다면 아마도 소소한 일상에서부터 인류 차원의 세상을 평화적으로 만들기에 결정적인 도움이 되지 않을까 싶습니다. 저는 이런 점에서 진화론에 의미를 두고 있어요.

김시천　선생님께서 우려하시는 내용이 무엇인지 알 것 같은데, 한국 사회도 다문화 사회로 접어들었잖습니까? 생물학 저술가로 유명한 매트 리들리(Matt Ridley)의 많은 책 중에 하나로 기억하는데, 제가 크게 감명을 받았던 구절이 있습니다. 이미 잘 알려진 내용이기도 합니다만. "당신이 아프리카 인종이라고 칩시다. 당신이 살고 있는 집의 옆집에 사는 남자와 당신과의 유전적 차이는 저기 먼 영국이라는 땅에 살고 있는 남자와 당신과의 유전적 차이보다 더 클 수도 있습니다." 제 옆집에 사는 같은 인종의 사람이 먼 곳에 사는 다른 인종의 어떤 사람보다 유전적으로 더 멀 수도 있다는 겁니다. 물론 이는 과학적으로 이미 검증된 엄연한 사실이고요. 이것은 인종과 문화, 언어, 국가, 사회의 차이를 떠나서 결국 인간은 하나의 종이고, 보편적인 기반을 가질 수 있다는 나름대로 굉장히 확고한 기초를 제공해줄 수 있다고 받아들여지더군요. 동양철학 전공자인 제가 남들의 눈치를 봐가면서 진화론을 접하게 되었는데, 이제는 저의 전체 공부 방향을 재조정하게 될 정도로 중요한 학문적 단서를 저에게 준 거죠. 동서양 할 것 없이 도와 로고스(logos), 진리와 알레테이아(aletheia), 이런 식으로 철학 개념들의 본령을 형이상학적 진리체계로만 끌고 왔던 것이 아닌가라는 의문을 스스로에게 하기도 합니다. 하지만 동양이든 서양이든 철학적 개념이라는 것은 그 사회와 그 사회의 구성원들이 가지고 있는 경험들을 어떻게 담아내느냐 하는 문제가 사유의 원천이며 주안점이지 않습니까? 그렇다면 그것이 영어가 됐든 중국어가 됐든 한국어가 됐든, 인간이 접하고 실제 살아가면서 느끼는 경험들을 얼마나 적합하게 담아낼 수 있는 개념이라는 그릇을 만들어내느냐의 문제를 구체화해야 할 것이라고 봐요. 결국 우리 대담에서도 진화론의 생물학적 개념도 중요하겠지만, 그보다는 진화론이 제시하고 있는 사유방식이 인간의 구체적 경험들을 어떻게 보편적으로 담아내고 있는지를 밝히는 일이 더 중요한 거라고 봅니다.

최종덕 좀 더 좋은 대화를 이루기 위해 상대와의 공통분모를 찾는 일이 우선이라고 말했지만, 그렇다고 해서 양자가 같아야 한다는 것은 결코 아닙니다. 많은 사례 가운데 양육과 본성에 대한 진화론과 동양철학의 입장은 서로 직접적으로 비교할 수 있는 처지도 아니고 질적으로 같은 수준의 내용도 아니라서 무턱대고 비교하는 일은 어렵고, 바로 그런 일에서부터 과학결정론의 독단이 생기기도 했죠. 그와는 정반대로 동양이라는 신비주의를 마치 종교처럼 확산시킨 신과학운동이라는 문화적 오류도 분명히 있었고요. 그런 과학 독단주의나 맹신적 신비주의 등은 한결같이 남의 이야기에 귀를 닫아버린 채 자기만 옳다고 하는 공통점이 있어요.

김시천 인간 본성에 대한 논쟁은 인류가 존속하는 한 끊임없이 이어질 거예요. 그런 문제는 어느 학문이 독점할 수 있는 게 아닐 겁니다. 자연과학이 아무리 발전하고 최고의 성과를 낸다고 해도 과학만 소유할 수 있는 지식이 아니죠. 동양철학이나 철학 일반도 합류할 수 있고, 종교도 합류할 수 있고, 정치사회과학도 합류할 수 있을 겁니다. 나만의 지식이 될 수 없다는 말이겠죠.

최종덕 선생님은 노자와 장자 전공자이면서도 진화론에 대한 공부를 많이 했기 때문에 우리의 대담에서도 많은 논쟁점이 새로운 각도에서 다양하게 생기는 것 같습니다. 이 대담을 통해 진화론적 사유구조와 동양사상의 사유구조가 대화할 수 있는 터전이 마련되었다는 점만으로도 의미 있는 시간이었다고 생각합니다. 당장 답이 나오는 토론 결과보다는 이 세계에 대해 질문하는 태도가 대화를 풀어가는 데 있어서 훨씬 더 중요하다는 점을 배웠어요. 그런 점에서 우리가 토론한 '동양'과 '진화'라는 두 키워드가 어떤 정답을 수렴한다고는 볼 수 없지만, 계기가 같은 지평선에 질문이 놓여 있었음을 확인한 자리였습니다. 우리의 이야기들이 어떤 결론에 이르렀다기보다는 이제부터 질문을 던지는 출발점이라고 생각합니다. 지금까지 단지 생물학적 관점만이 아니라 다양한 시대정신의 재조명을 받으면서 다윈의 진화론을 이야기했습니다. 진화론은 150여 년 전의 생물학적 작품으로 탄생했지만 오늘날 자연과학의 전 영역으로 투사되었고, 인문사회과학의 영역에서도 치열한 논쟁을 불러일으켰습니다. 이번 대담을 통해 그런 논쟁이 해결되었다고는 말할 수 없지만, 최소한 진화론을 대하는 역사, 의학, 문화 등 여러 각도의 시선이 있음을 확인한 자리였습니다. 역사학 분야의 임지현 선생님, 생물학 분야의 전방욱 선생님, 그리고 의학 분야의 강신익 선생님을 거쳐서 동양철학 분야의 김시천 선생님을 모시고 동양철학과 진화론에 대해 대담을 나누었습니다. 진화론과

다윈과 철학 카페 **진화론적 사유가 동아시아의 사유와 만나다**

관련된 지식의 탐험을 쭉 이어왔는데, 그동안 참여해주신 많은 분들께 진심으로 고마운 마음의 인사를 올립니다. 김시천 선생님, 굉장히 고맙고요, 오늘 이 자리에는 안 계시지만 그동안 대담을 나누어주신 각 분야의 전문가 선생님들께도 다시 감사드립니다.

과학, '인간이란 무엇인가'에 대한 질문과 길 찾기

최종덕과 **찰스 다윈**의 대담

1809년에 찰스 다윈은 태어났다. 200년이 더 지난 긴 세월이다. 그가 태어난 곳은 슈루즈버리. 이곳 한반도에서 보자면 너무나 멀리 떨어진 곳이다. 그런데 우리는 이제 시간과 공간을 넘어서 다윈을 만날 수 있게 되었다. 우리는 그간 다윈이 오늘날 한국 사회에 와서 학자들과 만나 대화하고 토론한다면 어떠한 이야기가 오갔을까를 네 개의 카페를 통해 이야기해보았다.

대화하는 가운데 우리는 당시 지식사회의 분위기와 《종의 기원》에 얽힌 갖가지 이야기도 들어보았다. 그 과정에서 진화론에 관심을 가진 사람이라면 궁금해할 만한 것들에 관해 다윈과 직접 이야기를 나누는 기회를 갖고 싶었다. 우리는 이왕 《찰스 다윈, 한국의 학자를 만나다》라는 카페를 연 김에 다윈을 직접 초대하여 그의 진술한 생각을 들어보기로 했다. 물론 가상의 만남이긴 하지만 말이다. 그래서 네 개의 카페로 가는 길, 언덕 너머 있는 '다윈의 정원'으로 150여 년 전 찰스 다윈을 오늘에 초대했다.

《종의 기원》에 담긴 생각과 통찰은 인류 차원의 혁명과도 같다고 해도 과언이 아니다. 그렇지만 그 이면에 담긴 다윈의 생각을 접하기는 쉽지 않다. 활자화된 저서에서 드러나지 않았던 다윈의 내밀한 생각들이 궁금했다. 무엇보다 다윈에게 던지고 싶은 질문은 자연의 변화, 즉 생명의 진화가 연속적이라는 생각을 어떻게 유추했는지에 관한 것이다. 실체론적 사유의 전통을 지닌 서구에서 이는 대단히 어려운 일이기 때문이다. 또한 다윈이 생각하는 인간관이 무엇인지 솔직히 듣고 싶었다.

젊은 시절 그의 인생항로에 결정적인 영향을 준 사람들은 누구였으며, 어떻게 만나게 되었는지 좀 더 구체적으로 알고 싶었다. 다윈이 종교적 갈등을 가졌다는 사실은 이미 다 알려진 것이지만, 그 갈등의 미묘한 심리적 상황을 이해하는 것이 중요할 것이다. 특히 그의 아내 엠마를 얼마

다윈의 정원 과학, '인간이란 무엇인가'에 대한 질문과 길 찾기

나 사랑했는지 다윈 스스로에게 듣고 싶었다. 이러한 궁금증은 그의 진화론이 사회에 어떻게 영향을 주었는지 이해할 수 있는 문턱이기 때문이다.

다윈을 초대한 이유는 그의 자서전을 재현하려는 데 있지 않다. 다윈이 대면했던 당시의 역사적 상황들을 통해 오늘의 한국 사회를 진단하는 데 도움이 될 것 같다.

150여 년 전의 다윈과 오늘의 다윈이 같지 않겠지만, 최대한 당시의 언어로 다윈을 이해하고자 했다. 다윈의 언어와 생각을 받아들이는 사람들의 이해도 다를 것이다. 그러나 우리의 궁금증을 조금쯤은 덜어줄 수 있지 않을까 하는 마음으로 그를 '다윈의 정원'에 초청했다. 과학과 인간이 어떻게 만날 수 있는지 독자 여러분을 카페로 안내하고자 한다.

찰스 다윈,
한국의 학자를 만나다

최종덕　이렇게 한국에서 다윈 선생님을 만나게 되어 정말 기쁩니다. 더욱이 시대를 건너서 이 자리에 모시게 된 것은 많은 의미를 갖는다고 생각합니다. 그 의미가 어떻게 전개될지 이야기를 시작하려 합니다. 전반적으로 자연과학 분야에 해당하는 진화생물학이 왜 세계관 전반에 걸쳐 문제가 되고 있는지, 그리고 당시에는 거의 알지 못했던 동아시아 문화권에서 왜 진화론이 다시 거론되는지 선생님의 생각을 듣고 싶습니다.

다윈　저에게도 이 만남은 매우 특별한 기회라고 생각합니다. 왜냐하면 동아시아에서는 《종의 기원》을 어떻게 생각하는지 저 역시 궁금했거든요. 이 책이 처음 출간되어 1쇄가 나올 때는 그렇게 잘 팔릴 줄 몰랐어요. 1판 1쇄 1,250부가 순식간에 팔리고 5판이 출간될 때까지 영국 안에서만 1만 6,000부 이상이 팔렸으니까요. 당시 영국에서는 물론이고 유럽 대부분의 지역과 미국에서도 베스트셀러가 되었다는 점에 저도 놀랐어요. 그러나 동아시아권에는 늦게 소개됐죠. 제가 살아 있을 때는 《종의 기원》이 중국어로 번역되었다는 말을 듣지 못했어요. 하지만 19세기를 넘지 않고 생각보다는 매우 빠르게 《천연론》이라는 제목으로 중국에 소개됐고, 곧이어 일본과 조선에도 소개되었다고 하더군요. 그런데 중국에 유입된 진화론은 제가 원래 생각했던 것과는 약간 차이가 나는 것 같더군요. 중국에서는 진화론이 부국강병론의 과학적 이론으로 차용되었던데, 제 《종의 기원》은 부국강병론과는 관련이 없어요. 물론 당시의 동아시아는 그렇게 받아들일 수밖에 없는 상황이었을 거라고 생각합니다.

최종덕 예, 그렇습니다. 그와 비슷하게 21세기 한국에서도 진화론의 의미가 다양하게 해석되고 있습니다. 먼저 진화론에 대한 몇몇 오해를 없애야 할 것 같습니다. 다윈 선생님이 처음 생각했던 진화론의 핵심을 알기 위해서는 《종의 기원》의 철학적 배경에 대해 알아야 할 텐데, 설명 좀 해주시죠.

다윈 저는 생물학자이지 철학자는 아니지 않습니까? 생물학자라는 말도 실은 맞지 않아요. 150여 년 전인 당시에는 생물학이라는 범주조차 없었거든요. 단지 식물학이고 동물학이었을 뿐입니다. 좀 더 상세히 말한다면 곤충학 정도는 있었죠. 그러니 요즘 말로 진화생물학의 철학적 배경을 말하라고 하면 할 말이 별로 없어요.

최종덕 제가 말한 철학적 배경이란 아리스토텔레스나 데카르트 같은 좁은 의미의 철학이 아니라 시대적 배경이나 당시 사회적 관습 및 역사적 선이해(Vorverstandnis) 등 총체적인 문화적 지향성을 뜻하는 겁니다. 좀 더 구체적으로 질문을 드리죠. 자연선택을 다룬《종의 기원》의 제4장에서 라마르크를 언급하셨던데, 선생님은 라마르크의 용불용설 같은 획득형질 이론을 매우 싫어했던 것으로 알고 있어요. 그 이유가 일종의 문화적 선이해 때문인가요, 아니면 용불용설 이론이 경험과학적 방법론에서 큰 오류가 있었기 때문인가요? 처음부터 이런 질문을 드리는 이유는 다윈의 진화론과 라마르크의 진화론을 혼동하는 사람이 너무 많아서입니다. 하다못해 관련 지식인들도 혼동하는 경우가 있으니까요.

다윈   그건 매우 예민한 문제이지만, 시간과 공간을 초월한 이 마당에 모든 것을 다 말할 수 있으니 오히려 더 좋습니다.《종의 기원》의 핵심철학이 변화와 무목적성이라는 점은 이미 익히 알려진 그대로예요. 다시 말해서 생명 자체는 주어진 대로 고정된 성질이 아니라 항상 변한다는 거죠. 그리고 변화의 방향은 특정한 목적을 향해 있거나 예측할 수 있는 것이 아니라는 겁니다. 그런데 라마르크의 진화론은 진화의 방향이 일정한 목적을 가지고 있다고 한 거예요. 그런 결정적인 오류 때문에 저는 라마르크의 진화론은 진화론일 수 없다고 평가하는 겁니다.

최종덕   네, 저 역시 선생님의 생각에 동의합니다. 그런데 선생님은 《종의 기원》3판 이후 그런 생각이 적잖게 흔들렸다는 이야기를 선생님의 편지에서 읽었습니다. 라마르크의 획득형질 계승 이론은 선생님의 진화론 구조에서는 말도 안 되는 언급이잖습니까? 그런데 당시 글래스고의 자연철학 교수였던 윌리엄 톰슨(William Thomson)은 나름대로 객관적인 물리학 이론과 정밀한 실험으로 다윈 선생님의 진화연속설을 강하게 비판했죠. 선생님의 둘째 아들이자 물리학 전공자인 조지가 톰슨의 계산이 정확했다고 해서 선생님은 학문적 실의에 빠지지 않았나요? 아니면 제가 잘못 알았나요?

다윈　현대 독자들이 오해하지 않도록 우선 당시의 자연철학이 무엇인지를 먼저 설명해야겠습니다. 간단히 말해서 당시의 자연철학은 오늘날의 물리학을 말합니다. 톰슨은 물리학자였어요. 당시 톰슨의 주장은 제가 반론을 제기하기 어려울 정도로 옳다고 판단되었습니다. 그래서 솔직히 말해서 확고했던 제 마음이 흔들렸던 거죠. 제 생애를 통틀어 학문적으로 이렇게 마음이 흔들린 적이 없었습니다. 제 생애에서 개인적으로 가장 가슴 아팠던 게 제 딸 애니가 열 살 되던 해 성홍열로  죽었을 때였습니다. 그 일을 주된 소재로 하여 '창조(Creation)'라는 제목으로 영화까지 만들어진 것을 보니 다시 눈물이 날 것 같습니다. 그런데 톰슨의 반론은 그 아픔만큼이나 저를 흔들어놓았죠. 제 진화론의 철학적 핵심이었던 연속적 진화라는 이론이 깨지는 듯 보였거든요.

최종덕　다윈 선생님이 사랑했던 딸의 불행한 이야기에 깊은 유감을 표시합니다. 그 이야기는 조금 후에 하기로 하죠. 라마르크의 진화론에 대한 이야기로 돌아가야 하니까요. 라마르크의 획득형질 이론이란 선조의 의지적 행동과 그 행동을 수행하도록 하는 형질이 세대를 거치면서 후손에게 유전된다는 것이죠. 결국 의지적 행동이 진화의 방향을 정할 수 있다는 뜻이니까, 다윈 선생님의 진화론과는 정면으로 대치되는 것이겠죠.

다윈　예, 맞습니다. 그래서 제가 라마르크를 부정했던 겁니다. 라마르크의 진화론은 진화의 불연속설을 주창했어요. 세대에 걸친 의도와 목적에 따라서 새로운 형질을 획득하면 자연적으로 후대의 의도와 목적은 더 누적되게 마련이고, 결국 진화의 속도는 더 빨라질 겁니다. 그래서 진화는 불연속적으로 발현된다는 거죠. 진화가 연속이냐 불연속이냐의 문제는 지질학적 지구의 역사와 밀접하게 관련되어 있어요. 진화가 연속이라면 지구의 지질학적 연대가 상당히 길어야 합니다. 반면에 진화가 불연속이라면 지구의 지질학적 연대가 그렇게 길지 않아도 오늘의 생명진화를 설명할 수 있죠. 그런데 이때 마침 윌리엄 톰슨이 물리적 계산법에 의해 지구의 나이가 3억 년이라고 발표한 겁니다. 지구의 지질학적 나이가 3억 년이라면 오늘의 생명종들이 제가 주장하듯 연속적이고 균일하게 진화된 것으로 볼 수 없죠. 그래서 저는 톰슨의 발표에 그렇게 크게 낙담했던 겁니다. 더구나 믿었던 제 아들 조지가 톰슨의 계산법이 맞는다고 하는 바람에 더더욱 마음이 흔들렸던 거예요. 당시 조지는 유망한 신진 자연철학자였거든요.

최종덕   하지만 지구의 나이가 3억 년이 아니라 140억 년 이상이라는 것이 나중에 밝혀졌잖아요? 그래서 선생님이 주장했던 진화연속설이 맞았다는 것이 증명됐던 거고요. 자연스럽게 진화의 불연속성에 기반을 둔 라마르크의 획득형질 이론이 오류였다는 원래의 확신을 다시 갖게 된 것이군요.

다윈   후대에 들어서 제가 옳았던 것으로 판명됐지만, 제가 살아 있을 때 이뤄진 것이 아니었지요.

과학과 인문학 사이에 선 다윈

최종덕 진화가 연속적으로 일어난다는 생각은 찰스 라이엘의 《지질학 원리》를 읽고 정리된 내용인가요? 선생님은 비글호를 타고 항해할 때 그 책에서 커다란 학문적 감명을 받았다고 자서전에 쓰셨더군요. 《지질학 원리》는 지구의 형성 과정이 균일하게 발달해왔다는 점을 강조했죠. 균일한 과정이란 몇몇 역사적 시사점을 포함하고 있지 않겠어요? 우선 특정 시점에 지구가 만들어졌다는 창조론의 관점을 부정하는 거죠. 나아가 대홍수 이론과 같은 특정 시기의 지질 대변혁도 부정하는 거고요. 선생님께서는 비글호를 타기 전까지만 해도 철저한 대홍수 이론 신봉자였지 않습니까?

다윈 예, 맞습니다. 저는 비글호를 타고 남아메리카를 항해할 때까지만 해도 대홍수 이론의 지지자였죠. 하지만 대홍수 이론이 한낱 신앙적 고백일 뿐임을 나중에 알게 됐어요. 이런 이야기는 세상에서 가장 사랑했던 저의 처 엠마에게도 쉽게 말하지 못했죠. 엠마는 독실하고 성실하며 품위 있는 신앙인이었거든요. 엠마를 실망시킬 수 있는 이야기는 하지 않으려고 노력했죠. 그렇지만 과학의 사실은 사실이고, 생명의 진실은 진실이라고 속으로 생각했습니다.

최종덕 진화의 연속성 관념을 가져다준 것이 라이엘의 균일설이었다는 사실은 매우 흥미로운 주제입니다. 그렇지만 막상 당사자인 라이엘은 《종의 기원》 출간 이후 진화의 연속설을 의심하지 않았던가요?

다윈 저는 라이엘에게는 이중적인 영향을 받았어요. 라이엘의 《지질학 원리》는 제게 큰 전환점이 된 책으로, 이후 제가 박물학만큼이나 지질학 연구를 많이 하게 된 계기가 되었죠. 비글호 탐험이 끝나고 런던에서 연구 자료를 정리하던 1837년에 지질학회 회원으로 선출되었을 정도니까요. 그런데 라이엘은 자신의 지구 균일설이 내포한 진짜 중요한 의미를 스스로도 제대로 못 봤던 것 같아요. 그는 자신의 이론이 연속진화 이론을 강력하게 뒷받침하고 있다는 것을 인정하는 데 매우 힘들어했습니다. 처음에는 자신의 균일설이 생명진화론에 적용되는 것 자체를 싫어했으니까요.

최종덕 선생님의 지질학 공부는 매우 험한 길을 걸은 셈이군요. 선생님은 케임브리지에서 애덤 세지윅(Adam Sedgwick) 교수를 먼저 만나지 않았습니까? 세지윅도 당시 지질학 분야의 대가였고요. 그래서 라이의 《지질학 원리》를 읽기 전에 세지윅의 지질학에 관심을 갖게 된 것이겠죠?

다윈 아주 그럴듯한 역사적 해석입니다. 어느 정도는 맞아요. 제 인생에서 중요한 만남을 들라고 하면 저의 처 엠마와 아버지 로버트 다윈, 그리고 존 헨즐로(John S. Henslow) 교수를 들곤 합니다. 그리고 악연이었지만 비글호 선장이었던 로버트 피츠로이도 꼽을 수 있죠. 그중에서 케임브리지에서 만난 헨즐로는 제 인생에서 잊지 못할 큰 스승이었습니다. 제가 스물한 살 때 케임브리지 대학 식물학 교수이던 그를 만났는데, 그때처럼 많은 대화를 나눠본 적이 없을 정도니까요. 저와 헨즐로는 거의 날마다 시내를 흐르는 캠 강을 따라 산책을 했죠. 덕분에 제가 헨즐로의 산책 동행자로 유명해졌을 정도니까요. 어느 날 그가 제게 세지윅을 소개해주었고, 그때 처음으로 지질학에 관심을 갖게 되었습니다. 사실 그 전에도 지질학 수업은 있었지만 거의 기피했어요. 어릴 때부터 그랬고, 에든버러 대학에서도 지질학 수업이 있었지만 관심이 없었죠. 그러니까 세지윅을 만난 이후 라이엘의 《지질학 원리》에 관심을 두게 된 거라고 생각할 수도 있어요.

최종덕   어쨌든 지질학이 선생님의 진화론에 중요한 역할을 한 것은 분명하군요. 그렇지만 세지윅도 나중에 선생님의 진화론에 반대한 사람 아니겠어요?

다윈   예, 맞습니다. 세지윅도 진화론을 부정했죠. 묘한 인연이었지만, 진화론에 어느 정도 영향력을 준 두 지질학자가 20년 후 저의 진화이론을 부정한 겁니다. 물론 라이엘은 그 후 입장을 수정했지만요. 당시로서는 빅토리아시대의 특징 중 하나인 종교의 우월적 위상이 결정적인 역할을 했던 것 같아요.

최종덕   과학적 사실보다는 종교적 신앙이 우선이었던 시대적 영향 때문이었다는 건가요?

다윈   단순히 그렇게만 생각할 순 없겠죠. 물론 세지윅은 기독교 신자였지만, 당시는 누구나 신앙인이었기 때문에 세지윅에게만 신앙의 문제를 원인으로 돌릴 수는 없을 것 같아요. 1859년에 《종의 기원》이 예상을 깨고 1쇄 1,250부가 순식간에 다 팔리자 다음 해 1월 초에 2쇄 3,000부를 또 찍었어요. 세지윅은 아마 2쇄를 본 것 같아요. 그리곤 시사평론지였던 〈스펙테이터(The Spectator)〉에 약간 흥분한 문투로 서평을 실었더군요. 그는 《종의 기원》의 내용을 매우 불온한 생각이라고 단정했어요. 그중에서 기억나는 문구가 하나 있는데, 여기서 그대로 읊어볼게요. "그것이 완전히 잘못된 것이고 몹시 해로운 것이라고 생각하기 때문이다." 저는 비글호를 타기 이전부터 세지윅과 함께 지질학 답사를 여러 번 갔었죠. 헨즐로가 소개해준 사람이었기에 세지윅을 더욱더 믿고, 더 많이 배우려고 했었죠. 그래서 그와 헤어지게 된 점을 더더욱 애석하게 생각해요. 그는 《종의 기원》에서 신이 개입할 여지가 더 이상 없다고 느낀 모양입니다. 그리고 동물의 양상을 그대로 인간에게 적용하는 것으로 오해한 거죠. 저는 나중에야 알게 된 일이지만, 이런 오해는 1970년대 이후 생긴 사회생물학 논쟁과 비슷한 것으로 보입니다.

최종덕　세지윅뿐만 아니라 라이엘도 《종의 기원》의 기초적인 생각에 회의적이지 않았습니까? 두 사람 다 지질학자라는 공통점이 있는데, 특별한 이유라도 있었을까요?

다윈　라이엘은 세지윅과는 좀 다른 경우입니다. 저는 비글호 항해 중에 《지질학 원리》를 탐독했지만, 그를 처음 만난 것은 비글호 탐사 이후예요. 라이엘은 저보다 열두 살 많았지만 매우 친했어요. 학문적으로 서로 의지가 되었죠. 그의 이론을 통해서 저는 이 세계가 연속적으로 변하고 있다는 확신을 얻게 되었어요. 나중에 안 일이지만, 앨프레드 월리스가 말레이제도로 탐사여행을 떠날 때도 《지질학 원리》를 읽고 세계의 연속적 변화이론에 심취했다고 하더군요. 그만큼 라이엘의 책은 매우 설득력이 있었답니다. 엄밀한 객관적 사실을 기반으로 귀납적인 일반화를 끌어내는 그의 능력에 압도당하기도 했죠.

최종덕　그런데 왜 라이엘이 당신을 비난하게 되었나요?

다윈　비난한 건 아니에요. 다만 제가 생각했던 생명종에 대한 개념에 대해 의문을 제기한 수준이었습니다. 그런 의문 제기도 몇 년 후에 출간된 《종의 기원》을 읽고 철회한다고 했어요. 그의 의문은 전통적인 린네 방식의 종 개념을 거부한 저의 생각이 당시로는 너무 지나친 논조가 아닌가라는 우려였습니다.

최종덕　제가 알기로는 라이엘의 입장은 기본적으로 창조론이었다고 합니다. 물론 당시 대부분의 사람들이 그렇게 믿었지만요. 동식물 종들은 그 생명이 처한 환경에 따라 환경에 적응되는 방식을 신에게 받았다고 생각한 거죠. 이런 생각은 과학과 신학의 절묘한 절충이었다고 봅니다. 물론 저보다는 다윈 선생님께서 라이엘의 입장을 훨씬 잘 알고 계시겠지만, 그래도 염치없이 제가 몇몇 예를 들어보겠습니다. 사막에 사는 도마뱀은 뜨거운 모래 위에서도 이동할 수 있도록 빠른 다리와 가는 발가락 등으로 열을 배출할 수 있도록 적응되었고, 북극 곰들은 냉혹한 추위에 견딜 수 있도록 두꺼운 털과 지방층을 갖게 되었다는 겁니다. 돌이 많은 산악지대에서는 산양이 바위에서 잘 미끄러지지 않도록 압착이 강하고 넓은 굽을 갖게 되었고요. 다시 말해서 특정한 환경에서는 특정 동식물이 조화되도록 창조되었다는 겁니다. 라이엘만 이런 생각을 가졌던 건 아니겠지만요. 어쨌든 선생님이 《종의 기원》에서 보여주었듯이 특정 환경에 특정 동식물이 존재하지 않는다는 화석을 포함한 다양한 사례를 제시함으로써 그의 생각은 여지없이 깨지고 말았지 않았습니까?

다윈　라이엘이 처음에는 제 생각에 의심을 품었지만, 제 책을 읽은 후에는 제 생각을 받아들였어요. 그는 특정 환경에 특정 동식물이 존재하도록 설계되었다는 이론에 문제가 있음을 알게 된 거죠. 그래서 그는 환경이 같은 두 곳에 전혀 다른 동식물이 존재하는 현실에 대해 새로운 진화가 현재에도 발생했기 때문이라고 말했습니다. 라이엘이 그런 말을 제게 한 적은 없었어요. 그는 자신의 생각을 당시 최고의 천문학, 요즘 말로 천체물리학자였던 존 허셜(John Herschel) 선생에게 편지를 통해 전했던 겁니다.

최종덕 그 유명한 윌리엄 허셜의 아들 말이죠? 허셜은 케임브리지에서 공부를 시작한 이후 하늘을 연구하기 위해 온 생애를 다 바친 인물이었죠. 천체 관측을 위해 남아프리카 케이프타운에서 4년 이상이나 살았을 정도니까요.

다윈 선생님은 자연철학을 하시니까 자연철학자로서의 허셜을 잘 알고 계시겠군요. 허셜은 《자연철학 연구에 대한 서설(A preliminary discourse on the study of natural philosophy)》을 출간해서 근대적 과학 방법론의 기초를 잡은 현대 과학의 아버지라고 부를 수 있죠. 라이엘은 자기보다 다섯 살 위인 허셜을 몹시 신뢰했어요. 남들에게 하지 못할 말까지도 할 정도로 두 사람은 깊은 우애를 갖고 있었죠. 그래서 그런 편지를 허셜에게 썼다는 건 라이엘의 진심이었다고 생각해도 틀리진 않을 거예요. 라이엘은 그런 말을 허셜 외에는 아무에게도 하질 않았죠.

최종덕 그러다가 《종의 기원》을 읽고 마음을 완전히 돌린 것이군요. 이제야 라이엘을 이해할 수 있게 되었습니다. 당시에는 진정한 과학자라면 누구나 그런 내적 갈등을 상당히 많이 가졌을 테죠. 앞서도 잠시 이야기를 비췄지만, 대단히 송구한 질문인데 혹시 선생님께서도 그런 갈등을 겪지 않으셨나요? 선생님을 연구하는 후대의 많은 학자들은 선생님이 마음속으로 종교적 갈등을 하고 있었기 때문에 《종의 기원》 출간이 그렇게 늦어졌다고 말하곤 하니까요. 그런 이유로 비글호 탐사가 끝난 이후 20년 가까이 《종의 기원》 발표가 지체되었던 것이라고 말하는 사람이 많더군요.

다윈　《종의 기원》 발표가 늦어진 이유는 후대 사람들이 쉽게 말하듯이 그렇게 단순하지 않았습니다. 종교적 갈등도 있었지만, 제 건강 상태도 또 다른 이유였죠.

최종덕　그렇지만 비글호 탐사가 끝나고 《종의 기원》을 출간하기까지 다른 논문들은 상당히 많이 발표하지 않았습니까? 그래서 선생님의 건강 문제만이 아니라는 생각이 드는 거죠.

다윈　사람들은 《종의 기원》 발표가 왜 그토록 늦어졌는지를 많이 궁금해하더군요. 그렇지만 무슨 복선이 숨겨져 있었던 것은 아니에요. 빅토리아시대가 지녔던 사회적 편견들, 신앙적 관습들, 저의 건강 문제, 그리고 제 소심한 성격 탓도 있었고, 뭐니 뭐니 해도 사랑하는 저의 처 엠마에게 종교적 실망감을 주면 안 된다는 생각이 강했던 것 같아요. 이런 주변의 많은 상황들이 섞여서 자연스럽게 늦게 발표된 것이지, 특별한 이유가 있어서 그런 게 아니에요. 그리고 단순히 종교적인 압박감으로 그 이유를 몰아간다면 제가 다시 돌아온 21세기의 한국이나 미국에서 더 큰 종교적 압박이 있는 것 같더군요. 이 점은 오히려 제가 최 선생님에게 질문해야 할 거 같아요.

최종덕　빅토리아시대에는 종교적 압박감이라기보다는 종교적 관습 혹은 종교적 일상이라고 말해도 좋을 것 같아요. 그런데 종교의 자유가 허용된 오늘날까지도 당시와 유사한 압박이 어느 정도 있는 것 같아서 슬픕니다. 주로 한국이나 미국 같은 상황에서 일부 근본주의 기독교 교회를 중심으로 진화생물학적 성과들이 철저하게 부정되고 과학적 사실이 공공연하게 왜곡되고 있기 때문이죠.

다윈　매우 독특한 현상이군요. 왜 한국과 미국에서 그런 현상이 두드러지는 것인가요? 제가 살았던 빅토리아시대와는 다른 21세기, 그리고 종교의 다양성이 보장된 당신의 땅에서 왜 종교적 압박감이 있는지 이해가 되지 않아요. 현재 미국에서는 창조론 논쟁이 논쟁으로 그치는 것이 아니라 여러 주에서 법정 소송으로 휘말린 사건들이 그렇게 많다고 하는데, 저로서는 괜한 송구함에 덧붙여 역사적 책임의식까지 느끼게 됩니다.

최종덕　1960년대 이후 미국에서 벌어지고 있는 창조론 법정 논쟁은 두 단계로 나뉩니다. 1단계가 창조론과 진화론 사이의 논쟁이었다면, 현재는 2단계로서 진화론과 지적설계논증(intelligent design) 사이의 법정 논쟁이죠. 1단계 논쟁은 신앙 차원의 창조론으로 과학 차원의 진화론을 대신하려 한 거예요. 종교의 자유가 있는 동시에 한편으론 교회의 권력이 강한 미국이지만, 과학을 중시하는 분위기 역시 만만치 않았던 거죠. 1단계 논쟁은 창조론의 후퇴였는데, 그 이유를 상징적으로 거론하자면 과학 중시의 분위기가 신앙의 분위기를 눌렀다고 말해도 괜찮을 겁니다. 그래서 2단계 논쟁에서는 지적설계논증을 대타로 내세운 거죠. 진화생물학이 과학이듯이 지적설계논증도 당당한 과학이라는 것이 그들 주장의 핵심입니다.

다윈　지적설계논증이란 게 제가 살았던 당시의 설계논증(design argument)과 같은 것입니까?

　다윈의 정원 과학, '인간이란 무엇인가'에 대한 질문과 길 찾기

최종덕 예, 거의 같은 거예요. 다윈 선생님께서는 케임브리지 수학 크라이스트 칼리지에서 당시 설계논증으로 유명한 윌리엄 페일리의 방을 사용했다고 하더군요. 그러니 자연스럽게 설계논증에 대해서는 누구보다도 잘 알고 계시겠죠?

다윈 설계논증이란 이 세계를 설계한 존재가 있어서 그의 의지대로 이 세계를 창조했다는 거죠. 설계논증을 정립한 페일리는 그것을 통해서 신의 이름을 도입하지 않고서도 충분히 세계의 창조성을 증명했다고 밝혔습니다. 당시의 설계논증은 페일리가 정립하기 훨씬 이전부터 아주 당연한 생각이라서 저도 케임브리지에서 공부하는 동안 조금도 의심해본 적이 없어요. 비글호 탐험을 하면서도 설계논증을 부정하지 않았을 정도니까요. 그 이후 비글호 탐사 자료를 분석하면서 진화의 생각이 제 안에 자리 잡게 된 겁니다. 이 세상의 생명들이 누구에 의해서 만들어진 것이 아니라 자연 상태로 끊임없이 변하는 과정에서 생겨난 것이라는 생각이 나중에야 확고해진 거죠.

최종덕 이 세상을 공부하는 학자로서의 정도라고 여겨집니다. 공부하면서 자기 자신이 변화하고 있다는 의식은 정말 중요한 것 같습니다. 어떤 지식인이 아무리 공부를 많이 한다고 한들 조금의 변화도 거부한다면 우리는 그를 공부하는 사람이라고 할 수 없을 겁니다. 저는 그 점에서 다윈 선생님을 존경합니다. 당대의 선입관을 뛰어넘었다는 점에서 말이죠.

다윈 칭찬은 그만 하시고 다시 우리 이야기로 돌아오죠. 최 선생님이 21세기 방식의 지적설계논증에 대해 한 마디 하셔야 되겠는데요. 과거 페일리의 설계논증은 시계가 있으면 그것을 설계하고 제작한 시계공이 있었다는 점을 신의 존재 증명으로 사용한 겁니다. 이러한 유비논증이 당시까지 효과가 있었던 이유는 역사적 선이해라는 시대적 풍토 때문일 겁니다. 저 같은 사람도 비글호를 탈 때까지만 해도 설계논증을 굳게 믿었으니까요. 나중에 자연스럽게 깨달은 것이지만, 설계논증은 일종의 감정적 호소였던 거죠. 어쨌든 제가 나중에 듣기로는 한 시대를 풍미했던 설계논증은 1970년대 이후 거의 폐기되었다고 하던데, 지적설계논증은 별다른 것인가요?

최종덕 사실 20세기 초에는 설계논증이 크게 회자된 적은 없었다고 봐요. 물론 선생님이 살았던 유럽이나 신생 미국의 경우에 그렇다는 거죠. 그런데 진화론이 새롭게 부각된 1960년대 진화종합설 시대 이후 미국의 일부 보수 교회에서는 진화생물학에 대해 심각한 위기의식을 갖게 됩니다. 다윈 선생님의 생전과는 매우 다른 상황일 거예요. 진화생물학은 이제 어느 누구도 부정할 수 없는 자연과학의 중요한 장르가 되었거든요. 이런 상황에 대해 원리주의 교회는 진화론을 교회의 창조론을 위협하는 위험한 과학으로 규정짓게 되었습니다. 다윈 선생님 시절에는 선생님 대신에 토머스 헉슬리가 나서서 교회와의 논쟁을 도맡지 않았습니까? 그런데 1960년 이후에는 법정에서 논쟁을 벌이게 됐어요. 아무리 보수적인 논객이라도 진화론을 억지로 부정하는 일은 실제로 어렵습니다. 진화론을 부정하면 당시 현대 과학의 깃발인 분자유전학을 부정하는 셈이었기 때문이죠. 분자유전학을 부정하면 미국 과학계 전체를 부정하는 일과 비슷하다는 통념이 있었던 거예요. 지금도 마찬가지지만요.

다윈 정확한 지적입니다. 진화론은 단순히 생물학의 한 범주에서만 존재하는 이론이 아니라는 점을 제 생전에도 많이 강조했죠. 진화론을 부정하려면 지질학이나 관련 물리과학, 그리고 현대 화학마저도 부정해야 할 거예요.

최종덕   계속하겠습니다. 다윈 선생님 사후의 일이기 때문에 제가 말을 많이 해도 양해해주시기 바랍니다. 수많은 법정 공방에서 창조론을 논증하는 이론적 도구가 설계논증이었는데, 페일리에 근거를 둔 설계논증은 신앙 차원의 이야기였기 때문에 과학으로서의 진화론을 비난하기에는 결정적 오류라는 결론에 도달하게 되죠.

다윈   제가 생각했던 그대로이군요.

최종덕   그래서 일단 창조론 논쟁은 없어지는 것으로 알고 있었어요. 그런데 1990년 초에 원리주의 교회를 신봉하는 필립 존슨(Phillip E. Johnson)에 의해 설계논증을 수정한 이론이 생긴 거예요. 소위 지적설계논증이라고 불리는 거죠. 존슨은 법과대학 교수였는데, 기존 설계논증의 약점을 보완해서 진화론에 대항하는 향상된 이론을 만들었습니다. 그는 진화론에 대항하는 이론으로 세우려면 먼저 과학이론이 되어야 한다고 생각했죠. 그래서 그는 지적설계논증이 신학적 주장이 아니라 과학이론임을 주장했습니다. 진화론이 과학이라면 또 다른 과학인 지적설계논증에 의해 진화론의 무력함을 극명하게 보여준다는 논리예요. 그래서 지적설계논증은 기존 설계논증과 달리 창조주로서의 신 혹은 세계를 설계한 절대 설계자의 존재를 설정하지 않으려고 합니다. 그래야만 자연과학의 형식을 갖출 수 있기 때문이죠. 그러나 신의 존재를 드러내지 않을 뿐, 기존의 설계이론이나 지적설계이론 둘 다 창조론을 옹호하는 신앙 차원의 도구이론입니다.

다윈　지적설계이론도 페일리의 설계논증을 수정 보완한 이론이군요. 저는 설계논증이든 지적설계논증이든 관계없이 종교로서 창조론은 여전히 중요하다고 생각합니다. 저의 처 엠마는 다 아시다시피 독실한 기독교 신자로, 창조주의 의지를 의심해본 적이 없었어요. 저는 엠마의 생각을 매우 존중합니다. 제 처라서 그런 것이 아니라, 종교로서의 창조론은 충분히 존중되어야 한다고 봐요. 저는 진화론의 기초를 세우고 현대 진화론 과학의 문을 열었지만, 제 생전에 창조론을 부정하는 공개적인 발언을 한 적은 한 번도 없었어요. 그런데 왜 굳이 창조론을 과학의 범주로 끌어내어 진화론과 부딪치게 하는지 이해가 잘 안 됩니다. 창조론을 자연과학의 범주 밑으로 억지로 끌어내리는 일은 창조주 신의 의지와도 상충되고, 되레 창조론의 위상을 하락시키는 일이에요.

최종덕　소중한 이야기를 해주시는군요. 저도 비슷한 생각을 합니다. 진화론과 창조론은 서로 모순되지도 않고, 처음부터 상충되는 것도 아니었다는 게 제 생각이거든요. 그래서 서로 내가 옳다, 네가 틀렸다고 다툴 필요가 전혀 없다는 거죠. 저 언덕에 있는 집의 지붕이 검은색이면서 동시에 흰색일 수는 없지만, 지붕은 흰색인데 문은 검은색일 수 있잖아요. 지붕의 범주에서는 흰색과 검은색이 모순되고 상충되지만, 지붕의 범주와는 다른 문이라는 범주에서는 흰색이든 검은색이든 상충되거나 모순되는 것이 아니라는 말입니다. 창조론과 진화론의 문제도 마찬가지라고 봐요. 그 둘은 아예 범주 자체가 다릅니다. 창조론은 신앙의 범주이고 진화론은 과학의 범주예요. 그래서 상충될 이유가 전혀 없다는 겁니다. 결국 다윈 선생님이 말씀하신 것과 결론은 같아요.

다윈　단순하지만 이해하기 쉬운 논리군요. 어쨌든 저의 관심은 그런 소모적 논쟁에 있지 않아요. 진화론은 그런 논쟁에 휩싸일 이유도 없다고 보거든요.

과거와 현재 사이의 〈종의 기원〉

최종덕　일단 진화론의 과학과 창조론의 종교는 공존한다는 결론으로 매듭을 짓겠습니다. 그런데 앞서 이야기하려다가 그만둔 '창조'라는 제목의 영화 이야기를 다시 해볼까 합니다. 아니, 영화 이야기가 아니라, 당사자이신 다윈 선생님을 바로 앞에 모시고 있으니 선생님의 삶에 대한 이야기가 되겠네요. 둘째면서 딸로는 첫째였던 애니를 특별히 사랑했던 것으로 자서전에 씌어 있었습니다. 열 명의 자식들 중에서 누구 하나 사랑하지 않는 자식이 없었겠지만 애니를 유별나게 사랑했던 이유라도 있었나요?

다윈　특별한 사연은 없었습니다. 단지 애니가 태어난 이후부터는 제가 몇몇 방문객만 겨우 만날 뿐, 런던 출입도 하지 않은 채 저의 새로운 집인 다운하우스에 파묻혀 연구만 하던 시절이었죠. 마차를 타고 세 시간 이상 가야 하는 런던 출입은 건강이 좋지 않았던 저에게 큰 부담이었어요. 요즘같이 자동차와 좋은 도로가 있었다면 30분이면 갈 거리인데도 말입니다. 어쨌든 애니가 딸로는 맏딸이라서 애틋하기도 했고, 애니의 오빠나 동생에 비해 애니와 함께할 시간이 더 많았죠. 저는 〈창조〉라는 영화가 애니에 대한 제 감정들을 비교적 잘 묘사한 편이라고 평가합니다. 영화가 실제와 차이가 많이 나기는 하지만, 저는 그냥 영화로서 볼 뿐이에요. 영화에서는 애니가 죽음으로써 제 감정이 매우 흔들린 것으로 묘사합니다만, 실제로는 그렇게까지 흔들렸다고 기억되지는 않아요. 애니의 죽음 이후 많은 시간이 흘렀지만, 아직도 말하고 싶지 않은 점이 남아 있는 것도 사실입니다. 그 당시 부딪쳤던 제 감정을 공개적으로 표현하고 싶지는 않군요.

최종덕 애니의 죽음으로 인해 온통 슬픔에 갇혔던 것만은 아니었다는 말씀으로 이해하겠습니다. 편지에 의하면 애니가 죽은 해인 1851년 7월에 런던 하이드파크에서 개최되었던 세계 만국박람회(the Great Exhibition)에 선생님이 가족과 함께 참가하셨던데, 그것도 그런 차원에서 보면 되겠군요. 저는 기분을 전환하기 위해 박람회에 갔을지도 모르겠다는 추측을 합니다만, 선생님의 직접적인 답변을 요구하지는 않겠습니다.

다윈 예, 기분전환이라는 표현이 어느 정도 맞는 말입니다. 하이드파크에 세워진 수정궁 박람회장은 당시로는 처음 보는 유리 건축물로 무려 600미터의 회랑을 갖고 있었죠. 박람회에는 신형 권총에서 부엌 기구까지, 치아구조물 같은 의료용품에서 현미경까지 당대 최고 기술의 온갖 제품이 진열되었더군요. 특히 박람회 본 건물이었던 수정궁이 인상적이었지만, 그것이 아무리 대단해도 자연의 생명체만은 못하다는 생각이 들었어요. 그리곤 곧장 집으로 왔습니다. 일반적으로 그런 과학기술의 탄생은 인간 이성의 승리라고 평가하죠. 인간의 이성은 신에게 부여받은 축복이라는 게 당시 보통 사람들의 생각이었습니다. 저 역시 그렇게 생각했죠. 어릴 때부터 생물을 관찰하면서 저는 신의 전능성을 의심하지 않았어요. 하지만 생물의 세계를 본격적으로 연구하면서 생명체의 존재는 신에게 선물 받은 것이 아니라 생명체 스스로 작동하는 선택과 적응이라는 자연 안의 작용 때문이라고 생각하게 된 겁니다.

최종덕 제가 궁금한 것은 애니의 죽음이 신앙에 큰 변화를 가져오게 했느냐 하는 거예요.

다윈 몇몇 후대 출간물에서 애니의 일이 제가 종교에 대한 믿음을 전격적으로 바꾸게 된 계기로 묘사됩니다만, 꼭 그렇지만은 않다고 항변하고 싶습니다. 제 성격이 조금은 내성적이라서 종교에 대한 제 생각을 확실하게 표현하지 않았던 탓도 있었지만, 저는 이미 비글호 탐사 이후 진화에 대한 거대한 구상을 머릿속으로 그리면서부터 불연속적 창조의 자연관이 아니라 연속적인 진화의 자연관을 품게 되었습니다. 그렇게 사랑했던 딸 애니가 죽음으로 인해 신의 존재에 대한 강한 부정으로 이어지게 되었다고 말하는 후대 학자들도 있는데, 너무 확대된 해석인 것 같습니다.

최종덕 잘 알겠습니다. 그 논의는 마치고, 이제 진화론의 사회적인 문제에 대해 이야기를 더 해보기로 하죠. 오늘날에는 소위 사회생물학이라는 범주로 논쟁이 치열한 분야 중 하나죠. 다윈 선생님 당시 스펜서가 제시한 사회생물학의 의미와는 좀 다르지만, 크게 다르다고는 할 수 없을 겁니다. 특히 1960년대 이후 정치적으로 가열된 사회생물학 논쟁이 오늘날 중요한 지식사회학의 한 영역이 되고 있습니다.

다윈 1960년대 이후 사회생물학의 흐름을 잘 알지는 못하지만, 실은 사회생물학 문제는 이름만 달랐던 거예요. 그리고 찰스 라이엘이 이미 제기했던 문제죠. 앞에서도 잠시 말했지만 라이엘이 제기한 내용은 동식물과 관련된 생물학이 인간의 생물학에 적용될 수 없다는 선입관에서 출발했습니다. 동식물계에 적용되는 진화 양태를 인정한다고 치더라도, 그걸 인류에게 그대로 적용할 수 있는 객관적 검증 사실이 있느냐는 비판적 문제 제기예요. 사실 그런 지적에 대해 저는 약간 당황한 적이 있었습니다. 제게 엄밀한 객관적 검증자료가 있었던 것은 아니거든요.

최종덕 저는 잘 몰랐던 이야기인데, 그 상황이 어떻게 해결됐나요?

다윈 '해결(solve)'이라기보다는 '해소(dissolve)'되었다고 말할 수 있을 거예요. 저는 처음부터 나중까지 라이엘에 대한 믿음을 버린 적이 없었습니다. 힘든 일이 있거나 혼자서 해결하지 못하는 일이 있으면 그를 찾아가 상의하곤 했죠. 앞서도 잠시 말이 나왔지만, 라마르크의 진화론이 보여준 불연속성의 문제를 지적한 것도 실은 라이엘이 먼저였어요. 저는 라이엘의 지적이 매우 날카롭고 합리적이었다는 점을 나중에 깨닫게 되었죠. 그런데 《종의 기원》이 출간되자 라이엘이 지질학 내용과 다른 동물과 인간의 문제를 논의한 부분에 대해 의구심을 표명한 겁니다. 하지만 나중에는 《종의 기원》을 긍정적으로 읽었다고 하더군요. 그래도 여전히 라이엘이 지적한 문제는 남아 있습니다. 솔직히 저는 인간에게 적용되는 화석 등의 검증 데이터를 분명하게 제시하진 못했어요. 그렇지만 인간 감정과 표현 연구 등을 통해 인류와 동물 사이에 진화론적 연속성이 있다는 점을 당시로서도 거부할 수 없는 자료로 제시할 순 있었습니다. 과학이 정말 놀라울 정도로 발전한 21세기의 상황에서는 인간과 동물 사이의 진화론적 연속성을 검증하는 분자 차원의 객관적 사실이 무궁할 정도로 많다고 알고 있습니다. 제가 살던 150여 년 전과는 아주 다른 상황이겠죠. 문제는 제가 인간과 동물 사이의 연속성을 강조한다고 해서 저를 마치 인간의 존엄성을 붕괴시키는 학자처럼 몰아갔다는 거죠. 그게 가장 슬픈 일이었습니다.

최종덕 다윈 선생님 생전에도 그런 오해를 받으셨지만, 150년이 훨씬 지난 오늘에도 그런 왜곡이 있는 것 같습니다. 인간과 동물, 즉 모든 유기체의 공통조상 이론을 마치 원숭이의 인간 조상론 주장인 것처럼 몰아붙이고 있죠. 일종의 의도적인 왜곡입니다. 저는 진화생물학과 인간의 도덕론이 상충되는 것이 아니라고 생각합니다. 이 문제에 대해 어떻게 생각하시나요?

다윈 물론 《종의 기원》에서 인간 도덕론을 다루지는 않았습니다. 그렇지만 저는 인간의 도덕성이 진화론적 기원을 갖는다는 점에 어느 정도 찬동합니다. 1871년에 출간된 《인간의 유래와 성선택》과 그 다음해 출간된 《인간과 동물의 감정 표현》에서 저는 인간의 외형적 본성을 기술했어요. 아마 《인간의 유래와 성선택》을 이 시대의 수준에서 보자면 많이 뒤떨어진 부분이 있을 거예요. 하지만 《인간과 동물의 감정 표현》은 오늘날에도 많은 부분 설득력을 갖고 있다고 자평합니다. 감정이란 얼굴이나 행동으로 나타나는 것이고, 겉으로 나타난 표정과 행동으로 감정을 유추하는 것은 자연스러운 과정이에요. 제 이야기의 핵심은 감정과 행동 사이의 상관도가 깊다는 뜻입니다.

최종덕 상관도가 깊다는 것은 결국 행동으로 감정을 환원시킬 수 있다는 것으로 이해됩니다. 그렇다면 20세기 행동주의 이론과 같은 것인가요? 행동주의 이론이란 겉으로 드러난 행동을 통해 그 사람의 감정과 성격을 환원론적으로 설명할 수 있다는 거죠. 이건 행동주의 진화학자인 콘라트 로렌츠(Konrad Lorenz)가 처음 제기한 주제인데, 원래는 행동분석을 통해 일부분의 감정을 설명할 수 있다는 생각이었지만 나중에 확장 해석되면서 그를 환원주의 동물학자로 평가하게 된 것 같습니다. 로렌츠는 동물행동학의 선구자였지만 다윈 선생님의 생각을 확장시킨 학자로서 평가받고 있죠. 로렌츠는 원래 회색기러기 새끼들이 부화하자마자 처음 본 어미의 특성을 그대로 따라한다는 각인(imprinting) 이론으로 유명해요. 로렌츠의 각인 이론을 두고 다양한 해석이 있지만, 저는 동물의 선천적 모방 능력이라고 해석합니다. '선천적 모방 능력'이란 단어 그대로 보면 모순되는 수식어라고 생각되기 쉽습니다. 보통 모방이란 후천적 능력을 의미하니까요. 그러나 저는 회색기러기와 인간 사이에는 시간적인 차이만 있을 뿐, 어미를 모방하는 각인 능력이 모든 동물계에서 발현한다고 생각합니다. 물론 생모가 아니라 최초의 양육자가 그런 역할을 대신할 수 있는 것이죠.

다윈　제가 살았던 당시에도 오늘날의 행동주의 이론과 비슷한 이론들이 꽤 있었습니다. 행동을 통해 감정에 접근하고, 나아가 그 감정의 소유자인 인간의 본성까지 파악할 수 있다는 신념이었죠. 저는 크게 보아 골상학이나 인상학도 여기에 포함시킵니다. 모방 이론은 제가 살았던 당시에도 많은 과학자들에게 회자되었던 데이비드 흄의 경험주의 이론과 연관되는 것 같군요. 그렇지만 로렌츠의 모방 이론은 선천적 지식을 주장한 합리주의 전통과 마음은 빈 칠판과도 같다는 경험주의 전통이 절묘하게 섞인 이론이라고 봅니다. 그런 점에서 제 후대 과학자이기는 하지만 콘라트 로렌츠의 이론에 수긍이 많이 가는 편입니다.

최종덕　제가 다른 이야기를 꺼내서 본 주제에서 많이 벗어난 듯합니다. 다시 주제로 돌아가면, 예를 들어 도덕이 후천적 모방이나 약속에

　다윈의 정원 과학, '인간이란 무엇인가'에 대한 질문과 길 찾기

의한 것인지, 아니면 도덕심이 원래부터 부여되어 태어났다는 말인지 알고 싶다는 겁니다.

다윈   둘 중 하나만 고르라는 주문에 대답을 분명하게 하는 것 자체가 매우 위험한 생각이라고 봅니다. 당연히 저도 그 답을 할 수 없어요. 저는 《종의 기원》 출간 직후 많은 사람에게 심한 조롱을 받은 적이 있습니다. 인간의 조상이 원숭이냐, 아니면 신의 창조물인가를 강한 논조로 질문하면서 제게 당장 하나를 선택하라고 했죠. 대부분 그런 질문은 처음부터 잘못된 생각에서 나온 겁니다. 저는 로렌츠의 생각에 동의하는 부분도 조금 있지만, 인간의 도덕심을 행동양식으로 전적으로 환원하는 것에는 반대합니다. 인간에게는 동물과 다른 점이 있죠. 저는 도덕이 신의 하사품이라고 생각하지 않습니다. 하지만 인간이 스스로 도덕이라는 숭고한 규범을 만들어낼 수 있었다는 것 자체가 인간의 영광스런 자화상이라고 생각하곤 하죠. 절대자에게 부여받지도 않고서 인간 스스로 도덕과 예술, 종교와 형이상학을 만들었다는 사실이 놀라울 따름이라는 겁니다.

최종덕   그런데 뭇 사람은 선생님의 그런 생각을 반종교론, 유물론이라고 폄하해오지 않았나요?

다윈   제 생전에도 그런 비난을 받곤 했죠. 그런 비난에 대해 저의 적극적인 동료 헉슬리가 항변을 대신 해주었어요. 내향적인 저와 달리 헉슬리는 상당히 기운이 넘쳐나는 능동적 성격이어서 그런 논쟁에서 물러서질 않았죠. 그런 점에서 저는 헉슬리에게 항상 빚을 진 기분으로 살아왔답니다.

동양과 서양 사이의 진화론

최종덕   그렇다면 이제 이야기를 우리 사회의 권력구조 문제로 넘겨
볼까요?

다윈   도덕심은 인류사회에서 진화된 삶의 양상이에요. 인간에게
진화된 도덕심은 보이지 않는 형질인 셈이죠. 보이는 형질은 유전으
로 이어오겠지만, 보이지 않는 형질은 후천적으로 이어오는 경우가
있다고 생각합니다. 후천적으로 이어지는 형질을 후대 학자들은 문화
적 계승이라고 부르는 것 같더군요. 제가 살던 시대만 해도 문화라는
개념은 오늘날처럼 사용되지 않았어요. 후천적 계승이라는 개념 자체
가 없었다고 말해도 될까요? 당시의 과학계는 유전적 계승만 정통 과
학으로 인정받았죠. 다시 말해서 신에 의해서 주어진 특성이 후대에
도 계승된다는 거예요. 그래서 유전적 결정론이 대세를 이루고 있었
던 것 같습니다.

최종덕   유전적 결정론이 만약 인간에게 적용된다면 어떻게 될까요?
사회적으로 계급사회의 정당성을 인정하는 도구적 과학으로 전락하
지 않았을까요? 예를 들어 선생님께서는 비글호 탐선 중 남아메리카
지역에서 머문 시간이 길죠. 거기서 당연히 아프리카 출신 노예들이
나 원주민 노예들을 자주 만났을 텐데, 노예라든가 계급사회의 문제
들을 어떻게 생각하셨나요?

다윈   잘 지적하셨습니다. 유전적 결정론이 노예의 신분을 규정하
는 데 도구이론으로 사용되었죠. 실은 노예제도 문제 때문에 로버트
피츠로이 선장과 자주 다툰 기억이 납니다. 그는 선장으로서 훌륭한

능력을 갖고 있었어요. 부하를 통솔하는 능력도 뛰어났고, 위기에 처했을 때 신속한 판단능력도 뛰어났습니다. 그런데 그는 약간 다혈질이었어요. 저와는 딴판이죠. 매우 혈기왕성했다가도 어떤 때는 기운이 없어 보이곤 했죠. 그래서 사람들이 피츠로이의 마음을 예측할 수 없었어요. 비글호를 타는 동안 아침마다 부하 선원들이 그날 피츠로이의 기분을 서로 알려주면서 잘 대처하라고 일러주는 분위기가 있었던 것으로 기억해요. 그런 피츠로이도 저에게만은 잘 대해줬어요. 저는 원래 자연학 탐구자 신분으로 비글호를 탔지만, 피츠로이는 저를 자신의 말벗으로 여겼거든요. 항해가 길어질수록 좁디좁은 채집창고는 점점 더 채워져 갔지만 피츠로이는 더 이상의 공간을 내주지 않았어요. 현실적으로 제게 더 제공할 공간도 없었고요. 피츠로이와 좋은 관계를 깨뜨리지 않으려고 저도 많이 노력했습니다. 그런데 문제가 터지고 말았죠.

최종덕 피츠로이의 성격에 맞춰주기가 쉽지 않았을 텐데요. 제가 알기로도 그는 다혈질이면서도 일을 꼼꼼히 처리하는 까다로운 성격이었죠. 그러나저러나 당시 선장의 지위는 배 안에서 절대적인 권력자였잖아요?

다윈 예, 맞아요. 성격이 다른 두 사람이 5년 가까이 같은 공간에서 생활한다는 것이 얼마나 어려운지 저도 그때 알았어요. 한 사람은 꾹 참고 지내야죠. 그 사람이 바로 저였어요. 그렇다고 해서 그동안 제가 큰 스트레스를 받은 건 아니었어요. 저는 나름대로 할 일이 많았거든요. 신천지에 정박하면서 비글호 탐사 과정 하나하나가 제겐 모두 충격이고 신선함 그 자체였으니까요. 처음 보는 곤충, 동물, 지질층, 날씨, 바다와 정글…… 그 모두가 저에게는 자료의 보고였어요.

좁은 배에서 생긴 스트레스들도 싹 가시곤 했죠. 반면 피츠로이 는 선원의 안전과 뱃길 조정, 식량 조달 등 모든 문제를 책임져야 하는 지휘자로서의 압박감에 사로잡혀 있었어요. 그런 점을 알고 있었던 저는 피츠로이와의 감정적 다툼이 생겨도 웬만하면 참곤 했어요. 그런데 참지 못할 일이 터진 거예요. 브라질 항해라고 기억됩니다. 브라질의 바이아에 정박했을 때인데, 저는 그곳에 대해 아주 좋은 기억과 아주 나쁜 기억을 같이 갖고 있어요. 좋았던 기억은 아마존 정글에 들어가서 전혀 다른 세계를 경험했다는 점입니다. 그리고 나빴던 기억은 피츠로이와 크게 싸운 거죠.

최종덕   그 싸움이 바로 노예 문제 때문이었군요.

다윈   예, 그래요. 피츠로이는 포르투갈 상인에게 소속된 흑인 노예들은 원래부터 노예의 신분을 타고났다는 거예요. 그래서 그 노예들은 노예로 살 때 더 많은 행복을 느낀다고까지 주장하더군요. 그때 제가 저답지 않게 화를 내면서 반론을 제기했죠. 그러자 피츠로이는 나름대로 논거를 대기 시작했습니다. 포르투갈 상인의 노예들을 모아놓고 주인에게서 벗어나 자유롭게 살고 싶은지 물었더니 한결같이 아니라고 대답했다는 거예요.

최종덕   주인이 바로 앞에 있는데 사실대로 대답하는 노예가 있을까요? 주인이 무서워서 솔직하게 말할 수 없었을 텐데요.

다윈   바로 그 점입니다. 어떤 노예도 주인 앞에서 당당히 말할 수 없죠. 그런 상황을 피츠로이는 생각하지 못했던 것입니다. 역시 힘 있는 사람은 힘 없는 사람의 아픔에 접근할 수 없다는 말이 맞아요. 그

다윈의 정원 과학, '인간이란 무엇인가'에 대한 질문과 길 찾기

런 태도에 화가 나서 저는 노예제도를 반대하는 생각을 그대로 피츠로이에게 말했죠. 그 말에 피츠로이는 노발대발하면서 배에서 내리라고 하더군요. 저도 더 이상 참지 못하고 비글호에서 즉시 내렸어요. 저는 다른 배를 타고 런던으로 돌아가려고 했죠. 당시에도 브라질과 런던을 오가는 무역선은 자주 있었으니까요. 제가 배에서 내린 후에 피츠로이는 부선장 격인 대위에게 대신 화풀이를 했다고 하더군요. 피츠로이는 불같이 화를 내다가도 금세 식곤 했어요. 부하들의 중재로 피츠로이는 몇 시간 안 가서 제게 사과를 전했어요. 물론 저도 비글호에 다시 탔죠.

최종덕　피츠로이의 성격과 당시 귀족들의 노예관을 이해할 수 있는 대목이군요. 노예는 노예의 신분을 타고났다는 것이죠. 이런 생각이 빅토리아시대 귀족들의 사유구조였나요?

다윈　그런 계층구조론이 빅토리아시대 전체를 지배했던 사상적 풍토라고 단언할 수는 없어요. 그렇지만 제국의 완성기에 이른 당시 영국 사람들 중에서 저임금 노동력을 안정적으로 확보하는 차원에서 노예제도의 합리화를 시도했던 사람들이 꽤 있다고 봐요. 그중에서 가장 강력한 이론이 바로 유전적 결정론입니다. 쉽게 말해서 노예는 노예로 태어났다는 말이죠. 최 선생님이 사는 이 시대에 그런 말을 하면 미친놈 취급을 받겠지만, 빅토리아시대에는 신분결정론이라는 사이비 과학이론을 전개한 학자들이 꽤나 있었습니다. 물론 당시에는 사이비라고 하지 않았겠죠.

최종덕　흑인 노예 문제를 유전적 결정론으로 보는 생각은 의외로 많이 퍼져 있었죠. 특히 미국을 중심으로 인종결정론이 확산되었어요.

미국 최고의 지질학자이자 동물학자였던 루이 아가시(Jean Louis Rodolphe Agassiz)는 인종분리주의의 표본일 정도였죠. 그는 흑인과 백인은 조물주가 처음부터 따로 만든 인종이라고 주장했습니다. 흑인은 노예로 태어났고, 그것이 바로 신의 뜻이라는 거죠. 그의 이론은 과학이라는 이름으로 전파되었기 때문에 확산속도가 매우 컸어요. 종교와 과학의 뒤섞기였죠. 이 같은 창조결정론이 적자생존의 경쟁이론과 직접 관계를 갖지는 않지만, 적자의 범위를 기득권으로만 제한해 버리는 일을 이론적으로 합리화시킨다는 말입니다. 이런 역사가 결국 나치의 등장으로까지 이어진 것이겠죠. 사회생물학의 폐해에 대해서는 이미 다른 분들과의 대담에서 많이 이야기했기 때문에 다윈 선생님께 다시 질문하지는 않겠습니다.

다윈　잠시 이야기가 나왔지만, 제국주의 시대에 노예의 지위는 정말 처참함 그 자체였습니다. 그런 상황을 합리화시키기 위해 많은 지식인들이 앞장서거나 동원되었다는 것은 지식인의 한 사람인 저로서도 창피한 일입니다. 앞서 최 선생님이 말한 콘라트 로렌츠를 다시 보기로 하죠. 허버트 스펜서가 사회적인 측면에서 사회생물학을 주장했다면, 저는 로렌츠가 생물과학의 입장에서 사회생물학의 원조였다고 생각해요. 《털 없는 원숭이(The Naked Ape)》의 저자로 아주 잘 알려진 데스먼드 모리스(Desmond Morris)에까지 이른 생물학적 결정론의 원조라는 거죠. 생물학적 결정론이 인간의 본성을 질문하는 것에서 인간들 사이의 계급을 조장하는 이론으로 변조되는 것을 자주 보게 됩니다. 가슴 아픈 일이죠.

최종덕　여자는 남자가 되기 이전의 진화가 덜 된 존재라거나, 흑인은 인간이 아니라 동물에 가까운 인간 아종이라거나, 더 나아가 권력자

는 소수자를 원천적으로 하급으로 구분하는 것 등은 먼 이야기가 아니라 바로 우리 역사 한가운데 상존했던 관념이죠. 한국에서는 더더욱 심하죠. 한국에 사는 기득권자는 한국의 특수한 근현대사를 거치면서 철저하게 자기중심적인 집단으로 정착했거든요. 그들은 간혹 진화론의 적자생존이라는 말을 도용해서 자신들의 우월한 능력 때문에 기득권이 자연스럽게 생긴 것이라고 항변하곤 합니다.

인간의 과학을 위하여

다윈 다시 말하지만, 제가 의도했던 진화론에는 인종분리와 같은 거대한 생물학적 결정론의 오류를 담고 있지 않았어요. 그렇게 왜곡해서 해석하는 사람들이 많았다는 역사를 저도 물론 알고 있습니다. 가장 중요한 저의 항변은 자연선택이라는 개념을 좀 더 자세히 설명함으로써 가능합니다만…….

최종덕 자, 그러면 화제를 돌려 다윈 선생님의 아주 기본적인 개념 몇몇을 선명하게 안내하는 시간을 갖도록 하죠. 우선 가장 많이 회자되어온 자연선택의 개념에 대해 다시 생각해보았으면 합니다. 다윈 선생님 진화론의 핵심 주제어는 자연선택이라고 생각합니다.

다윈 물론이죠.

최종덕 선생님의 《종의 기원》이 출간되자마자 진화 이론이 큰 관심을 받았죠. 그런데 막상 진화론의 핵심인 자연선택 개념이 제대로 이해되기까지는 상당한 시간이 걸렸던 것 같습니다. 후대의 학자 중에서 다윈 선생님을 누구보다 잘 이해했던 굴드의 표현대로라면 1940년대에 들어서야 비로소 자연선택 개념이 정립되었다고 하더군요. 어쨌든 자연선택 개념은 다양하게 혹은 자기 입맛대로 이해되었던 것 같아요. 한국의 상황을 예로 들어볼게요. 한국에서는 'natural selection'이라는 말이 '자연도태'라고 번역되어왔어요. 일본의 번역을 그대로 따른 건데, 이런 번역어부터 잘못되었다고 생각합니다. 일본에서는 아직도 '도태'라는 표현을 주로 사용하고 있죠. '도태'란 선택되지 않은 상황들, 형질들, 개체들을 포괄적으로 의미합니다. 다시 말해서 선택되지 못했다는 부정의 측면에서 선택의 개념이 조명된 겁니다. 이것은 'natural selection' 개념을 오해하고 번역한 결과라고 봐요.

다윈   《종의 기원》 1판에서 자연선택을 한 마디로 정의하는 표현이 없었기 때문일 겁니다. 그 이전에는 자연선택 같은 개념이 전혀 없었기 때문에 도대체 무슨 말을 하려는 것이냐 하는 질책도 많이 받았습니다. 어쨌든 많은 독자가 신의 의지 대신 자연선택 개념이 사용된 것이라고 간접적으로 이해한 것 같습니다. 그 이후 철학자인 허버트 스펜서가 1864년에 《생물학의 원리(The Principles of Biology)》라는 대단한 업적을 출간했습니다. 그는 진화이론으로 강화된 새로운 자연학 분야인 생물학을 신선한 각도에서 정립했죠. 그 책에서 스펜서는 적자생존이라는 말을 사용했어요. 적자생존이라는 말은 제가 아니라 스펜서가 처음 사용한 겁니다. 그 책에서 스펜서는 이렇게 이야기했죠. "내가 여기서 이야기하려 했던 적자생존은 다윈이 '자연선택'이라고 했던 것이며, 생존경쟁에서 가장 좋은 종족이 살아남는다는 것을 의미한다." 스펜서는 자연선택이라는 개념을 적자생존이라는 표현으로 정의한 겁니다. 저에게는 그런 정의가 꽤나 적절하다고 여겨졌습니다. 물론 자연선택은 다른 뜻도 포함하고 있지만, 적자생존이라는 용어가 독자들에게 아주 쉽게 다가갈 수 있는 개념이라고 생각했거든요. 그래서 《종의 기원》 5판인 1869년 판부터 적자생존이라는 용어를 추가한 겁니다.

최종덕 '자연선택'과 '적자생존' 두 개념의 관계가 아주 묘하게 얽혀 있었군요. 다윈 선생님의 자연선택 개념을 스펜서가 나름대로 소화해서 적자생존이라는 말을 만들어냈고, 그 개념을 다윈 선생님이 다시 소화해서 《종의 기원》 5판부터 추가적으로 사용한 것이라고 보면 되겠군요. 아주 흥미롭습니다. 이러한 일치를 보게 된 배경에는 선생님이나 스펜서 모두 토머스 맬서스의 《인구론》에 영향을 받았기 때문이 아닌가요? 어쨌든 다윈 선생님 사후에는 진화론의 자연선택 이론이 전적으로 적자생존 이론 안으로 고착되고 말았어요. 적자생존이 자연선택 개념의 전부는 아닌데 말입니다. 적자생존이란 끊임없는 생존의 경쟁에서 적자(the fit)만 생존하고 부적자(the unfit)는 폐기되고 멸종한다는 뜻이죠. 스펜서는 경쟁의 측면에서 자연선택 이론을 재구성한 것이라고 생각해요. 그런 생각은 선생님의 원래 뜻과는 약간 차이가 난다고 봅니다. 다윈 선생님께서 적자생존의 개념을 부가적으로 사용하긴 했어도 말입니다. 그렇지 않나요?

다윈 무슨 이야기인지 알겠습니다. 제가 《종의 기원》에서 의도했던 자연선택 개념은 두 가지 의미를 가지고 있어요. 하나는 선택되기 이전의 개체수가 선택되는 개체수에 비해 훨씬 많다는 겁니다. 많은 개체수에서 적은 개체수로 선택되는 과정을 적응도라고 표현하는데, 그 적응도를 경쟁의 차원에서 조명한 것이 스펜서의 입장인 것 같습니다.

최종덕 건방지게도 제가 선생님 대신에 《종의 기원》에서 말하는 자연선택 개념을 요약정리해도 될까요?

다윈 물론이죠. 이미 세상에 나온 책은 그 책을 쓴 사람이 아니라 읽는 사람의 것이니까요.

최종덕 《종의 기원》에서 말하는 자연선택은 다음처럼 정리할 수 있지 않을까요? 첫째, 생물 개체는 수억 개가 있어도 그 모두는 서로 다르다는 것입니다. 그렇게 다른 모습, 즉 변이는 자손에게 유전되는 것이죠. 둘째, 생명체는 항상 자손을 많이 낳습니다. 예를 들어 물고기는 한 번에 수십만 개의 알을 낳기도 하지만 살아남는 성체는 극히 적죠. 어떤 경우에는 1만 분의 일도 안 되는 생존율도 있어요. 물고기는 극단적인 사례이지만, 모든 생명체는 지금 살아 있는 것보다 더 많은 수의 자손을 낳죠. 이렇게 살아남는 성체보다 많은 수의 자손을 낳는다는 것은 자연선택을 설명하기 위한 중요한 전제일 겁니다. 셋째, 주어진 환경에 적응하면서 가장 살아남기 좋게 변화한 자손이 더 많은 자손을 낳게 된다는 점입니다. 그러한 적응의 변화는 반드시 그 후대에도 이어지도록 환경에 맞는 변이는 후대의 집단군에 계속 적용된다고 하겠죠.

다윈 정리를 잘해주셨습니다. 자연선택의 요약을 잘 보시면 그 어디에도 적자생존에만 해당하는 문구는 없다는 걸 아실 거예요. 이렇듯 변이는 항상 더 많은 변이를 잠정적으로 인정하는 겁니다. 더 새로운 변이가 가능하다는 뜻이겠죠. 이것이 저의 원래 생각이었고 자연선택의 중요한 뜻입니다. 다시 말해서 부적자(the unfit)를 걸러내는 것만이 아니라 적자(the fit)를 창조적으로 만들어내고 있다는 거죠.

다시 한 번 강조하지만, 이 점은 매우 중요합니다. 그래서 자연선택은 치열한 경쟁에서 살아남기 위해 여타의 것을 '솎아내기(weeding out)'한다는 뜻으로만 해석되어서는 안 됩니다.

최종덕　말씀하신 의미를 이해하겠습니다. 좁은 의미의 적자생존은 자연선택의 원래 의도와 달라진다는 뜻이군요. 결국 선생님의 자연선택 개념은 스펜서식의 적자생존의 의미와 더불어 창조적인 적자생성의 의미를 포함하는 것으로 이해하는 게 적절하겠군요.

다윈　예, 그래요. 저는 스펜서의 적자생존이라는 용어를 적극적으로 받아들였을 정도로 그 의미를 부정한 적이 없었습니다. 6판에서는 스펜서의 서문을 실었을 정도니까요. 그러나 슬픈 일은 많은 후대의 독자들이 저의 자연선택의 개념을 오로지 적자생존으로만 이해하고 있다는 점입니다.

최종덕　자연선택이라는 말도 그렇지만, 진화라는 말부터 다시 생각해보기로 하죠. 선생님께서는 사실 《종의 기원》 초판에서는 '진화(evolution)'라는 말도 사용하지 않았잖아요? 나중에 사용했죠. 이것도 자연선택 개념의 역사와 비슷한가요?

다윈　네, 비슷할 수 있습니다. 처음에는 단지 '변이를 수반한 유전(descent with modification)'이라고 표현했어요. 어떤 용어를 사용한다는 것은 그 시대의 사상적 풍토와 매우 밀접한 관계가 있다고 생각합니다. 당시에는 '진화'라는 말이 다른 의미로 쓰였어요. 현대 발생학 말고 제가 살았던 시대에서나 통용되었던 고전발생학에서 전성설과 후성설이 어떠어떠하다고 기술하는 것을 알고 계실 겁니다. '진화'라는 표현은 당시 전성설에서 사용되었던 기이한 개념이었죠. 그래서 진화라는 용어가 적절했는데도 이 말의 사용을 꺼린 거예요.

최종덕 독자의 이해를 돕기 위해 선생님 대신 제가 간단히 설명하자면, 전성설이란 씨앗에 앞으로 태어날 성체의 모든 것이 이미 들어가 있다는 거죠. 쉽게 표현해서 달걀 안에 닭의 성체가 다 들어 있다는 이론입니다. 씨앗에서 호두열매가 되는 과정, 혹은 달걀에서 닭이 되는 과정을 '진화'라고 표현했죠. 지금은 다 폐기된 이론이지만, 현미경 기능이 미흡했던 당시로는 꽤나 먹혀들어간 이론이었다고 생각돼요.

다윈 아주 적절한 설명이에요. 그래서 저는 처음에 '진화'라는 용어를 사용하지 않았습니다. 제 의도와 너무 다르잖아요. 그런데 19세기 중엽쯤부터 전성설 같은 이론이 조금씩 쇠퇴됨에 따라 저 역시 '진화'라는 용어의 적절성을 다행히도 다시 살릴 수 있었습니다.

최종덕 다시 선택과 도태의 용어를 더 생각해보기로 하죠. 앞서 말했듯이 '도태'라는 표현은 단순히 번역상의 실수가 아니에요. 자연선택 개념을 스펜서식으로만 이해했기 때문에 생긴 번역어였죠. '도태'라는 용어를 사용하는 순간, 부적자(the unfit)를 걸러내는 것, 약자들을 과감하게 숨아낸다는 약육강식의 논리가 들어갑니다. 반면 '선택'이라는 용어를 사용하면 진화론이 갖는 생명의 다양성과 창발성을 이해하는 데 도움이 될 거라고 봐요.

다윈 매우 수사적인 표현을 하셨는데, 원칙적으로 저도 그런 표현에 전적으로 동의합니다. 원래 제 의도도 그랬고요. 실토하건대 저는 스펜서를 잘 아는 건 아니었어요. 그는 과학자 출신이 아니었거든요.

하여간 스펜서가 저의 진화론을 매우 설득력 있게 사회현상에 적용했습니다. 그가 처음 사용한 적자생존이라는 용어도 자연선택의 의미가 현실사회에도 적용될 것이라는 강한 믿음 때문이었어요. 그런 논조는 빅토리아시대의 개인적 자유주의를 확립하는 데 기여했다고 봅니다. 그런 사상이 미국에서 큰 인기를 얻었다고 당시 다른 사람들에게서 전해 들었죠.

최종덕　문제는 스펜서의 생각이 미국은 물론 중국에까지 영향을 주었다는 점입니다. 다윈 선생님의 진화론이 아니라, 엄격히 말해서 스펜서 방식으로 이해된 적자생존의 진화론은 당시 세계가 요구했던 부국강병론 등에 부응한다는 이상한 사상적 풍토가 형성된 거죠. 여기서 적자생존의 논리가 약육강식의 논리로 둔갑해버린 겁니다. 바로 이런 점에서 스펜서는 다윈 선생님의 의도에서 약간 탈선한 사회적 다윈주의의 주창자로 알려지게 되었습니다.

다윈　제 실수도 있었다고 봐요. 제가 적자생존이라는 용어를 받아들일 때 '최적자(fittest)'라는 단어에 큰 관심을 기울이지 않았다는 거죠. 최적자란 말 그대로 가장 적합한 것이겠죠. 무리 중에서 가장 적합한 것이 살아남는다는 뜻인데, 원래 자연선택의 의미는 둘 중 하나가 '더 적합한 것(fitter)'이면 그것이 살아남는 뜻이었어요. 자연선택은 비교급으로서 적자생존이었지, 최상급으로서 적자생존이 아니었다는 말입니다. 그런데 최적자라는 단어를 사용한 스펜서의 용어를 제가 그대로 사용하면서 일관성이 부족해진 겁니다. 언어상에서는 비교급으로서 적자생존이나 최상급으로서 적자생존이나 그게 그것 같지만, 생명 집단에서는 최상급의 적자를 고른다는 것은 아예 의미가 없는 것이니까요. 생명의 현장에서는 무리 중에서 한 개체가 다른 개체들보다 적합성이 더 높으면 그들의 후손까지 더 잘 살아남는다는 뜻이죠.

최종덕 자연선택의 의미가 좀 더 명확하게 이해되는군요. 선생님께서 명쾌하게 설명해주신 비교급과 최상급이라는 메타포는 제게 많은 시사점을 주는 것 같습니다. 바로 그러한 적자생존의 논리가 약육강식의 논리로 이어지고, 오늘날 경쟁만능주의로 이어진 것이라는 생각이 들거든요. 그런 생각이 신자유주의의 기본적인 사유구조로 철저하게 변신한 것이라고 봐요. 저는 선생님과 달리 동아시아에 사는 한국인입니다. 오늘의 한국 사회는 무서운 속도로 최고 경쟁의 구렁텅이로 빠져들고 있는 듯합니다. 과거의 한국은 선생님이 살았던 영국에서 시작된 거대한 제국주의의 피해자였지만, 오늘의 한국은 신자유주의의 깃발을 넘겨받아 경제 제국주의의 가해자이기도 하죠. 미국에서 시작해서 아프리카에 이르는 통합된 거대시장과 세계경찰 질서 가운데 한국은 이제 서로 물고 물리는 관계의 끈에서 제법 중요한 중개자의 역할까지 소화할 정도가 되었습니다. 그러면서 진화론은 더욱더 곡해되고 있는 듯해요. 왜 그럴까요? 제 생각이 부풀려진 것이라면 좋겠습니다만…….

다윈 제 사후에 진화론이 과학보다는 사회이론으로 더 많이 적용되었다는 말을 들었을 때 저는 마음이 많이 아팠습니다. 생물학은 엄정한 과학이지만 생명을 다루는 과학이라서 그런 경우가 생기는 듯합니다. 그러나 제가 200년 가까운 시간을 여행하면서 느낀 점은 지식은 끊임없이 변해왔다는 겁니다. 앞으로도 변하겠죠. 그래서 과학은 완성형을 말할 수 없어요. 제가 《종의 기원》을 쓰면서 진화론도 변할 수 있다고 말한 이유가 거기에 있었습니다.

최종덕 진화론이 앞으로 얼마든지 수정되고 보완될 수 있다는 그 말은 후대 학자들에게 큰 힘이 될 거라고 봐요. 지식은 열린 것이고, 마찬가지로 과학의 지식도 변할 수 있는 것이겠죠.

다윈 예를 들어 종교가 굳이 과학의 지식 안으로 들어오려고 할 필요는 없습니다. 신화가 과학이 되려고 하면 그 순간 신화는 없어지고 말겠죠. 마찬가지로 진화론이 도그마가 된다면 그 순간 진화과학은 사라지고 말 겁니다. 이런 점은 인간에게도 적용될 테죠. 인간의 본성은 주어진 것이 아니라 만들어가는 것입니다. 생물학적 결정론자들은 인간의 본성조차도 계급적으로 고착된 틀이 있다고 말합니다. 200년 전이나 지금이나 겉옷만 달랐지 여전히 결정론적 사고를 갖는 사람들이 의외로 많아요. 하지만 자연선택은 주어진 것에서 제한되는 것만이 아닙니다. 창발적인 새로움이 그 안에서 생겨나는 거예요. 요즘 말로 하면 다양성이라고 하겠죠. 변화와 다양성은 곧 생명을 이해하는 열린 과학과 열린 인간으로 가는 자연의 원칙이라고 생각합니다.

최종덕 잘 알겠습니다. 오늘의 자리는 과학과 철학 사이의 대화이기도 했지만, 과거와 현재 사이의 대화라는 점이 더 중요하겠죠. 굳이 말을 더 보탠다면 동양과 서양의 대화이기도 할 것입니다. 실은 이번 대담의 동기는 크게 봐서 인문학과 과학 사이의 소통이었거든요. 그 소통의 중간지대에서 다윈 선생님을 만난 것입니다.

다윈 저를 그런 중간지대에 초청해줘서 감사합니다. 저는 과학자이지만, 제 생전에는 과학자라는 말과 자연철학자라는 말이 혼재되어 있었죠. 예를 들어 제가 비글호를 탈 때 선원들은 저를 '철학자'라고 불렀답니다. 처음에는 피츠로이가 그렇게 불렀는데, 그 후 배를 타는

5년 내내 주변 선원들 모두가 저를 '철학자'라고 불렀죠. 그들에게는 제가 그렇게 보인 겁니다. 과학과 철학이 그만큼 가까웠던 거죠.

최종덕 200년이라는 긴 시간과 지구의 반대편에 이르는 공간을 넘는 이 자리는 그래서 아주 소중했습니다.

다윈 지식은 빠르게 변했지만 인간의 모습은 다행히 그런 속도로까지 변한 것은 아니어서 이런 대화가 가능했던 것 같습니다. 저도 소중한 시간이었습니다.

참고문헌

다윈의 정원에서 나눈 가상 대담은 이 참고문헌들의 엄밀한 논거를 바탕으로 구성된 것입니다.

· Attenborough, David, *Evolution*: *Selected Letters of Charles Darwin 1860~1870*, Cambridge, 2008.

· Attenborough, David, *Origins*: *Selected Letters of Charles Darwin 1822~1859*, Cambridge, 2008.

· Brent, Peter, *Charles Darwin*, Harper&Row, 1981.

· Clark, Ronald W., *The survival of Charles Darwin*, Random House, 1984.

· Darwin, Charles, *The Origin of Species*, first edition 1859, 6th edition 1869.

· Dover, Gabriel, *Dear Mr Darwin*, Poenix, 2001.

· Gould, Stephen J., *Ever since Darwin*, Norton&Company, 1977.

· Hamrun, C. L. ed., *Darwin's Legacy*, Harper&Row, 1983.

· Herrick, C. J., *Fatalism or Freedom*, Norton&Company, 1926.

· Lamarck, Jean-Baptiste, *Lamarck's Open Mind*: *The Lectures,* High Sierra Books, 2004.

· Leith Brian, *The Descent of Darwin*, Collins, 1982.

· Appleman, Philip, *Darwin*, Norton&Company, 1979.

· Ruse, Michael, *Darwinism Defended*, Addison-Wesley, 1982.

· Shermer, Michael, *Why Darwin matters*, Henry Holt&Company, 2006.

· 데이비드 쾀멘, 이한음 옮김, 《신중한 다윈씨》, 승산, 2008.

· 세드릭 그리무, 이병훈 외 옮김, 《진화론 300년 탐험》, 다른세상, 2004.

· 질리언 비어, 남경태 옮김, 《다윈의 플롯》, 휴머니스트, 2008.

· 찰스 다윈, 《인간의 유래 1, 2》, 한길사, 2006.

· 찰스 다윈, 이민재 옮김, 《종의 기원》, 멘토 판(6판), 1995.

· 찰스 다윈, 이한중 옮김, 《나의 삶은 서서히 진화해왔다》, 갈라파고스, 2003.

다윈의 정원 과학, '인간이란 무엇인가'에 대한 질문과 길 찾기

찰스 다윈, 한국의 학자를 만나다

지은이 | 최종덕

1판 1쇄 발행일 2010년 8월 23일

발행인 | 김학원
편집인 | 선완규
경영인 | 이상용
편집장 | 정미영 최세정 황서현 유소영
기획 | 임은선 박인철 김은영 박정선 김서연 정다이
디자인 | 김태형 유주현
마케팅 | 하석진 김창규
저자 · 독자 서비스 | 조다영 함주미(humanist@humanistbooks.com)
스캔 · 출력 | 이희수 com.
용지 | 화인페이퍼
인쇄 | 청아문화사
제본 | 정민제책

발행처 | (주)휴머니스트 출판그룹
출판등록 | 제313-2007-000007호(2007년 1월 5일)
주소 | (121-869) 서울시 마포구 연남동 564-40
전화 | 02-335-4422 팩스 | 02-334-3427
홈페이지 | www.humanistbooks.com

ⓒ 2010 최종덕 · 김시천

ISBN 978-89-5862-356-4 03100

만든 사람들

기획 | 선완규(swk2001@humanistbooks.com) 김서연(ksy2001@humanistbooks.com)
편집 | 김선경
디자인 | 민진기디자인
녹취 | 박은정
사진 | 전호근